세계로 향하는 첫 걸음, SAT

JESUS LOVES ME

세계로 향하는 첫 걸음, SAT

용인외고 선생님과 학생들

생각수레

● 추천사 1

    1954년 개교 이래 한국외국어대학교는 대한민국에서뿐만 아니라, 전 세계에서도 주목받는 대학으로 성장해 왔습니다. 특히 2012년 3월 26일, 버락 오바마 미국 대통령의 외대 방문은 45개의 언어를 가르치는 국내 최고의 외국어 교육기관이라는 위상에 더하여 (This school has produced leaders-public servants, diplomats, businesspeople-who've helped propel the modern miracle that is Korea...This school has one of the world's finest foreign language programs...) 그간 우리 한국외국어대학교가 추진해온 각종 국제화 및 해외 교류 프로그램이 국제 사회에서도 인정받고 있다는 것을 증명합니다.
    이러한 한국외국어대학교의 위상에 걸맞게 우리 대학의 부속외국어고등학교 또한 대한민국 최고의 고등학교로 발돋움했으며 세계의 어느 명문고와도 견주어 손색이 없는 명문고등학교로 성장했다는 사실에 자긍심을 가집니다.
    아울러 우리 외대부속외고의 역량을 책에 담아 해외대학 진학에 대해 잘못 알고 있는 정보를 바로잡아주는 역할을 할 수 있다는 것은 한국외국어대학교가 가지고 있는 국제화 지향 글로벌리더 양성을 위해 노력하는 정신과 일치하는 것이라 생각합니다.
    이 책의 발간을 위해 열심히 뛰어준 김성기 교장선생님 이하

선생님들과 관계자, 그리고 책 집필을 위해 노력한 선생님과 졸업생, 재학생 여러분 모두에게 감사의 마음을 전하며, 외대부속외고의 《세계로 향하는 첫 걸음, SAT》 책의 출간을 계기로 진정한 글로벌 인재가 되고자 유학을 준비하는 많은 학생들이 이를 잘 활용하여 큰 성취를 이르기를 바라는 마음으로 이 책을 추천합니다.

한국외국어대학교 총장

박철

● 추천사 2

  텃밭 가꾸기, 컴퓨터 사용 줄이기, 선생님과 도시락 먹기…. 인성교육에 차별화를 둔 한국외국어대학교부속 용인외국어고등학교는 살벌한 경쟁시대에 최고의 학생들과 학부모, 선생님들의 아낌없는 관심과 노력으로 '세계를 가슴에 품고 성장'하는 글로벌 리더의 요람으로 자리매김하였습니다.

  하지만 우리들은 지금까지의 성과에 안주하지 않고 한 단계 더 도약하기 위한 도전을 준비하였습니다. 그 첫 발걸음이 바로 자율형 사립고로의 전환입니다. 전국 각지에서 모인 우수한 학생들과 함께 세계적인 인재 양성의 이상을 실현할 수 있게 된 것입니다. 이제 새롭게 창조할 용인외고의 신화를 앞장서 이끌어 갈 교장으로서 무엇보다 교육력 재고에 힘쓰고자 합니다.

  이를 위한 밑거름으로 해외 진학을 위한 과도한 사교육을 줄이고, 용인외고의 8년간의 역량을 다른 학생들과 나누고자 이 책을 발간하게 되었습니다.

  미래는 모르는 자에겐 두려움이고 아는 자에겐 즐거움이라 합니다. 미래를 아는 사람이란 바로 미래를 준비하는 사람입니다. 책의 제목《세계로 향하는 첫 걸음, SAT》처럼 이 책을 통해 학생들이 날개를 힘차게 펴고 훨훨 날아 저 넓은 세계에서 마음껏 자기 기량을 펼칠 수 있기를 바랍니다.

  이 책을 쓰는 데 애쓰신 1기부터 5기 졸업생과 재학생, 선생님들께 감사드립니다.

  끝으로 학생들의 인성과 학력 신장을 바탕으로 우리나라는 물론 세계의 미래를 선도할 인재를 양성해 낼 용인외고에 뜨거운 성원 바랍니다.

한국외국어대학교부속
용인외국어고등학교 교장

김성기

PROLOGUE

세계를 향해 첫발을 내딛는 여러분께,

 이 책은 오랜 시간 많은 분들의 크나큰 정성이 켜켜이 쌓여 출간되었습니다. 그 정성과 시간만큼 해외대학 입학과정이 생소한 한국의 학부모님들과 학생들에게 특별한 지침서가 될 것이라 생각합니다.

 이 책은 해외, 특히 미국에 나가 공부하기를 꿈꾸는 학생들에게 유익하고 정확한 대학관련 정보와 중요한 시험들을 준비하는 방법을 제공하고 있습니다. 아울러 이 책은 제가 5년 동안 폭넓게 조사해 온 자료들을 토대로 30여 개의 대학을 소개하고, 한국외국어대학교 부속 용인외국어고등학교 학생들의 진학지도에 사용되는 최신 정보를 담고 있습니다. 이러한 정보는 다른 외국 대학의 입학 준비에도 해당되는 경우가 많기 때문에, 비단 미국

뿐만 아니라 다른 나라로의 유학을 고민하고 있는 학생들에게도 큰 도움이 될 것입니다.

이 책을 출판하는 데 힘써주신 많은 분들께 진심으로 감사드립니다. 책에 대한 아이디어를 주신 조경호 선생님과 정갈하게 글을 번역해 준 하지예, 이효진 학생에게 특별히 감사의 말을 전합니다. 저는 책에서 소개하는 최고의 대학과 시험대비에 관한 정보를 수집하는 데 들어간 많은 분들의 노력이 헛되지 않음을 확신합니다.

2012년 5월 진심을 담아,

Min Lee

진학지도 상담 전문가
한국외국어대학교부속 용인외국어고등학교 진학지도교사

CONTENTS

추천사
프롤로그

1부
아이비리그가 다가 아니야

1장 왜 미국에서 학부 유학을 해야 하는가?   17
2장 나만의 대학 찾기   32
   – 해외 명문대 입시전략   54
3장 SAT / AP 기본정보와 전략   126

2부
선배들의 비법을 들어봐!

1장 나만의 SAT 공부 전략
- 꾸준함이 비법이다   137
  – 정서호(캘리포니아대학교 버클리캠퍼스)
- SAT를 즐기는 방법   157
  – 배하늬(애머스트대학)

- 본인에게 잘 맞는 방법이 최상의 공부법이다   165
  - 한서윤(예일대학교)

- 나를 위한 진정한 스펙 쌓기   173
  - 강전욱(펜실베이니아대학교)

- 감이 아니라 제대로 된 실력을 키워라   190
  - 이효진(펜실베이니아대학교)

- '무조건 많이'보다는 '효과적으로'   196
  - 하지예(하버드대학교)

2장 나만의 SAT II / AP 과목별 공부 전략

- 유럽사 _임정혁(캘리포니아대학교 버클리캠퍼스)   205
- 물리학 _김규림(스탠퍼드대학교)   209
- 통계학 _남재윤(조지타운대학교)   215
- 미국 정치학 _변홍준(뉴욕대학교 아부다비캠퍼스)   225
- 미국사 _선장명(뉴욕대학교)   231
- 세계사 _김유리(웰즐리대학)   239
- 세계사 _박성우(고려대학교)   245
- 수학 _김태학(서울대학교)   249
- 스페인어 _최성웅(용인외고 국제과정)   259
- 생물학 _김정훈(뉴욕시 컬럼비아대학교)

  _박준현(존스홉킨스대학교)   279

- 프랑스어 _전미나(성균관대학교)　　　　　　　　307
- 라틴어 _한상윤, 천온희, 정준우(용인외고 국제과정)　313
- 화학 _김정훈(뉴욕시 컬럼비아대학교)
  　　 _박준현(존스홉킨스대학교)　　　　　　　323
- 중국어 _김규훈(밴더빌트대학교)　　　　　　　349
- 미술사 _성준헌(윌리엄스대학)　　　　　　　　359
- 미술사 _하지예(하버드대학교)　　　　　　　　365
- 일본의 언어와 문화
  　　 _방기원(조지타운대학교 SFS 카타르캠퍼스)　373
- 영어토론 _최윤석(조지타운대학교 SFS 카타르캠퍼스)　377

3부
현지 대학생활 적응기

- 정혜원 _클레어몬트 매케나대학　　　　　　　389
- 권보경 _하버드대학교　　　　　　　　　　　　397
- 성준헌 _윌리엄스대학　　　　　　　　　　　　406
- 김유리 _웰즐리대학　　　　　　　　　　　　　416
- 배하늬 _애머스트대학　　　　　　　　　　　　423
- 한서윤 _예일대학교　　　　　　　　　　　　　437
- 방기원 _조지타운대학교 SFS 카타르캠퍼스　　445

부록

1장 용인외고 생활기

- 성현아 _인문사회과정   455
- 박새미 _자연과학과정   468
- 박기정 _국제과정   484

2장 용인외고 커리큘럼 소개   500
3장 용인외고 캠프 소개   528

Q&A   538

01

아이비리그가 다가 아니야

해외 명문대 합격의 비밀
"세계로 향하는 첫 걸음, SAT"

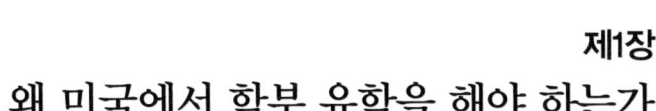

제1장
왜 미국에서 학부 유학을 해야 하는가

학생들은 늘 더 좋은 교육을 받을 수 있는 곳을 찾고 있다. 세상에는 양질의 교육을 제공하는 나라가 많이 있다. 영국, 오스트레일리아, 인도, 뉴질랜드, 미국 등의 나라는 전 세계에서 가장 발달한 교육의 중심지로 손꼽힌다. 그중에서도, 미국은 양질의 교육을 받을 수 있는 가장 좋은 나라라고 볼 수 있다. 미국 대학은 전 세계 학생들의 발걸음을 매료시키고, 미국으로 날아들게끔 만들고 있다. 미국 대학은 다양한 교과 과정과 프로그램을 학생들에게 제공하고, 풍부한 기회를 제공한다. 학생들이 해야 할 것은 단 한 가지, 바로 자신이 어떠한 길을 갈지 선택하는 것뿐이다.

미국 대학에서 공부하는 학생들이 누릴 수 있는 교육의 혜택은 다른 나라와 비교할 수 없을 정도로 뛰어나다. 그것은 바로 학생이 주최인, 친학생적인 교육을 펼치기 때문이다. 이 친학생적인 교육 환경은 학생들로 하여금 학교 안팎에서 더욱 흥미롭게, 더욱 많은 것을 배울 수 있도록 도와준다. 특히 학생 수가 적은 리버럴 아츠 칼리지(liberal arts college)에서라면 두말할 것도 없다.

　리버럴 아츠 칼리지는 한국에는 잘 알려져 있지 않지만 미국에서는 매우 보편화되어 있으며 네덜란드, 캐나다와 독일 등의 몇몇 유럽 국가에서도 자리잡아가고 있는 커리큘럼이다. 이는 학생들이 자신의 전공이나 장래 직업과 관련 없이 학부 수업을 이수해 인문학적이고 균형잡힌 교육을 목표로 한다. 인문학, 사회과학, 자연과학, 어학 등 교양과목에 중점을 둔 학부 중심의 4년제 대학으로, 고등학교보다 조금 큰 1,500명 안팎인 작은 규모의 학교인 경우가 많다. 특히 졸업생들은 폭넓은 교양을 쌓으며 대학원 진학을 위한 준비를 철저히 할 수 있고, 학생수가 적은 만큼 가족같이 친근한 분위기 속에서 철저하게 학문을 연구하고 전인교육을 받을 수 있다.

　미국 대학의 커리큘럼은 굉장히 유동적인 형태를 띠고 있다. 학생들은 자신의 흥미에 따라 다양한 수업을 선택해 들을 수 있다. 학생들은 자신이 관심 있는 항목에 따라서 수업을 선택하고 고를 수 있다. 또한, 학생들은 다른 대학에서 제공하는 수업을 들을 기회도 얻고 복수전공 학위로 대학을 졸업하기도 한다.

또한, 미국 대학은 각 해당 과목에 한해서는 가장 완전한 형태의 지식을 전달하고, 그 결과로 학생들은 졸업 후 사회에 바로 뛰어들 수 있을 만큼의 준비를 할 수 있게 된다. 교수진들은 각자 자신의 분야에서 권위자이며, 따라서 세계적인 수준의 교육과 무궁무진한 지식을 학생들에게 제공한다. 학생들은 미국에서 공부하며 자신감을 얻고, 훗날 인생에서 있을 여러 가지 도전에서 자생력을 발휘할 수 있을 것이다.

미국 대학에서는 교수가 학생을 자신의 집으로 초대해 저녁식사를 하는 것이 그렇게 상상하기 힘든 일이 아니다. 졸업 논문을 쓰면서 당대의 지성인들의 꽉 찬 두뇌와 직접 교류할 수 있다는 것은 생각만 해도 가슴 뛰는 일이다. 이는 현재 아시아에서는 흔히 찾아볼 수 없는 모습이다.

내부 구도

외국 유학을 꿈꾸는 학생들이 미국 대학에 진학하면 좋은 이유 중 하나가 바로 미국 대학의 내부 구도 때문이다. 미국 대학은 교육 형태에 따라 기본적으로 네 가지 유형으로 나뉜다. 바로 주립대학, 사립대학, 지역대학(community college), 직업대학이다. 미국 사람들은 이 네 가지 교육 형태 중 자신의 학문적, 경제적, 전반적 상황에 가장 맞는 교육을 선택할 수 있다.

주립대학은 주민이 납부하는 세금으로 대학의 예산과 운영비가 편성되기 때문에 해당 주에 거주하는 학생들은 비교적 학비를 적게 내고 대학을 다닐 수 있다. 유학생의 경우 학비는 사립대만큼 비싸지는 않지만 그에 못지않다. 한국에 알려져 있는 주립대로는 UCLA(University of California, Los Angeles, 캘리포니아대학교 로스앤젤레스캠퍼스), UC버클리(University of California Berkeley, 캘리포니아대학교 버클리캠퍼스), 텍사스대학교 오스틴캠퍼스(The University of Texas at Austin), 미시간대학교(University of Michigan), 버지니아대학교(University of Virginia), 노스캐롤라이나대학교 채플힐캠퍼스(The University of North Carolina at Chapel Hill), 러트거스대학교(Rutgers, The State University of New Jersey), 일리노이대학교(University of Illinois), 위스콘신대학교 매디슨캠퍼스(University of Wisconsin-Madison) 등이 있다.

사립대학의 경우 학비 차이는 없지만 학교 자체 기금으로 운영되는 장학제도가 다양하고 교육의 질 또한 높다. 미국 최고의 사립 명문대인 하버드대학교(Harvard University), 예일대학교(Yale University), 프린스턴대학교(Princeton University), 유펜(UPenn, University of Pennsylvania, 펜실베이니아대학교), 컬럼비아대학교(Columbia University), 코넬대학교(Cornell University), 다트머스대학교(Dartmouth College), 브라운대학교(Brown university) 이 8개 대학을 가리켜 아이비리그(Ivy League)라 부른다.

지역대학은 2년제 전문대학 개념으로, 지역 주민들을 위한 직

업교육을 목적으로 설립됐다. 하지만 최근 들어 외국 유학생을 적극적으로 받아들이면서 양적 팽창을 거듭하고 있으며, 재학생들의 4년제 대학 편입에 무게를 두고 학사운영을 하고 있다. 특히 학비가 4년제 대학의 3분의 1 수준으로 저렴해 금융위기가 오고 나서 4년제 대학에 가고자 하는 학생들이 학비 절약을 위해 일단 지역대학을 거치는 등 나날이 인기가 높아지고 있다. 예를 들어 우선은 캘리포니아에 있는 지역대학에 다니고 나중에는 UC버클리나 UCLA에 편입해 졸업장을 받는 식이다.

직업대학은 영어훈련과 동시에 전문직 수업을 받는 프로그램으로 운영한다. 연기, 영상 제작, 무용, 유치원 교사, X-ray 기술자 등 곧 실제 실무에 쓰이는 교육을 받을 수 있다.

대다수의 미국 대학은 잘 갖추어진 연구 시설과 컴퓨터 시설, 방대한 양의 도서를 보유한 도서관이 있다. 또한 많은 도서관들은 (특히나 같은 주에 속해 있는 도서관이라면) 다른 대학 도서관과 연계되어 있어서, 자신의 학교 도서관에 구비되어 있지 않은 책은 다른 대학의 도서관에서 찾아 이용할 수 있다. 대학 건물 또한 시설이 잘 갖추어져 있고 빠르게 변화하는 시대에 발맞춰 정기적으로 보수하고 있다. 냉난방 시설은 물론이고 한밤중에도 캠퍼스 에스코트 서비스가 제공되는 등 치안시스템 또한 잘 갖추어져 있다.

장학금

대다수의 미국 대학은 학업 장학금이나 보조금을 제공한다. 전액 장학금이나 보조금을 받으면 학생은 학비를 한 푼도 내지 않아도 되는 것은 물론, 생활비 또한 해결할 수 있도록 달마다 용돈도 제공된다.

연구와 개발에 맞추어진 초점

많은 미국 대학은 연구에 있어서 세계 최강이라고 볼 수 있다. 초빙된 교수진 또한 세계적이다. 여기서 말하는 교수진들은 교수(정교수, 전임강사, 보조강사), 조교, 연구사, 다른 전문직을 포함한 것이다. 많은 교수들은 나노기술, 계량경제학, 식품공학 등 자신의 분야를 이끌고 있는 리더 혹은 개혁자이다. 또한, 연계된 연구 센터와 함께 일하거나 나사(NASA)같이 세계적으로 유명한 조직과도 협력하는 대학이 많다. 노벨상 수상자들이 미국 대학 연구소에서 연구를 하다가 상을 탔다는 말을 많이 들어보았을 것이다. 미국 대학이 다른 나라에 비해 얼마나 연구와 개발을 장려하고, 그것에 힘을 쏟는지 알 수 있는 예이다.

학생들은 개인적으로 혹은 소규모 그룹을 만들거나 교수에게 안내를 받아서 자신이 직접 조성한 환경에서 밀도 높은 연구와 창의적인 작업을 할 수 있다. 그래서 결과적으로 독창적인 논문이나 생산물을 학교 내·외에 내놓을 수 있게 된다. 학부 연구 공간으로 가장 눈에 띄는 대학 중에는 칼텍대, 칼튼대, 카네기 멜론대, 다트머스대, 듀크대, 하버드대, 그린넬대, 하비머드대, MIT대, 프린스턴대, 스탠포드대, 스워스모어대, UC버클리대, 미시간주립대, 노스캐롤라이나주립대, 밴더빌트대, 위스콘신-매디슨대, 세인트 루이스 워싱턴대, 윌리엄스대, 예일대 등이 있고, 이 밖에도 여러 대학이 있다.

평등한 취업의 기회

미국은 잘 알려진 많은 기업, 공장, 병원, 금융 기관 등의 본거지이다. 경제 잡지인 〈포춘(Fortune)〉이 선정한 상위 500개의 기업에 가장 많이 분포되어 있는 것이 미국 기업이다. 미국은 세계에서 가장 큰 경제 규모를 가지고 있다. 매해 미국은 유통과 서비스업 분야에 몇천 명에 해당하는 실력 있는 새 일꾼들을 필요로 한다. 결과적으로, 미국에서 학업을 마침과 동시에 일할 수 있는 기회를 얻는 것이다.

또한 미국은 실력 있는 이민자들이 일자리를 찾아 일하는 것 또한 환영한다. 미국의 어느 회사에 가더라도 다른 환경에서 자라고, 다양한 인종이 같이 일하는 것을 볼 수 있다. 물론 2010년 경제 불황 때문에 외국인 고용이 줄어들기는 했지만, 원하는 곳에 취직할 가능성은 항상 열려있다. 미국에서 공부한다는 것은 곧 그곳의 멋진 문화와 사람들을 알게 되며 삶을 조금 더 풍성하게 영위할 수 있다는 것을 의미한다.

다양한 문화, 세계적인 인맥

개방된 문화를 찾는 사람이라면 미국보다 더 좋은 곳은 없을 것이다. 미국은 헌법에 명시한 대로 개인의 자유와 모든 이의 가치관을 존중하는 나라이기 때문이다. 미국은 다양성의 나라다. 거의 모든 미국인은 자신의 조상이 이민자였다는 사실을 잘 알고 있다. 그래서 그들은 외국 유학생과 같이 합법적인 절차를 거쳐 미국에 온 다른 나라 손님들을 환영한다.

미국에서 교육을 받는다면 어느 나라를 가든지 원하는 기업에 채용될 기회가 더 많아진다. 많은 유학생들이 미국에서 공부한 후 자신의 나라로 돌아가 좋은 직장에 취직하며, 모국에서 비슷한 학문적 조건 아래에서 공부한 친구들보다 전문적으로 성장할 기회가 더 많다. 전 세계적으로 정치 지도자는 물론이고 산업계의 많은 지도자들이 미국에서 교육을 받은 바 있다. 전 세계의 유학생들이 한 자리에 모인 만큼 다양한 문화를 체험하고 세계적인 인맥을 쌓을 수 있는 좋은 기회가 될 것이다.

뛰어난 미국 대학 프로그램들

신입생 프로그램

많은 신입생이 학교에 입학하여 신입생 오리엔테이션에 참석하지만, 오리엔테이션만으로는 신입생들이 서로의 공감대를 공유하지 못하는 것이 사실이다. 요즘은 많은 학교들이 커리큘럼에 신입생 세미나와 기타 학문적인 프로그램을 병합하여, 소규모의 학생들이 정기적으로 교수진이나 학부 스태프들과 만날 수 있도록 해준다. 미국에서는 9월에 새 학년이 시작되는데, 본격적으로 수업을 듣기 전인 여름쯤부터 신입생을 위한 프로그램이 시작되기 때문에 자연스럽게 1학년 생활로 연계될 수 있다.

신입생 프로그램은 온전히 신입생을 위해서만 제작된다. 모험으로 가득 찬 야외 프로그램에 참여하는 학생들은 주어진 과제를 함께 풀고 맞서 나가면서 공감대를 형성한다. 정치, 예술, 과학 등에 특별한 관심과 재능이 있는 신입생들은 그 분야에 속하는 리더십 프로그램을 경험할 수 있다. 북클럽에 가입한 신입생은 독서를 한 후 캠퍼스에 돌아가 작가의 강연을 직접 듣거나 독서 토론에 참여할 수 있다. 이로써 신입생 프로그램은 9월 학기가 시작하기도 전에 신입생들이 새 친구들과 소중한 인맥을 쌓을 수 있는 좋은 발판을 마련해 준다.

인턴십

미국 대학에서 공부하는 것의 또 다른 이점은 바로 여름 인턴십 기회를 준다는 것이다. 학생들은 실무경험을 위해 자신의 분야에 해당하는 다양한 조직과 기업에 지원하여, 그곳에서 실용적인 지식과 경험을 쌓아 나간다. 회사나 기관과의 협동 교육을 통해 수업과 인턴십을 한 학기씩 병행하는 대학도 있다. 예를 들어, 한 학기는 학문적인 교육을 받고 한 학기는 취업전선에 뛰어들어 사회생활을 경험하는 Co-op은 관심 분야의 실무를 이해하고 실질적인 준비를 하게끔 도와준다. Co-op은 협력교육을 이르는 말로 보통 한 학기는 수업을 듣고 그 수업과 전공에 관련된 일을 3개월에서 6개월 동안 하는 것이다. 학생들은 Co-op에 필요한 기본적인 강의부터 듣는다. Co-op은 보통 대학교 2학년 때 시작하며 4년 동안 2개의 Co-op을 하는 경우도 있고 5년에 3개를 하는 것도 가능하다. Co-op을 할 때는 학비를 내지 않는다.

또한 외국 유학생들을 위한 인턴십 프로그램도 있다. CPT(Curricular Practical Training, 직업실용훈련)는 학생들이 스스로의 관심 분야에서 직업을 갖고 일할 수 있도록 도와주는 프로그램이고, OPT(Optional Practical Training, 선택실용훈련)는 전공이나 부전공 등 자신의 관심 분야에서 더 많은 직업 경험을 하고 싶은 학생들에 한해 최장 12개월을 신청할 수 있는 프로그램이다. AT(Academic Training, 학업훈련)는 학생의 관심 과목과 직간접적으로 연관된 분야에서 정규·비정규직으로 일할 수 있는 프로그램이다. 정규 수업이 진행되는 기간 중이나 방학 중 또는 수강 과목이 끝난 후에도 이러한 직업훈련기간을 가질 수 있다.

배움의 공동체

학생들은 보통 그룹으로 연결된 수업을 두 가지 이상 듣고, 서로와 교수님들을 잘 알게 된다. 몇몇 학습 공동체들은 숙소 형태를 띠고 있기도 하다. CBL(Community-Based Learning, 지역사회기반학습)은 학생들의 학업적 관심 분야를 대학 소재지의 지역사회와 연계하도록 하는 프로그램이다. 지역사회의 비영리단체들과 함께 다양한 사업을 진행하면서 학생들은 연구프로젝트를 만들어내기도 하고, 정보를 수집해 분석하며 이러한 정보를 단순히 교수들과 나누는 것이 아니라 실질적으로 그것을 필요로 하는 기관 및 단체들과 공유하는 것이다. 학생들은 CBL을 통해 지역사회에 기반한 연구를 인턴십 또는 졸업논문의 일부로 활용할 수 있다. 예를 들어서 예일대학교 학생은 이 학교가 위치한 뉴헤이븐 지역 흑인사회의 자선행위에 관한 역사를 지역사회와 공유하면서 연구할 수 있다.

CBL은 학생들과 공동체의 조직이 같이 상호 작용을 하면서, 학생이 학업과 조직에서 필요한 것들을 충족할 수 있도록 도와준다. 캠퍼스 내의 비영리 조직과 정부 산하 단체들은 학생들에게 유익할 만한 연구, 분석, 평가 프로그램 등을 찾아 제공한다. 이러한 프로젝트는 대학의 교육이념과 가장 부합하는 것으로 제공된다. 교내 조직을 위한 연구를 마침과 동시에 학생들은 수강 과목을 이수한다. 과거에는 이러한 연구들을 논문 형태로 엮은 것이 수강 과목의 마지막 프로젝트인 동시에 단체를 위한 조사 자료로 쓰였다.

CBL 프로젝트의 참된 목적은 그저 조직을 살펴보고 공부하는 것이 아닌 조직에도 실질적인 도움이 되는 것이다. 물론 이 과정을 거쳐 나오는 논문은 당연히 학생 자신의 학업 성취 결과에도 포함된다.

CBL이 제대로 실행된다면 학생들과 교육진들은 수업 자료뿐 아니라 서로에게, 그리고 공동체에 더욱더 친밀함을 줄 것이다.

졸업반 프로젝트

자신의 대학 시절에 만족하는 졸업생들 중 많은 사람들이 졸업반에 있을 당시 자신이 직접 계획한 개별 프로젝트와 일에 모든 힘을 쏟아 부었다고 말하곤 한다. 졸업반 프로젝트는 오래된 지식을 실습으로 강화하고 미래를 향한 새 길을 열어줌으로써 학생의 관심 학문과 실생활을 긴밀하게 연결해 준다.

졸업반 프로젝트는 학생 자신이 선택한 전공 과목을 기반으로 하는 내용만 담고 있다면 모든 프로젝트가 이에 해당될 수 있다. 보통 학업 어드바이저와의 긴밀한 상담 후 프로젝트를 진행하는데, 우등학위 논문 혹은 독립연구는 가장 기본적인 형태의 졸업반 프로젝트다. 공연이나 미술 전시 오프닝 또한 졸업반 프로

젝트가 될 수 있다. 또한 학생의 목표에 따라 강도 높은 인턴십, 특히 교수나 학업 멘토와의 상의 하에 이루어진 직업 경험은 더 없이 좋은 졸업반 프로젝트다. 대학교 3학년생은 그 다음 해 계획을 세울 때 졸업반 프로젝트를 염두에 두면 좋다.

봉사학습

봉사학습은 학습을 강화하기 위해 시민의 책임을 가르치고, 공동체를 견고히 하며, 학문 연구와 사회봉사 활동을 통합하는 교육과 학습방법이다. 봉사학습 코스를 가르치는 교수진은 학생들의 교육목표를 향상시키고 지역 사회에 필요한 서비스를 제공할 수 있는 봉사 프로그램을 개발함으로써 공공의 이익 증진에 기여한다. 봉사학습을 택한 학생은 수업 이외의 시간에 특정 시간의 봉사를 완료하고, 수업과 토론 및 과제를 통해 봉사했던 경험을 되돌아본다. 지역사회 파트너들은 학생으로부터 도움을 받고, 교직원 및 학생들과 함께 일하며 지적유희를 느낄 수 있을 것이다. 교실 밖에서 배운 것은 수업을 보강하고, 물론 그 역도 성립한다.

해외 연수

해외 연수는 해외에서 이수한 학점을 필요로 하는 프로그램이다. 1년이나 한 학기 동안 대학 과목에 비례하는 심도 높은 경험과 함께 대학 밖에서의 깊은 교류를 이어나갈 수 있다.

LSA(Language Study Abroad, 어학연수 프로그램)는 외국 문화를 완벽히 흡수하게 해준다. 학생들은 주당 20~24시간을 학교에서 보내며 원어민 가정에서 생활하게 된다.

FSP(Foreign Studies Program, 해외 탐방 연수)는 해외 교환학생 프로그램과 비슷한 프로그램으로, 1학기나 1년 정도 외국에 살면서 연맹 맺은 학교에서 공부를 하는 프로그램이다. 보통 2학년에서 4학년 사이에 한다. FSP는 감독학습과 해외체류를 통해 문화를 깊이 이해하는 데 도움을 준다. 특히 외국 언어부서에서 하는 연수는 해당 국가 언어의 심층 연구 기회와 함께 문학과 문명을 함께 배울 수 있는 기회가 된다. 또한 대학은 주로 영어로 진행되는 국내외 연구 프로그램을 많이 제공하기도 한다.

교환학생 프로그램은 국내외의 자매결연 학교에 체류하며 공부할 수 있는 기회를 제공한다. 자매결연 교환 프로그램은 국내 학교 외에도 전 세계에 있는 대학을 포괄한다.

글쓰기 능력

미국 대학은 일반적으로 교육의 모든 수준과 교과 과정 전반에 걸쳐 글쓰기 능력에 우선순위를 둔다. 학생들은 독자를 고려해 다양한 분야, 여러 가지 형태의 글을 써보고 수정하는 과정을 거친다. 거의 모든 캠퍼스에는 글쓰기 센터가 있다. 여기에서 학생들은 에세이를 쓰기 위해 조사하고, 글을 전개해 나가고 에세이를 구성하는 데 있어서 필요한 것들을 배운다. 모든 학생들은

학교 내에서 작문에 가장 능한 사람들을 모아놓은 글쓰기 센터의 교수들과 교류할 수 있다.

특히 외국 학생들에게 큰 이점이 되는 것은 국제 언어인 영어를 깊이 배우고 쓸 수 있다는 점이다. 세계에서 인정한 영어 교수진들에게 직접 영어를 배우는 것은 영어 실력을 높이는 최상의 방법이 아닐까 싶다.

제2장
나만의 대학 찾기

　　　　　　　외국 대학에 진학을 꿈꾼다면 대학 리스트를 만들 때 심사숙고해야 한다. 대학 순위와 명성만을 고려해 무조건 상위 20위권 대학에 지원한 사람과 자신이 꼼꼼히 조사해 본 대학에 지원한 사람 중, 누가 자신에게 맞는 대학에 합격할 확률이 높을까?

　자신이 꿈꾸는 대학에서 합격 축하 이메일을 받기 위해서는 그 대학이 정확히 어떤 대학인지를 먼저 알아야 한다. 그러기 위해서는 추가로 내는 서플리먼트 에세이(supplement essay)가 아닌, 끊임없는 자아성찰과 조사가 필요하다.

　문제를 보다 정확히 파악해 보자. 최근 고등교육연구기관이 발표한 대학 신입생 설문조사 결과에 따르면, 11개 이상의 대학에 지원한 학생은 약 3.7%에 불과했다. 이는 한국외대부속 용인외고의 38%에 비해 턱없이 낮은 수치다. 물론 우리 학교 학생들이 다수 국내 대학에도 지원서를 넣는 것은 사실이지만, 혹시나 하는 마음에 이곳저곳 찔러보는 경우가 허다하다. 허나 대학에 지원할 때 초점은 자신에게 적합한 대학에 합격할 가능성을 최대한으로 높이는 것이다.

대학에 진학한다는 것은 중요한 결정사항이다. 이 결정의 일부로, 자신에게 가장 맞는 대학교를 좁혀나가야 한다. 이 과정을 보다 수월하게 하기 위해 다음의 조언을 참고하라.

모든 것은 자기 자신으로부터 시작한다. 외국 유학을 꿈꾸는 대부분의 사람들은 한두 군데의 대학만을 생각할 것이다. 아이비리그(Ivy League)에 속한 대학교, 특히 H, Y, P로 시작하는 곳들 말이다. 하지만 놀랍게도 미국에는 3,500개의 대학교가 있고, 그 중 상위 100개 대학은 미래를 꿈꿔볼 만한 가치가 있는 일류대학이다.

진학할 대학을 선택하고 조사하는 것은 부모님이나 친구들이 아닌 자기 자신으로부터 출발해야 한다. 각 대학의 학생 수, 전공, 남녀비율을 찾아보기 전에 몇 가지 질문에 답해보자. 자신이 추구하는 가치는 무엇인가? 자신의 학업 스타일은 어떤가? 어떤 수업에 흥미를 느끼는가? 어떤 연구나 활동을 좋아하는가? 향후 계획은 무엇인가?

지금 당장은 대학교에서 전공할 과목이나 진로를 정확히 모를 수도 있다. 하지만 자신에 대해 즉, 자신이 좋아하는 것, 싫어하는 것, 열정을 쏟는 것, 장점, 단점, 특기 등을 아는 것은 미래 계획의 근본이다. 정직한 자아성찰은 대학 선택의 시작과 끝을 좌우한다.

　이를 위해 아래 질문에 답해보자. 이 활동은 목표, 가치, 관심사, 능력 등을 보다 명확하게 하는 데 도움을 줄 것이며, 나아가 미래를 조금 더 효과적으로 설계할 수 있도록 할 것이다.

　레쥬메(resume)와 관심사를 적어보고 부모님과 함께 진학상담 선생님을 찾아가 상담해보자. 능력 있고 세심한 카운슬러는 명확하게 대학을 선택할 수 있도록 조언을 해주고 정보를 제공함은 물론, 부모님과의 갈등을 해결하는 데에도 도움을 줄 수 있다. 다시 말하지만, 대학을 조사할 때에는 시간, 인내, 진지함을 가지고 해야 한다. 이는 자기 자신을 성찰하고 연구한 후에 선택을 하는 과정이다. 이 과정을 제대로 거친다면 분명 큰 수확을 거둘 수 있을 것이다.

　지금까지 지원할 대학의 선택 범위를 좁혀 나가는 과정을 간략하게 설명했다. 이제 몸을 풀고 세부적인 스텝으로 넘어가 보도록 하자.

　자, 준비되었는가?

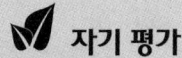 **자기 평가**

무엇이 나를 움직이게 하는가? 내가 좋아하고 싫어하는 것은 무엇인가? 나는 어떤 면에서 특별한가?

이 질문에 대해 자세히 생각해보고 다음 문장에 답해보자. 자신을 제대로 이해하는 것은 미래를 향한 첫 발걸음이다.

- 나의 장점과 단점은 무엇인가?

- 친구들은 나를 이렇게 묘사한다.

- 나는 이런 과목을 좋아한다.

- 나는 이런 환경에서 공부를 가장 잘 할 수 있다.

- 지금까지 내가 이룬 가장 큰 성과는?

- 나는 여가 시간에 이런 활동에 열정을 가지고 임한다.

- 나는 이렇게 리더십을 발휘했다.

- 지금 내게 닥친 가장 큰 역경은?

- 나는 이런 분야에 학업적·사회적 능력을 기르고 싶다.

목표 평가

자기 자신을 평가할 때 반드시 탐색해야 할 것은 자신의 목표이다. 왜 대학에 가고 싶은가? 대학 교육에서 무엇을 얻길 바라는가? 이 질문에 유의하자.

물론, 시간이 흐름에 따라 질문에 대한 답이 달라질 수 있다. 달라졌다면 어떻게 달라졌는지 그 변화를 기록해 보자. 중요한 것은 지금 당장 한방에 나의 미래를 결정하는 것이 아니라, 목표를 확실하게 하는 과정이라는 것이다.

가장 좋은 대학은 '나와 맞는' 대학임을 명심하라. 대학은 나와 '궁합(match)'이 맞는 곳이어야지 그저 '상(prize)'으로 주어지는 것이 아니다.

- 나에게 성공이란?

- 대학교에 진학하고 싶은 세 가지 이유!

- 지금으로부터 5년, 10년 뒤에 나는 무엇을 하고 있을까?

- 일생 동안 이루고 싶은 가장 중요한 것들은 무엇인가?

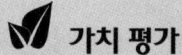# 가치 평가

　개인적인 가치는 자신의 철학, 삶의 원칙, 라이프 스타일을 정의한다. 다음 9가지 항목들을 자신에게 중요한 순서대로 순위를 매겨보자. 1위가 가장 중요한 것이 되는 것이다. 자신의 가치를 살펴보는 것은 추후 진로를 탐색할 때 더 좋은 결정을 내릴 수 있도록 도와줄 것이다.

_____ 배려: 자신을 위해서 하는 일이 아닌, 다른 이들을 돕는 일에서 삶의 만족을 느낀다.

_____ 창의력: 상상력과 독창력을 마음껏 펼칠 수 있는 직장에서 일하고 싶다.

_____ 금전적 가치: 직업에 대한 만족이나 개인적인 흥미 등의 가치보다 돈을 우선으로 생각한다.

_____ 경제적 안정: 모험심이 강하지 않기 때문에 위험 요소가 적고 수입이 일정한 직업을 선호한다.

_____ 독립: 자발적으로 행동하며 주도권을 가지고 활동하는 것을 좋아한다.

_____ 교류: 친화적이고 외향적인 성격이며 혼자 일하는 것보다 다른 사람과 협력하는 것을 좋아한다.

_____ 권력: 다른 사람들의 삶과 행동에 직접적인 영향을 미치는 것을 좋아한다.

_____ 인정: 유명해지고 싶고, 자신이 한 일에 대해 타인의 존경을 얻고 싶다.

_____ 다채로움: 매일 같은 일을 반복하는 것을 싫어한다. 자신이 하는 활동들이 다양할 때 가장 행복하다.

기타: _____

관심사 목록

자신의 관심사를 가장 잘 나타내는 분야에 동그라미(O) 표시를 해보자. 장차 자신이 성공할 잠재력을 가지고 있는 직업을 선택하는 데 도움을 줄 것이다.

_____ 농업, 식품, 천연자원
식품과 다양한 동식물관련 상품을 비롯한 천연자원을 생산하고 분배한다. 관련 직업은 농장 관계자에서 생명과학자까지 다양하다.

_____ 건축, 건설
빌딩과 구조물을 설계 · 건설하고 관리한다. 관련 직업은 공사현장 인부, 건축가, 엔지니어 등이다.

_____ 예술, 오디오 · 비디오 기술, 커뮤니케이션
공연예술, 언론계, 엔터테인먼트, 멀티미디어 개발 및 프로듀싱을 포함한다. 관련 직업은 연기자, 뉴스프로 진행자, 웹 개발자 등이다.

_____ 비즈니스, 매니지먼트, 경영
성공적인 비즈니스를 계획하고 개시하고 운영한다. 관련 직업은 데스크 접수 담당자부터 CEO까지 다양하다.

_____ 교육, 트레이닝
모든 연령의 사람들을 교육하고 훈련시키는 것을 포함한다. 관련 직업은 어린이집 선생님부터 대학 교수, 그리고 그 중간의 모든 교육자다.

_____ 금융
개인과 기업을 위해 돈을 다룬다. 관련 직업은 은행원, 개인 재무 기획사, 경제학자 등이다.

_____ 정치, 행정

국가, 주, 도시, 혹은 마을을 계획적으로 운영하며 사람과 자원을 보호하고 관리한다. 관련 직업으로는 법원 서기, 행정 담당관, 대통령 등이 있다.

_____ 건강학

의료 처방과 치료 방법을 개발하고 공급한다. 관련 직업으로는 재택 건강 보조원, 의사, 간호사, 생명과학자 등이 있다.

_____ 관광, 서비스

레스토랑이나 호텔의 손님들에게 편안함을 제공한다. 관련 직업으로는 요리사, 투어가이드, 호텔오너 등이 있다.

_____ 인간 서비스

사람들의 개인적인 필요에 응하거나 문제를 해결하는 데 도움을 준다. 관련 직업으로는 미용사, 사회복지사, 상담사 등이 있다.

_____ 정보통신기술

컴퓨터, 소프트웨어, 네트워크를 개발하고 관리한다. 관련 직업으로는 기술지원팀, 데이터베이스 보안 전문가, 시스템 설계자 등이 있다.

_____ 법률, 치안, 교정, 안보

사람들을 보호하고 법을 집행한다. 관련 직업으로는 응급구조원, 경찰관, 변호사 등이 있다.

_____ 제조

원재료로 제품을 만들어낸다. 관련 직업으로는 용접공, 생산 공학자 등이 있다.

_____ 마케팅, 판매, 서비스

다양한 상품과 서비스를 판매한다. 관련 직업에는 출납원, 판매 대리인 등이 있다.

_____ 과학, 기술, 엔지니어링, 수학

과학과 수학을 통해 세상을 이해하고 변화시킨다. 관련 직업에는 영양사, 지구과학자, 핵물리학자 등이 있다.

_____ 교통, 유통, 물류

사람이나 물건을 한 곳에서 다른 곳으로 옮긴다. 관련 직업에는 버스기사, 자동차 정비공, 항공 관제사 등이 있다.

재능 목록

자신의 재능을 가장 잘 설명하는 항목에 동그라미 표시를 해보자. 이 활동은 자신의 성격에 가장 적합한 직업을 고르는 데 도움을 줄 것이다.

_____ 예술

음악, 미술, 문학을 좋아하는가? 나를 표현하는 것을 중요하게 생각하는가? 독립적이고 독창적이며 독특한가?
예술 관련 직업에는 연극·영화, 무용, 음악 공연, 수공예, 집필, 광고, 커뮤니케이션, 컴퓨터 그래픽 관련 직업 등이 있다.

_____ 관습

정확하고 정리된 것을 좋아하는가? 체계적인 환경을 선호하는가? 신뢰할 수 있고 견실하고 자제력이 뛰어나며 책임감이 높은가?
이 분야의 직업에는 은행원, 도서관 사서, 보험회사 컨설턴트, 컴퓨터연산가, 기록관리사, 재무분석가, 통계·회계 업종의 종사자 등이 있다.

_____ 진취

활기차고 열정적이고 모험심이 강하고 자신감 넘치는가? 사람들을 설득하는 것에 소질이 있고, 리더 역할을 할 수 있는 과제를 선호하는가?
이 분야의 직업에는 기업체 간부, 바이어, 호텔매니저, 부동산 중개인, 스포츠 행사 기획자, 정치고문, 판매업 전반의 종사자 등이 있다.

_____ 환경

야외에서 일하는 것을 좋아하는가? 동물을 돌보거나 운동하는 것을 좋아하는가?
이 분야의 직업에는 삼림 경비원, 수의사, 농업 연구자, 조경사, 어업·농업·목축업 종사자 등이 있다.

_____ 탐구

학교 수학 수업이나 과학 수업을 가장 좋아하는가? 스스로를 과제지향적이라고 생각하는가? 연구하고 발견하는 직업을 선호하는가? 문제를 해결하는 것을 좋아하고 물리적 세계를 이해하고 싶어하는가?
이 분야의 직업에는 컴퓨터 시스템 엔지니어, 생물학자, 사회과학자, 연구기관 종사자, 물리학자, 기술 작가, 기상학자 등이 있다.

_____ 사회

다른 사람을 돕는 데서 만족감을 느끼는가? 책임감 있고 인간미 넘치고 사회복지에 관심이 많은 사람으로 묘사되는가?
이 분야의 직업에는 교직자, 상담·진로·신체·심리치료사, 의료서비스 종사자, 사회복지사, 경찰관, 소방관, 법조인, 성직자, 고객서비스 종사자 등이 있다.

_____ 기술

기계작동원리를 이용하여 실생활의 문제를 해결하는 것을 좋아하는가? 기계, 도구, 차량 등을 손보는 것을 좋아하는가? 손으로 무언가를 만드는 일에 관심이 있고 고장 난 것을 고치는 데 소질이 있는가? 이 분야의 직업에는 민간·전기·산업 엔지니어, 건축 디자이너, 웹디자이너, 차량 운행 및 보수, 기계 장비 보수 종사자 등이 있다.

지금까지 한 활동은 '자기인식 테스트' 중 몇 가지에 불과하다. 지금 답한 내용이 대학 진학과 미래에 어떻게 연결될 수 있는지 모르겠다면 학교 진학상담 선생님에게 도움을 요청하라. 상담 선생님은 기꺼이 테스트 항목들을 살펴보고, 필요하다면 부가적인 평가 도구를 줄 것이다. 표시한 항목 사이의 공통점을 찾아보자. 지난 몇 년간 어떤 특성, 관심사, 열정을 가지고 살아왔는가? 자신이 지식을 습득하는 방식도 고려해야 한다.

학교 진학상담 선생님은 이 테스트 결과를 바탕으로 적합한 대학교와 진로를 찾는 데 가장 큰 도움을 줄 것이다. 하지만 또 다른 동반자가 있음을 잊지 말자. 아직 대학을 선택하지 않았다면, 부모님과 계속해서 대학에 관한 이야기를 해보도록 하자. 대학 계획을 세우는 것은 학생이 주가 되어야 하지만 이는 반드시 협력이 필요한 일이다. 대학 진학과 관련된 재정적인 문제나 개인과 가족의 문제에 대해 부모님과 의견, 정보 등을 나누는 것은 대학 진학이라는 결실을 맺기 위한 디딤돌이다.

이제 중요한 예비단계를 거쳤으니 준비가 다 되었다. 대학 진학의 경험이 있는 사람이라면 그 누구도 이 과정이 쉽다고 말하지는 못할 것이다. 하지만 한 연구결과에 따르면, 대학 진학 전 열심히 조사한 후 입학한 학생이 자신의 결정에 더욱 만족하고, 더 행복하고 보람찬 대학 생활을 보낸다고 한다.

미국 대학에 관한 미신들

지원할 대학을 고를 때, 미국 대학에 얽힌 아래 열 가지 흔한 미신들을 믿지 않도록 조심해야 한다.

- 모든 대학은 거기서 거기기 때문에 조사할 필요가 없다.
- 내게 꼭 맞는 대학은 단 하나뿐이다.
- 내가 들어보지 못한 대학은 좋은 대학이 아닐 가능성이 크다.
- 명문대 졸업생들만 대학원이나 전문학교에 진학할 수 있다.
- 돈이 많아야만 대학에 진학할 수 있다.
- 학비가 비싼 학교일수록 더 질 좋은 교육을 제공한다.
- 고등학교 때 좋은 내신 성적을 유지하기 위해서는 어려운 과목들을 피해야 한다.
- 시험 성적이 대학 합격 여부에 가장 큰 영향을 미친다.
- 애플리케이션 에세이나 과외활동은 신경 쓰지 않아도 된다.
- 대학 결정을 잘못 내리면, 그 결과는 절대로 돌이킬 수 없다.

대학 조사

자신의 생각을 정리하고 친구들과 이야기도 했으니, 이제 본격적으로 대학을 조사해보자. 대학을 조사하는 가장 좋은 방법은 학교 웹사이트에 직접 들어가 가상투어를 해보고 다양한 종류의 학교가 있음을 체험해 보는 것이다. 대학에 관한 주관적인 견해나 부가적인 정보를 알고 싶다면, 'College Prowler(미국 대학교 입시 정보)' 같은 학생 리뷰 사이트에 들어가 학업, 기숙사, 식당, 남학생, 여학생, 나이트 라이프 등에 매겨진 등급을 확인해 보자. 이런 자료들이 대학과 대학 생활에 대해 조금 더 인간적인 정보를 준다고는 하지만, 그만큼 편향되거나 잘못되었을 수도 있다는 것을 염두에 두어야 한다. 따라서 대학에 대해 종합적인 판단을 내리려면 객관적 자료와 주관적 자료를 모두 활용해야 할 것이다.

대학에 관해 알아야 할 것들이 많기 때문에 일찍부터 대학 조사를 해야 한다. 다른 일을 하면서 대학 조사까지 하기에는 시간이 턱없이 부족하다는 데 모두가 동의한다. 하지만 틈틈이 대학 조사를 해두면 좀 더 멀리 바라볼 여유가 생긴다. 아이비리그에서 벗어나, 심지어는 한 번도 들어보지 못했던 대학에 대해서도 알 수 있을 것이다.

많은 고등학교가 대학 입학사정관을 초청한다. 물론 대학교에서 방문 올 때마다 수업을 빠져서는 안 되겠지만, 입학사정관은 학교 웹사이트에서는 찾을 수 없는 정보를 제공해 줄 수 있다. 또한, 나의 입학지원서를 읽게 될 사람이기 때문에 어떤 정보든 수집해 놓으면 도움이 될 것이다.

조사를 할 때는 자신이 관심 있는 분야에 관해 찾아보는 것이

당연하지만, 우선 그 학교에서 어떤 교육을 받을 수 있는지부터 알아봐야 한다. 이것이 대학에 가는 궁극적인 목적이기 때문이다. 강의 목록을 훑어보고, 교수진 웹사이트를 방문해 어떤 연구가 진행되고 있는지 알아보고, 학교 홈페이지를 다시 방문해 최근 소식을 접해보고, 해외연수 프로그램도 살펴보자. 지원할 대학을 몇 군데로 압축시켰으면, 그곳에 다니고 있는 선배에게 연락해 학교 분위기에 관련된 세부적인 질문을 해보자. 소셜네트워크(SNS)에서도 유용한 대학 정보를 얻을 수 있다.

이에 더해 삶의 질의 문제도 있다. 어떤 특정 열정이 자신의 결정에 커다란 영향을 미칠 수도 있다는 것이다. 라틴댄스 동아리에 정말로 가입하고 싶어 특정 학교를 선택한 경우도 있을 수 있다. 집에서 3시간 이상 떨어진 학교에 통학하는 것은 누구에게나 부담이 될 것이며, 날씨나 기온 또한 영향을 미칠 수 있다.

학교의 크기

사람들이 '큰' 학교를 원하느냐, '작은' 학교를 원하느냐 물어본 적이 있을 것이다. 각각의 선입견에는 약간의 진실도 있다. 규모가 큰 학교는 자원과 기회가 많지만, 관료적 형식주의와 대학원생이 가르치는 강의가 많은 것이 단점으로 작용한다. 작은 학교들은 이에 비해 여러 시스템이 긴밀하게 맺어져 있고, 학부에 중점을 두고 있다. 하지만 학문적, 사회적 기회에 제한이 있기 마련이다.

　그러나 모든 대학은 저마다 다르다. 때때로 학생들은 학생 수가 2,000명 미만이면 학교 생활이 재미없을지도 모른다고 걱정한다. 하지만 기숙사 파티, 야유회, 스포츠 경기, 교내 음악회 등이 있다는 것을 알게 되면 이 학교가 자신이 생각했던 것 이상이라고 깨닫게 된다. 반대로, 규모가 큰 학교가 잘 운영되면 그렇게 크게 느껴지지도 않을 것이다. 많은 우등 과정 프로그램과 대학 내 칼리지들은 친밀한 환경을 제공한다. 숫자만을 고려해서 특정 대학을 꺼리는 것은 때때로 오해를 불러일으키기도 한다.

　미국 대학 지원자 중 45%는 학교의 규모를 자신의 대학 진학 결정에 중요한 척도로 삼았다고 한다. 다음 등급을 보고 자신이 원하는 대학 규모를 골라보자.

- 작은 규모의 대학(학생 1,000~5,000명)
- 중간 규모의 대학(학생 5,000~10,000명)
- 큰 규모의 대학(학생 10,000~15,000명)
- 매우 큰 규모의 대학(학생 15,000명 이상)

　때로는 자신의 목표에서 출발해 보는 것도 효과적이다. 엔지니어나 외과의사가 되고 싶은가? 선배들 중 엔지니어나 외과의사가 된 사람을 찾아가 어떤 학교에서 수학했는지 알아보자. 그 분야에서 뛰어난 특정 대학이 계속 거론될 것이다.

캠퍼스 방문

집에서 이곳저곳 검색해보는 것도 물론 도움은 되지만, 실제로 대학을 방문해 그 규모를 몸소 체험해 보는 것이 최선이다. 자신이 학생회관에서 시간을 보내거나 도서관에서 공부하는 것을 마음속에 그려보는 것만으로도 본인에게 맞는 학교인지 아닌지 알 수 있을 것이다. 강의를 청강하고, 구내식당에서 식사도 해보고, 기숙사에서 하룻밤 자보기도 하며 다음 4년 동안 자신의 삶이 어떨지 상상해보라.

기말고사 첫날이 개학 첫날과 다른 느낌이듯, 해가 비치는 오후에 대학을 방문하면 비 내리는 오후에 간 것보다 더 좋은 인상을 남길 것이다.

한국에서 미국까지는 비행기 값이 비싸기 때문에, 대학 방문은 가능하면 정시모집 결과가 나오고 가는 것이 좋다. 물론 지원서를 내기 전에 전반적인 투어를 해보는 것도 좋지만, 결과가 나오고 나서 입학 여부를 진지하게 고민하고 있는 학교들을 방문하는 것이 훨씬 중요하다. 먼저 대학 안내 책자나 카탈로그를 자세히 읽어보고, 자신이 받았던 인상을 실제 대학 방문을 통해 확인해보도록 한다.

대학 선택 목록 작성

최종 과제는 조사한 것이 대학의 현실과 동일한지 확인하는 것이다. 어느 대학에 가고 싶은가? 마법의 공식은 없지만, 가장 이상적인 것은 합격 가능성이 비교적 희박한 학교('reach' school) 1~2곳, 합격률 중간 범위의 학교 3곳, 합격이 확실시되는 학교 ('safety' school) 2곳에 지원하는 것이다. safety school은 자신이 그런 학교에 다니는 걸 상상조차 할 수 없다면 선택 범위에서 제외하자. 지원서를 넣을 대학으로 MIT(Massachusetts Institute of Technology, 매사추세츠공과대학교), 예일, 프린스턴, 하버드, 스탠퍼드, 컬럼비아 대학교를 고르는 것이 별로 현명한 전략은 아니지만, 조금 더 상향 지원하는 것을 두려워하지 마라. 나는 간혹 자신의 진로와 정확히 일치하는 특정 아이비리그 대학교가 있음에도 이를 언급하지는 않는 학생들을 접한다. 그런 학생들은 스스로가 그런 대학에 붙을 수 없다고 생각하고 있었다. 이럴 때면 나는 아이비리그 학교들이 reach school인 이유는 그들과 같은 수많은 우등생들 중에서 오직 몇 명만을 가려내기 때문이라고 상기시켜준다. 만약 자신과 완벽하게 맞는 프로그램을 찾을 수 없다면 지원 가능한 대학 중에서 우위를 가려야 할 것이다.

'나에게 맞는 대학이 하나'라는 생각은 허상에 불과하다. 실제로 만족하며 다닐 수 있는 학교는 여러 군데 있다. 장담하지만, 미국에서 가장 까다로운 대학들은 전체 지원자 중 소수만을 선

별한다. 하지만 대부분의 대학졸업자들은 아이비리그 출신이 아니더라도 개인적으로, 직업적으로도 성공한다!

끝으로, 지원 대학 결정에 가장 중요한 요소는 본인 스스로가 결단을 내리는 것이다. 친구들은 그들이 한 번도 들어보지 못한 학교들을 비웃을 수도 있고, 부모님들은 당신들이 원하는 대학에 진학하라고 밀어붙이실지도 모른다. 하지만 명심하라. 이것은 나의 삶이고 내가 받을 교육이다. 결정적으로 내가 나의 선택에 만족해야 한다.

지원 시기

이러한 과정을 거쳐 나만의 대학을 선택했다면 입학 원서를 준비해야 한다. 미국 대학은 입학 지원서를 낼 수 있는 기간이 다르므로 사전에 잘 알아보는 것이 중요하다.

EA(Early Action, 수시모집)는 미국 대학 지원 전형 방법 중 하나이다. 1월 1일까지가 제출기한인 RD와는 달리 EA에서는 통상적으로 3학년이 되는 해의 11월 초까지 원서를 제출해야 하며, 12월 중순쯤 합격 여부가 통보된다.

이러한 측면에서 ED(Early Decision, 수시확정모집)는 EA와 유사하다. 그러나 ED는 일단 합격을 하면 반드시 입학을 해야 한다. 즉, ED를 통해 입학 허가를 받은 학생은 타 학교의 입학 제안을 모두 거절하고, 해당 학교에만 입학해야 한다. 따라서 동시에 2개 이상의 ED에 지원할 수는 없다. 반대로 EA는 입학 허가를 받더라도 굳이 입학을 할 필요는 없으며, 상황에 따라 대부분 여러 개의 EA와 1개의 ED에 지원하는 것이 가능하다.

조기전형에도 두 가지 종류가 있다. REA(Restrictive Early Action, 제한수시모집)와 위에서 언급한 제한이 없는 EA이다. REA에는 하나의 학교에만 지원할 수 있으며 기타 학교의 ED 등에는 지원할 수 없다. 반대로 위에서 언급한 대로 EA에서는 복수지원이 가능하다. 다만, 하나의 학교에만 지원할 수 있는 REA에 합격하더라도 굳이 입학을 해야 할 의무는 없다. 예일대학과 스탠포드 대학이 최근 ED에서 REA로 바꿨으며, EA를 허용하는 유명 대학은 MIT, 캘리포니아공과대학, 노스캐롤라이나대학, 시카고대학, 노트르담대학 등이 있다.

RD(Regular Decision, 정시모집)는 대부분의 학생이 거치는 과정이다. 통상적으로 학생들은 연초(1월 초에서 3월 초까지) 마감 전에 원서를 제출한다. 원서 제출기한 후 해당 학교는 입학 심사를 거쳐 4월 1일 전에 합격통보를 하며, 합격생들은 5월 1일 전까지 입학 여부를 결정하여 학교 측에 통보를 해야 한다. 반드시 입학을 해야 하는 의무는 없다.

RA(Rolling Admission, 상시모집)도 있다. 이는 지원자의 정보가 완성되는 대로 최대한 빨리 합격 통보를 해주는 전형이다. 이러한 학교에는 최대한 서둘러 원서를 제출하는 것이 유리하며 통

상적으로 제출된 원서를 처리하는 데에는 약 2주가 소요된다. RA 지원기한이 마감되기 전에 재정지원(Financial Aid)을 신청할 수 있다.

ED2(Early Decision 2, 제2수시확정모집)는 그 이름에서도 알 수 있듯 ED와 같이 일단 입학허가를 받은 상태에서는 반드시 입학을 해야 하는 전형이다. 다만 일반적인 ED와의 차이점은 지원기한이 늦어 RD와 거의 비슷하다는 점이다. 1월 1일~1월 15일이 통상적인 ED2 지원기한이며 따라서 10월 말~11월 초가 지원기한인 EA, ED 및 REA에서 합격하지 못한 학생들이 지원할 수 있다. 지원자가 확실한 입학의사를 표명했기 때문에 RD보다 더 일찍 합격이 통보된다. 이르게는 1월 말, 늦어도 2월 말 전에는 ED2 합격자가 발표된다.

애플리케이션 에세이(Application Essay)

해외 대학이 요구하는 에세이는 학생들이 지원서에 적어 넣을 시험 점수와 비교과 활동 기록 몇 줄만으로 설명할 수 없는, '남들과는 다른', 그리고 '행복하고 활기찬' 자신의 모습을 글로 풀어내는 과정이다. 지원자의 어린 시절, 가족, 고등학교에 다니면서 즐긴 활동들, 심지어 한 개의 단어까지 어떤 것이든 에세이를 위한 훌륭한 소재가 될 수 있다. 주변 상황에 대한 피상적인 스케치는 지양해야 하며, 에세이 속에 펼쳐지는 일련의 사건들을 통하여 어떤 심경 변화를 겪었는지, 그리고 성격과 삶의 자세가 어떻게 긍정적으로 변했는지 마치 자신의 마음을 꿰뚫어보듯 섬세하게 묘사할 수 있어야 한다.

한편, 미국과 달리 영국 대학에 지원할 때 제출하는 Personal Statement를 쓸 때에는 교과 외 활동과 수강한 고등학교 수업들을 주어진 종이 위에 알차게 요약, 자신이 희망하는 전공의 지식을 쌓기 위해 무엇을 해 왔는지 설명하는 기술이 필요하다.

인터뷰(Interview)

입학 인터뷰는 보통 대학 입학처가 미국 전 지역과 해외에 거주하는 동문에게 지원자들을 면담해줄 것을 요청하고, 이를 받아들인 동문이 인터뷰 후 결과를 보고하는 식으로 진행된다. 대학별로 모든 지원자에게 기회를 주는 곳이 있고, 외국인 학생의 경우 지원서의 내용을 바탕으로 선택된 일부에게만 각 나라의 동문들과 인터뷰하도록 하는 곳도 있다. 인터뷰를 하는 동문들은 지원자에게 "왜 학교에 지원했는가?(Why college?)", "왜 그 전공을 하고 싶은가?(Why major?)", "이 활동을 하면서 구체적으로 무슨 일을 맡았는가?" 등 지원자가 고등학교 시절을 보내며 한 번 이상은 고민해 보았을 만한 질문을 하는 경우가 많다.

단 영국의 양대 명문 대학인 옥스퍼드, 케임브리지, 그리고 일부 미국 대학의 중동 지역 캠퍼스들은 원서를 한 번 걸러낸 후, 인터뷰 대상자로 선정된 학생이 직접 학교를 방문하게 하거나 전화, 혹은 동영상을 이용하여 교수들과 대담을 주선한다. 이런 대학들은 교수나 입학사정관이 직접 학생의 성격과 전공 지식의 깊이를 보다 자세하게 관찰하며, 입학 사정에서 인터뷰가 차지하는 비중이 높은 편이다.

다음은 개인적으로 추천하는 29개의 외국 명문대다. 이 중에는 너무나도 유명해서 굳이 언급이 필요 없는 곳도 있을 것이고, 이름을 처음 들어본 대학도 있을 것이다. 지면이 한정돼 29개 밖에 소개하지 못했지만 이 밖에도 많은 대학이 있음을 꼭 기억하라.

이것저것 면밀히 살펴보고 관심이 가는 대학을 선택해 잠시 동안 상상의 나래를 펼쳐보길 바란다. 강의실과 도서관에서 열심히 공부하는 모습도 좋고, 캠퍼스와 기숙사에서 신나게 노는 상상도 좋다. 구체적으로 상상할수록 나의 꿈에 더 다가간다는 것을 잊지 마라.

노스웨스턴대학교
(Northwestern university)

홈페이지: http://www.northwestern.edu

위치

미국 일리노이 주 북동부의 도시 에번스턴(Evanston)에 있는 사립 종합대학교다. 캠퍼스는 에번스턴과 시카고(chicago) 두 곳에 있다. 두 캠퍼스 모두 미시간 호수(Michigan Lake) 인근에 있어 호수를 통해 캠퍼스를 오갈 수 있고, 미시간호를 따라 시카고 도심에 위치하여 건물과 주위 환경이 매우 아름답다.

학업 분위기

아이비리그 레벨의 교육을 받을 수 있는 아이비리그 대학에 버금가는 최고의 사립대학 중 하나다. 인문과학대학, 음악대학, 교육대학, 평생교육·교육사회정책대학, 공학·응용대학, 언론대학, 치의과대학, 경영대학, 법과대학 등으로 구성돼 있고, 학부, 대학원, 프로페셔널 스쿨 등이 모두 강하다. 공학, 인문, 사회과학 프로그램들이 거의 다 우수하고 경영, 저널리즘, 법학이 유명하다.

로스쿨과 메디컬스쿨도 우수한 편이며 방송영화학과, 언론학과, 커뮤니케이션학과는 미국 최고 수준이다. 많은 미국의 앵커들과 기자들이 이 학교 출신이다. 프로페셔널 스쿨 프로그램은 공대 대학원부터 치의과대까지 모두 최고 수준이어서, 미국 회사들이 가장 잘 알아주는 켈로그 비즈니스 스쿨은 졸업만 하면 미래가 보장된다. 그만큼 들어가기가 매우 어렵다. 경영대인 켈로그경영대학원(Kellogg School of Management)과 언론대인 메딜언론대학원(Medill School of Journalism)은 대학원 10위 이내에 든다.

학교생활

교과 외에도 다양한 활동을 중요시한다. 학생들이 운영하는 라디오 방송사, 텔레비전 방송사, 신문사 모두 우수하며 토론팀 또한 우수하여 미국 대학 토론대회에서 우승을 가장 많이 했다. 스포츠팀은 약한 편이나, 캠퍼스에서 학생들이 하는 연극 공연을 자주 볼 수 있고, 봉사 활동을 열심히 하는 대학으로 잘 알려져 있다.

유학생에 대해 제한은 없으며, 교내 소수민족 학생 중 동양인이 가장 많아 전체의 17%에 달하고 있다.

학비와 장학제도

학비는 40,247달러로 비싼 편이다. 미국 대학 기부금 순위에서 항상 상위 10위 안에 들며, 특히 동문 기부금이 많은 학교로 유명하다. 학부생 절반 이상에게 장학금을 지급하는 등 좋은 교육환경을 조성하고, 교수 1인당 학생 수를 6명 선으로 유지하고 있다.

지원정보

- 수시모집: 11월 1일까지

노트르담대학교
(University of Notre Dame)

홈페이지: http://www.nd.edu
이메일: admissions@nd.edu

위치
미국 동부 인디애나(Indiana) 주의 작은 도시에 위치해 있으며 교내에 외부 사람들이 드나들기 어렵도록 차량이 통제되어 있다.

학업 분위기
교수님들이 활발하고 열성적이며 학생들과 교류하기 위해 노력한다. 학교 수업이 어려워 학생들은 공부를 많이 해야 하며 그만큼 경쟁적이다. 금융학(finance), 정치학(political science and government), 심리학(psychology)이 유명하다.

학교생활
천주교 미션스쿨이라 미사가 많이 열리며, 파티는 대부분 캠퍼스 내에서 열도록 되어있다. 학생들은 각자 한 가지 이상 스포츠 활동을 하는데, 그 중에서도 특히 학교의 미식축구 팀의 지지도가 매우 높다. 미식축구 경기가 있을 때 레프리콘(leprechaun, 아일랜드 전설 속 요정) 옷을 입은 마스코트가 관중의 분위기를 돋우며 경기 후에는 승패에 상관없이 열심히 경기한 학생들을 위한 파티가 열린다.

학교 식당이 두 군데 있는데, 둘 다 여러 나라의 음식을 제공한다. 음식 종류도 많고 캠퍼스 내에 식당도 많기 때문에 학생들의 선택권이 다양하며 대부분 만족해한다.

학비와 장학제도

2011년 가을 기준으로 학비는 41,417달러, 기숙사비는 11,388달러이다. 평균 성적장학금 액수는 26,500달러이다.

지원정보

- 수시모집: 11월 1일까지
- 정시모집: 1월 1일까지

합격률은 24%이며, 학생 중 3%가 89개국에서 온 외국인이다.

합격생 점수기준

- SAT Critical Reading(Middle 50%): 650~740점
- SAT Math(Middle 50%): 670~770점
- SAT Writing(Middle 50%): 650~740점
- ACT Composite: 31~34점

지원시 준비사항

- 필수사항
  - 애플리케이션 에세이, SAT I 또는 ACT(Writing 영역 필수), SAT II는 몇몇 학생에게만 해당됨

- 중요하게 보는 것들
  - 성격, 장점, 재능, 특기, 표준화 검사 결과, GPA와 반에서의 등수, 애플리케이션 에세이, 추천서, 교외활동, 봉사활동 등

그 외에도 인종, 종교, 일 해본 경험, 지원자가 학교에 관심 갖는 정도, 가정에서 처음으로 대학에 가는 학생인지 등을 고려하여 학생들을 선발한다.

다트머스대학교
(Dartmouth College)

홈페이지: http://www.dartmouth.edu

위치
미국 동부 뉴햄프셔(New Hampshire) 주의 하노버(Hanover)에 위치해 있다. 화이트마운틴(White Mountain)과 그린마운틴(Green Mountain)에 둘러싸여 있다.

학업 분위기
다트머스에는 학기별 달력이 있는데 이를 'D-Plan'이라고 한다. 10주 동안 세 가지 강의를 듣는 커리큘럼으로 수업이 비교적 여유로운 편이라 해외 인턴십 등을 원하는 학생들에게 지지도가 높다. 수업 중 여러 가지 주제로 분석적인 토론을 나누는 것이 생활화되어 있다. 경제학(economics), 정치학(political science and government), 심리학(psychology)가 유명하다.

학교생활
학교 분위기가 전체적으로 밝고, 놀 때는 놀고 공부할 때는 공부하는 분위기다. 학생들 역시 생기 넘치고 스포츠 활동을 활발히 한다. 인종이나 종교 등 다양한 배경을 가진 사람들이 모여 있다. 한 학기에 한 번 'Big Weekends'가 있는데, 이때 캠프파이어 등 축제를 열고 파티도 많이 한다. 학교 음식은 맛있으나 값이 비싸다고 한다.

학비와 장학제도
2011년 가을 기준, 학비는 42,996달러, 기숙사비는 12,369달러다. 2010

년, 2011년 학생별 평균 재정보조 액수는 35,246달러이고, 유학생들 중 학자금 지원(financial aid)을 받은 재학생들 수는 259명으로, 총 수여 장학금은 11,706,712달러다.

지원정보
- 수시확정모집: 11월 1일 까지. 합격률 25.1%
- 정시모집: 1월 1까지

전체 합격률은 10.1%로 해외에서 온 학생들이 7%를 차지한다.

합격생 점수기준
- SAT Critical Reading: 660~770점
- SAT Math: 680~780점
- SAT Writing: 670~780점
- SAT(added, 25/75 percentile): 2,040~2,360점
- ACT Composite: 29~34점

지원시 준비사항
- 필수사항
  - 애플리케이션 에세이
  - SAT I 또는 ACT(Writing 영역 필수)
  - SAT II

- 중요하게 보는 것들
  - 고등학교 기록에서 보이는 열성과 지적 능력, 일에 대한 동기, 성실함을 제일 중요하게 생각함.
  - 반에서의 등수, GPA, 표준화 검사 결과
  - 애플리케이션 에세이, 추천서

- 재능, 특기 등을 살린 교과 외 활동

이 밖에도 졸업생과의 관계, 사는 곳의 지리적 위치, 인터뷰, 인종 등을 고려하여 학생을 선발하고, 가정에서 처음으로 대학에 가는지도 고려한다.

라이스대학교
(Rice University)

홈페이지: http://www.rice.edu
이메일: admissions@rice.edu

위치
미국 텍사스(Texas) 주의 휴스턴(Houston)이라는 매우 큰 도시에 위치해 있다. 학교 건물이 50개 정도 있고, 건물 사이에 나무나 덤불 등 식물이 많다.

학업 분위기
학교 규모가 작지만 연구나 공연, 휴스턴 시내 라디오방송 참여 등이 활발하다. 주로 과학과 공학 분야에 집중적으로 투자하고 있다. 대학 측은 학생들의 요구에 귀를 기울이고, 교수진도 좋아 도움받기 쉽다. 수업은 어렵지만 학생들 사이에 경쟁적인 분위기는 형성되지 않는다. 사회과학(social sciences), 공학(engineering), 생명과학(biological/life sciences) 등이 유명하다.

학교생활
학생들의 50%가 텍사스 주 출신이지만 모두가 각기 다른 배경과 생각을 가지고 있다. 기숙사 방은 한 번 정해지면 대부분 4년 동안 그곳을 쓰고, 서로서로 가족같이 지내는 분위기다.
'Beer Bike Race'라는 행사가 있는데, 처거(chugger, 거리에서 행인들을 대상으로 자선기금을 모금하는 사람)가 된 학생이 지정된 양의 술을 마신 후에 자전거를 타고 경주할 수 있다. 'Baker 13'은 매달 13일과 31일(31일이 없는 달은 26일) 밤 10시에 신발만 신고 아무것도 입지 않은 학생들이 면도크림을 바르고 캠퍼스를 뛰어다니는 행사다. 특히 할로윈이나 학년 초나 말에 많은 학생들이 참여한다.

학교 급식이 매우 좋다. 교내 식당 요리사가 모두 셰프이고, 음식도 학생들의 기호에 맞게 매우 다양하다.

학비와 장학제도

2011년 가을학기 학비는 35,551달러, 기숙사비는 11,230달러다. 학생별 평균 재정보조 액수는 28,494달러다.

지원정보

- 수시확정모집: 11월 1일까지. 합격률 35%
- 정시모집: 1월 1일까지

전체 합격률은 18.8%이고 전체 재학생 중 9%가 47개국에서 온 외국인이다.

합격생 점수기준

- SAT Critical Reading(25/75 percentile): 650~750점
- SAT Math(25/75 percentile): 690~790점
- SAT Writing(25/75 percentile): 660~760점

지원시 준비사항

- 필수사항
  - 애플리케이션 에세이
  - SAT Ⅰ과 SAT Ⅱ 또는 ACT(Writing 영역 필수)
  - 건축학, 공학, 인문학, 음악학, 자연과학, 사회과학 중 본인이 원하는 학과가 해당하는 과정을 선택해야 한다.
  - 유학생은 TOEFL 점수가 필요하며, ACT Composite 30~34점을

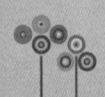

받아야 한다.

- 중요하게 보는 것들
    - 성격, 장점, 재능, 특기
    - 반에서의 등수, 표준화 검사 결과, GPA, 고등학교 기록
    - 애플리케이션 에세이, 추천서
    - 교과 외 활동

이 밖에도 지원자가 학교에 갖는 관심의 정도, 졸업생과의 관계, 사는 곳의 지리적 위치, 인터뷰, 인종, 텍사스 주에 거주하는지의 여부, 봉사활동, 일해 본 경험과 가정에서 처음으로 대학에 가보는 학생인지 여부도 학생 선발 고려사항이다.

리드대학
(Reed College)

홈페이지: http://www.reed.edu
이메일: admission@reed.edu

위치
오리건(Oregon) 주의 포틀랜드(Portland) 시에 위치해 있다.

학업 분위기
학생들이 새로운 것에 대한 탐구정신이 강하다. 공부도 열심히 하지만 자신의 관심분야도 챙긴다. 학업 스트레스가 많은 편이고 시간관리가 어렵다. 졸업반 학생들은 교수들과 일대일로 만나 졸업논문 준비를 한다. 생명과학(biology/biological sciences), 영어영문학(English language and literature), 심리학(psychology) 등이 유명하다.

학교생활
기숙사 시설이 좋다. 대부분 학생들의 정치적 성향이 좌파이기 때문에 정치적 이야기를 말만 하고 행동으로 실행하지 않는 것을 좋아하지 않는다. 다수가 백인이지만 다른 인종 학생들에게도 인지도를 높이려는 노력을 하고 있다.

학년 말 마지막 3일 동안 RennFayre가 진행되는데 졸업생들의 논문 완성을 축하하는 의미에서 개최된다. 이 축제는 논문 퍼레이드로 시작되는데, 이때 학생들은 본인의 논문을 불태우고 특별한 의상을 입고 도서관을 통과해 논문을 제출하러 간다.

학교 식당의 음식은 맛이 별로이지만, 외부에 다양한 음식점이 있고 분위기 또한 따뜻하다.

학비와 장학제도
2011년 가을학기 기준 학비는 42,800달러, 기숙사비는 11,050달러이다. 학생별 평균 재정지원 액수는 34,856달러이다.

지원정보
- 수시확정모집: 11월 15일까지
- 정시모집: 1월 15일까지

전체 합격률은 43%이다. 총 42개국에서 온 유학생은 전체 재학생 중 9%를 차지한다.

합격생 점수기준
- SAT Critical Reading(25/75 percentile): 670~750점
- SAT Math(25/75 percentile): 640~710점
- SAT Writing(25/75 percentile): 660~730점
- ACT Composite: 30~33점
- TOEFL iBT: 최소 100점, 평균 iBT: 112점
- 유학생은 SAT II와 TOEFL 필요

지원시 준비사항
- 필수사항
  - 애플리케이션 에세이
  - SAT I 또는 ACT(Writing 영역 선택)

- 중요하게 보는 것들
  - 애플리케이션 에세이, 인터뷰, 추천서

- 고등학교 기록에서 보이는 열성, GPA, 반에서의 등수
- 표준화 검사 결과, 지원자가 학교에 갖는 관심의 정도

이 외에도 졸업생과의 관계, 성격, 장점, 교과 외 활동, 사는 곳의 지리적 위치, 인종, 재능, 특기, 봉사활동, 일해 본 경험, 가정에서 처음으로 대학에 가 보는 학생인지 여부 등도 고려한다.

매사추세츠공과대학교
(MIT, Massachusetts Institute of Technology)

홈페이지: www.mit.edu

위치
미국 매사추세츠(Massachusetts) 주에 위치해 있으며, 가장 가까운 대도시는 보스턴과 뉴욕으로 차로 약 4시간 거리에 있다.

학업 분위기
매사추세츠공과대학교(이하 MIT)는 캘리포니아공과대학교와 함께 세계 최고의 공대이다. 하지만 캘리포니아공대와는 달리, 자연과학이나 공학 학부뿐만 아니라 언어학과, 경제학과 같은 사회과학 프로그램들도 미국 최고 수준이다. 세계에서 수학, 과학뿐만이 아니라 전반적으로 실력이 좋은 학생들이 모여 있다. 학교 자체는 다른 사립 대학교에 비해 작은 편이고, 그에 비해 교육의 질은 굉장히 높다. 학생은 약 4,200명 정도이고 이 중 여학생이 43%이다.

학교생활
MIT는 해외에서 온 유학생들이 많다. 학부생 가운데 유학생이 10%, 대학원은 그 비율이 40% 이상으로 훨씬 커진다. 현재 2,883명의 유학생이 MIT를 다니고 있으며, 이 중 대다수인 2,489명이 석박사 과정에 재학 중이다. 동양인들이 많은 것도 특징이다. 외국인 학생은 7%이지만, 아시아계의 미국인은 30%나 된다. MIT 한인 학생회에 따르면, MIT에는 250여 명이 넘는 대학원 한인학생회가 있으며 캠퍼스 내 한국관련 행사(MIT한국영화제, 코리안커피아워 등)를 주최한다. 한국 내 대학 중에서는 성균관대학교,

한양대학교 등과 교환학생 교류 협정을 맺고 있으며 매년 일정 인원을 상호파견하고 있다. 또한 MIT는 동아리가 많은 것으로 유명하다. 로봇 만들기, 로켓 만들기와 같이 독특한 동아리가 많고 활발히 활동하고 있다.

학비와 장학제도

학비는 32,000달러로 비싼 편이며, 성적우수 장학금이 없기 때문에 학비의 부담이 크다. 게다가 주변 물가도 비싸 생활비가 12,000달러 이상이다. 하지만, 만약 경제적으로 어려울 경우에는 유학생에게도 지원을 많이 해주는 편이다.

지원시 준비사항

MIT는 우수한 학교인 만큼 역시 들어가기가 힘들다. 외국인 지원자의 경우 약 5% 정도가 입학 허가를 받고, 이도 대부분이 미국이나 영어권 국가에서 고등학교를 졸업한 학생들이다. 최상위의 점수들과 추천서에 집중을 하는 것이 좋지만, 에세이, 추천서, 학부, 석사연구 활동 등에도 신경을 많이 써야 한다.

브라운대학교
(Brown University)

홈페이지: http://www.brown.edu

위치
뉴잉글랜드의 고등교육기관 가운데 세 번째, 미국 전체에서는 일곱 번째로 오래된 학교이다. 로드아일랜드(Rhode Island)에 위치하고 있으며, 비교적 도시에 근접해 있다. 1971년 펨브로크대학(Pembroke College)과 합쳐져 두 캠퍼스가 Brown Walk라는 길로 이어져 있다. 펨브로크는 대부분 기숙사 빌딩으로 쓰여 25~30%의 신입생들이 이곳에 산다.

학업 분위기
미국에서 종교적 성향과 관계없이 학생들을 선발한 최초의 대학이다. 첫 두 주는 shopping period(쇼핑기간)라서 아무 강의나 가서 들을 수 있다. 또한 1970년 모든 학부생이 이수해야 하는 핵심 필수과목을 없애고 각 학과에 맞는 집중 필수과목을 신설하는 브라운 커리큘럼을 도입해, 학생들이 스스로 자신에게 맞는 특화된 연구 프로그램 계획을 짜고, 학교에서는 어드바이징 네트워크(advising network)를 통해 학생들이 브라운 커리큘럼을 숙지할 수 있도록 돕는다. 학생들이 만든 신문에 학과별 설명이 친절히 출판된다. 생명과학(biology/biological sciences), 경제학(economics), 국제관계학(international relations and affairs), 기업운영학(entrepreneurial and small business operations), 역사학(history) 등의 과목이 유명하다.

학교생활
브라운대학교 정문인 Van Wickle Gates의 가운데 부분은 1년에 두 번 열리는데, 졸업하기 전에 이 문을 두 번 이상 통과하면 졸업을 못 한다는 미신이 있다. 이 미신을 피하기 위해 뒷걸음질 쳐서 통과한다는 우스갯소리도 있다.

생각과 대화가 강조되며, 학생 대부분이 집에 자주 가지 않는다. Spring Weekend라는 체육대회와 무도회 겸 축제가 있으며, 학교 내부보다는 외부의 음식이 맛있다고 한다.

학비와 장학제도

2010~2011년 기준 학비는 40,820달러, 기숙사비는 10,540달러이다. 학생들의 44%가 장학금을 원하며, 학생별 평균 재정지원 액수는 34,586달러이다.

스미스대학
(Smith College)

홈페이지: http://www.smith.edu
이메일: admissions@nd.edu

위치
평화롭고 자연이 아름다운 마을인 노스햄턴(Northampton)에 위치해 있다. 가장 가까운 대도시인 보스턴까지는 차로 2시간이 소요되는 시골이지만, 자유롭고 다양한 분위기의 지역이다.

학업 분위기
바사(Vassar), 레드클리프(Radcliffe), 버나드(Barnard), 브린모어(Bryn Mawr), 마운트홀리요크(Mount Holyoke), 웰즐리(Wellesley)와 더불어 '세븐 시스터즈(Seven Sisters)'라고 불리며, 미국 동부의 7대 명문 여자대학 가운데 하나로 꼽혀왔다. '미국의 이화여대'라고도 불리며, 미국 최고의 리버럴 아츠 칼리지(Liberal Arts College) 중 하나이다. 또한, 많은 대통령과 정치인 부인들의 출신학교로 유명하며, 바바라 부시(Barbara Bush), 낸시 레이건(Nancy Reagan) 등이 졸업했다.

스미스대학은 여대 중에서 유일하게 공학 프로그램이 잘 개설되어있다고 해도 과언이 아니다. 또한, 리버럴 아츠 스쿨 중 박사과정까지의 대학원 프로그램을 제공하는 학교이다. 유명한 프로그램으로는 경제학, 미술사학, 여성학이 있으며, 인기학부 전공과목의 경우 정치학, 심리학, 영문학이 있다. 대학원의 경우 남학생도 입학할 수 있지만, 여자가 90% 정도를 차지한다.

또한 예일대학교, 애머스트대학과 제휴를 맺어 복수전공 수업을 들을 수 있게 되어 있다. 그리고 주변의 대학과 컨소시엄을 맺어 마운트홀리요크, 애머스트, 햄프셔, 메사추세츠대학에서도 강의를 들을 수 있다.

학교생활

학생 수는 약 2,700명 정도이며, 이 중 외국인 학생은 7% 정도를 차지한다. 한국인은 유학생, 교포를 합쳐서 80명 정도 있다.

캠퍼스 시설은 굉장히 아름답고 관리가 잘되어 있으며, 리버럴 아츠 칼리지 중 가장 규모가 큰 도서관 시설을 갖추고 있다. 스포츠 시설 또한 뛰어나다.

학비와 장학제도

외국인 학생의 1년 학비는 약 40,000달러이며, 이는 미국 대학 중에서 무척 비싼 편이다. 1년 생활비는 주택에서 거주할 시 11,000~15,000달러이며 기숙사에 거주할 시 약 10,000달러의 비용이 소요된다.

스미스대학은 외국인 학생들에게도 재정을 지원해주는 소수의 대학 중 하나이기도 하다. 재정지원은 외국인 신입생의 경우 40,800(장학금, 대출, work-study 포함)달러가 평균적으로 지원되지만, 높은 경쟁률과 제한된 금액 때문에 지원받기 힘들다.

합격생 점수기준

미국인 지원자의 경우
- SAT Critical Reading: 약 670점
- SAT Math: 630점
- SAT Writing: 660점
- SAT Ⅰ 전체: 1,950점 이상
- TOEFL: 100점 이상

전체 지원자 합격률은 약 50%인데 반해, 외국인 지원자 합격률은 30%

로 미국인 지원자 합격률보다 낮은 편이다. 또한 외국인 지원자는 미국인 지원자보다 점수가 높아야 한다.

　SAT I과 SAT II 점수가 높다면 합격할 확률이 높다.

스워스모어대학
(Swarthmore College)

홈페이지: http://www.swarthmore.edu
이메일: admissions@swarthmore.edu

위치
필라델피아(Philadelphia)의 작은 마을에 위치하고 있다. 펜실베이니아(Pennsylvania) 주로부터 18km 밖에 떨어져 있지 않다. 학교 캠퍼스에 기차역이 있어서 필라델피아에 가기 어렵지 않다.

학업 분위기
점수를 얻기 위해서가 아니라 말 그대로 공부를 좋아하는 학생들이 모여 공부를 하는 곳이다. 학교와 교외활동으로 엄청나게 바쁘고 또 매우 힘들기도 하지만, 그것을 다 견뎌내는 게 정말 보람차다고 한다. 꼭 충족시켜야 하는 형식도 적고, 따라서 전공하고 싶은 학과가 없더라도 본인이 길을 만들어가면 된다.

생명과학(biology/biological sciences), 경제학(economics), 정치학(political science and government)이 유명하다.

학교생활
'Crum Regatta'라는 대회가 있는데, 주변에서 찾을 수 있는 아무 재료로 보트를 만들어 시합을 한다. 처음으로 목적지에 도달하는 보트와 가장 창의적인 보트를 만든 학생에게 상을 수여한다.

'Screw your Roommate'라는 행사도 있는데, 룸메이트끼리 아니면 친구들끼리 서로를 위해 소개팅을 해주는 것이다. 하지만 그 자리에서 누군지

알 수 없고, 특별한 행동으로 파티에서 상대방을 찾아야 한다. 전에 있던 방식 중 하나는 타잔처럼 옷을 입고 돌로 된 벽을 기어올라 제인을 찾는 것도 있었고, 테이프로 책상 밑에 칭칭 감긴 사람을 헐크가 와서 구해주기를 기다리는 방식도 있었다.

학생들은 각자의 재능이 하나씩 있다. 공부도 열심히 하고 교외활동도 열심히 하면서 파티도 한다. 모두들 공부나 교외활동 등 자신이 하고 싶은 것을 하며 언제나 바쁘고 밝게 살아간다. 음악관련 클럽이 인기가 많고, 학생들의 정치적 활동 역시 활발하다.

학교 급식은 괜찮다는 사람도 있지만 싫어하는 사람도 꽤 있다.

학비와 장학제도

2011년 가을 기준으로 학비는 41,150달러이며, 기숙사비는 12,100달러이다. 2011~2012년 학생별 평균 재정지원 액수는 38,800달러이다.

지원정보

- 수시학정모집: 11월 15일까지. 합격률 34%(2010년 가을 기준)
- 정시모집: 1월 1일까지

전체 합격률은 15.7%이다. 57개국 학생들이 유학하고 있으며, 유학생은 전체 재학생 중 7%에 해당한다.

합격생 점수기준

- SAT Critical Reading(25/75 percentile): 680~770점
- SAT Math(25/75 percentile): 670~760점
- SAT Writing(25/75 percentile): 680~770점
- SAT(CR + Math, 25/75 percentile): 1350~1510점
- ACT Composite: 30~34점
- TOEFL 평균점수 PBT: 643점, iBT 112점

지원시 준비사항

- 필수사항
  - 애플리케이션 에세이
  - SAT I & SAT II 또는 ACT(Writing section required)

- 중요하게 보는 것들
  - 반에서의 등수
  - 애플리케이션 에세이
  - 추천서
  - 고등학교 기록에서 보이는 열성
  - GPA(고등학교 공부의 난이도와 학생의 성취도)

스탠퍼드대학교
(Stanford University)

홈페이지: http://www.stanford.edu

위치
미국 캘리포니아 스탠퍼드(Stanford) 주에 있는 세계적인 명문 사립대학교다. 정식 명칭은 릴랜드 스탠퍼드 주니어 대학교(Leland Stanford Junior University)이지만 대부분 '스탠퍼드대학교' 또는 '스탠퍼드'라고 부른다.

학업 분위기
2011년 기준 지구과학대학, 공과대학, 문리대학의 3개 대학에서는 학부과정을, 경영대학과 교육대학, 법과대학, 의과대학 등 4개 대학에서는 석·박사과정의 교육 프로그램을 제공하고 있다. 창의적 사고, 문제해결 능력 향상, 연구방법론 등이 이 학교에서 가장 중시하는 교육의 목적이다.

2011년 현재 〈포브스〉, 〈US뉴스&월드리포트〉, 〈워싱턴 먼슬리〉 등이 발표한 미국 대학 순위에서 각각 5위와 4위, 영국의 글로벌대학평가기관 QS가 발표한 세계대학순위(QS World University Ranking)에서 11위, 〈타임스〉 세계대학순위와 상하이 자오퉁 대학의 ARWU 세계대학순위에서 각각 2위를 기록하는 등 대부분의 학부에서 강점을 나타내는 세계 최고 수준의 명문대학으로 평가받고 있다.

여러 학과 가운데 특히 학부에서는 물리학, 경제학, 심리학, 정치학, 공학, 철학 등이, 대학원에서는 경제학, 사회학, 심리학, 역사학 등이 경쟁력을 갖춘 것으로 인정받고 있다. 전자공학과, 경제학과, 생물학과, 심리학과 등도 매우 인기가 있다.

학교생활

다른 비슷한 수준의 대학들보다 훨씬 더 좋은 조건에서 공부할 수 있다. 최고의 교수진과 연구 시설에 날씨와 환경까지 환상적인 곳에서 공부할 수 있다.

학비와 장학제도

학비가 매우 높다는 단점이 있다. 외국인 학생을 기준으로 일 년 학비는 대략 41,000달러 이상이다. 게다가 주변지역이 물가가 매우 높아 생활비 등을 포함하면 많은 부담을 느낄 수 있다. 하지만 학교 자체적으로 장학제도가 매우 잘 되어있다. 유학생들에게도 Merit-based 형태로 장학금을 지급하고 있다.

지원정보

- 수시모집: 11월 1일까지
- 정시모집: 12월 15일까지

합격자 중 수시모집을 통한 합격자가 전체의 1/3이 넘을 정도로 많다고 한다.

지원시 준비사항

세계 최고 수준의 명문대학인 만큼 우수한 실력의 학생들만이 들어갈 수 있는 곳이다. 대학원의 경우, TOEFL과 GRE 점수가 높아야 원서를 내볼 만하다. 추천서, 에세이, 학부성적, 학부 때 활동, 그리고 학부, 석사 때 연구 경력이 입학을 좌우할 것이다.

외국인 지원자들 중 5%만이 입학 허가를 받는데, 이들 대부분이 미국이나 영어권 국가에서 고등학교를 나온 학생들이다. 높은 TOEFL, SAT I, 우수한 학교성적, 에세이, 추천서, 인터뷰, 과외활동, 봉사활동, 특수 재능을 갖추었다면 도전해 볼만 하다.

시카고대학교
(University of Chicago)

홈페이지: http://www.uchicago.edu

위치
미국 일리노이(Illinois) 주 시카고에 위치한 연구 중심의 사립 종합대학교이다. 메인 캠퍼스는 시카고 시내에서 남쪽으로 11㎞ 떨어진 하이드 파크 인근에 위치하고 있으며, 면적은 총 85만 ㎡에 달한다.

학업 분위기
미국 사립대학 중 노벨상 왕국으로 불리고 존 록펠러가 세운 대학이다. 미국 사립대 중 최고의 경제학과로 유명하다. '시카고 학파'라는 말을 유행시키며 경제학 부문 세계 최고 권위를 자랑했던 곳이기도 하다.

학생들은 대도시 시카고로부터 각종 인턴십이나 일할 수 있는 기회 또는 문화생활의 혜택을 받고 있다. 2011년 기준 생명공학, 부스(Booth) 경영학부, 신학부, 평생교육 및 직업연구학부, 공공정책연구학부, 인문학, 법학부, 과학, 의과대학, 사회과학, 사회봉사 행정학부 등으로 구성되어 있다.

그 중 부스 경영학부는 1898년에 개설된 세계에서 두 번째로 오래된 경영학부이다. 사회과학대학에서는 석사과정으로 국제관계, 중동연구 등 4개 프로그램, 박사과정으로 역사, 사회학, 심리학, 정치과학 등 9개 과정이 운영되고 있다. 대학 소속 연구소로 엔리코 페르미(Enrico Fermi) 연구소, 동양연구소, 프랭크 인문학연구소 등이 있다.

또한 최대 노벨상 수상자를 배출한 학교이기도 하다. 1972년 노벨 화학상을 수상한 허버트 브라운(Herbert Charles Brown), 1976년 노벨 문학상을 수상한 솔 벨로(Saul Bellow), 수학자 조지 버코프(George David Birkhoff), 침례교 목사이자 인권운동가인 제시 잭슨(Jesse Louis Jackson) 등이 이 대학 졸업생이다.

학부생 16% 정도가 아시아계 학생으로, 중부에서 한국 학생들이 가장 많은 학교이기도 하다. 이 대학은 교수-학생 비율이 1대 5 정도로 미국에서 가장 양호한 교수자원을 가진 학교 중 하나다.

학교생활

학생들은 아침 일찍 일어나 하루 종일 강의실과 도서관 식당 등을 전전한다. 잠자리에 드는 것은 보통 밤 12시에서 새벽 2시 정도이니 의지가 약한 사람에게는 맞지 않는 학교일 수도 있다. 하지만 공부를 열심히 해야 하는 분위기인데도, 다른 학생과의 극심한 경쟁의식은 느끼지 않고 자유롭게 지낸다.

학비와 장학제도

2011~2012년 기준으로 학비는 41,853달러로 비싼 편이고, Student life fee(수수료)는 930달러, 기숙사 비용은 12,633달러, 개인경비는 3,539달러이다.

지원정보

- 수시모집: 11월 1일까지
- 정시모집: 1월 1일까지

지원시 준비사항

입학담당 관계자의 말에 의하면 시카고대학의 신입생 선발은 지원자의 모든 면을 심사한다고 한다. 학업성적, 봉사활동, 외국여행이나 생활경험, 외국어 구사 능력, 특수 예능 소지 여부 등이 다양하게 검토한다.

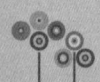

에모리대학교
(Emory University)

홈페이지: http://www.emory.edu
이메일: admiss@learnlink.emory.edu

위치
애틀랜타(Atlanta)의 작은 마을에 위치하고 있다. 도시에서 20분 정도밖에 떨어져있지 않아 손쉽게 애틀랜타로 갈 수 있으며 마르타(MARTA)라는 버스, 지하철 시스템을 이용해서 차가 없이도 이동할 수 있다.

학업 분위기
소규모 강의로 교수들의 관심을 받을 수 있다. 교수들은 열정적이며, 학생들의 탐구정신을 끊임없이 유도한다. 강의 종류도 다양하며, 원하는 수업을 듣기가 비교적 쉽다고 한다. 단, 과학 분야의 수업은 조금 약하다고 한다.
사회과학(Social Sciences), 경영학(Business Administration and Management), 생명과학(Biology/Biological Sciences), 심리학(Psychology)이 유명하다.

학교생활
남부의 하버드라고도 불리며, 남부의 환영방식(southern hospitality)이 어떤 것인지 알 수 있는 대학이다. 학생들은 대부분 졸업하고 어떤 일을 할 것인지에 대해 확신을 가지고 있다. 학교에서는 항상 여학생 사교클럽(sorority)/남학생 사교클럽(fraternity) 파티에서부터 탱고 레슨까지 다양한 이벤트들이 진행되고 있다. 또, 학생들도 다른 사람과의 차이를 쉽게 받아들이고 이해해서 누구나 쉽게 다른 사람과 어울릴 수 있는 분위기라고 한다.

Songfest라는 대회가 있는데 학생들은 기숙사별로 서로 자신의 기숙사가 최고라는 것을 노래와 춤을 통해 나타낸다. 기숙사끼리 같은 티셔츠를 맞춰 입기도 하며, 서로를 잘 모르는 신입생들이 서로를 더 쉽게 알아갈 수 있다. 이긴 기숙사는 상금을 받아서 파티를 연다고 한다.

Semi Formal은 학교에서 주관하는 파티로, 여기에서 신입생들은 서로를 알아갈 수 있다. Black and White Dance는 검정색과 흰색만이 있는 옷을 입는 파티이다.

환경보호를 위해 지역에서 생산된 원재료를 이용하여 음식을 만든다. 맛은 그저 그렇다고 한다. Meal plan을 신청하면 meal swipe라는 티켓을 999개 주는데, 이는 학교 식당에서 999번 음식을 먹을 수 있다는 뜻이다.

학비와 장학제도

학비는 41,164달러이고, 기숙사비는 11,628달러로 비싼 편이다.

지원정보

- 수시확정모집: 11월 1일까지
- 정시모집: 1월 15일까지

전체 합격률 28.9%이며, 그중 2010년 합격생 중 38%가 수시확정모집으로 합격했다. 최근 들어 수시확정모집으로 합격하는 사람들이 점점 많아지고 있는 추세다.

합격생 점수기준

- SAT Critical Reading(25/75 percentile): 650~740점
- SAT Math(25/75 percentile): 670~770점
- SAT Writing(25/75 percentile): 660~750점
- ACT Composite: 30~33점

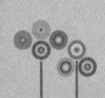

- TOEFL PBT: 600점
- TOEFL iBT: 100점

지원시 준비사항
- 성격, 장점
- 애플리케이션 에세이
- 추천서, 고등학교 기록에서 보이는 열성
- 표준화 검사 결과, GPA(내신)
- 능력, 특기, 봉사활동, 직업 경험
- 지원자가 학교에 갖는 관심 정도

이 밖에도 동문과의 관계, 반 등수, 사는 곳의 지리적 위치, 인터뷰, 인종, 학교가 있는 주에 살고 있는지 여부, 가족 중에서 처음으로 대학을 가는 사람인지의 여부 등도 학생 선발 고려사항이다.

애머스트대학
(Amherst College)

홈페이지: http://www.amherst.edu
이메일: admission@amherst.edu

위치
리버럴 아츠 칼리지의 최고봉으로, 보스턴에서 약 1시간 반 정도 떨어진 매사추세츠(Massachusetts) 주 애머스트에 위치한 사립대학이다.

학업 분위기
2010년 미국의 경제전문지 〈포브스〉가 선정한 '최고의 미국 대학' 순위에서 3위를 차지했다. 그리고 2011년 미국의 시사주간지 가 발표한 리버럴 아츠 칼리지 순위에서 윌리엄스 칼리지에 이어 2위를 차지했다.

매사추세츠 주 대학 가운데 세 번째로 역사가 오래된 학교이다. 무엇보다 공부를 1순위를 삼지만, 학생들은 대부분 활발해서 공부 이외의 활동들을 많이 한다고 한다.

경제학(economics), 정치학(political science and government), 심리학(psychology) 과목이 유명하다.

학교생활
여러 인종의 사람들이 모여 있다. 체육 활동이 강조되고 파티가 많다. 학생들이 조용히 공부만 하는 학생들과 체육을 많이 하는 학생들과 양분되는 느낌도 있지만, 아무리 파티를 많이 하는 사람이더라도 공부에 대해 신경 쓰는 정도는 비슷하다고 한다. 온갖 활동을 위한 동아리가 있고, 만약 없더라도 학교에서 그런 동아리를 위해 돈을 모아준다고 한다. 동아리들이 많기에 밖으로 나가기보다는 학교 내에서 주로 모임활동을 한다고 한다.

Commencement Week라는 행사기간이 있다. 처음에는 부스를 만들고 텐트를 치며 하는 1일 행사였다. 초기에는 다양한 주제에 관해 라틴어, 독일어 등 여러 언어로 연설이 진행됐고, 종교적 색채가 강했다. 하지만 졸업생들이 마을을 돌아다니며 연설을 하고 교수의 집을 찾아가는 등 Class Day 등의 다른 행사들이 합쳐지며 행사가 며칠 동안으로 늘어나게 되었고 종교적 색채 역시 사라지게 되었다.

기숙사는 5성급 호텔만큼이나 넓고 유지가 잘 되고 고급스럽다고 한다. 학교 외부에는 여러 나라들의 음식점이 많다.

학비와 장학제도

2011년 가을 기준 42,898달러이고, 기숙사비는 11,200달러이다. 기타 경비는 800달러로 예상된다.

학생별 평균 재정지원 액수는 41,150달러이다.

지원정보

- 수시확정모집: 11월 15일까지. 합격률 33.3%
- 정시모집: 1월 1일까지

2010년 지원자 중 35%가 수시확정모집으로 뽑힌 학생들이다. 전체 합격률은 13.3%이며, 24개국 유학생은 전체의 8%이다.

합격생 점수기준

- SAT Critical Reading(Mid 50%): 690~790점
- SAT Math(Mid 50%): 680~780점
- SAT Writing(Mid 50%): 690~780점
- SAT(added, 25/75 percentile): 2130~2340점
- ACT Composite: 30~34점

- TOEFL PBT: 최소 600점
- TOEFL CBT: 최소 250점
- TOEFL iBT: 최소 100점
- TOEFL 평균점수 PBT 633점, iBT 108점

지원시 준비사항
- 필수사항
    - 애플리케이션 에세이
    - SAT I & SAT II 또는 ACT(writing 영역필수)

- 중요하게 보는 것들
    - 애플리케이션 에세이, EC(과외활동)
    - 추천서, 고등학교 기록에서 보이는 열성
    - 표준화 검사 결과
    - GPA(고등학교 공부의 난이도와 학생의 성취도, 가장 중요)
    - 능력, 특기, 봉사활동, 직업 경험
    - 지원자가 학교에 갖는 관심 정도

이 밖에도 거주지의 지리적 위치, 인종, 매사추세스 주에 거주하는지의 여부, 일해 본 경험, 자율학습, 고등학교의 질, 교실 밖에서의 성취 등도 학생 선발 고려사항이다.

예일대학교
(Yale University)

홈페이지: http://www.yale.edu

위치
미국 코네티컷(Connecticut) 주의 교육 도시 뉴헤이븐(New Haven)에 있는 사립 종합대학교다.

학업 분위기
미국 동부 8개 명문 사립대학을 지칭하는 아이비리그(Ivy League)에 속한 전통의 명문대학이다. 개교 이래 2011년까지 48명의 노벨상 수상자를 배출했다. 또 미국에서 세 번째로 긴 역사를 자랑하는 곳이며, 미국 최초로 박사학위 수여를 시작한 학교이기도 하다.

미국 시사주간지〈US뉴스&월드리포트〉가 매긴 2012년 미국 대학 3위에 올랐다. 전통적으로 하버드대학교(Harvard University)와 함께 미국 최고 대학 자리를 다퉈 온 라이벌 관계로 유명하다. 하버드대학교나 프린스턴대학교에 비해 예일대학교의 순위가 조금씩 뒤쳐지는 이유도 미국 10위 안에 드는 뉴헤이븐의 높은 범죄율 때문이라는 분석도 있다.

학부 과정인 예일칼리지(Yale College)를 비롯해 문리과학대학원(Graduate School of Arts and Sciences)과 13개의 전문대학원 등 15개 파트로 구성돼 있다. 학부 과정에서는 교양 과목 위주의 교육이 이뤄진다. 도서관, 미술관, 미술센터, 자연사박물관, 식물원, 방송국 등의 부설 시설을 운영한다.

외국인 학부지원자 중에 5%만이 합격할 정도로 미국에서 들어가기 가장 어려운 곳 중 하나이다. 학과의 경쟁률은 대부분 10% 정도이며, 외국인 입학률 5%이다. 특이한 점은 학부보다는 대학원생이 더 많다는 점이다.

가장 인기 있는 전공 분야는 신학 과정, 역사와 영어, 정치학(Political Science and government), 역사학(history), 경제학(economics), 심리학(psychology), 생명과학(biology/biological science)이며, 주력 과정은 아니지만 법대도 매우 유명하다.

학교생활

복고풍, 고딕식의 건물이 웅장하다. 도서관 또한 학교의 자랑거리로 1,000만 권의 책을 구비하고 있다. 대부분의 학생들은 기숙사를 중심으로 대학 4년을 보내게 된다. 학교 입학생의 40% 정도가 사림고등학교 출신일 정도로 귀족학교적인 이미지를 유지하고 있다.

학비와 장학제도

학비는 연간 40,500달러이다. Need blind(출신국가에 상관없이 우수학생을 유치하기 위해 유학생에게도 장학금을 제공하는 제도)형태의 장학금을 지급한다. 또한 유학생들에게도 풍부한 재정을 지원하고 있다. 따라서 입학하기만 하면 재정지원이 가장 우수한 대학 중 하나이기 때문에 경제적인 부담은 덜한 편이다.

지원시 준비사항

미국 최고의 엘리트대학인 만큼 들어가기가 하늘에서 별 따기처럼 어렵다. 아무리 점수가 높더라도 떨어질 가능성이 많다. 에세이와 추천서가 가장 중요하다.

윌리엄스대학교
(Williams College)

홈페이지: http://www.williams.edu
이메일: admissions@williams.edu

위치
매사추세츠(Massachusetts) 주에 위치하며, 비교적 작은 마을에 있다.

학업 분위기
교실은 작지만 학구열은 대단하다. 편의를 위해서라는 명목으로 학생들의 의견을 받아들이지 않고 학교에서 밀고 나가는 것들이 많지만 비리는 일어나지 않는다. 대부분의 교수님들은 학생들이 자신의 과목을 좋아할 수 있는 기회가 조금이라도 생기면 바로 즐거워한다.

경제학(economics), 영어영문학(English language and literature/letters), 시각공연예술학(visual and performing arts)이 유명하다.

학교생활
서로 관심 분야가 다양하고, 개성 있고 열정적이며 재미있다. 체육 분야에도 강세를 보이며 성격마저 다 제각각이다. 예술적 학생들과 체육 쪽 학생들이 구분되어 있는 경향이 강하지만 반면 서로 공통점도 많다. 주중엔 열심히 공부하다가 주말엔 열심히 노는데, 자기 조절을 잘한다.

10월의 1, 2, 3주 중 아무 금요일에나 수업이 취소되고 Mountain Day라는 공지가 나가는데, 이때는 도넛과 탄산음료를 먹으며 아카펠라 공연을 듣는다고 한다. 한 학기가 끝날 때에 Williams Trivia Contest라는 대회도 개최된다. 재학생, 졸업생, 교수님들이 모두 참여한다.

월요일 저녁엔 고기가 들어가지 않은 식단을 제공한다. 환경적, 건강적, 경제적 측면에서 고기 섭취를 하자는 취지에서 이런 제도가 생겨났다.

학비와 장학제도

2011년 가을 기준 학비는 43,190달러이고, 기숙사비는 11,370달러이다. 학생별 평균 재정지원 액수는 41,133달러이다. 장학금을 주는 정도는 5,300~60,700달러이다.

지원정보

- 수시확정모집: 11월 10일까지
- 정시모집: 1월 1일까지

전체 합격률은 17.3%이며, 수시확정모집에서 합격한 학생들이 그 학년 전교생의 42%이다. 73개국에서 온 유학생이 전체 학생 중 7%에 해당된다.

합격생 점수기준

- SAT Critical Reading: 660~760점
- SAT Math: 650~760점
- ACT Composite: 30~34점

지원시 준비사항

- 필수사항
    - 애플리케이션 에세이
    - SAT I 또는 ACT(Writing 영역필수)
    - SAT II

- 중요하게 보는 것들
    - 애플리케이션 에세이

- 추천서
- 고등학교 기록에서 보이는 열성
- 표준화 검사 결과
- GPA(고등학교 공부의 난이도와 학생의 성취도)
- 반에서의 등수, 교외활동, 재능 및 특기

이 밖에도 졸업생과의 관계, 성격 및 장점, 사는 곳의 지리적 위치, 인종, 봉사활동, 일해 본 경험, 종교적 관련 사항이나 신앙, 가정에서 처음으로 대학에 가는 학생인지 등도 고려한다.

옥스퍼드대학교
(University of Oxford)

홈페이지: http://www.ox.ac.uk

위치
영국 잉글랜드 옥스퍼드셔카운티(Oxfordshire county) 옥스퍼드 시에 있다.

학업 분위기
38개의 대학으로 구성된 공립 종합대학교로 영어권에서 가장 오래된 대학이다. 줄여서 '옥스퍼드'라고 불린다. 전 세계에 현존하는 대학 가운데 두 번째로 오랜 역사를 자랑하며 영어권에서 가장 오래된 대학이다. 러셀 그룹 회원대학이며, 동시에 유럽의 명문 10개 대학 연합체인 유로패엄(Europaeum) 소속 대학이다. 러셀 그룹(Russell Group)은 1994년 영국에서 설립된 대규모 연구를 선도하는 20개 대학 그룹으로 미국의 아이비리그와 유사하다.

2011년 영국의 대학평가기관 'QS(Quacquarelli Symonds)'가 선정 발표한 세계 대학 순위에서 세계 5위 대학에 선정되었다. 옥스퍼드와 관련된 노벨상 수상자는 47명 정도이다. 전체 학부생 가운데 53%가 인문학 및 사회과학 분야에서 수학하고 있으며, 44%는 의학, 수학, 물리학, 생명과학 분야에서 수학하고 있다. 대학원의 경우는 재학생 가운데 55%가 인문학 및 사회과학을, 39%가 의학, 수리과학, 물리학, 생명과학을 공부하고 있다. 매년 1만 5,000명 이상이 평생교육학부에 등록한다. 이 학교의 평생교육학부는 영국에서 가장 규모가 큰 평생교육 시스템 가운데 하나다.

전 세계의 130여 국가에서 온 유학생으로 이루어져 총 학생 수는 약

17,000명 정도이며 해외유학생은 30% 정도이다. 1990년 이후 한국인 유학생 비율도 매년 높아지고 있다고 한다. 총 8,000여 명의 유학생 가운데 학부생의 15%, 대학원생의 61%가 전 세계 140개국에서 온 유학생이다. 가장 많은 유학생을 보낸 나라는 미국이며 중국, 홍콩, 독일, 캐나다가 그 뒤를 잇고 있다.

우리나라의 학교처럼 정문과 후문이 있고 그 안에 각 단과대학이 있는 것이 아니라 도시 안에 수백 개의 단과대학이 흩어져 있다. 각각의 칼리지는 독립적으로 운영되며 특색, 학칙도 전혀 다르다. 38개의 칼리지와 6개의 상설사설학당(permanent private hall)으로 구성되어 있고, 토론토대학이나 케임브리지대학처럼 대학 선택 시 각각의 칼리지들의 장단점을 확인하고 나에게 맞는 칼리지를 잘 선택해야 한다.

1:1 튜토리얼 시스템이라는 개인 교습 프로그램이 있다. 학자를 만들어 내는 옥스포드 훈련코스의 핵심 지도교수와 학생 간의 일대일 수업방식을 말하는 것으로 옥스포드대학 교육방법의 가장 중요한 뼈대이다. 자신이 선택한 과목에 따라 1~2명의 지도교수를 갖게 된다. 학생들은 10~15시간 정도의 강의와 세미나 외에 일주일에 2회 정도의 튜터리얼을 갖게 된다. 세계적인 무대에 진출했을 때를 대비하여 사회에 대한 진지한 자세, 책임감과 엘리트 의식 등을 갖출 수 있는 기회를 제공하고 있다.

졸업까지 2~3번 정도 실시하는 학력측정 테스트에서 좋은 점수를 얻지 못하면 바로 낙제한다. 입학 후에도 학업에 집중해야 한다.

학교생활

대학 도서관은 100개 이상의 도서관으로 구성된 영국에서 가장 큰 도서관 시스템이다.

학비와 장학제도

1년 공부하는 데 필요한 비용은 등록금 약 10,000파운드와 숙식비 약 11,000파운드로 총 한화로 3,700만 원 정도로 매우 비싼 편이다. 외국인에게 장학금 혜택은 거의 없다. 2009~2010년 학부생에게 총 500만 파운드의 학비 보조금이 지급되었다.

지원정보

영국 대학의 1년은 3학기(Autumn, Spring, Summer term)로 나뉘는데, 대부분 대학은 매년 9~10월에 신입생을 받는다. 학기가 시작되는 해의 3월경에 입학신청을 받고, 입학심사는 3월~6월 사이에 이루어진다.

외국인이 이 학교에 입학하기 위해서는 최소 5% 이내의 성적이어야 하며, 원서를 낼 때 첨부하는 에세이와 교사추천서가 가장 중요하다.

일리노이대학교 어버너-샴페인캠퍼스
(University of Illinois at Urbana-Champaign)

홈페이지: http://illinois.edu
이메일: admissions@illinois.edu

위치
일리노이 주의 어버너(Urbana)와 샴페인(Champagin)이라는 작은 도시 사이에 자리하고 있으며, 캠퍼스 내에 공항이 있다.

학업 분위기
재학생들을 위한 프로그램이 150가지가 넘고, 도서관에는 전문가들에게도 합당할 정도로 자료가 풍부하다. 학교는 계속해서 학생들에게 도전의식을 심어주고, 하고 싶은 것을 자유롭게 할 수 있는 기회를 제공한다. 단점은 초급반은 학생들이 너무 많다는 것이다. 어떤 반은 800명도 된다고 한다. 또한 강의 하나를 추가하거나 뺄 때에도 여러 건물들을 돌아다니며 5~6명에게 본인의 상황을 처음부터 끝까지 다시 설명해야 한다.

세포·분자 생물학(cell·cellular and molecular biology), 정치학(political science and government), 심리학(psychology) 과목이 유명하다.

학교생활
1,000개 이상의 동아리들로 인해 온갖 활동들을 경험해 볼 수 있다. 파티도 많지만 파티 대신에 즐길 수 있는 것도 많다. 학생들은 술을 많이 마신다.

링컨 상의 코를 문지르면 시험에 행운이 있으리라는 설이 있다. 또한 'Eternal Flame'이라는 1912년도 졸업생 기념상이 있는데, 여기에 있는 벤치에서 연인과 키스하면 영원히 사랑하게 된다는 설이 있다.

학교 음식은 싱싱하지도 맛있지도 않고, 메뉴도 다양하지 않다. 그나마 학교에 있는 레스토랑 덕분에 견딜 만하다고 한다.

학비와 장학제도

2011년 가을 기준 학비는 27,980달러이고, 기숙사비는 10,080달러이다. 학생별 평균 재정지원 액수는 14,824달러이다.

지원정보

- 수시모집: 11월 10일까지
- 정시모집: 1월 2일까지. 발표는 12월 14일.

전체 합격률은 68%이고, 89개국에서 온 유학생이 전체 학생 중 3%이다.

합격생 점수기준

- SAT Critical Reading(Middle 50%): 540~660점
- SAT Math(Middle 50%): 690~780점
- SAT Writing(Middle 50%): 590~680점
- ACT Composite: 26~31점
- TOEFL 최저점수 iBT: 79점

지원시 준비사항

- 필수사항
    - 애플리케이션 에세이
    - SAT I 또는 ACT(Writing 영역 필수)

- 중요하게 보는 것들
  - 고등학교 기록에서 보이는 열성
  - GPA(고등학교 공부의 난이도와 학생의 성취도)
  - 반에서의 등수, 애플리케이션 에세이, 교외활동, 표준화 검사 결과, 재능 및 특기

이 외에도 성격, 장점, 사는 곳의 지리적 위치, 인종, 일리노이 주에 거주하는지의 여부, 봉사활동, 일 해본 경험, 가정에서 처음으로 대학에 가보는 학생인지 여부 등도 고려한다.

해외 명문대 입시전략

조지타운대학교
(Georgetown University)

홈페이지: http://www.georgetown.edu

위치
미국의 수도 워싱턴 D.C.(Washington, D.C.)에 있는 사립 종합대학교다.

학업 분위기
 미국의 수도에 있는 대학답게 외교와 정치 분야에서 유명한 인물을 많이 배출했다. 빌 클린턴(Bill Clinton) 미국 전 대통령을 비롯해 라우라 친치야(Laura Chinchilla) 코스타리카 대통령(2011년 현재), 글로리아 마카파갈 아로요(Gloria Macapagal Arroyo) 전 필리핀 대통령, 사드 하리리(Saad Hariri) 전 레바논 수상 등 각국의 전·현직 정상들이 이 학교 출신이다.

 또 각종 대학 순위에서 미국 20~40위권에 주로 이름을 올리고 있다. 미국 평가 전문잡지 〈워싱턴 먼슬리(Washington Monthly)〉가 매긴 2011년 순위에서 미국 30위, 미국 시사주간지〈US 뉴스&월드리포트〉가 매긴 2012년 순위에서 미국 22위에 각각 랭크됐다. 문리과학을 주로 가르치는 조지타운 칼리지(Georgetown College), 맥도너 경영대학(McDonough School of Business), 월시 외교대학(Walsh School of Foreign Service), 간호·건강연구대학, 지속연구대학, 카타르 외교대학 등 6개의 단과대학으로 구성돼 있다. 문리과학대학원, 아랍연구센터, 공공정책연구소, 법률센터, 의학대학원 등의 대학원 과정을 별도로 운영한다. 도서관, 천문대, 우드스톡 신학센터(Woodstock Theological Center) 등의 부속 시설을 두고 있다.

 학부에서 가장 인기 있는 전공과목은 경영학, 국제관계, 외교학, 정치학, 영어영문학, 외국문학이며 정부, 금융, 국제문제에 학생수가 가장 많다. 특히 외교학과는 폭넓은 경험을 가진 저명한 인사들이 강의를 한다는 장점이 있다. 외교학에 대해 실무적인 교육을 실시한다는 점도 특징이다. 단, 법대, 의대, 정치학은 아이비리그의 명문대와 어깨를 나란히 하지만, 그 외 다른 학부과정은 유명하지 않다.

미국에서 가장 오래된 천주교 학교로 학생들의 절반이 천주교인이다. 많은 국내외 외교관, 언론인 등을 배출했으며, 워싱턴 D.C.의 정치인 외교관 사업가의 자녀들이 많이 다니기로 유명하다. 학부생의 12%, 대학원생의 30%가 외국인이다. 세계 여러 나라와의 교환학생 프로그램이 있어 많은 학생들이 해외 경험을 쌓을 수 있다. 이탈리아와 터키에 분교가 있다.

학교생활

워싱턴에서 가장 세련된 곳으로, 유럽 소도시 분위기도 많이 난다. 각양 각색의 가게들과 레스토랑이 많은 고급 주거단지 근처에 위치하고 있다.

특이하게도 캠퍼스, 기숙사 안에서 절대로 술을 마실 수 없고 파티를 열기 위해서는 학교의 허가를 받아야 한다. 교내에 학생들이 운영하는 회사가 있다. 재학생과 졸업생들에게는 공동체의식(Georgetown Community)이 유달리 강하다. 특히 워싱턴 정치외교가의 커뮤니티가 강하다. Big brother, Big sister 제도가 있는데, 선배 한 명이 2~3명의 신입생을 데리고 다니면서 캠퍼스를 소개하고 대화하는 제도이다.

학비와 장학제도

학비는 꽤 비싸다. 2011~2012년 기준 학비는 40,920달러이고, 특히 학교 지역 물가가 높으며, 유학생에게는 재정적인 지원이 거의 없다.

지원정보

- 수시모집: 11월 1일까지. 합격발표는 12월 15일.
- 정시모집: 1월 10일까지. 합격발표는 4월 1일.
- financial aid forms: CSS Profile and FAFSA: 2월 1일까지

존스홉킨스대학교
(Johns Hopkins University)

홈페이지: http://www.jhu.edu

위치
미국 메릴랜드(Maryland) 주 볼티모어(Baltimore)에 있는 미국 최초의 연구대학이다.

학업 분위기
1876년 퀘이커교를 믿는 실업가이자 독지가였던 존스 홉킨스(Johns Hopkins)의 기부금을 바탕으로 설립되었다. 이 대학은 연구 중심의 명문 사립대학으로 미국은 물론 세계 상위 10~20위권 대학에 포함된다. 현재 문리, 경영학, 교육학, 공학, 국제학, 음악, 의학, 간호학, 공공보건학 분야의 대학 및 대학원으로 구성되어 있다. 의학, 공공보건, 국제학, 음악 분야의 명성이 높다. 7개의 부속병원이 있으며, 약 160개 이상의 연구소가 있다.

2011년 미국의 시사주간지〈US뉴스&월드리포트〉가 발표한 전미 종합대학(national universities) 순위에서 13위를 차지했다. 그리고 그해 중국 상하이 자오퉁 대학이 발표하는 ARWU 세계 대학 순위에서 18위, 연구, 교육, 졸업생, 국제화의 4개 부문을 주요 지표로 하는 영국의 QS가 실시한 세계대학평가에서 16위를 차지했다.

이 대학은 미국 메릴랜드 주 네 지역과 워싱턴 D.C., 해외 곳곳에 여러 캠퍼스를 두고 있다. 제1캠퍼스인 홈우드캠퍼스는 메릴랜드 주 볼티모어 북쪽에 있으며, 볼티모어 도심과 동부지역에도 캠퍼스가 있다. 그리고 메릴랜드 주 로렐과 컬럼비아, 몽고메리 카운티에 캠퍼스가 있으며, 이탈리아와 중국, 싱가포르에 교육시설을 운영한다.

이 대학의 졸업생과 교수 가운데 37명의 노벨상 수상자를 배출했다. 유명한 졸업생 중에는 미국의 제28대 대통령으로 1919년 노벨 평화상을 수상한 우드로 윌슨(Woodrow Wilson), 2011년 노벨 물리학상을 수상한 아담 리스(Adam Riess)가 있다.

또한 세계적인 의대와 우수한 병원시설을 갖춘 것으로 유명하다. 하버드의대 다음으로 우수한 의료시설을 자랑하며 미국 국내에서도 최우수 병원으로 평가받고 있다. 따라서 의대를 지망하는 학생이라면 가장 먼저 떠올리는 대학이다. 인문학과도 미국대학 순위 10위 안에 들며 음대, 국제관계학, 역사, 경제, 공학 등의 전공 역시 우수한 평가를 받고 있다. 현재까지 34명의 노벨상 수상자를 배출하기도 했다.

인터세션이라는 학기가 있는데, 1학기와 2학기 사이에 추가 비용 없이 1~2학점 정도를 이수할 수 있다. 졸업 필수과목이 없기 때문에 대부분 복수전공을 한다. 또한 학사학위와 동시에 석사학위를 받을 수 있는 이중학위 과정도 준비되어 있다. 신입생은 한 학기에 대해서는 점수 평가가 없다. 수많은 학생기관과 커뮤니티들이 운영되고 있으며, 이를 통해 학위과정 이외에도 활발한 활동을 할 수 있다는 장점이 있다. 유학생 비율은 5.31%이다.

학비와 장학제도

재학생의 50% 가량이 각종 학비 보조금을 받고 있다. 단, 의과대학을 지망하는 유학생의 경우는 4년 전액 학비를 미리 납부해야 하는 단점이 있다.

지원정보

- Application due: 11월 1일
- Decisions released: 12월 15일
- Regular Decision applicants: 2월 15일
- Decisions released: 4월 1일

캘리포니아대학교 버클리캠퍼스
(University of California, Berkeley)

홈페이지: http://www.berkeley.edu

위치
캘리포니아(California) 주 북부에 위치해 있으며 가장 가까운 도시는 샌프란시스코(San Francisco)이고 차로 30분 거리이다. 캘리포니아에 위치한 만큼 365일 내내 초가을 날씨를 유지하며, 바다와 산으로 둘러싸여있는 아름다운 캠퍼스이다.

학업 분위기
UC 계열의 대학 중에서 가장 잘 알려져 있는 UC버클리는 미국 최고의 주립대학으로 유명하다. 최고의 자연과학, 공학 분야의 교수진을 갖고 있는 버클리는 사립 명문대와 비슷한 수준이 연구, 도서관 시설을 갖추고 있으며, 시설과 교육의 질에 비해 학비가 싸다. UC, 즉 캘리포니아대학교의 가장 처음으로 지어진 캠퍼스이다. Cal이라고도 불리는 UC버클리는 전체 학부생의 43%가 아시아계의 미국인으로써, 외국인들이 많이 들어가려 하지만 입학하기 가장 어려운 대학 중 하나이다. 또한, 로스쿨과 메디컬스쿨을 포함하고 있어서 학부생들이 성적을 받기 가장 힘든 대학 중 하나이다.

주립대학인 만큼 학교의 규모는 매우 크며 총 23,000명의 학생이 학부에 재학 중이다. 이 중 외국인 학생은 3% 밖에 되지 않지만, 아시아계의 미국인이 거의 절반을 차지한다.

다양한 사람들이 모인 만큼 분위기가 굉장히 자유로우며, 시위나 연설을 하는 사람들도 많다. 하지만 이에 비해 학점을 따기는 굉장히 어려운 학교이며, 경쟁이 심하다. 인기 전공과목은 영문학과, 생물학과, 역사학과이며,

대학원 같은 경우 로스쿨과 비즈니스스쿨, 그리고 공대가 유명하다. 대학원 프로그램의 경우 굉장히 들어가기 힘든데, 상당히 높은 토플점수와 GRE점수를 받아야만 들어갈 수 있다. 대학원 프로그램 중 공학과 자연과학 분야는 특히 더 들어가기 힘든 편이며, 그 다음으로는 사회과학, 그리고 문과 분야 프로그램 순으로 경쟁이 심하다. 그러나 거의 모든 프로그램이 5위 안에 드는 만큼, 대학원에 들어갈 수 만 있다면 최고수준의 연구를 할 수 있다.

학교생활

학생들이 많은 주립대인 만큼 분위기가 굉장히 자유롭고, 다양한 문화를 접할 기회가 많다.

학비와 장학제도

학비는 캘리포니아 거주민이 아닐 경우 34,000달러로 학교의 교수진과 비슷한 수준의 사립대학들과 비교해 볼 때는 저렴한 편이다. 지역 물가는 매우 비싼 편이고, 일 년 생활비 또한 15,000달러에서 22,000달러로 무척 높다.

지원정보

- 수시모집은 없고, 정시모집만 있다.
- 정시모집: 10월 1일~11월 30일, 결과발표는 3월 24일.

합격생 점수기준

- SAT Ⅰ: 620~750점(파트별), ACT: 29~33점, iBT: 22점(파트별)

지원시 준비사항

에세이는 개인별로 쓰는 개수가 다르고, 매우 중요하게 생각한다.
외국인 학생일 경우 재정지원이 거의 되지 않으며, 입학하기도 어렵다. 외국인 학생의 입학률은 2% 정도로 굉장히 낮으며 SAT Ⅰ의 점수가 높은 것이 중요하다.

캘리포니아 공과대학교
(California Institute of Technology)

홈페이지: http://www.caltech.edu

위치
학교 자체의 크기는 타 공대들과 달리 소규모이며, 주변 물가도 굉장히 비싸다. 그리고 대도시에 위치하여 공기가 매우 탁하다. 하지만, 학교의 주거시설이 굉장히 잘 되어있고, 가까운 대도시가 LA와 10분 거리에 위치해 있어 편리하다.

학업 분위기
지난 2년간 MIT를 제치고 공대 랭킹 1위에 등극한 캘리포니아 공대는 21명의 노벨상 수상자를 배출한 것과 장학금 지원이 많고 감당할 만한 수준의 학비로 최고 품질의 교육을 제공하는 '최고 가치 있는' 사립 종합대 부문에서 4년 넘게 1위를 차지하며, 2011년 세계 대학평가에서 하버드를 제치고 1위를 차지한 것으로 유명하다.

학생과 교수의 비율이 3:1 밖에 되지 않는 집중적인 교육 시스템과 작은 규모 때문에 공대 중에서는 유일하게 자유로운 성격을 띤다.

캘리포니아 공대, 일명 칼텍에서는 환경공학과와 항공공학과 학부가 유명하다. 그리고 공대이지만 자연과학이나 순수 과학 쪽 프로그램으로도 유명하며, 천체학과와 물리학과가 특히 주목 받는다.

또한 타 대학교들과는 다르게 인문 사회과학 프로그램이 존재하지 않고, 학문적인 연구에 중점을 둔다. 뛰어난 학생들과 투자시간에 비해 박사 학위를 받는 기간이 가장 오래 걸리는 대학 중에 하나인 만큼 학업 스트레스가 높으며, 학문적인 이유만으로 2학년으로 진학하는 것을 포기하는 학

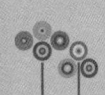

생이 10%나 된다. 약 1,000명의 학생이 있으며 이 중 외국인 학생은 7% 정도이다.

학비와 장학제도

학비는 33,000달러로 매우 높은 편이고, 생활비 또한 10,000~17,000달러로 굉장히 높은 편이다. 하지만, 모든 학생에게 재정지원의 기회를 주고, 또한 1학년 학생의 경우 57% 정도가 평균적으로 28,991달러만큼의 재정지원을 받는다. 학부 전체 학생이 경제적인 어려움을 이유로 받는 재정지원은 30,000달러 정도이며, 순수 학업장려금 또한 지급받을 수 있다.

합격생 점수기준

- SAT Critical Reading: 740점 이상
- SAT Writing: 720점 이상
- TOEFL 점수 114점 이상

지원시 준비사항

해마다 가장 높은 SAT I 점수와 SAT II, GRE, TOEFL 등 모든 시험에서 높은 점수를 요구하고 다른 아이비리그와 달리 학문적인 면을 많이 보기 때문에 입학률이 굉장히 낮으며, 특히 외국인의 경우를 많이 감안해 주지 않기 때문에 더더욱 힘들다. 외국인 지원자 입학확률이 겨우 6% 밖에 되지 않으며, 고등학교 때 대학연구경험을 중요시하기 때문에 외국인들이 입학하기는 힘들다. 그리고 지도교수의 추천서 또한 무척 중요하다. 또한 학부나 석사연구 활동이 뛰어난 인재를 원하며, 세계수준의 수학 또는 과학 대회에서 수상한 경력도 중요하다.

코넬대학교
(Cornell University)

홈페이지: http://www.cornell.edu

위치
1865년에 개교한 미국 뉴욕 주 북부 톰킨스 카운티(Tompkins County)의 주도인 이타카(Ithaca)에 위치한 사립 종합대학교이다.

학업 분위기
아이비리그 학교들 중 하나다. 미국 역사상에서 가장 오래된 남녀공학으로, 학교 설립 당시에 인종이나 종교에 상관없이 입학생을 받는 무교파 대학으로 개교하였다. 또한 아이비리그학교 중에서 가장 늦게 설립되었고, 다른 아이비리그 대학은 학업과 취미 또는 여가활동 등에도 많은 관심을 가지는 데에 비해 코넬대학교는 학구적인 분위기로 유명하다. 졸업하기 가장 어렵다고 소문이 날 정도로 학업에 많은 신경을 써야 하는 대학이다.

세계의 대학 랭킹을 매기는 웹보메트릭스 대학순위(Webometrics Ranking of World Universities)에서 2011년 세계 4위에 올랐고, 또 같은 해 영국 대학평가기관QS(Quacquarelli Symonds)가 매긴 QS세계대학랭킹(QS World University Rankings)에서는 세계 5위, 2010년 영국 주간지〈타임스 하이어 에듀케이션(Times Higher Education)〉이 매긴 세계 대학 순위에서는 세계 20위를 차지했다. 이처럼 대부분의 세계 대학 순위에서 20위권 내에 드는 학교다. 물리과학대학, 건축예술대학, 농업생명과학대학, 호텔경영대학, 공과대학, 인간생태대학, 노사관계대학 등 모두 7개 단과대학으로 구성되어 있다. 일반대학원을 비롯해 코넬 로스쿨, 의학대학원, 웨일코넬 의학과학대학원, NYS수의학대학원 등의 대학원 과정 또한 운영하고 있다.

호텔경영대학이 가장 유명하고, 미국 대학 랭킹 제도가 시작된 1990년대 이후로 호텔경영대학은 한번도 1위의 자리를 빼앗긴 적이 없다. 이 외에도 컴퓨터 공학과, 건축공학과, 그리고 수의대 또한 최고의 수준을 자랑한다고 한다.

학교생활

도심에 위치해 있는 다른 아이비리그 대학들과는 다르게 유독 도시가 아닌 시골에 위치해 있다. 아이비리그 대학 중 가장 아름다운 대학으로 손꼽히고 있고, 학교 주변에 호텔을 비롯한 대학에서 직접 운영하는 농장이나 공장들이 많다.

약 120여 국가로부터 2,500명 이상의 외국인 유학생이 공부를 하고 있어, 그 주변 마을 인구의 10% 정도가 외국인이라고 한다. 재학생 중 동양계 학생은 16%이며 한국 학생들도 다수 재학하고 있다. 매년 100여 명의 한국 학생들이 입학하는 학교이기 때문에, 한국인 커뮤니티가 매우 발달되어 있어 구내식당에서 가끔 한국 음식이 나오거나, 대학 주변 칼리지 타운에 한국 음식점과 한국 물건을 살 수 있는 곳이 있다. 또한 코넬대학의 음식은 〈프린스턴 리뷰(The Princeton Review)〉를 포함한 여러 대학 평가에서 항상 미국 최고 중 하나로 뽑힐 정도로 맛이 있다.

학비와 장학제도

학비는 연간 51,900달러이고 4년간 총 207,600달러가 든다.

지원정보

- 수시확정모집: 11월 1일까지
- 정시모집: 1월 3일까지

해외 명문대 입시전략

콜게이트대학교
(Colgate University)

홈페이지: http://www.colgate.edu

위치

미국 뉴욕 주 매디슨카운티(Madison County)의 해밀턴(Hamilton)에 있는 사립대학이다. 콜게이트 치약만큼이나 리버럴 아츠 칼리지 중에서는 유명한 대학이다. 특히 뉴욕 주의 시러큐스(Syracuse)와 유티카(Utica) 사이의 해밀턴에 자리잡은 캠퍼스는 면적이 약 627만㎡에 달하는데, 프린스턴 리뷰에서 지정한 미 전국에서 캠퍼스가 가장 아름다운 대학으로 뽑힐 만큼, 우수한 시설과 아름다운 캠퍼스로도 유명하다.

학업 분위기

재학생은 약 2,750명이며 학생과 교수의 비율은 10대1 수준이다. 51개의 전공이 개설되어 있으며, 자연과학 분야에서는 생물학·심리학·화학이, 인문 분야에서는 영문학·예술학·미술사학이, 사회과학 분야에서는 역사학·경제학·정치학·국제관계학·사회학·인류학이 선호도가 높다. 학생들은 20여 개의 해외연수 프로그램을 통하여 한 학기 동안 오스트레일리아·중국·인도·일본·스페인·유럽 등지에서 공부할 수 있다. 또 미국 대학으로서는 유일하게 의예과 학생들을 위한 미국국립보건원(National Institutes of Health) 연수 프로그램을 운영하고 있다.

인종 구성을 보면 학생이나 교수진이나 백인이 다수이지만, 문화적 다양성을 장려하기 위해서 학교 차원에서 다양한 노력을 하고 있다. 예를 들면 최근에는 저명한 인권운동가인 코넬 웨스트(Cornel West) 프린스턴대 교수를 초대해서 인종차별에 대한 강연을 청탁하기도 했다. 학교 웹사이트에 다양성에 관한 페이지를 따로 있을 정도로 문화적 다양성에 대해 신경을 쓰고 있다.

학교생활

전반적으로 주중에는 수업에 집중하고 주말에는 열심히 노는 분위기이다. 학업 못지않게 스포츠도 활성화되어 전체 학생의 80% 이상이 학교를 대표하는 스포츠클럽이나 교내 팀에서 활동한다. 특히 골프는 '디비전 1'에 속하는 실력을 갖추었으며, 캠퍼스 안에 최고 수준의 골프코스가 마련되어 있다. 미식축구와 아이스하키도 유명하다.

학생과 교수와 친밀한 환경이다. 교수들은 대개 일주일에 두세 시간 정도를 office hour로 갖는데, 상황에 따라서는 office hour 말고도 약속을 잡고 만나는 것도 가능하며, 수업의 연장으로 마을에 있는 교수 집에서 종종 식사를 하기도 한다. 교수 1명 당 학생 비율은 20여 명 정도이고, 10명 혹은 그 이하인 경우도 많아서 가족 같은 분위기이다. 외지고 작은 마을에 학교가 위치해 있기 때문에, 생활 반경은 거의 캠퍼스 안 또는 그 주변을 벗어나지 않는다. 따라서 파티를 제외하면 딱히 즐길 게 많지 않은 것이 사실이다.

학비와 장학제도

2012년 기준 학비가 42,625달러이고, 총 합계는 약 55,570달러이다. 비용은 하우징 옵션이나 밀 플랜 옵션, 보험료 등에 따라서 조금 변동이 있을 수 있다.

학자금 지원(Financial Aid)은 기본적으로 Need-based 제도이다. 다만 패키지에 장학금 보조(grant)만 포함되는 건 아니고, 대개는 캠퍼스 내에서 일을 해야 한다거나 대출(student loan)을 포함한다.

컬럼비아대학교
(Columbia University)

홈페이지: http://www.columbia.edu
이메일: ugrad_admiss@columbia.edu

위치
뉴욕(New York) 시에 위치해 있고, 캠퍼스는 크게 모닝사이드 하이츠(Morningside Heights)와 워싱턴 하이츠(Washington Heights)로 나뉜다. 그중 모닝사이드 하이츠의 캠퍼스는 여섯 블록에 걸쳐서 주요 빌딩들이 위치하고 있다. 100년 넘은 지하터널도 있는데, 일부만 모두에게 개방되어 있다. 베이커 필드(Baker Field), 허드슨 강(Hudson River)의 서쪽 부근, 어빙턴(Irvington)의 몇몇 장소도 컬럼비아대학의 소유이다.

학업 분위기
교수들은 자신이 정말 좋아하는 과목을 가르치는 데에는 열정이 넘치지만, 개인적으로는 학생에게 잘 신경쓰지 않는다. 독립과 스스로를 지지하는 방법을 체득하게 하고 학생들을 어른 취급하는 분위기가 조성되어 있다. A학점을 받기 매우 어렵지만 학구열이 넘치기 때문에 또 성적을 아예 못 받는 경우는 없다고 한다. 시험기간엔 밤을 새기 위해 도서관에 이불이나 카페인 음료를 가져오는 학생들이 많다. 하지만 경쟁의식으로 공부하기보다는 공부를 정말 하고 싶어 하는 것이라고 한다.

엔지니어링(engineering), 영어영문학(English language and literature), 정치학(political science and government) 등의 학과가 유명하다.

학교생활

일주일에 한 번은 브로드웨이 뮤지컬을 보거나 박물관이나 콘서트를 보거나 돌아다니기 위해 나간다고 한다. 각자 자신만의 확고한 의견을 가지고 있지만 이에 대해 서로 토론하고 자신의 견해를 바꿀 수도 있도록 마음을 열어두고 산다. 누군가가 특이하다고 해서 그것으로 차별하지 않는다.

Orgo Night라고, 유기화학(organic chemistry) 시험이 있기 전날(보통 기말고사의 첫날이다) Columbia University Marching Band가 학교의 여러 빌딩을 돌아다니며 공부하는 학생들에게 농담을 던지고 음악을 연주한다.

학교 외부에 차이나타운(China Town), 리틀 이탈리아(Little Italy) 등 음식이 꽤 맛있다고 한다.

학비와 장학제도

2011년 가을 기준 학비는 45,290달러이고, 기숙사비는 11,020달러이다. 학생별 평균 재정지원 액수는 33,175달러이다.

지원정보

- 수시확정모집: 11월 1일까지. 합격률 19.6%
- 정시모집: 1월 1일까지

전체 합격률 6.4%이고, 87개국의 유학 온 학생들은 전체 학생 중 10%를 차지한다.

합격생 점수기준

- SAT Critical Reading(25/75 percentile): 680~770점
- SAT Math(25/75 percentile): 690~780점
- SAT Writing(25/75 percentile): 680~770점
- SAT(added, 25/75 percentile): 2100~2330점
- ACT Composite: 31~34점

- TOEFL PBT: 최소 600점
- TOEFL CBT: 최소 250점

지원시 준비사항
- 필수사항
  - SAT I or ACT(Writing section required)
  - SAT II

- 중요하게 보는 것들
  - 고등학교 기록에서 보이는 열성(가장 중요함)
  - 성격 및 장점, 재능 및 특기
  - 애플리케이션 에세이, 추천서
  - 비교과 활동, 반에서의 등수
  - 표준화 검사 결과
  - GPA(고등학교 공부의 난이도와 학생의 성취)

이 외에도 졸업생과의 관련, 사는 곳의 지리적 위치, 인종, 인터뷰, 봉사활동, 일 해본 경험, 가정에서 처음으로 대학에 가보는 학생인지 여부 등도 고려한다.

쿠퍼유니온미술대학
(Cooper Union for the Advancement of Science and Art)

홈페이지: http://www.cooper.edu

위치
뉴욕시 맨해튼(Manhattan)의 번화가인 이스트빌리지(East Village)에 위치한 사립대학으로, 전교생이 약 900명에 불과한 작은 대학이다.

학업 분위기
건축, 미술, 공학 3개의 유일한, 그리고 최고로 인정받는 전공들만 개설되어 있고, 모든 학생에게 '4년 동안 학비 전액무료'인 대학으로 잘 알려져 있다. 심지어 MIT보다도 들어가기 힘들다는 건축학과는 매년 30명 안팎을 뽑는데, 미 건축학과 중 최고급 교육으로 인정받고 있다.

쿠퍼유니언의 학생들은 '공부하는 것을 진짜로 좋아하지 않으면 견디기 힘든 학교'라고 말한다. 학생과 교수의 비율이 7.5:1이고 20명 안팎의 수업 규모를 유지하다 보니 강의의 깊이가 깊고, 전액 장학금에 걸맞은 엄격한 학점관리 때문에 공부 스트레스를 견디지 못하고 스스로 떠나는 학생들도 있다.

실습 교육을 강조하여 많은 학생들에게 실험의 기회를 주고 건물이 없는 만큼 뉴욕 전체를 캠퍼스로 사용하는 교육하는 방식 덕분에 많은 문화를 접할 수 있다고 한다.

학교생활
교육 시설이나 건물은 충분하지 않지만, "교육은 누구에게나 숨 쉬는 공기와 마시는 물처럼 제공돼야 한다"가 학교 교육철학인 만큼, 쿠퍼유니언은 뉴욕 시 전체를 캠퍼스로 사용한다. 비록 다른 주변 학교들에서 '기생학교'라고도 불리지만, 그렇다고 실험실의 장비가 부족한 것은 아니다. 나노 장비까지 갖춘 타 실험실은 웬만한 대학원 실험실보다 나은 수준이다. 도서관이나 체육관 또한 근처 고등학교나 협약을 맺은 뉴욕대 또는 파슨스디자인학교의 도서관을 이용할 수 있다.

이 대학교는 허밍턴 포스트가 지정한 2012년 미국 이색 대학 1위에 선정된 만큼 그들만의 최고 교육시스템을 갖추면서도 학비가 전액 무료라는 매력으로 학생들에게 각광받고 있다.

학비와 장학제도

모든 학생들에게 4년 내내 전액무료로 지원된다. 전액 장학금뿐만 아니라 인종 차별이 없는 대학교로도 유명하다. 재학생들의 약 17%가 동양계이며, 히스패닉계가 7%, 흑인이 5%이다. 그리고 재학생 중 약 10%가 외국에서 온 유학생으로 그들에게도 차별하지 않고 장학금을 전액 지원해준다.

그렇다고 기부금이나 다른 학비로 수입을 얻는 것이 아니다. 이 학교 자산은 다른 대학과는 달리 대부분 부동산에서 나오는 임대료 수입이다. 매년 3,000만 달러에 가까운 전액 장학금도 이 부동산을 통한 수입에서 지급한다. 단, 기숙사비 등 15,000달러는 학생이 부담해야 한다. 하지만 이러한 생활비 역시 학자금보조로 충당할 수 있다.

합격생 점수기준

- SAT Critical Reading: 610~700점
- SAT Math: 640~770점
- ACT Composite: 29~33점

지원시 준비사항

- 필수사항
    - SAT I 또는 ACT (Writing Recommended)

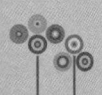

- 애플리케이션 에세이
- 홈테스트용 프로젝트 6~7개

이 학교는 오직 능력(merit)으로만 학생을 뽑는다. 다른 대학처럼 동문 자녀에게 가산점을 주는 레거시(legacy) 제도도 없고 운동선수 특별전형도 없다. 학생의 국적이나 미국 시민권이 있는지도 상관하지 않는다. 그로 인하여 입학률이 9%일 정도로 치열하다.

건축 설계 전공자들은 홈테스트 평가 및 학업성적을 바탕으로 심사하며, 공학 전공자들은 학업성적 및 SAT 점수, 수학과 과학 관련 시험점수 및 내신 성적을 바탕으로 심사한다.

해외 명문대 입시전략

펜실베이니아대학교
(University of Pennsylvania)

홈페이지: http://www.upenn.edu

위치
펜실베이니아 주 필라델피아(Philadelphia)의 도심에 있는 연구 중심의 명문 사립대학교로, 경영학, 의학, 인류학 분야의 명성이 높다. 이 대학은 미국 북동부의 8개 명문 사립대학 그룹인 아이비리그에 속해 있다.

학업 분위기
학문적으로 약점이 없는 대학이라는 평가를 받고 있다. 학부는 물론 대학원은 인문, 사회과학, 자연대, 교육대에서 프로페셔널 프로그램까지 모두 최고수준이다. 아이비리그학교 중 프로페셔널스쿨 프로그램이 가장 많고 우수하다.

현재 4개 대학과 12개 대학원으로 구성되어 있다. 대학으로 문리대학, 간호대학, 공학·응용과학대학, 경영대학이 있다. 그리고 문리, 법학, 경영학, 교육학, 커뮤니케이션, 사회정책·실습, 디자인, 공학·응용과학, 간호학, 의학, 치의학, 수의학 분야의 대학원이 있다. 의학대학원은 미국 의대 순위 2위이다. 100개 이상의 분야에서 학사학위, 석사 및 박사학위, 전문학위를 수여한다. 학제 간 교육을 실시하고 있으며, 해외연수 등 다양한 특별프로그램을 운영한다.

경영대학인 와튼스쿨은 세계적으로 명성이 높으며, 아이비리그 대학 중 유일한 경영대학 내 학부과정 보유하고 있다. 그밖에 의학, 인류학 등 많은 분야가 우수하다는 평가를 받고 있다. 2011년 미국의 시사주간지 〈US뉴스&월드리포트〉가 발표한 전미 종합대학 순위에서 5위를 차지했다. 그리고 그해 영국의 QS가 실시한 세계 대학 평가에서 9위를 차지했다.

이 대학의 졸업생과 교수 가운데 28명이 노벨상을 수상했다. 유명한 졸업생으로 미국의 제9대 대통령인 윌리엄 헨리 해리슨(William Henry Harrison), 현 에스토니아 대통령인 토마스 헨드리크 일베스(Toomas Hendrik Ilves), 필리핀 제4대 총리인 세자르 비라타(Cesar Virata), 미국의 투자가인 워런 버핏(Warran Buffett) 등이 있다. 금융학(finance), 경제학(Economics), 역사학(history), 정치학(political science and government), 간호학(registered nursing) 등의 학과가 인기가 많다.

학교생활

저녁에는 잘 돌아다닐 수 없을 정도로 위험한 곳에 캠퍼스가 위치해 있다는 단점이 있다.

학비와 장학제도

학비는 연간 42,098달러이며, 우수장학금(Merit-based)을 지급한다. Need blind는 아니지만, 유학생들에게 재정적으로 아주 관대한 대학이기도 하다. 장학금의 액수는 한정되어 있지만, 본인의 학업, 활동 능력에 따라 학비뿐만 아니라 생활비까지 제공받을 수 있다.

프린스턴대학교
(Princeton University)

홈페이지: http://www.princeton.edu

위치

미국 뉴저지(New Jersey) 주의 전원도시 프린스턴(Princeton)에 있는 사립 종합대학교다. 미국 동부 8개 명문 사립대학을 지칭하는 아이비리그에 속한 전통의 명문대학이다. 괴짜 천재 수학자 존 내쉬(John Nash)의 파란만장한 삶을 그린 영화 〈뷰티풀 마인드〉의 초반부 배경이 된 학교로도 유명하다.

학업 분위기

미국 시사주간지 〈US뉴스&월드리포트〉가 매긴 미국대학순위에서 2001년부터 2010년까지 2009년(2위)을 제외한 9년 동안 미국 1위에 올랐다. 2010년에는 하버드대학교(Harvard University)와 공동 1위를 차지했다. 또 중국상하이 자오퉁대학(Shanghai Jiao Tong University)이 2007년 발표한 세계대학 랭킹에서 8위, 2011년 영국 대학평가기관 QS가 매긴 QS세계대학랭킹에서 5위에 각각 랭크됐다.

학부는 인류학, 건축학, 인문학, 예술, 화학, 화학공학, 도시환경공학, 고전학, 동아시아 연구학 국제학부 등 34개의 학과와 대학원 과정으로는 건축, 공학, 응용과학 등의 석사과정을 제공한다. 공대대학원과 행정학과 외에는 다른 프로페셔널 프로그램이 전혀 없는 문학, 사회학과, 자연과학 중심의 옛 영국식 대학이다.

파이어스톤 도서관(Harvey S. Firestone Library)과 미술관, 맥카터 극장(McCarter Theatre), 박물관, 방송국, 유전자연구소 등의 부속 시설을 운영한다. 미국 제4대 대통령 제임스 매디슨(James Madison)과 28대 대통령 토마스 우드로 윌슨(Thomas Woodrow Wilson)이 이 학교 출신이다.

정치학(Political Science and Government), 경제학(Economics), 역사학(history), 정책분석학(public policy analysis), 영어영문학(English language and literature), 미생물학 등이 인기 많은 학과이다.

학교생활

기숙사 교육을 적용하여 전체학생의 약 98%가 기숙사 생활을 한다. 모든 프로그램이 최고 수준이지만, 외국인 지원자 중 입학 확률은 5%에 불과할 정도로 외국 학생이 들어가기 가장 힘든 대학 중 하나로 손꼽힌다. 학생들도 별로 많이 선발하지 않아서 더 힘들기도 하다.

학비와 장학제도

학비는 연간 37,000달러이며, 학교 주변의 물가가 매우 높아 생활비의 부담이 있다. 그러나 세계 최고의 교육수준을 자랑하면서 학자금 보조 면에서도 가장 우수하다. Need blind 정책을 실시하는 등 유학생에 대한 재정적 지원이 비교적 많다.

지원정보

수시모집은 없고 정시모집만 있다.

과외활동, 특수재능, 추천서, 애플리케이션 에세이, 인터뷰에 따라 입학 여부가 좌우된다.

하버드대학교
(Harvard University)

홈페이지: http://www.harvard.edu

위치

미국 매사추세츠 주 케임브리지(Cambridge)에 있는 사립 종합대학교로 아이비리그에 속하는 미국 동부지역 8개 명문대학 가운데 하나다. 미국에서 가장 오래된 고등교육기관이다.

학업 분위기

전 세계에서 가장 부유한 대학으로 알려져 있다. 하버드는 들어가기는 어렵지만 일단 들어가면 공부를 하기에는 그리 어렵지 않다. 글로벌리더를 길러내는 학교인 만큼, 공부 이외의 특별활동을 학교에서 장려해주며 개개인의 사회적 능력 양성과 개인의 취미활동을 인정해주고 있다.

2011년 영국의 대학평가기관 QS가 발표한 세계대학순위에서 2위 대학으로 선정되었다. 이 대학의 학사 프로그램은 2011년 미국 시사주간지 〈US뉴스&월드리포트〉가 집계 발표한 '전미 종합대학 순위'에서 1위에 올랐다.

이 대학은 미국 대통령을 지낸 시어도어 루스벨트(Theodore Roosevelt), 존 F. 케네디(John Fitzgerald Kennedy), 조지 W. 부시(George Bush), 2009년 노벨 평화상을 수상한 버락 오바마(Barack Obama), 알바로 우리베(Alvaro Uribe) 콜롬비아 전 대통령, 한국의 반기문 UN사무총장, 1990년 노벨 생리·의학상을 수상한 머레이(Joseph E. Murray) 등 여러 다양한 분야에서 수많은 유명 인사들을 배출했다.

학위를 수여하는 대학으로는 경영대학, 평생교육부서, 문리과학부, 디자인대학원, 교육대학원, 케네디스쿨, 법대, 공공보건대, 하버드칼리지, 치의학대학, 신학대학, 공학·응용과학대학, 문리과대학원, 의과대학 등이 있다. 하버드칼리지는 고전학과, 수학과, 심리학과, 통계학과, 물리학과, 분자 및 세포 생물학과, 과학사, 예술 및 건축사 등 33개 학과에서 학사 및 석사학위 프로그램을 운영한다. 전공별로 뛰어난 학과 시스템 및 명성이 갖추어져 있는데, 세부적으로는 하버드비즈니스스쿨, 의대, 교대, 법대, 존 F. 케네디(John. F. Kennedy) 행정대학원 등이 유명하다.

차일드 메모리얼 도서관, 언어학 도서관 등 90여 개의 도서관에는 1,700만 권의 도서가 비치되어 있다. 와이드너 도서관을 비롯한 부속도서관에 정기간행물을 비롯한 각종 도서가 소장되어 있다. 그밖에 유명 부속시설로 하버드 미술박물관, 하버드대학교 허배리아(Harvard University Herbaria), 하버드 광물학박물관, 루이스애거시즈 비교동물박물관, 하버드 셈족박물관 같은 박물관과 포그미술관, 푸슈라이징거미술관, 하버드천문대 등이 있다.

2011년 기준 가장 유명한 학과는 경제학, 정치학, 역사학, 사회학이었다고 한다.

학교생활

대학 1학년생은 모두 올드야드 기숙사에서 생활하며 대학생활 오리엔테이션을 받게 되며, 2학년에서 4학년까지는 하우스라고 불리는 기숙사에 배치되어 교양과목(liberal art)을 중심으로 각 전공분야의 교육을 받는다. 또한 학생 선발에 있어서 남녀 비율을 정확히 1:1이 되도록 뽑는다.

하버드는 미국인들뿐만 아니라 외국인들이 들어가기 가장 어려운 대학이기도 하다. 외국인 유학생 지원자 중 3%만이 입학허가를 받는다. 그것도 대부분이 미국이나 영어권 국가에서 고등학교를 나온 학생이다.

학비와 장학제도

학비는 연간 4만5,620달러이며, 매년 학부생의 60%가 장학금을 받고 있다. 하버드는 유학생을 위해 Need Blind 정책을 시행한다. 다른 학교들에 비해 유학생들에 대한 관대한 장학금을 지급한다고 할 수 있다.

지원시 준비사항
- 필수사항
  - SAT I
  - SAT II or ACT
  - 애플리케이션 에세이
  - 인터뷰

학부는 어느 대학보다도 들어가기 어렵다. 공부만 잘해서는 절대 들어 갈 수 없다. 고등학교 수석 졸업자들이 수도 없이 지원하지만 이 중 80%가 합격하지 못한다. SAT I 만점 지원자들도 많이 떨어진다.

하버드가 가장 원하는 학생은 공부만 잘하는 사람이 아니라 리더십이 강하고 특수 재능도 뛰어난 학생이다. 성적과 시험점수는 당연히 갖춰져 있는 학생들이 지원을 하므로, 실제 입학은 과외 활동, 특수 재능, 추천서, 자기소개서 에세이, 인터뷰가 좌우한다. 동문자녀들을 선호한다.

홍콩대학교
(University of Hong Kong)

홈페이지: http://www.hku.hk

위치

홍콩 폭풀람에 위치한 1911년에 설립된 홍콩에서 가장 오래된 홍콩의 고등 공립 교육기관이다. 영국의 식민지 시절 당시 영국에 의해 세워졌으며 그 뒤 많은 변화를 겪고 현재의 모습을 얻게 되었다. 홍콩은 단단한 암석의 지반을 갖고 있기 때문에 땅의 면적에 비해 인구수가 많아 고층빌딩이 굉장히 많다. 홍콩대학 역시 우리가 일반적으로 생각하는 캠퍼스보다 면적은 좁지만 캠퍼스 건물을 높게 쌓아 올림으로써 비좁은 땅을 매우 효율적으로 사용하고 있다.

학업 분위기

홍콩대는 법대나 의대가 유명하다. 중국의 혁명적 민주주의자인 쑨원이 이 대학 의과대학 졸업생이다. 홍콩이 워낙 비즈니스의 도시라고 불릴 정도로 금융과 경영적인 면에서 발전된 곳이라 잘 알려진 곳에서 인턴십의 기회가 더 많은 편이기도 하다.

홍콩 대학교는 농업부, 예술부, 경영부, 교육부, 공학부, 법학부, 이가성(李嘉誠, 아시아 최고의 갑부) 의학부, 과학부, 사회과학부, 치학부 등 10개의 학부로 구성되어 있다. 'HKU 세계 학부생교환프로그램(Worldwide Undergraduate Student Exchange Programme)'을 통해 학부생의 10% 이상이 중국 본토 또는 해외 대학에서 교환학생으로 공부할 수 있다. 2004년 세계무역기구(The World Trade Organization, WTO)에 의해 아시아 태평양 지역 공식 WTO 교육센터로 선정되었다. 영국의 일간지 〈타임즈〉가 선정한 '세계 대학 순위 2010'에서 21위를 기록하여 아시아 최고의 대학으로 평가 받았다. 세계 석학들을 교수로 초빙해옴으로써 현재 전임교원 가운데 50%가 외국 국적이다.

학교생활

대체적으로 자유로운 분위기이다. 홍콩대의 모든 수업은(중국어 수업 제외) 영어로 하기 때문에 광동어나 중국어를 못해도 수업에는 지장이 없다. 하지만 현실적으로 홍콩대의 대부분 학생들이 홍콩사람이기 때문에 홍콩어를 해야 친구도 사귀고 사회생활을 할 수 있다. 참고로 홍콩대의 한국 학생은 50명 정도 된다고 한다.

학비와 장학제도

학비는 연간 약 1,700만원이고, 기숙사비 및 생활비는 한 달에 약 120~200만원이 필요하다.

지원정보

접수시기: 9월 1일~12월 30일

합격생 점수기준

- 신입학
    - 정규 고등학교 졸업자로 졸업증명서 및 성적증명서 제출(모든 성적이 '미' 이상 지원가능, 합격권은 내신 1~2등급)
    - SAT I 800점 이상
    - SAT Critical Reading 최소 550점 이상 또는 TOEFL 80점 이상
    - SAT II: 최소 600점
    SAT II는 2011년까지는 필수사항이었지만 2012년부터는 선택사항으로 변경되었다. 그러나 SAT II 성적이 있으면 유리하다.

- 편입학
  - 정규 4년제 대학교의 1학년 과정 이상을 마쳐야 함(고등학교 내신 및 대학교 성적 다 제출 요함)
  - TOEFL 80점, IELTS 6.5 또는 SAT Ⅰ 800점 이상(Critical Reading 최소 550점 이상)

제3장
SAT / AP 기본정보와 전략

영어권 대학에 진학할 때 접하는 시험 SAT & AP

미국 대학에 가고자 하는 학생들이 봐야 하는 시험인 SAT(Scholastic Aptitude Test) Reasoning(이하 SAT I), SAT Subject(이하 SAT II) 그리고 AP(Advanced Placement)의 간략한 구성과 시험볼 수 있는 시기를 소개하겠다.

1. SAT I은 어떤 시험인가?

SAT I은 논리력을 측정하는 시험으로 대학교육을 받을 수 있는 기본 능력을 평가하는 시험이다. 대한민국 수능의 국·영·수와 같은 역할을 한다고 생각하면 된다. 평가영역은 비판적 읽기, 수학, 쓰기로 되어 있으며 영역별 만점은 800점으로 세 영역

에서 모두 만점을 받으면 2,400점이다. 기본 영역 이외에 실험적 영역(Dummy Section)이 있는데 점수에는 반영이 되지 않는다. 이 실험적 영역은 20문항에 25분 정도가 부여된다.

> 주의 실제 시험과 쉬는 시간, 사전 준비시간까지 포함하면 시험시간은 거의 5시간에 육박한다. 컨디션 조절을 해야 하며, SAT I 이외의 시험을 같은 날에 볼 수 없다.

(1) SAT I의 구성

1. Critical Reading Section(비판적 읽기)
① 문장 완성하기 19문제
② 문단 비판적 읽기 48문제
③ 세 영역의 시험을 보는 데 시간은 25분, 25분, 20분으로 총 70분이 주어진다.
④ 비판적 읽기에 부여되는 점수는 200~800점

2. Math Section(수학)
① MCQ(Multiple Choice Question, 객관식 문제) 44문제
② FRQ(Free Response Question, 주관식 문제) 10문제
③ 세 가지 영역의 시험을 보는 데 시간은 25분, 25분, 20분으로 총 70분이 주어진다.
④ 수학에 부여되는 점수는 200~800점

3. Writing Section(쓰기)

　① MCQ 49문제

　　- Identifying sentence errors(문장오류 확인) 18문제

　　- Improving sentence(문장 고치기) 25문제

　　- Improving paragraphs(문단 고치기) 6문제

　② 에세이 1문제

　③ 세 개의 영역을 시험보는 데 시간은 25분, 10분, 25분으로 총 60분이 주어진다. 에세이를 쓰는 부분에는 25분을 부여한다.

　④ 쓰기에 부여되는 점수는 200~800점

2. SAT II는 어떤 시험인가?

　자신이 진학하고자 하는 분야에 맞춰 17개 과목(외국어 중에 듣기 포함시험과 듣기가 없는 시험을 다른 과목으로 인정했을 때 20개) 중에 2~3개 과목 정도를 선정해서 보는데, SAT I과 다르게 특정 과목을 선정해 이에 대한 지식과 실제 적용능력을 평가한다. 과목에 따라 시험을 시행하는 달과 시행하지 않는 달이 있음으로 일정에도 유의해야 한다.

　🅐 SAT II는 하루 최대 3과목을 볼 수 있으며, 시험은 과목당 60분이다.

(1) SAT II의 과목별 시행 시기

과목	시행 시기					
	1월	5월	6월	10월	11월	12월
수학 1C	시행	시행	시행	시행	시행	시행
수학 2C	시행	시행	시행	시행	시행	시행
생물학	시행	시행	시행	시행	시행	
화학	시행	시행	시행	시행		시행
물리학	시행	시행	시행	시행	시행	시행
미국사	시행	시행	시행	시행	시행	시행
세계사			시행			시행
영미문학	시행	시행	시행	시행	시행	시행
스페인어	시행	시행	시행	시행	시행(듣기)	시행
프랑스어	시행	시행	시행	시행	시행(듣기)	시행
독일어			시행		시행(듣기)	
라틴어			시행			시행
이탈리아어						시행
중국어					시행(듣기)	
일본어					시행(듣기)	
한국어					시행(듣기)	
현대 히브리어			시행			

(2) SAT II 과목별 구성

1. Math 1C와 2C(수학)

① 1C

- 연산, 대수학, 기하학, 확률·통계, 자료분석 등으로 구성

② 2C
- 1C과목에 삼각함수, 급수, 로그함수의 추가구성
③ 전체 문제의 수는 50문제
- 계산기를 사용할 수 있으며, 한국 학생에게는 유리한 과목이다.

2. Biology(생물학)

① 생물학은 'Ecological(생태학)'과 'Molecular(분자학)' 두 개의 파트가 있다. 공통적인 문제를 풀고 둘 중에 자신이 하나를 선택해 추가 문제인 20문제를 해결하면 된다.
② 전체 문제의 수는 80문제(공통 60문제, 선택 20문제)

주의 답안지 표기할 때, Molecular를 선택한 경우 OMR답안지의 80번부터 100번까지에 표기를 해야 한다.

3. Chemistry(화학)

① 대부분 개념을 묻거나 화학 실험에 관련된 문제로 구성
② 전체 문제의 수는 85문제

4. Physics(물리학)

① 물리 공식과 개념을 묻는 문제로 구성
② 전체 문제의 수는 75문제

5. US History(미국사)

① 미국 정치, 경제, 사회, 문화 등 모든 분야를 다루며, 미국 역사가 그리 길지 않기 때문에 다소 세부적인 내용으로 시험문제를 출제한다.

② 전체 문제의 수는 90문제

6. World History(세계사)

① 다양한 시대와 지역을 비교하면 묻는 문제로 구성

② 전체 문제의 수는 95문제

7. English Literature(영미 문학)

① 영미권 문학작품을 다루며, SAT I의 Critical Reading 문제와 유사하게 구성

② 전체 문제의 수는 60문제

8. Foreign Language(외국어)

① 외국어의 경우 '듣기'를 포함하는 경우와 듣기가 없는 경우가 있는데, 듣기가 있는 경우는 전체 시험의 40%를 듣기가 차지한다. 듣기는 '그림 보고 풀기', '짧은 대화문 듣고 고르기', '긴 대화문 듣고 고르기' 세 부분으로 구분된다. 나머지 60%의 '읽기'는 그 자체의 구성은 다음에서 설명할 듣기가 없는 시험의 구성과 일치한다. 듣기가 없는 시험의

경우, 일반적으로 문법 지식과 어휘력을 묻는 문제가 전체 구성의 70%를 차지하며, 나머지는 으로 내용을 묻는 독해 문제이다.

② 전체 문제의 수는 외국어별로 다소 차이는 있지만 대부분 85문제

3. AP는 어떤 시험인가?

미국 대학 진학을 위해 SAT 외에 AP(대학선수학점이수제)를 취득하는 학생들도 있다. 일반적으로 미국 대학은 3~4과목 정도의 과목을 기대하고 있는데, 한국 학생들은 과열 경쟁으로 10과목 이상을 취득하는 경우가 종종 있다. 과목을 많이 취득했다고 해서 높은 점수를 받을 수 있다는 것은 잘못된 생각이다. 단, 영국 대학에 진학하고자 할 때는 AP의 비중이 상당히 높다. 영국 대학의 경우, GPA(내신)와 SAT를 인정하지 않기 때문에 AP와 면접으로 신입생을 선발한다는 사실을 잘 알아두자.

(1) AP 과목의 시행 시기와 전체 구성

AP는 매년 5월 2주에 걸쳐 Regular(레귤러) 시험을 보며, 다른 과목과 겹쳐서 시험보는 것이 어려운 학생을 위해 1주를 연장하여 Late(레이트) 시험을 볼 수 있게 기회를 준다.

시험이 5월에 끝이 나면, 6월 중에 대학교수와 AP 채점 교사로 구성된 채점관이 주관식과 포트폴리오를 채점하고 7월에 그

결과가 통보된다.

시험은 객관식인 Section I과 주관식인 Section II로 구성되는데, 시험 구성은 주관식 문제와 에세이 형식의 문제, 문제 해결 방식을 주관식으로 출제한다. 단, 미술관련 과목은 학생에게 포트폴리오를 요구한다.

(2) AP 과목에는 무엇이 있는가?

- Art History(미술사)
- Biology(생물학)
- Calculus AB / BC(미적분학 AB/BC)
- Chemistry(화학)
- Computer Science(컴퓨터 과학)
- Macro / Micro Economics(미시/거시 경제학)
- English Language(영어학)
- English Literature(영미문학)
- Environmental Science(환경과학)
- European History(유럽사)
- Foreign Language(외국어)
  - Spanish language(스페인어)
  - Spanish Literature(스페인 문학)
  - French Language and Culture(프랑스의 언어와 문화)
  - German Language and Culture(독일의 언어와 문화)

- Latin Virgil(라틴 버질)
  - Chinese Language and Culture(중국의 언어와 문화)
  - Japanese Language and Culture(일본의 언어와 문화)
  - Italian Language and Culture(이탈리아의 언어와 문화)
- Government and Politics(정치학)
- Human Geography(인문지리학)
- Physics B(물리학 B)
- Physics C Mechanics / E&M(Electricity & Magnetism) (물리학 C 역학 / 전기학&자기학)
- Psychology(심리학)
- Statistics(통계학)
- US History(미국사)
- World History(세계사)

주의 2010년부터 Latin Literature(라틴 문학)와 French Literature(프랑스 문학)가 폐지되었고, 2010년에 폐지되었던 Italian(이탈리아어)이 2012년부터 다시 부활되었음.

02

선배들의 비법을 들어봐!

해외 명문대 합격의 비밀
"세계로 향하는 첫 걸음, SAT"

제1장
나만의 SAT 공부 전략

꾸준함이
비법이다

3기생 **정서호**
캘리포니아대학교 버클리캠퍼스
기계공학과

    SAT는 쉽게 설명하면 미국의 대학수학능력시험이다. 미국 대학에 입학하기 위해서는 SAT 응시 점수가 있어야 한다. 한국의 수능만큼 그 비중이 크지는 않지만 여전히 미국 대학 입시 과정에 포함되는 단일 시험 중 가장 큰 비중을 차지하는 것이 SAT다. 그렇다면 SAT는 무엇을 평가하는 시험일까?

    SAT는 Scholastic Aptitude Test, 즉 '학업 적합성 평가'의 약자이다. 이를 미루어 보면, SAT의 구체적인 목적은 이 학생이 대학 교과 과정을 공부하는 데 얼마나 준비가 되어 있는지, 이에 필요한 기본적인 수학(受學) 실력은 갖추고 있는지, 대학 수준의 글을 이해하는 능력이 있는지, 대학 수준의 문장 및 글쓰기를 구사할 수 있는지를 가늠하는 것임을 짐작할 수 있다.

SAT는 Critical Reading, Math, Writing, 이렇게 세 가지 영역으로 나누어져 있고 각각의 섹션이 800점으로 총 2,400점이 만점이다.

나는 고등학교 입학 전까지 해외 체류 경험이 없어서 다른 친구들에 비해 Critical Reading과 Writing 영역에 대한 준비가 부족한 편이었다. 그래서 문제를 무작정 많이 풀기보다는 시험의 구성과 문제를 많이 분석하고 내가 모자란 부분을 체계적으로 보완해 나갔다. 사실 공부를 하는 동안에는 쉽게 고득점을 받는, 소위 영어에 대한 '센스'가 있는 친구들이 부럽기도 했다. 하지만 2,400점 만점을 받은 후, 그리고 졸업 후 학생들을 가르치며 SAT 시험은 나처럼 센스가 없는 학생들도 철저히 준비하면 잘 볼 수 있는 시험이라는 것을 확신할 수 있었다.

각 영역의 공부법을 소개하기 전에 교재에 대한 이야기를 먼저 하고 싶다. 나는 Barron's, Kaplan 등 출판사에서 나온 문제집은 전혀 풀지 않았다. 가장 실전에 가까운 문제를 풀기 위해 SAT 주관사인 CollegeBoard에서 제작한 문제만 풀었으며, 이 방법이 주효했다고 생각한다.

SAT를 준비할 때 참고할 수 있는 책이다.

① 《The Official SAT Study Guide》 모의고사 10세트: '블루북'이라는 이름으로 더 많이 알려져 있다.

② 〈The Official SAT Online Course〉 모의고사 10세트: CollegeBoard에서 제공하는 온라인 강좌인데, 가격은 약 80달러 정도이고 모의고사를 PDF 파일로 출력할 수 있다.

③ 《10 Real SATs》: 2005년 New SAT 시행 이전에 출판된 책이다. Writing이 없지만 역시나 좋은 연습문제가 많다. 현재는 절판되어 서점에서는 구할 수 없지만 정성만 들이면 국내외 사이트에서 중고 제품을 충분히 구할 수 있다. 미국의 온라인 서점인 아마존에 특히 많다.

④ 기출문제: SAT는 1년 6회 중 1, 5, 10월 3회 문제를 시험 응시자에 한해 판매하고 있다. 물론 배포는 금지되어 있지만 역시나 인터넷 중고시장에서 잘 찾으면 여러 세트를 모을 수가 있다. 이렇게 약 30~40세트를 확보해 놓으면 출판사 문제집을 굳이 풀지 않아도 될 정도로 충분한 연습문제가 모인다.

Critical Reading — 어휘

어휘를 얼마나 외워야 하는가에 대한 정답은 없다. 평소 책이나 신문 등 영어 지문을 많이 읽었던 내 친구는 흔히 외우는 《Word Smart》를 펴보지도 않고 800점을 받았다. 하지만 영어 독서량이 적거나 영어에 대한 센스가 뛰어나지 않은 사람에게는 무식하게 암기하는 것만큼 좋은 게 없다. 단어 외우기는 SAT 준비 과정을 통틀어 가장 지루한 부분이지만 효과만큼은 뛰어나다.

　기본은 역시 유명한 Princeton Review 사의《Word Smart》1, 2권이다. 이 두 권을 아주 꼼꼼히 보기를 권한다. 두 권을 합치면 약 1,800개 정도의 단어가 나온다. 여기에 영-영으로 풀이한 내용 중 뜻을 모르는 단어, 예문에 나와 있는 단어 중 모르는 단어, 동의어, 반의어 등을 모두 찾아 외우면 약 2,300~2,500개의 단어를 외우게 된다. 유의해야 할 점은 단어의 뜻을 느낌만 대충 외우는 것이 아니라 정확하게 외워야 한다는 것이다. 대부분의 단어 문제들은 널리 알려진 1차적 의미(primary meaning)보다는 학생들이 놓치기 쉬운 2차적 의미(secondary meaning)를 묻기 때문이다.

　예를 들어, patronize라는 단어는 '(1)후원하다 (2)깔보는 태도로 대하다 (3)(가게 등을) 애용하다, 단골손님이 되다' 이렇게 아주 다른 세 가지 뜻이 있다. SAT는 대부분의 학생들이 공부하는 (1), (2)번의 뜻이 아닌, 흔히 쓰이지 않는 (3)번 뜻을 묻는 경우도 있다.《Word Smart》는 SAT에 나올 만한 2차적 의미가 대부분 포함되어 있기 때문에, 이 책에서는 모르는 단어가 하나도 없을 정도로 반복에 반복을 거듭해서 외워야 한다. 소리를 내어 외워도 좋고 쓰면서 외워도 좋다. 방법에 상관없이 어떻게든 외우는 게 중요하다.

　이렇게《Word Smart》를 다 외우고 나면 단어 문제를 어느 정도는 맞힐 수 있게 된다. 하지만 모의고사는 풀다 보면 여전히 모

르는 단어가 계속 나온다는 걸 발견하게 될 것이다. 물론 이들도 당연히 외워야 한다.

내가 가르쳤던 학생들을 보니 《Word Smart》를 다 외우면 대개 600~700점은 거뜬히 받는다는 것을 확인할 수 있었다. 여기에 앞서 말한 CollegeBoard 문제들 30~40세트를 풀면서 모르는 단어들을 모두 정리하면 약 3,000~4,000개 정도의 단어가 추가된다. 이렇게 정리한 단어를 외우면 1,000개를 외울 때마다 약 30~50점씩 점수가 향상하는 걸 확인할 수 있을 것이다. 물론 이는 단순히 단어 암기만 하는 게 아니라 규칙적인 독해 연습과 문제풀이가 병행되었을 때 해당되는 이야기다.

Critical Reading – 독해

아마도 SAT 전체에서 가장 꾸준한 노력이 필요한 부분이 바로 독해 부분일 것이다. 단어, 독해 실력 등 기본적인 영어 실력이 종합적으로 요구되기 때문이다. 또 어느 정도 반복연습을 통해 개인적인 주관을 배제하고 지문 내의 정보만으로 전체를 추론해 내는 것이 몸에 배야 하기 때문이다. 나는 개인적으로 이것을 'SAT적인 사고에 익숙해진다'라고 표현한다. 지문 독해를 잘 해내기 위해서는 어떤 유형의 문제가 자주 나오는지를 먼저 살펴보아야 하겠다. 대부분의 문제는 단어 및 표현이 어떻게 사용되었는지, 특정 부분의 의미가 무엇인지, 특정 부분이 지문 내 다른 부분 또는 지문 전체와 어떤 관계가 있는지, 지문 전체의 태도는 어떠한지 등을 물어본다.

　이렇게 자주 나오는 문제 유형을 나열해 보니 가장 피해야 할 문제 풀이 방법이 무엇인지 분명해진다. 지문 전체를 읽지 않고 문제와 해당하는 밑줄 친 부분만 읽고 문제를 푸는 방법이 바로 그것이다. 이 방법은 보통 읽는 속도가 느려 시간이 부족하다고 느끼는 학생들이 선택하는 방법이다. 이 방법으로는 단어나 특정 부분에 대한 문제는 어느 수준까지 맞힐 수 있지만, 지문 전체를 파악하는 유형의 문제를 푸는 데에는 큰 한계가 있다. 따라서 아무리 시간이 부족하더라도 고득점을 노린다면 이 방법을 과감히 버리길 권한다.

　고득점을 받을 수 있는 가장 확실한 노하우는 지문 전체를 읽으며 큰 그림을 파악하는 것이다. 단어 표현부터 지문 전체까지 다양한 유형으로 문제가 출제될 수 있다는 것을 염두에 두고, 지문을 읽으면서 전체 구조를 파악하고 문제를 예상하면서 읽는 연습을 꾸준히 하면 좋다.

　텔레비전 시청에 대한 지문이 있다고 가정해 보자. 이 지문의 2, 3, 4번 문단에서는 아이들의 폭력성을 부추긴다는 내용을 들어 텔레비전의 악영향을 언급하며 비판하였고, 5번째 문단에서는 '그래도 텔레비전이 가끔 우리에게 편안한 휴식을 제공하기도 한다'라며 순기능을 살짝 언급하였다. 그렇다면 우리는 5번째 문단 뒤에 텔레비전 시청에 대한 필자의 태도를 묻는 문제가 나온다는 것을 예상할 수 있다. 그래서 답은 'qualified criticism(제한적

인 비판)'이라는 것을 바로 파악할 수 있어야 한다.

  이 지문의 전반적인 태도를 묻는 문제는 나올 수도 있고 나오지 않을 수도 있다. 하지만 이렇게 문제를 예상하며 읽는 것이 지문의 큰 그림을 파악해 나가는 데에 큰 도움이 된다. 문제를 많이 풀다 보면 어느 부분에서 어떤 문제가 나올지 예상해 내는 적중률이 많이 향상되고, 이것이 향상될수록 지문을 다 읽고 문제를 풀 때 시간도 많이 단축할 수 있다.

  '큰 그림을 파악한다'는 것이 무엇인지 더 구체적으로 설명하기 위해 《The Official SAT Study Guide》 모의고사 중 실제로 있는 지문으로 예를 하나 더 들어보겠다.

- 아래는 Practice Test 4의 첫 Long Passage 지문의 내용을 대략적으로 요약한 것이다.
  ① 졸린 정도(sleepiness)를 측정하는 것은 어렵다.
  ② 대표적인 방법 중 하나는 하품(yawning)을 통한 측정이다.
  ③ 하지만 하품은 졸릴 때 외에도 발생하는 현상이다.
  ④ 긴장했을 때에도 하품을 한다.
  ⑤ 저자는 군인들이 낙하훈련 직전에 하품을 하는 것을 많이 발견할 수 있었다.
  ⑥ 하품은 전염성도 있다.
  ⑦ 다른 사람이 하품하는 것을 보거나, 하품에 대한 글을 읽는 것만으로도 하품이 나올 수 있다.

⑧ 이렇듯 하품은 졸린 정도를 측정하는 척도로는 적절하지 않다. 그래서 잠이 드는 데까지 걸리는 시간을 측정하는 등의 다른 대안이 제시되고 있다.

대부분의 학생들이 이 지문을 '하품'에 관한 지문이라고 대답한다. 도입부와 마지막 몇 줄을 제외하고는 하품에 관한 이야기가 대부분이기 때문이다. 하지만 위에 정리한 것을 보면 이 지문은 '졸린 정도 측정(measuring sleepiness)'에 관한 지문의 일부분일 뿐이고, 이 문단 뒤로는 하품이 아닌 다른 대안에 대한 내용이 이어질 것이라는 걸 짐작할 수 있다. 큰 그림을 파악한다는 것은 이처럼 단순히 내용만 보는 것이 아니라 전체적인 구조를 이해하는 것이다.

Critical Reading - 시험시간 조절

많은 학생들이 Critical Reading 영역에서 시간이 부족하다는 고충을 털어놓는다. 내가 시험을 준비할 때도 시간 문제가 큰 고민이었기 때문에 이 부분에 대해서 몇 가지 유용한 조언을 할 수 있을 것 같다.

먼저 부분별로 시간을 정해 놓고 시간을 측정하며 연습하는 것이 좋다. Critical Reading 영역의 구성은,

① Sentence Completion 5문제, Short Passage 4문제, Long Passage1 6문제, Long Passage2 9문제

② Sentence Completion 8문제, Short Passage 4문제, Long Passage 12문제

이 둘 중 하나인데 나는 각 부분을 마쳤을 때,
① SC 1분 30초, SP 5분 30초, LP1 12분 30초, LP2 23분
② SC 2분 30초, SP 6분 30초, LP 23분

에 맞춰 연습했다. 개인에 따라 각 부분에서 걸리는 시간이 조금씩 다를 수 있으니 내가 연습한 시간에서 유동성 있게 조금씩 바꾸어 연습해도 좋을 것이다. 나는 23분 안에 문제를 다 풀고 실제 답안지에 답을 표시하는 것까지 연습했다. 평소에 연습할 때 2분 정도 여유 시간을 두면 실제 시험에서 평소보다 속도가 늦어지는 경우에도 대비할 수 있다. 평소 이 방법으로 연습을 했다면 실제 시험장에 소리가 안 나는 전자시계나 초시계를 가지고 가는 것도 좋다.

그런데 위의 방법으로 몇 번 연습을 해보면 이 정도의 속도를 낸다는 게 말처럼 쉽지 않다는 것을 알게 될 것이다. 시간 조절의 두 번째 열쇠는 막히는 부분에 매이지 말고 계속 읽어나가는 것이다. 보통 이해가 잘 안 되는 부분이 있으면 그 부분을 서너 번 다시 읽으며 시간을 끄는 경우가 많다. 특히 지문 도입부에서 막히는 경우가 많은데 한두 번 읽고 상황파악이 잘 안 되었을 때에는 일단 그 뒤의 내용을 쭉쭉 읽어나가는 것이 좋다. 그렇게 하다 보면 의외로 앞의 내용까지 같이 이해가 되는 경우가 많다.

마지막으로 빨리 읽는 연습이 더 필요하다면 McGraw-Hill 출판사의 Critical Reading 문제들을 연습해 보는 것도 좋다. 지문이 실전 지문에 비해 꽤나 긴 편이기 때문에 빨리 읽는 연습을 하는 데에는 가장 좋은 문제집이라고 생각한다.

Math

사실 Math는 한국 학생들에게는 크게 어렵지 않은 영역이다. 하지만 그렇기 때문에 높은 총점을 받기 위해서는 꼭 800점을 받아야 하는 영역이기도 하다. 여러 학생들을 가르치며 관찰한 결과 Math 영역은 문제 자체를 어떻게 풀어야 할지 몰라서 틀리는 경우보다는, 용어나 표현이 익숙하지 않아서 또는 단순히 실수로 문제를 틀리는 경우가 대부분이다. 근본적인 실력 문제가 아니기 때문에 Math 영역을 공략하는 방법 또한 단순하다. 꾸준히 문제를 푸는 것이 바로 그 답이다.

비법이라는 게 겨우 꾸준히 문제를 푸는 것이라니……. 분명 이렇게 생각하는 분이 있을 것이다. 나는 평소에 Math 영역을 꼭 몇 문제씩 틀리면서도 "에이! 실전에서 조금만 침착하게 풀면 안 틀릴 수 있어"라며 더 연습하지 않고 Critical Reading과 Writing 영역에만 시간을 투자하는 학생들을 많이 봤다. 그런 친구들은 대부분 실전에서도 같은 실수를 반복한다. 시험의 난이도 자체가 높지 않기 때문에 Math 영역에서는 실수를 하지 않는 것이 곧 실력이다.

Math 영역을 위해 따로 시간을 내지는 않더라도 매번 모의고사를 풀 때만큼은 Math 영역도 소홀히 하지 말고 풀어줘야 한다. 그렇게 문제를 풀다 보면 자주 틀리는 문제나 표현이 생소한 문제가 쌓이게 되는데, 그런 문제들을 따로 표시해 두거나 오답 노트에 모아 두어 주기적으로 복습하면 표현이 낯설어 틀리는 문제는 쉽게 해결할 수 있다.

오히려 더욱 문제가 되는 것은 실수를 많이 하는 경우이다. 이런 문제가 있는 사람은 풀이과정을 깔끔하게 적는 습관을 기르면 크게 도움이 된다. 보통 한국 학생들은 Math 영역을 푸는 데에 25분이 다 필요하지 않다. 하지만 모든 문제를 두 번씩 풀 정도로 빠르게 푸는 사람은 많지 않다. 그래서 처음 풀 때 풀이과정을 깔끔하게 정리해 두면 모든 문제를 끝까지 풀고 다시 1번 문제부터 끝까지 빠르게 확인할 수 있다. 이렇게 25분 내에 모든 문제를 두 번씩 보면 실수가 크게 줄어드는 것을 확인할 수 있다. 그리고 풀이 과정을 정리하면 변수가 답이 아닌 경우, 예를 들어 문제에서는 원의 지름을 물어보고 본인은 반지름 r을 변수로 놓았는데 '$2r$이 아닌 r의 값을 답으로 적는 경우'와 같은 실수도 줄일 수 있다.

Writing – Essay

에세이는 한 영역 이상의 의미가 있다. 전체 시험의 제일 첫 영역이기 때문에 에세이를 잘 쓰는 것이 나머지 영역에 대한 집중력을 좌우하기 때문이다. 특히나 고득점을 노리는 상위권 학생은 에세이에서 11점 또는 12점 만점을 받아야 한다. Writing 영역은 에세이와 객관식이 모두 완벽에 가깝지 않으면 800점 만점을 받기가 어렵고 한 문제당 감점폭도 크기 때문이다.

11, 12점을 받기 위해서는 남들이 25분 이내에 쉽게 쓰지 못할 에세이를 써내는 것이 필요하다. 읽는 이를 사로잡을 수 있는 도입부, 기승전결이 잘 갖춰진 구성, 탄탄하고 적절한 예시가 담긴 본문, 깔끔하고 고급스러운 문장력에 용지 두 장을 가득 채운 분량의 에세이가 이에 해당한다. 평소 글쓰기 실력이 좋고 본문에 인용할 지식이 많은 학생이라면 몰라도 대부분의 학생이 이런 글을 25분 안에 써내기란 쉽지 않다. 그만큼 철저한 준비가 필요하다는 뜻이다.

나는 약 90~100개의 에세이 주제를 모아 비슷한 주제끼리 묶어 공략법과 예시를 준비했다. 자주 나오는 주제와 그 공략법을 간단하게 설명해 보겠다.

1. 도전(Challenge): 가장 흔히 나오는 대표적인 주제이다. 실패, 좌절, 장애 등을 딛고 도전한 인물들의 이야기를 쓰면 된다. 대표적인 예로는 에디슨(Thomas Edison), 헬렌 켈러(Helen Keller) 등이 있다.

   ● Is striving to achieve a goal always the best course of action, or

should people give up if they are not making progress?
- Is it necessary to make mistakes, even when doing so has negative consequences for other people?
- Do we really benefit from every event or experience in some way?

2. 행복(Happiness): 인간의 행복이 어디에서 오는지를 묻는 주제다. 진정한 행복은 물질이나 겉으로 보이는 화려한 외면에서 오는 것이 아니라 내면의 풍족함에서 온다는 것을 강조한다. 대표적인 예로는 자신의 다재다능함으로 편안한 삶을 누릴 수 있었지만 모든 것을 뒤로 한 채 아프리카로 떠난 슈바이처(Albert Schweitzer), 세계 제일의 부자에서 세계 최고의 자선사업가가 된 빌 게이츠(Bill Gates) 등을 들 수 있다.

- Are people more likely to be happy if they focus on goals other than their own happiness?
- Do people need to compare themselves with others in order to appreciate what they have?
- Should modern society be criticized for being materialistic?

3. 신념과 개성(Faith/Individuality): 자신의 신념을 굽히지 않고 관철시키는 것이 왜 중요한지를 묻는 주제이다. 자신의 목

소리를 분명히 내어 사회를 더욱 정의롭게 만든 인물을 예로 들 수 있다. 에밀 졸라(Emile Zola)가 대표적이다. 그는 반유대주의가 팽배하던 19세기, 억울하게 간첩누명을 쓴 유대인 대위 드레퓌스(Alfred Dreyfus)의 무죄를 주장하며 훈장을 박탈당하고 영국으로 망명까지 떠나야 했다. 이를 드레퓌스 사건(The Dreyfus Affair)이라고도 부른다. 또한 인종차별에 반대하여 백인에게 버스 좌석을 양보하지 않은 로자 파크스(Rosa Parks) 등이 있다.

- Is it always best to determine one's own views of right and wrong, or can we benefit from following the crowd
- Do we tend to accept the opinions of others instead of developing our own independent ideas?
- Is compromise always the best way to resolve a conflict?

4. 화합과 타협(Compromise): 타인과 배타적으로 대립하기보다는 화합하는 것이 더 좋은 결과를 가져온다는 주제이다. 인종차별과 식민지배에 맞서면서도 끝까지 비폭력을 주장했던 마틴 루터 킹(Martin Luther King Jr.), 간디(Mahatma Gandhi) 등을 예로 들며, 이들이 타인을 존중한 것이 후세에 어떠한 유산을 남겼는지를 함께 제시하면 좋은 결말을 끌어낼 수 있다.

- Is there value for people to belong only to a group or groups

with which they have something in common?
- Should people choose one of two opposing sides of an issue, or is the truth usually found 'in the middle'?
- Does the answer always lie in the extremes, or can we find a midpoint where the both sides can 'win-win'?

5. 협력(Cooperation): 집단이나 사회의 발전을 위해 개인의 이익을 희생하여 좋은 변화를 가져왔던 사례를 들 수 있다. 로자 파크스가 백인에게 버스 좌석을 양보하지 않아 법정에 서게 되었을 때 수천 명의 앨라배마주 노동자들이 382일 동안이나 대중교통 이용을 거부하여 마침내 대중교통에서의 인종차별을 철폐시킨 '몽고메리 버스 보이코트(The Montgomery Bus Boycott)'가 대표적인 사례라고 할 수 있다.

- Does the success of a community —whether it is a class, a team, a family, a nation, or any other group depend upon people's willingness to limit their personal interests?
- Is it necessary for people to combine their efforts with those of others in order to be most effective?
- Does everyone need a network or family?

6. 진실(Truth): 선의의 거짓말이 용납될 수 있는지, 언제든 진실만을 말하는 게 옳은 것인지 등에 관한 주제이다. Prompt

에서 제시하는 방향을 따르는 것이 좋지만 더 자신있는 방향으로 써도 괜찮다. 나뭇잎 그림으로 이웃 소녀를 살려낸 삼류화가 이야기 오 헨리(O. Henry)의 〈마지막 잎새(The Last Leaf)〉, 미리엘 주교의 선의의 거짓말에 감동받아 새 삶을 살게 된 장발장의 이야기 《레미제라블(Les Miserables)》 등이 좋은 예이다.

- Does the truth change depending on how people look at things?
- Can deception sometimes have good results?
- Should people make more of an effort to keep some things private?
- Do circumstances determine whether or not we should tell the truth?

7. 문명과 기술(Civilization/Technology): 문명과 기술의 발전이 인간의 삶에 어떤 이점과 해를 주는지를 기술하는 주제이다. 무분별한 산업화가 어떻게 인간의 존엄성을 망가뜨리는지를 풍자적으로 묘사한 찰리 채플린의 〈모던 타임즈(The Modern Times)〉, 전체주의 정권에 의한 기술 남용이 인권을 침해할 수 있다는 것을 경고한 조지 오웰의 《1984》, 본래 의도와 다르게 원자력을 대량살상무기로 사용한 '맨해튼 프로젝트' 등을 예로 들 수 있다.

- Should people always prefer new things, ideas, or values to those of the past?
- Does a strong commitment to technological progress cause a society to neglect other values, such as education and the protection of the environment?
- Can knowledge be a burden rather than a benefit?

이 밖에도 교육 창의성 리더십에 관한 주제도 자주 출제되곤 한다.

25분 내에 두 장을 모두 채우는 것은 생각보다 어려운 일이다. 연습을 해보면 거의 쉬지 않고 25분을 써야 두 장을 간신히 채울 수 있다는 걸 알게 될 것이다. 이 말은 어떤 주제가 제시되든지 간에 그에 대한 준비가 거의 완벽하게 되어 있어야 한다는 뜻이다.

내가 한 것이 유일한 분류 방법은 아니다. 하지만 이렇게 비슷한 주제를 묶어서 준비하면 에세이 영역을 준비하는 시간을 훨씬 아낄 수 있고 어떤 주제가 나올지 모르는 에세이 영역의 특성상 여러 경우의 수에 대비할 수 있다.

Writing - MCQ(객관식 문제)

Writing 영역 객관식 점수가 일정 수준 이상으로 오르지 않는다면 문제를 '감'으로 풀지는 않는지 한 번 점검해 봐야 한다. 다시 말해 좋은 점수를 얻으려면 문제 하나하나를 모두 제대로 알고 있어야 한다는 것이다. 보기 문항 중 틀린 것을 고를 때에도 그 선택지가 왜 틀렸는지를 설명할 수 있어야 하고, 어떻게 바꾸어야 맞는지 알고 분석하며 풀어야 한다.

예를 하나 들어보자.

In Death of a Salesman Loman mistakenly believes that his sons have no flaws, believing which leads to many problems for the entire family.

(A) believing which leads

(B) a belief that leads

(C) and which is to lead

(D) the belief of which leads

(E) his believing this leads

위 문제의 정답은 (B)이다. Which와 같은 관계대명사는 명사 또는 명사구만을 수식할 수 있다. 하지만 이 문제에서는 의미상 쉼표 앞 전체가 수식되어야 한다. 따라서 (A), (C), (D)는 우선적으로 제거할 수 있다. 그리고 문장 내에 한 개 이상의 절이 있을 경우 접속사가 있어야 한다. (E)는 접속사가 없으므로 오답이다. (B)의 경우 새로운 명사를 소개해주었는데 명사는 관계대명사와는 달리 문장 전체를 수식할 수 있다.

바로 이렇게 푸는 것이 문제를 분석하며 푸는 것이다. 《The Official SAT Study Guide》와 〈The Official SAT Online Course〉에는 모든 문제의 해설이 포함되어 있기 때문에 초반에는 해설을 참고하며 공부하는 것이 좋다.

해설이 없는 문제는 구글에서 문제를 검색해 보는 것도 좋다. 웬만한 CollegeBoard 문제나 유명 출판사 문제에 대해서는 대부분 College Confidential(대학입시정보포럼)이나 미국 유명 입시포럼 사이트 등에 토론이 열려 있다. 하지만 대부분의 답변은 전문가가 아닌 학생들이 올려놓은 것이니 이를 어느 정도 고려하고 공부한 상태에서 보는 것이 좋다. 어떤 답변이 맞는지 분별할 수 있어야 하기 때문이다.

자주 나오는 유형의 문제로는 대구법(parallelism), 분사구문(participial structure), 비유(comparison), 조화(coordination), 역설(inverse), 장황함(wordiness), 가정법(subjunctive), 의미변화(meaning change) 등이 있다. 적어도 이 주제들에 대한 문제는 완벽하게 다룰 수 있어야 한다.

이상으로 나의 SAT 공부법 소개를 마친다. 공부법을 글로 소개하는 것은 처음이라 의도한 대로 100% 다 전달되었는지는 모르겠다. 글을 보고 느꼈겠지만 내 공부법은 '지름길'은 아니다. 내 방법을 따르려면 매우 긴 시간이 필요하다. 모든 영역을 연구하고 더 많이 공부하는 것만이 내가 선택할 수 있는 방법이었기 때문이다. 부디 이 짧은 글이 SAT를 준비하는 많은 후배들에게 조금이나마 도움이 되었으면 좋겠다.

SAT를 즐기는 **방법**

2기생 **배하늬**
애머스트대학 뇌과학과

　SAT I에서 가장 걱정되는 부분을 꼽으라면 많은 사람들이 Critical Reading과 Essay를 꼽을 것이다. Math는 실수만 하지 않는다면 걱정할 것 없고, Writing 영역은 잘 나오는 유형의 문제와 문법만 잘 익히면 별 문제 없이 넘어갈 수 있다. 그에 비해 Critical Reading과 Essay는 어떻게 해야 완벽하게 준비할 수 있는지 막막하기만 하다.

　나도 고등학교 2학년이 되어 저 멀리서 천천히 다가오고 있는

SAT I 시험의 압박을 피하지 못할 때가 되자 고민에 빠졌다. 어떻게 공부해야 되지? 상당수의 내 친구들은 이미 학원에서 꾸준히 SAT 준비를 해나가고 있었지만 나는 주말에 학교 밖까지 나가서 수업을 듣고 오는 것이 귀찮아서 그때까지 학원과 과외를 거부하고 있었다. 밖에 나갔다오는 시간에 내가 혼자서 공부를 하겠노라고 떵떵거렸지만 계획은 지켜지지 않았다. 게다가 학원에서 차곡차곡 배워나가고 있는 친구들 사이에 있으니 스트레스만 날로 늘었다.

결국 친구에게 소개를 받아 Critical Reading과 Writing을 배우는 그룹 과외를 시작했다. 일주일에 한 번씩 두어 달 정도 다닌 것 같다. 물론 매주 숙제가 있어 문제는 꾸준히 풀고 있었지만 혼자 일정을 조정하며 공부할 수 있는 것을 굳이 다른 사람에게 맡기는 것은 아닌가 하는 생각이 점점 깊어지기 시작했다. 숙제로 문제를 풀어오거나 과외 시간에 시간을 재면서 문제를 풀고, 같이 해석을 하고 질문하는 방식의 수업이었는데, 새로운 지식을 얻는다는 느낌이 전혀 들지 않았다.

사실 나보다 지식과 경험이 많은 선생님에게 배우는 것이 효과적인 공부가 있고 스스로 문제와 지긋지긋하게 씨름을 하고 시간을 투자해야 무엇인가를 얻을 수 있는 공부가 있는데, 어느 정도의 시간이 지나고 나니 SAT 준비는 후자 쪽인 듯했다. 스스로를 잘 채찍질해서 꾸준히 준비할 수만 있다면 혼자 공부하는 것이 더 효율적일 것이라는 생각에, 또 혼자서 공부해도 해낼 수

있다는 용감한 자신감에 나는 과외를 그만두었다.

다른 친구들에 비해서 나는 SAT 공부를 늦게 시작한 셈이다. 학교에서 보는 모의고사나 수업시간에 풀어보는 SAT 문제들을 제외하고, 스스로 문제집을 사서 공부하기 시작한 것은 거의 2학년 후반 정도나 되었을 때였다. 당시에는 어떻게 해야 하나 허둥댔지만 지금 생각해보면 SAT 공부를 너무 일찍 시작하지 않은 것이 공부하는 데 더 도움이 되었던 것 같다.

첫째, 매달 서점에서 쏟아져 나오는 다른 문제집들과는 달리 SAT 연습 문제집은 종류도 적고 그 양에 한계가 있다. CollegeBoard에서 나오는 정식 문제집, 그리고 많은 학생들이 사용하는 Barron's, Kaplan, Princeton Review, McGraw-Hill 출판사 외에는 문제집을 찾기 힘들다. 그리고 정식 문제집을 제외하고는 각 회사마다 만드는 연습 문제가 실제 SAT 문제와 느낌이 다르기 때문에 무작정 문제를 많이 푼다고 실력이나 감이 느는 것도 아니다. 이렇게 양에 한계가 있기 때문에 너무 일찍 문제집을 풀기 시작하면 실제 SAT 문제와 가장 비슷한 문제는 이미 다 풀어버린 상태가 되고, 정작 시험이 다가오면 풀어볼 문제가 없거나 오히려 실제 시험문제와 차이가 있는 문제로 연습을 하다가 감을 잃어버릴 수도 있다.

둘째, 너무 오랫동안 시험문제를 풀면 공부가 지겨워져 시험을 부정적으로 생각하게 되고, 이는 공부의 효율을 떨어뜨릴 수 있다. 천재도 즐기는 자를 이길 수 없다고 하듯이 무언가에 홀린 듯 즐기면서 일을 할 때 가장 큰 효율성을 발휘할 수 있다. 반대로 그 일을 싫어하고 지겨워한다면 아무리 시간을 투자해도 얻는 것이 많지 않을 것이다. 만약 시험이 다가왔는데 이런 기분이라면 자기 자신도 고통스럽고 시험 결과도 좋지 않을 것이다.

셋째, 가장 중요한 이유는 SAT 연습 문제를 푸는 것이 SAT 공부의 전부가 아니기 때문이다. 사실 SAT 문제집은 시험 전에 문제 경향과 느낌을 익히는 데 쓰는 것이지 SAT에서 요구하는 Critical Reading 실력을 쌓는 데에는 그다지 좋지 않다.

Critical Reading

그렇다면 아무리 오랫동안 공부해도 문제가 바닥나거나 지겨워지지 않고, 공부한다는 생각도 들지 않는데 실력이 쑥쑥 느는 공부 방법이 과연 있을까? 정답은 '있다'. 올해 고등학교 2학년이 되어 슬슬 SAT 걱정을 시작하는 남동생에게 내가 항상 해주는 조언이다. 그 비법은 바로 원서를 읽는 것이다.

어떤 종류의 책이라도 상관없다. 소설책도 괜찮고, 짧은 에세이라도 괜찮다. 뭐든지 꾸준히 읽으면 정말 피와 살이 된다. 일단 모르는 단어를 일일이 찾아서 달달 외우지 않더라도 영어 단어와 여러 가지 문장 구성을 많이 접하고 익숙해지는 것만으로도 글을 읽는 속도와 내가 하고 싶은 말을 세련된 영어 문장으로 구사하는 능력이 늘어난다. 딱히 노력하지 않더라도 내가 읽는

것들을 뇌가 자동으로 빨아들이는 듯한 느낌이다.

어떤 주장을 하고 그것을 뒷받침하기 위한 근거를 제시하는 에세이를 읽는다면 주장과 근거의 흐름을 따라가는 능력, 그리고 근거를 논리적으로 분석하는 능력이 늘 것이다. 2학년 영어 시간에 마키아벨리의 《군주론(Il Principe)》의 일부분을 읽었던 기억이 난다. 수업시간에 선생님과 함께 상당히 어려운 문장들과 난해한 주장들을 한 줄씩 분석하고 그것이 어떤 의미인지 토론을 했었다. 어떤 내용이었는지 지금은 가물가물하지만 그렇게 분석적으로 책 읽는 방법을 연습해 둔 것이 SAT가 요구하는 Critical Reading 실력을 키우는 데 큰 도움이 되었다.

또 여러 가지 글을 읽다 보면 내가 잘 모르는 새로운 분야의 글을 읽기 시작할 때의 두려움과 낯선 느낌이 줄어들게 된다. SAT의 Critical Reading 지문은 굉장히 다양하기 때문에 내가 지금까지 한 번도 제대로 접해보지 못한 분야의 글이 나올 확률이 많다. 이때 내가 잘 모르는 것이라는 두려움 때문에 긴장한다면 글을 제대로 읽고 이해할 수가 없게 된다. 하지만 호랑이 굴에 들어가는 연습을 미리 많이 해놓았다면 정신을 차리고 주어진 정보를 100% 활용할 수 있다. 또 여러 가지 분야의 글을 읽어놓았다면 내가 접해본 분야에서 지문이 나올 확률도 커지니 일석이조인 셈이다.

나는 하루도 책을 읽지 않으면 입에 가시가 돋는 책벌레는 아니었지만, 그래도 글을 읽는 것을 즐기고 틈이 나면 나름 새로운 책을 찾아 읽으려고 애쓰는 편이었다. 중학교 시절부터 읽어온 책들, 그리고 수업시간에 읽은 글들이 나도 몰래 머릿속에 차곡차곡 쌓여 본격적으로 SAT 공부를 시작할 때 큰 도움이 되었다. 이는 가장 이상적인 공부법이지만 바로바로 결과가 보이지 않고 도움이 되는지 아닌지 확신이 서지 않기 때문에 힘들 수도 있다. 그래도 장기적으로 계획을 세우고 즐기며 따라해 본다면 큰 도움이 될 것이다.

Writing – Essay

2학년 겨울방학이 되자 친구들 모두가 두세 달 후에 치를 SAT 대비에 들어가기 시작했다. 나는 또다시 용감한 자신감을 가지고 서울의 학원으로 가는 대신 학교 기숙사에 남아 겨울학기 수업을 들으면서 혼자 공부하기로 결심했다. 이제 정말 얼마 안 남았으니 마음을 다잡아 매일 아침 단어를 외우고 문제 푸는 연습을 한다면 SAT 준비를 충분히 있을 것 같았다. 하지만 한 가지, 아무리 내 자신에게 최면을 걸어도 자신감이 생기지 않는 것이 바로 에세이였다.

25분이라는 짧은 시간에 제대로 된 에세이를 하나 써내야 한다는 스트레스는 대단하다. 운이 좋으면 여러 가지 근거가 술술 잘 생각나는 주제가 걸릴 수도 있지만, 10분을 앉아 생각해도 그럴싸한 내용이 생각나지 않는다면 그 에세이는 거의 망친 것이나 마찬가지다. 내가 준비할 수 있는 것이라곤 최대한 많이 모의

에세이를 써보고 '이런 주제가 나오면 이런 방향으로 써야지'라고 계획을 짜는 것뿐이었다.

또 한 가지 문제는 에세이는 문제집 뒷장으로 훌쩍 페이지를 넘겨 답을 확인할 수 없다는 것이다. 누군가 나의 에세이를 읽고 주장이 약하지는 않은지, 근거가 서로 잘 연결되어 있는지 조언해 줄 사람이 필요했다.

다행히 나는 우리 학교 안에서 든든한 지원군을 만났다. 나는 겨울방학 동안 학교에서 지내며 SAT Writing 수업을 듣기로 했다. 내가 에세이를 써 내면 선생님께서 읽고 평가하시고, 어떻게 하면 더 탄탄한 에세이를 쓸 수 있을까를 함께 토론하면서 준비했다. 어디서 생겨났는지 모를 자신감으로 혼자 SAT 공부를 하겠다고 달려들었지만 결국엔 만족할 만한 좋은 점수를 받을 수 있었다.

하지만 그 과정이 즐겁기만 한 것은 절대 아니다. 지금 누군가 나에게 지금 시험 준비하던 그 시절로 돌아간다면 어떻겠냐고 물어본다면 질문이 끝나기도 전에 도망가 버리겠다. 그런데 현재 내가 다니고 있는 애머스트대학교 친구들과 이야기하다가 깨달은 것이 있다. SAT 이야기에 내가 끔찍하다는 표정을 지으면서 손사래를 치자, 몇몇 친구들은 놀랍게도 SAT 준비하는 것이 재미있었다고 말했다. Critical Reading에 다양한 지문이 나와서 박학다식해졌다고 말하는 친구도 있었다.

지금 생각해 보면 SAT는 시험 그 자체에서 오는 스트레스보다

시험과 관련된 생각에서 오는 스트레스가 훨씬 더 컸던 것 같다. 나에게 맞는 길을 걷고 있는 것인지 알 수 없는 불확실함, 주위의 친구들과 나를 비교하며 생기는 불안감 등. 하지만 내가 가야 할 길을 선택하고 그 길을 걸어 나가기로 확실히 마음먹은 후에는 시험을 준비하는 것이 그다지 괴롭지만은 않았다. 막상 코앞에 닥친 SAT를 준비하는 것이 물론 힘든 일이란 건 알지만, 이런 복잡한 생각들에서 벗어나 이왕 해야 하는 시험공부 좀 더 즐기려고 노력한다면 스트레스도 덜 받고 더 좋은 점수도 받을 수 있을 것이다.

본인에게 잘 맞는 방법이
최상의 **공부법이다**

4기생 **한서윤**
예일대학교

'나에게 열린 사고와 배움의 기회를 주는 곳으로 가야겠다'라는 유학에의 열망만 있었을 뿐, 정작 유학 준비 과정에 대해서는 전혀 사전 지식이 없었던 나는 용인외고 입학 후 이루 말할 수 없이 당황스러웠다. 도무지 알 수 없는 온갖 용어들, 예를 들면 AP, GPA, SAT가 무엇인지부터 인터넷 지식검색을 해야 할 정도였다. 게다가 주위에는 고교 입학 전부터 선행학습은 물론이고, 디베이트(Debate)나 비교과 과외활동에 대한 준비까지 되어 있는 친구들도 꽤 있는 듯해서 해 놓은 것도, 아는 것도 없었던 나는 말 그대로 주눅이 들었다.

또한 그 무엇보다도 힘들었던 점은 갑자기 달라진 수면시간이었다. 중학교 시험 기간에도 적어도 8시간 이상은 꼬박꼬박 자던 나는 밤 11시 50분이 되어서야 점호를 하여 새벽 6시 30분에 기상해야 하는 학교 기숙사 시스템에 적응하기 힘들었고, 수면시간이 턱없이 부족해서 매사에 능률이 오르지 않고 건강도 나빠졌다. 나는 꼬박꼬박 학교 공식 수면시간을 채워서 자도 피곤해 낮에도 정신을 차리기 힘들 지경인데, 새벽 늦게까지 공부하는 강단 있는 친구들을 보면서 심리적인 불안감이 쌓여갔다.

그러나 이러한 두려움과 피곤함 속에서도 내 나름대로 학교생활에 적응하고자 노력한 덕분인지 자신감을 주는 일이 생겼는데, 처음 본 중간고사에서 국제반 1등을 했던 것이다. '아! 어쩌면 고등학교에서도 그냥 나답게, 내가 하던 대로 해도 될지도 모르겠다'라는 희망이 생겼다고나 할까? 나아가 더 시간이 흐르면서는 '나를 특정 대학에 끼워 맞추려 하지 말고, 있는 그대로의 나를 좋아해 주는 대학에 가야겠다!'라는 생각이 들기 시작했다. 일단 그렇게 마음이 정리되자 동아리 활동, 비교과 과외 활동(EC)도 굳이 다른 학생들에게 인기가 많거나 대학 가는 데 유리하다고 언급되는 활동보다는 내 마음이 가는 것들을 택해서 성실히 꾸준하게 해나갔다. 이런 식으로 계속해서 내가 좋아하는 것, 잘하는 것들을 찾아서 하다 보니 남들과는 다른 대답을 내놓을 수 있는 힘이 더 생긴 것 같다.

그러나 미국 유학을 위해 피해갈 수 없는 관문이 있었으니 그것이 바로 SAT다. SAT는 흔히 미국의 대입수학능력시험이라고 일컬어지는 시험으로, 미국 대학에 진학하려는 학생들 대다수가 선택하는 시험이다. (간혹 ACT(American College Test)를 보는 학생도 있다.) SAT는 크게 세 부분으로 나눌 수 있는데 Reading, Math, Writing이다. 나는 SAT를 짧은 시간 안에 속전속결로 끝냈는데, 각 부분별로 어떻게 공부했는지 언급해 보려 한다. SAT를 준비할 때 짧은 시간에 많은 것을 효율적으로 준비하고 싶은 사람이 있다면 참고해도 좋을 것이다.

Critical Reading – 어휘

먼저 Reading의 경우, 앞부분의 어휘와 뒷부분의 독해로 나눌 수 있다. 나는 어휘 부분을 준비하기 위해 《Word Smart》 1권과 2권을 활용하여 열심히 외웠다. 다들 알다시피 단어는 반복 학습이 중요하다. 나는 처음 단어를 외울 때 잘 안 외워지는 단어들은 따로 표시해 두었다가, 다음날 새 단어를 외울 때 그 전날 표시해두었던 단어들도 다시 한 번 복습하는 식으로 단어를 암기했다. 이렇게 차근차근 새 단어를 공부하는 동시에 그전 단어들을 복습하는 방법이 내게는 매우 효과적이었다. 처음에는 나도 남들처럼 단어 카드를 만들어 볼까도 하였으나 내가 본디 카드 만들기나 노트 정리 등에 소질도 취미도 없는지라 곧 포기했다. 그러나 단어 카드나 노트를 따로 만들어 자신만의 방식으로 잘 정리해서 공부하는 친구들도 종종 보았으니, 한번 만들어 보고 자신에게 효과가 있는지 점검해 보는 것도 좋은 방법이다.

Reading – 독해

나는 평소에 책을 많이 읽어둔 덕분인지 독해 부분은 특별한 비법 없이 처음부터 점수가 비교적 잘 나왔다. 그래서 주로 CollegeBoard에서 나오는 실전 문제들을 풀면서 시간 배분에 중점을 맞춰 연습을 했다. 어려서부터 영어책을 많이 읽을 것을 적극 권유한다. 고교 입학 후라도 늦었다고 생각하지 말고 시간을 만들어서 책을 많이 읽는 것이 가장 확실한 준비 방법이라고 이야기하고 싶다. 굳이 어려운 책이 아니더라도 재미있는 영어책을 꾸준히 읽다 보면 독해 능력은 자연스레 늘게 된다. 또한 나중에 에세이를 쓰는 데 있어서도 중요한 바탕이 된다. 아무래도 좋은 문장을 많이 접한 사람이 좋은 글을 쓰기가 상대적으로 쉽기 때문이다.

SAT 독해에 관련된 구체적인 팁을 한 가지 말하자면, 나는 먼저 문제를 읽은 뒤 제시문을 읽는 방법으로 문제를 풀었다. SAT Reading 문제는 구체적으로 한 부분을 지정한 뒤, 그 부분에 있는 문장이나 단어의 의미를 물어보는 경우가 많다. 제시문을 먼저 다 읽고 문제를 읽으면 문제 속에서 해당하는 부분을 찾기 위해 다시 제시문으로 돌아가야 한다. 이럴 경우 해당 부분보다 몇 줄 위에서부터 읽어야 의미가 확실히 다가오는 경우가 많다. 그

러나 문제를 먼저 읽고 해당 부분에 미리 밑줄을 쳐 놓으면, 제시문을 읽다가 그 문제로 돌아가 바로 풀면 되니 시간이 많이 절약된다. '제시문 → 문제 → 제시문 → 문제 해결' 보다는 '문제 → 제시문 → 문제 해결'이 훨씬 효율적이다.

그러나 이 또한 사람에 따라 효과가 있을 수도 있고 없을 수도 있으니, 한번 시도해 보고 잘 안 되면 익숙한 쪽을 택하는 것이 좋다. 본인에게 잘 맞는 방법이 최상의 방법이다.

Writing - Essay

나는 개인적으로 틀에 박힌 에세이를 무척 싫어한다. 하지만 SAT 시험에서는 에세이 쓸 시간을 25분밖에 주지 않으니 창의적인 에세이를 쓰기 위해 머리를 쥐어짜기보다는 일정한 틀을 갖춘 에세이를 쓰는 것을 추천한다. 사람마다 그 틀은 다를 수도 있으나 일반적으로 도입문(Introduction paragraph) 1개, 본문(Body paragraph) 2~3개, 결론(Conclusion paragraph) 1개 문단으로 이루어져 있는 에세이를 많이 쓴다. 도입부에서는 논지(Thesis)와 개요(Outline)를 확실히 밝히는 것이 좋다. 나는 각 본문에서는 예시 하나를 이용하여 내가 말하고자 하는 바를 자세히 서술했고 결론 부분은 요점만 간단히 서술했다.

아마 학생들이 가장 어려워하는 것은 본문에서 예시를 떠올리는 과정일 것이다. 요즘에는 점점 더 다양한 주제로 출제를 한다지만 기본적으로 에세이에 나오는 주제는 정해져 있다. 질문이 정해져 있다 보니 대비하기도 어렵지 않다. 질문과 잘 맞아떨어지는 예시를 10개 정도 준비한 뒤, 그 예시들로 에세이 쓰는 연습을 많이 해보길 추천한다. 나는 에세이 하나당 2개 정도의 예시를 사용했다. 그리고 연습할 때도 반드시 시간을 재보는 것을 잊지 말자.

한 가지만 덧붙여 말하자면 SAT 에세이 주제는 대부분 입장을 하나로 확실히 정하라고 한다. 즉, 'Do you agree or disagree?(동의하는지 동의하지 않는지 쓰시오)'라는 질문을 많이 하는데 이 경우, 설령 심정적으로는 A라는 의견에 동의한다 하더라도 반대하는 쪽의 예시가 더 잘 떠오르고 쓰기 쉬울 것 같다면 반대하는 주장을 담은 에세이를 쓰는 것이 점수를 얻는 데는 용이하다. SAT는 결국 시간 싸움이기 때문에 효율적으로 에세이를 쓸 수 있는 쪽을 공략해야 승산이 있기 때문이다. 창의적인 에세이는 나중에 대학 가면 마음껏 쓸 수 있으니 조금만 참도록 하자.

Writing – MCQ

MCQ 파트에서는 문법과 관련된 문제가 많이 나온다. 그러나 문제에 나오는 문법 사항은 몇 가지로 한정되어 있다. 그러므로 CollegeBoard의 실전 문제를 많이 풀어보고, 문제의 유형을 꼼꼼히 분류·분석하는 것을 추천한다. 비슷한 유형의 문제들이 많이 출제되다 보니, 오답 노트를 만들어 틀린 문제들만 따로 모아

두는 것도 나중에 복습하는 데 많은 도움이 된다.

Math

Math는 실수하지 않는 것이 가장 중요하다. SAT의 세 파트 중에서 가장 쉽고 변별력이 없다 보니 한 문제만 틀려도 점수가 많이 떨어지기 때문이다. 대부분의 한국 학생은 문제를 다 풀고 나서도 검산할 시간이 남는다. 이때 손으로든 계산기로든 반드시 재검토하길 바란다. 문제가 쉽다고 방심했다가 뜻밖의 낮은 점수를 받고 당황하는 경우를 주위에서 흔히 봤다. 다시 한번 강조하지만 Math는 집중력 싸움이다.

후배들에게 남기는 한마디

SAT는 상대적으로 짧은 시간 안에 많은 문제를 풀어야 하다 보니, 문제로 나오는 유형들이 정형화되어 있다. 그렇기에 솔직히 SAT는 준비하는 과정이 유난히 지루한 시험이다. 그러나 한편으로는 기본적인 것들만 잘 체득해 둔다면 점수 올리기가 어렵지 않은 시험이기도 하다. 특히 Writing은 대비를 잘하면 상대적으로 점수가 금방 향상된다. 노력한 만큼 점수가 나온다는 면에서 본다면 아주 정직하고 착한 시험이라고 할 수 있으니 지루하더라도 꾹 참고 공부하길 바란다.

마지막으로 한 가지 더 말하자면 SAT 점수가 높으면 당연히 좋지만, 점수 외의 다른 여러 가지 사항들도 합격에 지대한 영향을 미친다는 사실을 잊으면 안 된다. 가령 내신이 특출하고, 동아리 활동이나 수상 경력 등 비교과 활동 내역이 화려한 경우에는 SAT 점수가 조금 낮아도 괜찮다. 즉, 학생에 따라선 SAT 점수 몇십 점 올리는 데 매달려 귀중한 시간을 허비하기보다는 장점을 강화하거나 취약한 분야를 보완하는 데 집중하는 것이 현명하다는 것을 기억하자. 이 점에 대해서는 각 학교의 담임선생님이나 진학상담 선생님께 여쭤보기를 추천한다.

나를 위한 진정한 스펙 쌓기

5기생 **강전욱**
펜실베이니아대학교
헌츠맨프로그램 과정

    SAT는 여러 번 응시하는 것이 가능한 시험이지만 되도록 한 번에 끝내는 것이 마음도, 몸도 편하다. 개인적으로 SAT는 두 번 다시 응시하고 싶지 않은 시험이기 때문에 정말 열심히, 정직하게 공부했다.

    SAT I은 Critical Reading, Math, Writing으로 나뉘고, Writing은 다시 Essay와 MCQ로 나뉜다. 미국인이 아닌 외국인 고등학생이 SAT를 보기는 다소 어렵다. 미국인 고등학생이 풀기에도 어려운 영어문제가 많기 때문에 영어를 모국어로 쓰지 않는 사람에게는 그보다 더 어려운 것이 당연하다. 그래서 SAT를 시작할 때에는 일단 문제가 어렵다는 것을 인정하고 어떻게 실력을 키울 수 있는지를 생각하는 것에서부터 공부를 시작해야 한다. 물론 어려운 문제도 혼자 술술 잘 풀어가는 친구들이 주변에는 항상 있기 마련이다. 하지만 자신이 그렇지 못하다고 해서 전혀 기죽을 필요는 없다.

일단 SAT는 빈출 단어 암기가 기본이다. 《Word Smart》, 《Word Smart II》 등에 나오는 단어들은 기본적으로 모두 암기하여 지문이나 문제에서 봤을 때 바로 뜻을 알도록 공부하는 것이 좋다. 또한 지문에서 나오는 헷갈리는 단어들이나 아예 모르는 단어들은 자신만의 단어장을 만들어 두고두고 계속 보는 것이 좋다.

SAT 점수는, 특히 영어 능력을 다루는 Critical Reading이나 Writing 영역의 경우 단기간에 점수를 올리기는 힘들다. 영어 능력이 몇 달 만에 눈에 띌 정도로 엄청나게 향상되기가 어렵기 때문이다. 일찍부터 외국 명문대 진학을 꿈꾸는 사람이라면 미래에 대한 투자라 생각하고 미리 준비하는 것이 좋다. 고등학교 1·2학년(10학년, 11학년) 때에는 자신의 영어실력보다 조금 높은 수준의 책을 읽고, 기출문제보다 문제가 조금 쉬운 Kaplan 사의 책으로 공부하는 것이 현명한 방법이다. 그리고 2학년 겨울방학부터 본격적으로 정직하게 SAT만 공부한다면 만족할 만한 점수를 받을 수 있을 것이다. 물론 너무 서두를 필요는 없지만, 영어 실력이 뛰어난 학생은 기출문제를 풀어본 뒤 준비가 되었다고

생각하면 1학년 때든 2학년 때든 SAT를 보는 것도 나쁘지 않은 생각이다.

Critical Reading

나는 개인적으로 Critical Reading 영역이 가장 어려웠다. 출제되는 단어가 어렵고 지문도 긴 데다가 문제 또한 많기 때문에 어휘력, 독해력, 사고력은 물론 상당한 집중력도 필요하다. Critical Reading은 일단 시중에 나와 있는 SAT 단어집의 단어를 철저하게 외운 후, 그래도 모르는 단어가 있으면 자신만의 단어노트를 만들어서 활용하라. 지문에 나오는 단어들, 문제에 나오는 단어들, 조금이라도 헷갈리는 단어들은 전부 정리해 놓고 보고 또 봐야 한다. 나는 단어를 몰라서 지문을 이해하지 못하는 경우가 대부분이었기 때문에, 틀린 문제는 별표를 쳐놓고 계속 복습하며 단어를 많이 외웠다. 그러자 그때부터 점수가 오르기 시작했다. 나중에는 내가 틀렸던 문제만 봐도 '아, 이건 내가 이래서 틀렸어'라는 생각이 바로 떠오를 수 있도록 복습했던 결과다.

지문을 읽을 때에는 철저하게 분석하며 읽는 습관을 길렀다. 까다로운 문장에는 밑줄을 긋고 나만의 말로 바꾸어 써 놓았으며, 그 지문을 다 읽고 모든 것을 능숙하게 설명할 수 있을 정도가 되어야 다음 문제로 넘어갔다. 시간은 다른 친구들보다 오래 걸렸지만 이렇게 시간을 투자한 덕분에 처음 보는 글도 더 분석적으로 접근할 수 있었고 독해 점수도 차차 올라갔다.

Math

정규 교과과정을 마친 한국 학생이라면 수학은 쉽게 느낄 것이다. 덤벙대서 실수만 하지 않는다면 틀릴 일이 없는 문제가 대부분이다.

나는 25분이라는 시간을 다 쓰면서 문제를 푸는 전략을 택했다. 난이도가 낮은 문제가 대부분이므로 빨리 풀고 검토하기보다는 한 번을 풀더라도 확실히 맞을 정도로 천천히 차근차근 풀었다. 문제를 빨리 풀고 두 번, 세 번 재검토를 하는 사람도 있는데, 나는 이렇게 하더라도 한 번 실수한 것은 다시 발견해 내기가 어려웠다. 최대한 천천히 차근차근 풀며 처음 풀 때 실수를 없애는 방법이 내게는 더 유용했다.

Writing

Writing은 Essay와 문법으로 나뉜다. 대부분의 학생들이 문법문제를 문법적으로 접근하여 한 문장 한 문장 분석해서 풀기보다는, 한 번 읽어보고 조금 이상하다 하는 문장을 고르는 방법으로 문제를 푼다. 이렇게 영어 문장을 읽고 들었을 때 이상하다는 느낌이 들 정도로 영어 실력을 향상시키려면 영어로 된 책을 정말 많이 읽어봐야 한다. 또한 미국 TV나 드라마를 많이 보는 것도 좋은 방법이 될 것이다.

나는 고득점을 위해 모의 에세이를 정말 많이 써 보았다. 시험

보기 한 달 전에는 하루에 3~4개 정도의 에세이를 매일 손으로 쓰고 첨삭 받았다. 25분 안에 완성된 에세이를 쓰기에는 시간이 부족하기 때문에 에세이를 쓰면서 동시에 생각하는 방법을 연습해 주어진 시간에 만족할 만한 답을 적을 수 있었다.

문법 영역은 문제로 나오는 유형이 정해져 있기 때문에 유형별로 정리를 하며 문제를 풀었다. 문제를 풀 때마다 느끼는 것은 공교롭게도 한 번 틀린 유형은 계속 틀리게 된다는 점이다. 그래서 나는 오답노트를 만들어 매일매일 복습했으며 모르는 문제는 당당하게 주변의 선생님이나 친구에게 도움을 청해 물어보았다.

SAT를 종합하여 말하자면, 영어의 기본인 단어와 문법 공부를 충실히 하고, 수학은 덜렁대지 말고 침착하게 풀며, 영어 에세이는 많이 써보고 또 많이 첨삭을 받으며 꾸준한 실력 향상을 꾀해야 한다. 그렇게 다듬어 나간다면 반드시 좋은 성적 받을 것이라 믿어 의심치 않는다.

그리고 한 가지 더! 나는 꼭 밤 12시에 잠을 잤다. 아무리 늦어도 1시 넘어서까지 공부를 해본 경험이 없다. 그 때문에 다른 친구들보다 상대적으로 공부할 시간이 많지 않았다. 새벽 늦게까지 공부하는 친구들은 몇 시간 정도 쉬면서 공부해도 여유로울 수 있지만, 나는 남들보다 깨어있는 시간이 짧아 쉴 수 있는 시간이 많지 않았다. 그래서인지 쉬고 싶어도 '조금만 더 열심히, 조금만 더 집중해서 오늘 목표치를 빨리 끝내자'는 생각으로 공부했고, 그 덕에 시간을 더 집중적으로 활용할 수 있었다. 물론 개인차가 있겠지만, 개인적으로는 한밤중이나 새벽보다는 낮에 열심히 공부해 계획한 분량을 빨리 끝낸 뒤 밤에 편히 푹 자는 것이 능률적이었다.

밤이나 새벽에 공부하는 것이 능률이 잘 오르는 사람이라도 시험 1~2주 전에는 공부 시간과 컨디션을 시험 보는 시간에 맞춰 조정하는 것이 필요하다. SAT를 약 4시간 정도에 열 가지 영역의 문제를 풀어야 하기 때문에 고도의 집중력과 체력을 요한다. 매일 스스로 모의고사를 풀며 자신의 체력 및 집중력을 시험 보는 환경에 맞게 조절하여 적응하는 시간을 갖길 권한다.

GPA

GPA(Grade Point Average, 학교성적)를 결정하는 내신은 수업시간에 배운 내용이나 수업시간에 사용했던 교재, 수업시간에 선생님이 나눠주시는 인쇄물 등을 잘 읽고 외운다면 별다른 요령 없이도 좋은 성적을 받을 수 있다. 나는 중간고사나 기말고사 일주일 정도 전부터 수업시간에 배운 내용을 집중적으로 복습하기 시작하여 시험 볼 때까지 계속 읽어 내려가며 암기하는 것을 기본 원칙으로 삼아 공부했다. 교과서를 읽을 때에는 그냥 눈으로 읽기보다는 중요한 부분에 형광펜으로 밑줄을 긋고 이것이 왜 중요한지를 나만의 말로 정리해 책 옆 공간에 필기해 두었다. 이렇게 하면 당연히 눈으로 책을 읽는 것보다 시간이 더 오래 걸린

다. 하지만 책을 여러 번 읽지 않고도 확실히 습득할 수 있기 때문에 오히려 더 효율적인 방법이 될 수 있다.

나는 1학년 때 국어 관련 시험을 잘 못 본 관계로 내신이 그다지 좋은 편은 아니었다. 그래서 2, 3학년 때는 GPA가 5.0이 되지 않으면 안 된다는 생각에 조금 더 간절한 마음으로 집중해서 공부하고 또 복습했다. 용인외고에서는 성적을 A, B, C, D, E로 등급을 나누어 채점한다. 90점만 넘으면 A를 받기 때문에 전략적으로 90점만을 목표로 공부하는 친구들이 많이 있다. 이것도 현명한 전략이 될 수는 있지만 나는 90점이든 100점이든 별로 상관하지 않고 최대한 열심히 해서 가장 높은 점수를 받는 것을 목표로 공부했다. 이것이 마음이 편했기 때문이다. 딱 90점만 받겠다는 생각으로 공부하면 정작 시험을 보는 그 순간 왠지 모르게 마음이 불안했다.

내신, SAT, AP 등은 미국 대학 입학에 아주 기본적인 요소이다. 미국 대학의 입학사정관 제도가 아무리 유연성이 있고 학생의 잠재력을 평가한다고 해도 내신, SAT · AP 점수가 좋으면 기본적으로 학습 잠재력이 높다고 평가받기 때문이다. 보통 아이비리그에 합격한 한국 학생들의 SAT 점수를 보면 2,300점 이상이 대부분이고 AP도 시험을 본 과목들은 어려운 과목들이며 그 과목에서 대부분 5점 만점의 좋은 점수를 받았다. 하지만 한 가지 알아둬야 할 것은 SAT, AP 점수 등은 일정 점수 범위만 넘어가면 입학을 좌지우지 할 만큼 중요한 요소가 아니기 때문에, SAT 점수가 2,250점 이상이 되면 10점, 20점을 높이려고 시간을 낭비하는 것보다 그 시간에 더욱더 생산적이고, 자신이 사랑하고 흥미를 느끼며 잠재력을 보여줄 수 있는 활동을 하는 것이 더 중요하다. 나는 SAT 점수 10점, 20점 때문에 고민하지 않았고 AP를 10과목 이상 보려고 하지 않은 덕분에 시험에 목매지 않을 수 있었고, 덕분에 다른 활동에 더 열심히 집중할 수 있었다.

교과 외 활동

외국 대학에 입학하기 위해서는 갖추어야 할 것들이 또 있다. 바로 '교과 외 활동'이다. 학업 성적은 물론 중요하지만 시험의 중요성은 인식하되 너무 점수에 집착해서 다른 기회를 놓치지 않았으면 좋겠다. 물론 기본에는 충실해야겠지만 점수에만 집착하다 보면 자신이 더욱더 잘 할 수 있고 자신을 발전시킬 수 있는 일들을 놓치게 되는 경우가 많으니 말이다.

다음은 내가 준비했던 대표적인 과외활동이다.

1. 영어대중연설

제30회 IPSC(The English Speaking Union International Public Speaking Competition)가 2011년 5월 영국 런던에서 열렸다.

우리나라에는 ESU(The English Speaking Union) 한국 지부가 들어온 지 얼마 안됐고 또 국가대표 선발전이 이제 3회(2012년 1

월 기준) 밖에 되지 않았기 때문에 IPSC(ESU International Public Speaking Competition, 국제대중연설대회)는 다소 생소할 것이다. 하지만 이 대회는 30년의 전통을 자랑하고, 전 세계적으로 4만여 명의 청소년(16~20세)이 예선전에 참가하는 가장 큰 규모의 대중연설대회다. The English Speaking Union(영국 영어 교육 자선 단체)은 영국황실이 후원하는 세계에서 가장 오래된 비영리 교육기관이며, 영국의 윈스턴 처칠 수상과 존경받는 유명인사가 기관을 이끌고 발전시켰던 만큼 유서 깊은 전통을 자랑하는 교육기관이다. 또한 전 세계 50여 개국에 지부를 두어 대중연설대회뿐만 아니라 각종 영어 토론, 연극, 모의법정 대회를 열어 '영어를 통해 국제적 의사소통과 친목 도모 및 세계인들의 문화교류'를 위해 노력하고 있다.

IPSC는 매년 5월 영국 런던에서 본선이 열리며 50여 개국 80여 명의 국가대표들이 참석하여 실력을 겨룬다. 본선대회에서는 모든 국가의 대표들이 참가하는 Preliminary Rounds(예선전), 각 예선에서 뽑힌 1, 2위 참가자들이 3분 동안 즉흥 연설을 펼치는 Semi-Finals(준결승전), 그리고 최종 6명을 뽑아서 5분 동안 준비된 연설을 하는 Grand Finals(결승전)로 진행된다. 이 대회의 우승자는 11월에 버킹엄 궁에 초청되어 영국황실로부터 직접 상을 받는 영광을 안게 된다. 또한 런던 ESU 본부에 전시되는 IPSC 우승컵에 자신의 이름과 출신국가가 새겨진 트로피가 영구 보관되는 영예도 갖는다.

with HRH Prince Philip, The Duke of Edinburgh, President of the English-Speaking Union
at the ESU Buckingham Palace Award Ceremony 2011
- Photo Taken by Gigi Giannella

내가 가장 좋아하고, 가장 열심히 했던 활동 중 하나가 바로 영어대중연설(Public Speaking)이다. 나는 ESU에서 주최하는 2010년 제2회 ESU 대한민국 영어말하기대회 고등·대학부에서 우승하여 2011년 영국 런던에서 열리는 국제대중연설대회에 국가대표로 참석했다. 이때의 주제는 'Lessons of History(역사의 교훈)'이었다.

원래는 제1회 ESU 대한민국 영어말하기대회 고등·대학부 우승자와 함께 참가할 계획이었으나, 1회 우승자가 개인 사정상 갈 수 없게 되어 나 혼자 가게 되었다. 한국인 최초로 참가하는 것이었기 때문에 수상에 대한 부담감은 없었지만, 그래도 영국에 도착하기 전까지는 걱정이 많았다. 여러 장르의 대중연설 동영상을 보면서 연습도 하고, 손수 쓴 원고를 바탕으로 연설하는 내 모습을 녹화하여 계속 돌려보기도 했다. 즉흥 연설을 준비할 때가 마음이 가장 조급해지고 긴장되었다.

참가비, 숙박비, 항공비 또한 ESU와 후원사에서 지원해 주었기 때문에 금전적인 부담 없이 가벼운 마음으로 출발했다. 인천공항에서 혼자 비행기를 타고 떠날 때에는 혼자 하는 여행이라는 것 때문에 설렘 반 걱정 반이었지만, 정작 영국에 도착해서는 새로운 사람들을 많이 만나게 된다는 기대감에 마음이 들떴다. 학교 친구들은 교실 안에 앉아서 공부하고 있을 때에 나는 외국에 간다는 것에 혼자 매우 흡족해 했던 기억도 난다.

영국에 도착하면 대회기간 7일 동안 함께 생활할 룸메이트가 지정되는데, 나는 레바논에서 온 오마르(Omar)라는 매우 활발한 친구와 같이 숙소를 사용하게 되었다. 그 친구도 상에 욕심을 내기보다는 세계에서 모인 친구들과 교류하고 함께 좋은 시간을 보내고 돌아가는 데 초점을 맞췄기 때문에 우리는 금방 친해질 수 있었다.

대부분 한 나라에서 두 명의 대표가 참석하는데, 혼자인 나는 내심 친구들과 쉽게 친해지지 못하면 어쩌나 하는 걱정도 들었다. 하지만 지금 생각해보면 혼자였기에 자유롭게 친구들을 더 많이 사귈 수 있었다는 생각도 든다. 모든 참가자들이 다 같이 모이는 오리엔테이션 때 여기저기 휘젓고 다니며 다른 참가자들을 내 방으로 초대해 파티를 계획하기도 했다. 그렇게 매일매일 친구들과 밤을 새며 런던거리를 돌아다니고, 일상생활에서 정치에 이르는 다방면의 주제에 대해 이야기하고, 교류하고 놀기도 하면서 일주일을 보냈다.

대회 프로그램 자체도 총 5일 중 처음 3일은 서로 교류하는 데에 중점을 둔다. 셰익스피어의 글로브 극장(Globe Theater)에도 가보고, 햄프턴 코트 궁전(Hampton Court Palace) 투어도 했다. 그렇게 내가 평생 들어보지도 못한 나라에서 온 친구들, 그들과 함께 동고동락하며 깨달은 것들, 그들과 쌓은 우정은 우승트로피보다 값지다고 생각한다. 실제로 유럽친구들과 친해져 이후 11월 버킹엄 궁 시상식에 갔을 때 노르웨이, 핀란드에 들려 대회 때 사귀었던 친구들을 만나기도 했다. 그때 아주 오래 전부터 알고 지내던 친구와 재회하듯 재밌게 놀았던 기억이 난다.

본격적으로 연설에 대해 이야기하자면, 연설은 자연스러움이 묻어나며 동시에 흥미로워야 한다. 재미있는 이야기를 들려주듯 지루하지 않고, 관객들이 느낄 때 자기 자신을 바라보며 이야기해주는 것처럼 말하는 연설이 관객과 소통하는 좋은 연설이라고 생각한다. 대회에 참가한 친구들 중 너무 긴장해 매우 부자연스럽게 말하는 친구들을 보면 조금 안타깝다는 생각이 든다. 그리고 공감하기 어렵고 딱딱한 내용을 주제로 삼은 친구들도 조금 안타깝다. 때로는 연습을 너무 많이 해 틀에 박힌 듯 기계적으로 말하는 사람들도 있는데 이 또한 재미없기는 마찬가지다.

대중연설은 말 그대로 대중, 즉 불특정 다수의 사람들에게 하는 연설이기 때문에 자신 앞에 있는 청중이 다양한 종류의 사람들이라는 것을 염두에 두어야 한다. 기호가 다양한 사람들이 최대한의 관심을 보일 수 있는 내용을 자연스럽게 말하는 것이 가장 중요하고, 이것이 연설의 가장 기본적인 자세이다. 너무나도 당연한 이야기지만, 내가 관객의 입장이 되었을 때 □~10분 동안 지루해 하지 않고 내 연설을 들을 수 있는지 객관적으로 평가해 보라. 또, 자신이 하는 말이 너무나도 당연하고 예측 가능해 별로 주목할 만한 것이 없는 건 아닌지도 주의 깊게 살펴봐야 한다.

재미있는 말, 재치 있는 말, 그리고 관객들의 관심을 끌 수 있는 말을 하려면 '독창성과 창의성(originality & creativity)'이 있어야 한다. 모든 것을 너무 심각하게 받아들이는 것은 창의적인 생각을 끌어내는 데에 도움이 되지 않는다. 내가 말하고자 하는 핵심을 분명히 파악한 뒤 최대한 재미있고 흥미롭게, 남들이 들어보지 못한, 그래서 더 관심을 기울일만한 자신만의 이야기로 연설을 꾸며가는 것이 가장 중요하다. 또한 연설을 할 때 관객들을 유심히 살펴보고 관객과 함께 호흡하고 분위기를 파악하면서 즉석에서 내용을 약간 수정할 수 있는 순발력도 매우 중요하다.

또한, 세계 무대에 서기 위해서는 자신감과 용기가 필요하다. 자신감과 용기를 기르는 가장 좋은 방법은 포용이라고 생각한다. 이미 익숙하고 생활하기 편한 환경만 고집한다면 자연히 생각이 그것에 매일 수밖에 없다. 그곳에서 다양한 배경과 출신의 친구들을 만나면서 그들의 생활과 문화를 이해하는 방법을 깨닫자 새로운 아이디어와 과감한 시도 등이 떠오르는 것을 느꼈다. 5일 동안 내가 얻은 가장 값진 경험 중 하나다.

아래는 그동안 참가한 영어대중연설 대회 목록을 정리한 것이다.

- 제30회 ESU 국제대중연설대회
  30th The English Speaking Union International Public Speaking Competition

- 제2회 대한민국영어말하기대회
  2nd ESU Korea National Public Speaking Competition

- 제10회 IYF 영어말하기대회
  10th IYF National English Speech Contest

- 아시아약학연맹, 코팜틴즈 공동주최 전국학생영어경시대회
  Asian Pharmacology Association & Kopharm Teens National English Speech Competition

- 2011 연세대학교모의유엔회의

Yonsei Model United Nations 2011

- 2010 GLIS 모의유엔회의
  Global Leaders' Interactive Society Model United Nations 2010

- 제4회 연세대학교 동아시아정책영어토론대회
  Yonsei University National High School Debate Contest on East Asian Policies

- WACUN 2010 모의유엔회의
  Wold Advisory Convention to the United Nations 2010

- 2009 KMTA 영어모의법정대회
  KMTA Mock Trial Tournament 2009

2. Business

2011년 7월, 나는 서울에서 열린 아시아 10개국의 고등학생, 교사, 관계자 등 약 250명이 참가한 아시아학교토론대회에서 조직위원회의 재정 및 물품 조달부 부책임자(Deputy Director of Finance and Procurement)로 일했다. 고등학생 신분으로 세계 각국에서 오는 친구들을 위해 대회를 조직하고 조직위원회의 물품 조달 및 재정을 책임지는 정말 값지고 흔치 않은 경험이었다. 이런 기회를 가질 수 있는 내가 행운아라는 생각까지 들었다.

약 7개월에 걸쳐 조직위원회 활동을 하는 동안 조금이라도 물품을 싸게 조달받으려고 동대문시장을 뛰어다니며 발품을 판 경험, 대회를 운영하는 데 가장 효율적으로 예산을 짜려고 모두가 함께 노력한 경험, 참가자들의 비자발급을 위하여 해외 대사관과 우리나라 대사관에 협력을 요청하여 함께 일한 경험 등. 그 중에서 가장 난감하면서도 재미있었던 경험은 지난여름, 비가 너무 많이 와 물에 잠긴 강남에서 여의도까지 인원을 수송하기 위해 관계자들과 함께 고민하고 백방으로 뛰어다니던 일이었다.

대회 내내 밤샘회의를 할 때는 정말 힘들었지만, 사업체가 어떻게 운영되는지에 대한 실질적인 교육을 받을 수 있었다. 매주 대회 운영회의에 참가하고 관리하며 얻은 값진 경험은 글로벌 사업조직 운영과 여러 가지 사업모델들의 접목이라는 나의 막연한 꿈에 확신을 심어 주었다. 이로 인해 나는 대학 진학 시 학과를 선택할 때 주저 없이 경영학을 선택했다.

요즘 들어 과외활동을 스펙을 쌓는 도구쯤으로 생각하는 사람이 많다. 하지만 진정성 없는 스펙 쌓기 형식의 과외활동은 미래에 크게 도움이 되지 않는다. 친구들과 놀 시간 또는 잠잘 시간을 쪼개 자신이 진정으로 사랑하고 지속적으로 하고 싶은 활동을 하는 것이 진정한 과외활동이며 이런 활동은 대학입시만을 위한 시험과는 다르다. 나는 대부분 학교에 앉아 공부하는 시간보다 관심 있는 활동시간을 기다렸고, 그 시간이 너무도 재미있었기에 작게나마 이룬 일들을 바라보면 항상 뿌듯했다.

 어떤 것을 하든 자신이 잘하는 것과 자신이 좋아하는 것의 교집합을 찾아 그 부문에 많은 시간과 노력을 투자해 최고가 되겠다는 신념을 품어보라. 남들이 많이 한다고 따라 할 필요도 없고 남들이 많이 안 한다고 꺼릴 필요도 없다. 하기 싫은 활동은 과감히 제쳐놓고 자신이 좋아하는 활동을 즐겁게, 꾸준하게, 진실되게 하다 보면 자신이 가야 할 길이 어렴풋이 보일 것이다. 그리고 더 큰 그림을 생각하면서 모든 일을 하다 보면 반드시 좋은 결과가 뒤따를 것이다.

 지금까지 말한 것들이 나의 합격 비법이다. '꼼수를 사용해서 좋은 점수를 받아야지, 잘 보여야지' 하는 마음가짐은 항상 좋은 결과를 가져오지 못하는 것 같다. 시간이 걸리지만 정직하게, 꾸준히 참고 공부하는 사람에게는 반드시 좋은 결과가 있으리라고 난 믿는다.

감이 아니라
제대로 된 **실력**을 키워라

5기생 이효진
펜실베이니아대학교

Critical Reading

독해에서 높은 점수를 받기 위해서는 단어를 많이 외우는 것도 물론 중요하지만, 그보다 영어 독해력을 기르는 것이 핵심이다. 하지만 독해력은 단기간에 습득하기는 어렵다. 기출 문제를 많이 푸는 것이 분명 도움은 되지만, 좀 더 빠르게 지문을 읽고 정확하게 이해하는 능력은 독서를 꾸준히 해야 얻을 수 있다. 독해 지문에서는 문학과 비문학이 같이 나오므로, 본격적으로 시험공부를 하기 전부터 틈틈이 영어소설과 칼럼, 잡지 등을 읽으면 어떤 지문도 두려움 없이 읽을 수 있고, 정답률 또한 높일 수 있다.

나는 초등학교 5, 6학년 때 유학을 갔다 온 이후로 웬만한 소설은 영어 원서를 구해 읽었다. 자기계발서, 대중적인 과학·심리학 도서 같은 비문학도서 또한 고등학교 때까지 꾸준히 원서로 읽어왔다. 우리나라에서도 꽤 유명한 《The Selfish Gene(이기적 유전자)》, 《Nudge(넛지)》 같은 책 말이다. 나는 고전소설은 별로 좋아하지 않지만 독해 실력을 키우기 위해 《Frankenstein(프랑켄슈타인)》과 《The Scarlet Letter(주홍글씨)》 등을 읽었다.

고전소설은 문장구조가 복잡해 독해 능력을 향상시킬 뿐 아니라, SAT 쓰기 영역에서 예를 들 때도 매우 유용하다. 고전소설에 나오는 어려운 단어는 단어의 뜻과 설명이 같이 들어있는 책을 구입하면 단어 학습에도 직접적인 도움이 된다. 이는 SAT Vocabulary 용으로 따로 출판되어있으니 어렵지 않게 구할 수 있다. 주로 어휘공부용 고전소설은 펼쳐 보면 한 페이지에는 소설 내용이, 마주 보는 페이지에는 해당 내용에 있는 고급단어의 뜻을 풀어놓았다. Kaplan에서 출판한 《SAT Score-raising Classics》를 찾아보면 될 것이다.

어휘는 《Word smart》를 기본으로 공부했다. 단어를 공부할 때는 단어의 뜻을 외우는 데 충실하되 예문을 같이 보면 때때로 기억이 더 잘 난다. 나는 SAT 단어를 동의어, 반의어로 묶어서 외웠는데 효과를 많이 봤다. 한 가지 조언을 하자면, 단어의 뜻을 어감(語感)으로 대충 파악하지 말고 하나라도 더 확실하게 외우는 게 좋다. 이렇게 해야 막상 문제를 풀 때 보기 문항 중에서 틀린 답 하나라도 갈등하지 않고 제외할 수 있으니 말이다.

시험보기 1~2주 전에는 기출문제를 한번 쭉 다 풀어보는 게 도움이 된다. (혹시라도 기출문제가 반복 출제되지는 않을까 하는 희망은 품지 않는 게 좋다.) 특히 시험 전에 기출문제를 많이 풀어보면 문제 유형을 파악하고 답지 선택하는 요령을 터득하는 데에 도움이 많이 된다.

Math

수학은 한국 중학교 수준의 문제들이니 따로 공부를 할 필요는 없지만, 시험 직전에 기출문제를 몇 회 정도 풀어보는 것을 권한다. 참고로 나는 모의고사 때에도 수학을 만점 받은 적이 거의 없기 때문에 매번 커브를 잘 만나길 기도했다. 커브는 틀린 개수에 따른 점수분포도, 즉 쉽게 말해 상대평가를 이르는 말이다. 따라서 같이 시험 보는 사람들이 얼마나 시험을 잘 봤는지에 따라 자신의 점수가 달라진다. 워낙 아시아 학생들이 수학을 잘하기 때문에, 커브가 좋지 않으면 하나 틀릴 때 40점이 깎이는 안타까운 일이 생기기도 한다. 커브 운이 좋을 때는 문제를 틀려도 틀린 문제 당 10점밖에 깎이지 않을 때도 있다.

Writing

문법 영역은 영어 독서를 어느 정도 하면 웬만한 문제는 감으로 잘 풀 수 있다. 개인적으로 나는 학교에서 가르쳐주는 문법을 외우는 것이 어려워 감에 많이 의존했다. 하지만 감으로는 풀 수 없는 문제들이 분명 있다. 기출문제나 모의고사에 자주 나오는 시제 문제, 단어의 변형 문제, 관용표현 등은 꼭 외워야 실전 때 아쉬움이 없다. 나는 모의고사에서 틀린 문법 문제를 점검해서 시험 직전까지 외우고, SAT 문제집에 정리된 문법 법칙도 열심히 봤다. 내 경험으로는 문법 문제는 뇌 구조를 바꾼다고 생각하고 확실히 외우지 않으면 같은 유형을 접했을 때 계속 틀리기 마련이다.

에세이 영역은 개인적으로 아직까지도 후회가 많이 남는 부분이다. 시험 직전에 주의를 많이 기울이지 못했던 탓인지 문법에서 얻은 점수를 꽤 잡아먹었다. 이 영역은 평소에도 에세이를 막힘없이 잘 쓰고 형식까지 완벽하게 구성할 수 있는 사람이 아니라면 시험을 위해 특히 주의를 기울여야 할 부분이다. 아직 긴장감이 다 풀리지 않은 초반에 에세이 영역이 진행되기 때문에, 전날 밤부터 아침까지 컨디션 관리를 잘 해야 한다.

또한 주어진 시간이 짧기 때문에 예로 들 내용이 늘 머릿속에 맴돌도록 주의를 기울이기를 권한다. 갑자기 머릿속이 백지장이 될 때를 대비해 틀에 박힌 내용이라도 도입부를 외워두는 것도 좋다. 틀에 박힌 형식으로 쓰는 것이 안전하긴 하지만 만약 좀 더 멋지고 흥미로운 도입문구가 생각난다면 그렇게 쓰는 것이 더 좋은 평가를 받을 수 있다. 또한, 외운 단어 중 에세이에 자주 쓰일 수 있는 것들을 활용하여 쓰는 연습을 하면 에세이가 보다 충실하고 세련돼 보이고 그에 상응하는 점수를 얻을 수 있다. 에세이에 쓰이는 문장 구조와 단어의 수준과 적정성 또한 평가에 반영되기 때문이다.

예시는 고전, 위인들의 일화, 역사, 철학이나 패러다임 등을 인용하여 에세이 내에서 골고루 활용했다. 예를 들면 한 에세이에 예시로 역사 하나, 고전 하나를 쓰는 식으로 말이다. 시간과 지면이 남는다면 다른 분야에서 하나 더 활용해도 좋다. 예는 단락 형식으로 써보는 연습을 하고, 시험 전에 써 놓은 것을 한번 훑어보는 것이 도움이 된다.

에세이 양은 두 쪽을 다 채우는 선에서 적당히 작은 글씨로 쓰는 것이 좋다. 두 쪽이 넘어가면 그 넘어가는 부분에 대해서는 평가를 하지 않는다고 알고 있다. 그 부분에서 끊긴 에세이가 되는 것이나 마찬가지다.

내가 에세이를 쓰면서 많이 연습한 것 중 하나는 논리적으로 쓰는 것이었다. 아무리 임기응변에 강하다고 해도 생각을 논리적으로 미리 정리해 놓지 않으면 주제에서 벗어난 글이 될 수도 있고, 결론 부분이 의도한 바와 다르게 진행될지도 모른다. 주제를 파악한 뒤에는 자신이 주장하는 바가 찬성인지 반대인지를 결정해 주제문장을 빠르게 정립하고, 예로 들 것들이 주제를 어

떻게 논리적으로 뒷받침할 수 있는지를 미리 계산한다. 개인적으로는 주제 아래 공간에 주제문장, 근거, 예시, 결론을 미리 계획하고 쓰기 시작하는 것이 도움이 많이 되었다. 시간이 조금 더 걸리더라도 무작정 대충 개요를 잡고 쓰기 시작하는 것보다는 생각을 많이 하고 쓰는 편이 더 풍부한 내용의 에세이를 만들 수 있다.

  시험 전에 여유를 두고 CollegeBoard 기출문제에서 흔히 나오는 주제를 위주로 많이 써보는 것도 좋다. CollegeBoard는 미국의 학업능력평가기관으로 SAT, AP 등을 주관하는데, 시험 응시 등록을 하려면 CollegeBoard 사이트에 접속해야 한다. CollegeBoard에서는 실제 기출문제와 흡사한, 또는 거의 동일한 내용으로 SAT 문제집을 출간한다. 그렇기 때문에 이 문제집에 나오는 문제는 당연히 시험에 출제되지는 않지만 SAT I, SAT II, AP 샘플 문제 등 시험에 도움이 되는 자료를 많이 접할 수 있다. 이 사이트의 'SAT Question of the Day'에 시험 유형의 문제가 매일 하나씩 게시된다. 신청한 사람에게는 이메일로 보내주기도 한다. 난이도가 낮은 문제가 많으나 실제 출제기관에서 나오는 것인 만큼 Critical Reading이나 Writing 문제들은 풀어볼 만하다. CollegeBoard 이외의 출판사에서 나오는 문제집 중에는 실제 주제 유형과 전혀 다른 것들을 내놓는 경우가 있는데, 그런 책들은 기출문제나 CollegeBoard 문제집을 먼저 보고 나서 시간이 남으면 참고하는 것이 좋다.

'무조건 많이'보다는 '효과적으로'

5기생 **하지예**
하버드대학교
미술·건축사학과

Critical Reading

흔히들 SAT에서는 Reading이 가장 어렵다고 한다. 그도 그럴 것이 따로 정해진 시험 범위가 있는 것도 아니고, 이 세상에 나와 있는 셀 수 없이 많은 영어 글귀 한 페이지 정도를 따로 떼어 오기만 하면 그 안에서 무궁무진한 문제들을 만들 수 있기 때문이다. 따라서 SAT Reading 파트는 무조건 많이 공부하기보다는 효과적으로 공략하는 것이 중요하다. SAT Reading을 공부하면서 나름대로 터득한 공략법 다섯 가지를 소개해 본다.

1. 효과적인 다독 방법

모든 나라의 모든 독해 시험이 그렇듯 SAT Reading에도 다독만큼 좋은 방법이 없다. 그렇다면 과연 무엇을 읽어야 할까? SAT Reading에 자주 출제되는 것 중 사전 독해 경험이 없으면 헤매기 쉬운 것이 19세기 영국 문학에서 발췌한 지문이다. 대표적으로 제인 오스틴(Jane Austen) 작품이 많이 출제되는데, 우리가 흔히 읽고 쓰는 현대 영어와는 다르게, 시대적인 표현과 상류층의 언어를 주로 다루고 있다. 개인적으로는 제인 오스틴의 《설득(Persuasion)》을 추천한다. 조금 더 역동적인 로맨스를 원한다면 《오만과 편견(Pride & Prejudice)》을, 어두운 스릴러물을 원한다면 샬롯 브론테(Charlotte Bronte)의 《제인 에어(Jane Eyre)》를 추천한다.

또 한 가지 헤매기 쉬운 것이 모호한 비문학 지문이다. 비문학이란 철학이나 물리학 등 추상적이거나 복잡해서 개념적으로 한 번에 이해하기 어려운 지문들을 뜻한다. 이것들을 대비해서 백과사전을 읽을 수도 없는 노릇이니 준비하기가 꽤 까다롭다. 하지만 이 지문을 해석하는 데 있어서 가장 중요한 것은 지식이 아니라 전문적인 비문학 자료를 속독하고 이해하는 능력이다. 이를 위해 자신이 평소에 관심 갖고 있던 분야에 대한 전문서적을 읽는 것을 추천한다. 나 같은 경우는 패션디자이너 이브 생 로랑(Yves Saint Laurent)의 삶과 작품을 다룬 전기(傳記)와 《서양미술사(The Story of Art)》 같은 미술·미술사 서적들로 이 부분을 대체했다. 기억할 것은 자신이 정말 좋아하는 분야의 책을 골라야 한다는 것이다. 책을 읽다가 중간에 그만두면 의미가 없어지기 때문이다. 꾸준히 읽을 수 있다면 신문도 좋을 것이다.

2. 독해하는 순간만큼은 우직하게

개인마다 독해를 하는 방식은 다르겠지만, 가끔 한 문단 읽고 한두 문제 풀고, 다시 그 다음 문단을 읽고 그 다음 문제를 푸는 방식으로 독해를 하는 사람들이 있다. 물론 이렇게 하면 순간기억력이 높아져 어느 정도는 득점률이 올라갈 수 있으나 800점이 나오기는 어려울 것이다. SAT Reading 지문은 지문의 앞, 뒤, 중간이 서로 유기적으로 연결되어 있기 때문에 무 자르듯 문제를 잘라서 풀면 그것이 끝까지 통하지 않는다. 따라서 처음에는 힘들 수도 있겠지만 문제를 풀기 전에 지문을 통째로 읽고, 통째로 이해한 뒤 문제를 푸는 방법을 추천한다.

또 한 가지 작은 팁은 지문을 다 읽은 후 첫 번째 문단의 마지막 줄과 마지막 문단의 마지막 줄을 한 번 더 확인하는 것이다. 보통은 그곳에 그 지문의 전체적 아이디어와 태도가 숨겨져 있기 때문이다.

3. CollegeBoard가 원하는 '비판적인' 사고방식 체득하기

CollegeBoard에서 출제한 SAT 문제는 타사들이 내놓은 SAT 문제와 현저하게 다르다. CollegeBoard의 문제를 풀다 다른 문제집을 풀면 특히 독해 부분을 왕창 틀리는 경우가 있는데, 문제집마다 요구하는 사고방식이 조금씩 다르기 때문이다. 따라서 초반에는 타사의 문제집을 풀면서 사고의 폭을 넓히는 것도 좋지만, 시험 전에는 CollegeBoard에서 출제한 문제만 집중적으로 풀면서 CollegeBoard가 원하는 사고방식을 확립하는 게 중요하다.

여기서 말하는 'CollegeBoard 식 사고방식'이란, 다섯 가지 문항 중에서 3개를 지우고 두 가지 사이에서 고민할 때 가장 강렬하게 발휘되는 사고방식으로서 본문 전체의 분위기와 해당 파트의 분위기를 미세하게 분석해서 더 좋은 답을 고르는 방법이다.

이 시험의 공식 명칭이 'Critical Reading'이듯 정말 분석적으로 글을 파헤치는 훈련을 해야 한다. 나도 처음 SAT를 접했을 때 그 답이 그 답 같아서 '에라 모르겠다' 식으로 답을 고른 적이 있었는데 CollegeBoard가 가장 싫어하는 것이 무책임한 사고다. 거의 노동에 가까울 정도로 끊임없이 머릿속에서 분석을 멈추지 말아야 하는 것이 독해 부분이다.

4. 단어 정리법과 SSAT

솔직히 말해서 내가 조금 더 쉽게 독해 파트를 공부할 수 있었던 것은 SSAT를 준비한 적이 있기 때문이다. 일종의 미니 SAT 같은 SSAT는 SAT처럼 세 파트로 이루어져 있는데, 그 중 언어 파트는 SAT Reading 못지않은 어휘력을 필요로 하는 만큼 중학교 때 엄청나게 단어를 외웠던 적이 있다. 그때 내가 했던 것이 단어 노트를 만든 것이었는데, 동의어와 반의어를 한데 모아서 적어놓았더니 외우기가 굉장히 수월했다. 아직도 생각나는 것이 '병주고 약주기 7종 세트'이다.

- 병주고 약주기 7종 세트

    badger, goad, bait, persecute, vex, irk, harass = 괴롭히다

    ↕

    mollify, appease, soothe, mitigate, assuage, alleviate, placate = 위로하다, 경감시키다

약간씩은 다르지만 의미가 비슷한 단어를 정리해서 외웠더니 단어를 하나씩 떼어서 외우는 것보다 재미도 있고 기억도 더 오래 남았다. SAT 단어의 바이블이라고 불리는《Word Smart》1, 2권에 나와 있는 알파벳 순서대로 단어를 암기하는 것도 좋지만, 외운 단어를 자신만의 스타일로 분류해서 정리하면 뇌가 더 많은 단어를 인지한다. 단어를 분류하는 것이 초반에는 어렵게 느껴질 수 있는데, 그런 분들에게는《SSAT Vocabulary》라는 책을 추천한다. 미국 고등학교 수준의 어휘와 기본적이지만 외국인이라면 생소할 수 있는 어휘들을 모아놓았기 때문에《Word Smart》가 너무 딱딱하게 느껴진다면 이 책으로 준비운동을 하는 것도 좋다.

5. 독해를 원천봉쇄하는 방법(시간 있는 분들에게만 추천)

시험을 보고 나서야 깨달은 것이지만, SAT Reading은 AP

English Literature(영미문학)와 AP English Language(영어학)를 조금 더 쉽게 섞어놓은 형태라고 볼 수 있다. 물론 문학 과목에서처럼 시나 다양한 문학적 장치에 대해 상세하게 출제되지는 않지만, SAT Reading은 특히 AP English Language가 요구하는 사고방식이나 난이도 면에서 거의 동일하다. 시간이 있다면 AP English Language 문제를 같이 풀면서 SAT Reading을 준비하는 것도 좋다. 엄청난 시너지 효과가 발생할 것이다.

뭐니뭐니해도 SAT Reading에서 가장 중요한 것은 다독과 단어다. 이 두 가지가 어느 정도 준비되어 있지 않은 상태에서 SAT 문제를 푸는 것은 준비운동도 하지 않은 채 50m 다이빙을 하는 것과 같다.

Writing – 문법

1. 문법은 내신처럼

문법은 어떻게 보면 가장 정직한 파트이다. 내신 공부하듯이 꼼꼼히 살피다 보면 성적이 안 오를 수 없기 때문이다. 그만큼 독학이 가장 중요한 파트라고 볼 수 있는데, 문법책을 사서 독파하는 것이 가장 빠른 방법이다. 《Gruber's Guide to SAT Writing》이라는 책을 강력 추천한다. 이 책에 정리되어 있는 문법 파트에 해당하는 규칙을 외우고 문제를 풀면 SAT가 요구하는 것 이상으로 문법의 강자가 될 수 있을 것이다.

2. 오답노트

오답노트가 가장 빛을 발하는 파트가 바로 SAT Writing의 문법이다. 자신이 틀린 문제를 한 곳에 모아 정리하다 보면 어떤 것을 주로 틀리는지 알 수 있고, 이후에 그 유형에 해당하는 문제를 풀 때 정신을 더 바짝 차리고 풀 수 있다.

Writing – Essay

1. 지문을 받고 30초 안에 쓰기 시작한다.

SAT가 원하는 에세이는 잘 쓴 작품이 아니라, 효율적으로 자신의 생각을 짧은 시간 내에 표현한 글이다. 물론 에세이의 질도 중요하지만 '짧은 시간' 안에 써야하는 글인 만큼 길이도 중요하다. 따라서 예시로 뭘 쓸까 고민하다가 실제로 쓰는 시간을 뺏겨서 나중에 결론을 못 쓰는 등의 불상사가 생기지 않도록 조심해야 한다. 생각하느라 시간을 낭비하지 않으려면 미리 예시 몇 가지를 마음속으로 준비해 놓는 것이 좋다. 나는 내가 좋아하는 문학 작품과 역사, 인물을 깊이 생각하며 평소에 다양한 시나리오를 준비해 두었다.

2. 예시는 자신이 좋아하는 것으로 준비

본인이 평소에 좋아하는 작품이나 인물에 대해서 이런 저런 생각을 깊이 하다 보면, 어떠한 지문이 나와도 자연스럽게 생각의 흐름을 연결시킬 수 있다. 내가 가장 자주 썼던 예시 중 하

나가 알렉상드르 뒤마(Alexande Dumas)의 《몽테크리스토 백작(Le Comte de Monte-Cristo)》이었다. 주인공의 캐릭터 변화가 크고, 주변인물이 다양한 인간상을 보여주어서 어떠한 주제가 나와도 예시로 들 소재가 많았다. 개인적으로 SAT Essay는 평소에 했던 잡생각을 글로 발전시키는 형태를 띠는 것이 가장 좋다고 생각한다.

3. 무엇보다 구조화

SAT Essay는 분량, 예시의 깊이도 중요하지만 구조화되어 있지 않으면 쓰는 사람도, 읽고 채점하는 사람도 힘들다. 따라서 덜 세련되어 보이더라도 중심문장과 논지 전환 등을 의도적으로 부각시키는 것이 중요하다.

Math

나에게는 수학이 가장 답 없는 파트였다. 문제를 풀 때는 다 맞을 것 같은데 막상 채점해 보면 계산 실수로 인해 틀리는 문제가 많았기 때문이다. 게다가 다른 파트와는 달라서 한 문제 틀릴 때마다 가히 30점씩은 깎이니 정말 피눈물이 안 날수가 없었다. SAT에 출제되는 수학 부분을 한 번 더 점검하고 싶다거나 나처럼 실수가 많은 학생이라면 시중에 나와 있는 모든 문제를 실전 시간 안에 두 번씩(검산 포함) 풀어보는 연습을 꾸준히 하길 권한다. 그리고 조금 어려웠던 문제나 수학 용어를 몰라서 틀렸던 문제는 꼭 오답노트를 통해 짚고 넘어가야 한다. 특히 mean(평균값), medium(중간수), mode(최빈수) 같이 통계에 해당하거나 다른 기하학에 해당하는 수학 용어를 포함하는 문제는 단어를 모르면 그냥 틀리기 쉽기 때문에 수학 용어를 점검하는 것이 좋다.

가장 중요한 것은 실전이다. 첼로 연주자가 2시간짜리 독주회를 위해서 매일 2시간만 연습하는 것은 아니다. 하물며 3시간에 육박하는 시험을 보는데 하루에 한 시간 남짓 문제집을 푼다고 해서 실전에 큰 도움이 되지는 않는다. 매일매일 테스트 한 세트를 푸는 습관을 들여놓으면 처음에는 막막하던 페이스 조절이 점차 가능해지고, 시간이 부족해서 고전하던 파트도 점차 나아질 것이다. SAT를 준비하는 모든 분께 응원을 보낸다.

제2장
나만의 SAT II / AP 과목별 공부 전략

캘리포니아대학교 버클리캠퍼스
사회학과

3기생 **임정혁**

AP European History
유럽사

나는 어릴 적부터 역사를 좋아했다. 특히 역사책과 전쟁 관련 책 읽기를 좋아하던 터라 세계사와 유럽사는 주저 없이 선택해 공부했다. 2008년 12월에 SAT World History, 2008년 5월에 AP World History, 2009년 5월에 AP European History를 봤는데 이 중 가장 최근에 본 AP European History에 대해 이야기하려 한다.

AP European History의 매력을 이야기하라면 나는 두 가지를 꼽겠다. 첫 번째, 유럽사를 좀 더 자세히 배울 수 있는 기회가 된다. 그동안, 나는 전쟁과 기본적인 정치 상황으로만 유럽의 역사를 배워왔다. 그래서 현대 유럽사에 대한 지식은 많이 부족했다. AP European History는 유럽의 역사를 정치, 경제, 사회, 문화적 측면으로 탐구한다. 이처럼 AP European History를 공부하면, 다양한 관점에서 유럽 역사를 공부할 수 있고, 제2차 세계대전 이후의 유럽이 어떻게 발전해 왔는지, 유럽연합의 형성이 어떤 결과를 불러오고 있는지 등 현대 유럽사에 대해서도 공부할 수 있다.

두 번째 매력은 AP European History의 주관식 문제는 에세이 형식이라 역사 흐름을 읽으며 공부할 수 있다는 것이다. 다시 말해, 역사를 좋아하는 사람이 AP European History를 준비한다면 다양한 관점에서 유럽사를 공부할 수 있고, 현대 유럽사를 확실하게 내 것으로 만들 수 있는 좋은 기회가 될 것이다.

AP European History는 Kaplan 출판사에서 발행한 《Kaplan AP European History》로 공부하는 것이 일반적이다. 나도 이 책을 중심으로 공부했다.

AP European History를 공부하는 데 내 나름의 노하우 두 가지를 소개하겠다. 먼저, '플래시 카드와 노트 정리'를 철저히 해두자. 플래시 카드를 잘 정리해 두면 수업 중간 중간이나 점심시간, 자투리 시간을 효과적으로 활용할 수 있다. 역사 공부는 특정한 개념을 이해하는 것도 중요하지만 암기도 마찬가지로 중요

206 • 세계로 향하는 첫 걸음, SAT

하기 때문에, 이처럼 시간이 나는 대로 최대한 역사적 사실을 외우는 것이 중요하다. 노트정리는 인과관계를 쉽게 정리해 헷갈리지 않게 하는 데 유용하다. 역사 공부의 기본은 인과관계 숙지다. AP European History는 암기 위주의 문제보다는 역사의 흐름을 읽는 문제가 자주 출제되기 때문에 인과관계를 노트에 정리하면서 정확히 공부해야 한다.

개인적으로 AP European History는 AP History와 SAT History를 준비했을 때 배웠던 내용이 많이 겹쳐 준비하는 것이 비교적 수월한 편이었다. AP European History는 르네상스 이후의 역사이기에 한국어로 된 유럽사 서적이 많이 있다. 먼저 '한국어 서적을 읽어서 흐름을 이해하고, 영어로 공부하는 것'도 효과적인 공부방법이다. 나도 AP European History 준비를 시작한 첫 두 달 정도는 한국어로 된 책을 많이 보았다. 아직 유럽사 내용이 익숙하지 않다면 다양한 문제를 풀어보는 것도 추천한다. 시험이 다 가왔을 때에도 여러 출판사의 수험서에 나온 문제 유형에 익숙해지면 좋은 성적을 얻을 수 있을 것이다.

역사에 관심이 많은 학생이라면 AP European History를 보길 추천한다. 이미 익숙한 내용이 많이 나오기 때문에 공부하는 데 어렵지는 않을 것이다. AP European History는 많은 학생에게 5점을 주는 시험은 아니지만, 열심히 공부하면 충분히 좋은 점수를 얻을 수 있다. 하지만, 역사에 관심이 있더라도 작문 능력이 부족한 학생은 AP European History 응시를 잠시 보류하고 진지하게 고려해보기 바란다. AP European History 주관식 문제는 2시간 동안 쉬지 않고 에세이 3개를 써야하는 집중력과 문장력을 필요로 하기 때문에 작문능력이 부족하면 좋은 점수를 얻기 힘들다.

스탠퍼드대학교

3기생 **김규림**

Physics
물리학

　나는 용인외고에 입학하기 직전에 미적분을 공부한 덕분에, 다행히 1학년 5월에 AP Calculus(미적분) BC를 바로 응시할 수 있었다. 이 시험에서 5점 만점을 받으니, Calculus AB는 2차 점수(subgrade)로 저절로 5점을 받게 되었다. 2학년과 3학년 때 AP Micro-Economics(미시경제학), AP Macro-Economics(거시경제학), AP Statistics(통계학), AP Physics B, AP Physics C Mechanics(역학), AP European History(유럽사), AP World History(세계사), AP Psychology(심리학), AP Physics C E&M을 보았고 우수한 성적을

받았다. 나는 AP 과목을 선택할 때 사회과학 분야든 자연과학 분야든 가능한 한 학문의 기초가 되는 것을 총망라하려고 노력했다. 그 결과 CollegeBoard로부터 2008년과 2009년에 'AP Scholar with Distinction Award'를 2년 연속 받았다.

SAT II와 AP에 물리학과 관련된 시험은 모두 네 가지다. SAT II Physics를 비롯하여 AP Physics B, AP Physics C Mechanics, AP Physics C E&M이다. 이처럼 물리학 관련 과목이 많기 때문에 한 해에 물리학을 집중적으로 공부해 시험을 보는 것이 시간을 절약하는 효율적인 방법이다. AP Physics를 잘 보기 위해서는 미적분을 반드시 알고 있어야 한다. 따라서 고등학교 1학년 때 가능하면 AP Calculus BC나 AP Calculus AB를 공부하여 그 다음 해에 물리학 시험에 대비하는 것이 가장 이상적인 방법이다.

앞에서 언급했듯이 나는 SAT II와 AP를 준비하면서 수학과 물리학을 중점 공략 과목으로 공부했다. 특히, 1학년 때 미적분을 완벽히 이해한 것이 이후 물리학을 공부하는 데 중요한 밑거름이 되었다. 2학년 때는 물리학 과목을 집중적으로 공부하여 4개의 시험 중 3개를 마무리했다. 일석삼조를 한 셈이다.

내가 이렇게 시간을 집약적으로 사용한 데는 이유가 있다. 나는 당초 용인외고 프랑스어과(국내반)에 입학하여 1학년을 마치고, 2학년 초에 영어과(국제반)로 전과했다. 국내 대학과 해외 대학을 두고 어느 방향을 선택해야 할지 마음속 깊이 갈등을 겪기

도 했다. 진학뿐만이 아니라 국제반 학생들이 해외 대학 입학조건을 충족하기 위해 국내반과는 사뭇 다르게 폭넓고 다양한 활동을 하는 것이 매우 값지게 느껴지기도 했기 때문이다. 그렇게 해외유학을 결심하고 2학년부터 본격적으로 미국 유학 준비를 하게 되었다. 남들보다 1년을 늦게 시작했기 때문에 SAT와 AP를 준비할 시간이 많이 부족했다. 처음으로 SAT I을 보았을 때는 성적이 만족스럽지 못해 그 후 두 차례나 더 시험을 치르기도 했다. 그렇게 1년 반 동안 시간을 쪼개고 또 쪼개어 집중적으로 시험 준비를 해나갔다.

대체로 물리학 교과서는 각종 물리적 현상을 개념, 수식, 그래프, 도형 등을 이용해 설명하고 있다. 그러므로 물리학을 공부하는 데 있어서 첫걸음은 그래프나 도형을 이용하여 개념을 확실히 이해하는 것이다. 그런 다음에 수식과 개념, 수식과 그래프를 각각 연계하여 내용을 완벽히 이해하는 과정을 거쳐야 한다. 개념과 수식, 그래프가 어느 정도 이해되면 연습문제를 풀면서 이해의 깊이를 다져나간다.

다른 과목도 마찬가지겠지만, 특히 물리학은 실전문제를 많이 풀어봐야 한다. CollegeBoard 사이트에 들어가면 기출문제가 많이 있고, 시중에도 물리학 관련 문제집이 여러 종류 판매되고 있다. 그중 자신의 취향에 맞는 문제집을 선택해 공부하면 된다.

대체로 5지선다형으로 출제되는 MCQ(Multiple Choice Questions, 객관식 문제)는 어렵지 않게 대처할 수 있는데, 문제 풀이 과정까지 자세히 기술해야 하는 FRQ(Free Response Questions)는 쉽지가 않다. 그렇다 하더라도 기출문제를 많이 풀다 보면 대체로 시험 출제 경향과 유형을 이해할 수 있기 때문에 시험 준비에 도움이 된다. 특히, 물리학 시험을 대비하는 데 있어서 가장 어려운 FRQ는 매년 비슷한 문제가 반복해서 나오기 때문에 개념을 이해한 후, 모든 기출문제를 풀어보는 것이 중요하다. 또한 다른 학생들의 답안을 참고하는 것도 많은 도움을 준다. CollegeBoard 사이트 기출문제에서 학생들이 써 놓은 풀이과정을 살펴본 후 장단점을 평가해 보면 문제를 완벽히 이해할 수 있다.

물리학을 공부할 때 내가 참고했던 교과서와 문제집은 다음 다섯 종류다. 교과서는 Giancoli의 《Physics(6th)》와 Halliday & Resnick의 《Fundamentals of Physics》를 보며 물리학의 기본 개념과 각종 수식 및 그래프 등을 확실히 이해했다. 문제집으로는 Barron's 사의 《How to prepare for the AP Physics C》와 The Princeton Review 사의 《Cracking the AP Physics B&C Exams》를 이용했다. 그리고 CollegeBoard 사이트에서 무료로 제공하는 기출문제를 철저히 탐구했다.

물리학은 처음부터 끝까지 온통 수식으로 구성되어 있지만, 그 수식들을 관련 그래프나 도형과 함께 자세히 살펴보면 결국 어떤 물리적 현상에 대한 하나의 이야기를 만들 수 있다. 그러므로 공부할 때 수식에만 너무 매달리지 말고, 각종 물리 현상을 이야기하듯이 말이나 그림으로 설명하는 연습을 하면 물리학을

완벽히 이해하는 데 큰 도움이 된다.

물리학 과목은 시험 종류에 따라 난이도의 폭이 매우 큰 편이다. SATⅡ Physics가 가장 쉬운 편이고, 그 다음은 AP Physics B, Physics C 순이다. 따라서 SATⅡ Physics는 조금만 노력하면 누구나 어렵지 않게 좋은 점수를 받을 수 있는 과목 중 하나다. 나아가 어느 정도 수리적 이해도를 갖춘 학생이면 AP Physics B도 도전해볼 만하다. 그러나 AP Physics C Mechanics와 AP Physics C E&M, 이 두 과목은 상당한 수학적 감각과 논리적 분석력을 갖추어야 좋은 점수를 받을 수 있다.

이공계 분야를 전공하고자 하는 학생들 가운데 간혹 어렵다는 이유로 물리학을 회피하려는 사람들이 더러 있는데 그것은 대학에 들어가서 고생하는 지름길이다. 이공계 분야에 진학을 희망하는 학생은 AP Physics C 두 과목을 반드시 응시하기 바란다. 뿐만 아니라 사회과학을 전공할 학생들 중에서도 특히 경제학, 사회학, 철학 등을 전공할 생각이라면 물리학을 한 과목 이상 공부하도록 권한다. 물리학은 자연과학의 기초 학문이면서 논리적일 뿐만 아니라 동시에 다른 학문에도 많은 영향을 끼쳐 온 학문이기 때문이다. 학문적 바탕을 튼튼히 하고 사고의 폭을 넓히기 위해 물리학을 공부해 두는 것이 좋다.

이쯤에서 내 비전이 물리학과 관련된 것이라고 생각하는 사람이 더러 있을 것이다. 사실 나는 경제학을 배우고 있다. 내 주변의 몇몇 친구들은 내가 비전과 별로 상관없어 보이는 물리학과 미적분학을 왜 그렇게 열심히 공부하는지 의아해 하곤 했다. 그 친구들 중에는 현재 대학에서 경제학을 전공하는 친구도 있다. 대학교 2학년이 된 지금, 그 친구는 이제 그 이유를 잘 알 것이다. 대학 2학년 수준의 경제학 수업은 수식으로 시작하여 수식으로 끝나니 말이다. 특히 AP Economics를 공부할 때도 물리학 시험과 마찬가지로, 간단한 미적분 함수와 개념 그리고 도형을 활용하여 경제현상을 정리하면 긴 문장을 짧은 수식으로 표현할 수 있어 이해하기 쉽고 외우기도 어렵지 않다.

다시 한번 더 강조하면, 물리학은 수식에 앞서 개념을 이해하는 것이 중요하다. 주어진 현상의 개념화 및 모델화, 관련 상황의 도식화, 모델과 도식의 수식화, 그 후 수식의 해석학적 풀이 등의 과정을 하나씩 정리하면 흔히 어려운 과목으로 알려진 물리학도 친근한 과목이 될 수 있다.

조지타운대학교

4기생 **남재윤**

AP Statistics
통계학

  난 고등학교 2학년 때인 2009년에 4개월 가량 AP Statistics를 준비해 만점을 받았다. 당시에 아이들 사이에는 AP Statistics가 어렵지 않고 점수를 받기 좋다는 이야기가 돌았다. 다들 그해에 시험을 보지는 않았지만, 꽤 많은 친구들이 AP Statistics를 봤던 것 같다. 나도 대세를 따랐다.

  지금 생각해보면, AP Statistics가 그렇게 쉬운 과목은 아니라고 생각한다. 특히나 앞서 전혀 보지 못했던 통계적 개념과 용어가 워낙 낯설었기에 처음엔 쉽게 이해하기 힘들었다. 실제로 그런 부분에서 적응하지 못하고 헤매는 친구들을 많이 봤다.

AP Statistics에 대해 왜 이런 오해가 생겼을까? 나는 이 글을 쓰기 위해, 인터넷에서 AP Statistics를 검색해 봤다. AP Statistics를 어떻게 공부해야 하는지에 대한 여러 가지 질문과 답변들을 보면서, AP Statistics를 공부하는 학생들이 보편적으로 가지고 있는 몇 가지 생각들이 눈에 띄었다. 그 생각들에 대해서 먼저 이야기 해보고 싶다.

AP Calculus와 AP Statistics의 차이

AP Statistics를 보는 학생들 중 다수가 AP Calculus를 같이 공부하여 시험을 본다. 같은 이과 계통, 그리고 수학 계통의 과목이기에 같이 공부하게 되는 것이다. 나 또한 두 시험을 같은 시기에 치렀다. 그러나 공부해 보니, 이 두 과목은 하나로 엮기에는 큰 차이점이 하나 있다. 즉, AP Statistics와 AP Calculus는 그 성격이 많이 다르기에, 한데 묶어서 생각하는 것이 도리어 공부에 방해가 된다.

AP Calculus는 숫자와의 싸움이다. 고등 수학의 대표적인 부분인 미적분을 중점적으로 다루기에, 수많은 미분·적분 공식과 숫자, 계산식 등을 배운다. 정말 수학이라는 과목 이미지에 딱 어울리는 시험이다. 그렇지만 AP Statistics는 많이 다르다. AP Statistics에서 배우는 수준의 통계학은 계산이라기보다는 해석을 중점적으로 다룬다. 같은 이과 과목이라 숫자놀음을 할 것이라

기대하고 책을 편 학생은 AP English Literature를 방불케 하는 영어 문장에 기가 질리기 마련이다. AP Statistics에서 고득점을 받으려면 기본적인 영어 독해 실력이 받쳐줘야 한다는 우스갯소리도 있을 정도다. AP Calculus에서 볼 법한 계산 문제들을 기대한 학생들은 AP Statistics에 나오는 긴 문단들에 쉽게 지루해진다. 반면에, 글을 읽고 해석하는 등 문과적 재능이 많은 학생과 경제, 정치, 문학 등에 관심이 많은 학생이라면 한 번쯤 도전해 볼 만한 과목이기도 하다.

AP Statistics는 계산이 아닌 '해석의 과목'

AP Statistics에서는 계산기 활용이 매우 중요하다. AP Statistics 시험에 나오는 예는 대부분 실생활에서 볼 수 있는 수치를 쓰기 때문에 손으로 계산하기는 매우 까다롭다. 또한 손으로 계산하기에는 심하게 복잡한 수식들도 있고, 계산기를 사용해서 한 번에 복수의 값을 구해야 하는 가설(Hypothesis)에 관련된 문제 유형도 있다. 그렇기에 계산기를 어떻게 활용해야 하는지 아는 것이 중요하다. 계산기를 사용할 줄 몰랐던 한 친구는 고생은 고생대로하고 점수도 만족스럽지 못했다고 한다. 계산기 사용을 미리 익혀두지 않으면 전혀 손을 못 댈 만한 문제도 있다.

계산기는 텍사스 인스트루먼트(Texas Instrument) 사의 Ti-84, 89 등을 주로 사용한다. AP Statistics 뿐만 아니라 다른 AP를 준비할 때도 필요할 수 있으니 미리 마련해 두는 것이 좋다. 또한 텍사스 인스트루먼트 사의 홈페이지를 찾아보면, AP Statistics 전용 애플리케이션인 'List Editor App'이 있다. AP Statistics를 위해서는 필수라고 봐도 좋은 중요한 어플이니 꼭 받아두어 활용하길 바란다.

계산기는 보통 수치가 복잡한 단순 계산 문제나, 후반부에 나오는 여러 가지 종류의 가설 검정(Test)에 쓰인다. 이 경우는 일련의 값을 입력하고 구하려는 검정 종류를 알맞게 입력하면 P값(P-value), 카이 제곱(chi square), H_0과 H_1의 관계 등의 값이 나오는데, 이 값들이 어떤 의미를 갖는지 아는 것이 중요하다.

다시 한 번 말하지만, 계산하는 것이 중점이 아니다. 위에서처럼 AP Statistics에서 계산기의 중요성을 강조하다 보면, '아, 그거? 계산기만 두드릴 줄 알면 다 되는 거 아냐?'라는 생각을 갖게 된다. 그렇지만, 사실 계산기는 도구일 뿐, 진짜 AP Statistics는 해석에 있다. 실제로 복잡한 수식들을 직접 계산하는 경우보다는 계산한 값이 이미 문제에 주어져 있고, 그 값이 어떤 의미를 가지는지를 맞추는 문제가 대부분이다.

예전에 Least square regression line(최소자승 선형회귀법)에 관한 질문을 받은 적이 있다. 계산기를 놓고 어떻게 계산해야 하는지 모르겠다는 질문이었다. 그 질문에 대한 답은 간단하다. '계산할 필요 없다.'

AP Statistics FRQ 후반 단골 문제 중 하나인 Least square regression line은 고등학생에게는 생각보다 복잡한 수식들이 나오고, 또한 다양한 값들이 쏟아지기 때문에 계산을 어떻게 해야 하는지를 몰라 헤매는 경우가 많다. 그렇지만 실제로 문제에서 요구하는 것은, 주어진 값이 Line에서 의미를 갖는지 즉, 'y_hat = b_0+b_1*x'라는 식을 놓고, 주어진 값들 중 어떤 값이 b_0, b_1에 해당하는지를 아는 것이 중요한 것이다.

AP Statistics에서 계산기 활용은 중요하지만, 포인트가 계산이 아니라는 걸 파악하는 것이 가장 중요하다. AP Statistics는 결국 '해석의 과목'이다. 이 한 문장을 이해하고 있다면, AP Statistics를 공부하는 데에 필요한 기본은 갖춘 셈이다.

AP Statistics, 나만의 노하우

나는 우직하게 공부하는 유형이다. 성실하게 몇 시간씩 책상 앞에 붙어있다는 이야기가 아니다. 공부하는 방법이 우직하다는 뜻이다. 교재를 읽고, 내용을 정리하고, 문제를 풀고, 오답노트를 만들고, 문제를 유형별로 정리하고……. 남들 다 하는 방법으로 공부하기에 딱히 노하우라 불릴 만한 것이 없다. 그렇지만, 짜내고 짜내서 몇 가지 적어보겠다.

첫째, AP Statistics를 공부하기 위해서는 먼저 AP Statistics의 구조를 이해해야 한다. CollegeBoard의 AP Statistics 란에도 적혀있지만, AP Statistics는 총 네 부분으로 이루어져 있다. 바로 변수와 그래프(Variable & Graph), 자료 수집, 자료 정리, 자료 해석이다.

첫 번째 부분인 변수와 그래프는 AP Statistics에서 사용되는 기본적인 그래프의 형태와 변수의 종류 등을 익히는 단계다. 이 부분은 초·중·고 수학 시간에 배운 부분도 많기 때문에 별로 어렵지 않다.

자료 수집 부분은 AP Statistics 전체에서 가장 숫자와 관련이 없는 부분이다. 어떻게 자료를 수집하는지, 실험(Experiment)은 어떻게 하는지, 관찰(Observation)과 실험은 어떻게 다른지 등을 배운다. 이 부분은 다른 여러 과목에서도 자주 언급된다. 현재 재학 중인 대학에서 사회학 수업을 들을 때 한 챕터 전체가 실험과 관찰, 자료 수집에 관련되어 있었는데, AP Statistics에서 배운 것과 흡사해서 쉽게 이해할 수 있었다. 자료 정리는 통계학의 핵심이라고 할 수 있는 분포(Distribution), 특히 정규분포(Normal distribution)에 대해 배운다. 어떻게 우리가 수집한 자료를 한눈에 알아볼 수 있게 정리하는가에 대한 부분인데, 뒤에 이어지는 자료 해석의 교두보가 된다. 자료 해석 부분은 검정을 통해, 이 자료가 통계적으로 어떤 가치가 있는지를 배운다. 이러한 4단계 구성은, 결과적으로 우리 스스로가 실제로 통계적인 자료를 수집하고, 정리하고, 해석할 수 있는 능력을 가질 수 있도록 고안되어 있는 셈이다. 실제로 나는 여기서 배운 방법을 토대로 고등학교 과학실험 중에 얻은 자료를 통계적으로 해석해서 수행평가로 제출한 적도 있다.

둘째, AP Statistics의 구조를 이해한 뒤에는 각각의 부분들이 어떻게 문제로 출제되는지를 봐야한다. 여러 문제를 풀어보고, 각 문제들의 유형과 틀린 문제의 오답 정리가 중요하다. 한 가지 유념해야 할 것은, AP Statistics 문제들의 대부분은 짝맞추기(matching) 문제라는 점이다. 무슨 말인가 하면, 문제에서 주어진 상황을 보고 어떤 그래프, 자료 수집 방법, 해석 방법을 사용해야 하는가를 정하는 것이 AP Statistics 문제 해결의 열쇠라는 것이다.

예를 들어, 후반부 자료 해석 부분에서 배우는 정규분포와 T-분포(T-distribution)의 차이를 구별할 때, 모집합(Population)의 값이 주어졌으면 정규분포를 쓰는지, 아니면 T-분모를 사용하는지를 맞히는 식이다. 특히 검정 부분은 정규분포와 T-분포 말고도, 변수가 질적자료(Qualitative data)인지 양적자료(Quantitative data)인지에 따라 표본비율(Sample proportion) 공식을 써야하는지 표본평균(Sample mean) 공식을 써야하는지를 확인하고, 또 변수가 1개인지 2개인지에 따라서도 다른 공식을 적용해야 한다. 어떤 공식이나 검정을 써야하는지 확인만 된다면, 그 다음은 계산기로 계산을 한 뒤, 값만 해석하면 된다. 따라서 공부를 할 때부터 어떤 조건일 때 어떤 공식, 어떤 방법을 사용하는지를 파악해 두는 것이 좋다.

대부분의 과목을 공부할 때, 특히 수학 관련 과목을 공부할 때 머릿속에 떠오르는 생각은 '이런 걸 배워서 어디에 써먹지?'일 것이다. 다른 과목은 몰라도 통계학은 실생활에서도 활용할 수 있다. 통계학을 배운 뒤 주변을 둘러보면, 정말 많은 곳에서 통계가 사용된다는 것을 알 수 있다. 길거리에서 자주 볼 수 있는 설문조사나, 투표율, 〈나는 가수다〉 선호도 조사 등등. 생활 속에는 수많은 AP Statistics 개념들이 숨어 있다. 이러한 것들을 볼 때, 단순히 고개만 끄덕이고 넘어가지 말고 AP Statistics의 개념을 대입해 이해하는 습관을 들인다면, 시험에서도 필히 좋은 결과를 얻을 수 있을 것이다.

AP Statistics 활용백서

한창 AP Statistics를 배울 때의 일이다. 생물 수업에서 실험 보고서를 제출하는 과제가 나왔다. 실험을 끝마치고 다른 조와 결과를 비교해보니, 우리 조의 결과가 상당히 다르게 나왔다는 것을 알 수 있었다. 이론적으로 나와야 할 수치와도 달랐다. 이 자료만 가지고 그냥 보고서를 쓰기에는, 그저 '실험을 잘못했습니다' 정도의 내용밖에 나오지 않을 것 같았다. 그래서 아예 색다른 방법의 보고서를 제출해보기로 했다. 바로 통계적으로 자료를 분석하는 것이다.

자료 분석의 목표는 다른 조들의 실험 결과를 취합해서, 그 자료가 합당한 값이고 우리 조의 자료가 이상치(Outlier)라는 것을 증명해내는 것이었다. 그러다가 그것이 더 확장돼서 '검정을 통해 과연 실험에서 얻은 자료 자체가 제대로 된 것인지'를 확인하기로 했다. 정규분포를 사용하기 위해서는 자료 수가 일정 수 이상이어야 하기 때문에 옆 반의 자료까지 물어물어 수를 채울 수 있었다.

먼저 박스플롯(Box plot)을 그려서 우리 조의 값이 이상치라는 것을 먼저 확인했다. 정말 근소한 차이로 이상치가 되었던 것으로 기억한다. 그 뒤에 가설검정을 시행했는데, P값이 0.05 이하로 나와서 이 검정이 믿을 만하다는 것을 증명해냈다.

통계학을 배울 때, 통계학부를 졸업한 선생님이 말씀하시길 실제 자료를 구했을 때 궤도오차지수가 알맞게 나오는 경우가 거의 없다고 하셨는데 한 번에 원하는 값이 나왔기에 다행이었다. 덕분에 보고서 여백 뿐만 아니라, 메모지까지 사용해 내용을 채워서 제출했다.

지금은 3년이나 지난 일이기에 정확히 어떻게 실험을 했는지 세세하게 기억나지는 않지만, 실제로 AP Statistics에서 배운 이론을 적용해본다는 사실이 참 재미있었다.

사실 AP Statistics를 공부하게 된 데에 특별한 이유는 없었다. 그냥 해봤을 뿐이다. 그러나 본격적으로 공부해보니 통계학은 매우 색다른 매력이 있는 과목이다. 실생활에 적용할 수 있다는 점, 그리고 이과 과목이면서 문과적인 이해력이 필요하다는 점 등 모든 것이 매력적으로 느껴졌다.

많은 사람들이 AP Statistics를 공부할 때 낯설다고 생각하고 어렵게 받아들인다. 그렇지만 정말 AP Statistics를 이해하고 받아들인다면, AP Statistics만의 매력을 발견할 수 있을 것이다. AP Statistics를 공부하는 많은 학생들과 후배들이 그 매력을 발견할 수 있기를 바란다.

뉴욕대학교 아부다비캠퍼스

4기생 **변홍준**

AP U.S. Government and Politics
미국 정치학

AP U.S. Government and Politics을 공부하게 된 계기는 경제학, 더 나아가 세계 경제에 대한 이해를 높이기 위해서였다. 경제학을 위해 정치학을 공부한다니, 역설적으로 들릴 수도 있을 것이다. 처음에는 한국 학생으로서 특정 나라의 정치체제를 집중적으로 공부하는 것이 옳은가에 대해 고민하기도 했다. 하지만 아직까지도 영국 대학에서는 'Political Economics(정치경제학)'라는 학과가 존재할 만큼, 정치와 경제는 떼려야 뗄 수 없는 관계에 놓여 있다.

특히 한 나라의 경제가 그 나라의 정치적 요소에 크게 좌지우지되는 지금, (아직은) 세계 1위 미국이라는 나라의 정치를 '제대로' 이해하는 것이 필요하다고 생각했다. 실제로 현재 다니고 있는 대학에서 미국 헌법의 First Amendment(수정 제1조 언론·종교·집회의 자유를 정한 조항)와 관련된 소송 판결원문을 읽는 강좌를 수강하고 있는데, 비록 미국학생은 아니지만 AP U.S. Government and Politics의 배경 지식이 수업의 이해도를 높이는 데 커다란 도움을 주고 있다. 또 경제와 관련된 뉴스나 기사를 접하더라도 예전에는 보이지 않았던 내용들을 읽어낼 수 있을 만큼 학문적으로 크나큰 도움을 받고 있어서 AP U.S. Government and Politics를 본 것에 대해 감사하고 있다.

시중에 나와 있는 문제집만으로 AP U.S. Government and Politics를 공부하는 것은, 가능은 하지만 한계가 있는 것이 사실이다. 따라서 제대로 된 교과서를 구입하여 시험 전까지 2~3번 정독하는 것이 좋다. AP U.S. Government and Politics의 경우 MCQ와 에세이로 나누어져 있다. 다른 AP에 비해 객관식 부분이 까다롭지는 않지만 에세이 부분이 생각보다 쉽지 않기 때문에 충분히 준비하지 않으면 골칫덩어리가 되기 쉽다.

AP U.S. Government and Politics가 공부하기 용이한 과목인 이유 중 하나는 카테고리를 나누기가 쉽다는 것이다. 교과서를 펼쳐 보면 처음에는 간략하게 미국 정치체제의 발전 역사에 관한 챕

터가 나오고 그 후로 행정부, 입법부, 사법부에 대한 챕터가 나온다. 그 후에는 선거와 같은 특정 쟁점 위주로 책이 구성되어 있어 공부할 때 여기저기 왔다갔다할 필요 없이 특정 키워드를 중심으로 노트 정리를 잘 하여 활용할 것을 권한다. 또한 모든 AP 과목들과 마찬가지로 CollegeBoard 사이트에 게시되어 있는 기출문제는 시험 보기 전까지 꼭 풀어보기 바란다. 기출문제를 풀 때에는 정답을 맞히는 것만큼이나 보기로 나온 내용을 하나도 빠짐없이 이해하는 것이 중요하다. 만약 보기 문항의 내용이 틀렸다면 어떻게 고쳐야 옳은지 점검할 정도로 꼼꼼하게 공부한다면 좋은 점수를 받을 수 있을 것이다.

객관식 문제는 용어의 개념을 묻는 문제가 많다. 얼핏 보면 쉽게 풀릴 것 같지만 평소에 문제 중심으로 개념을 익히다 보면 틀리는 경우가 많다. 특히 미국 정치체제는 한국 정치체제와 판이하게 다르기 때문에 원서로 공부할 것을 필히 권장한다.

사실 U.S. Government and Politics의 포인트는 객관식이 아닌 주관식에 있다. 총 세 문제가 나오는데 자신이 배운 것을 바탕으로 충분히 생각해야 쓸 수 있는 주제가 출제되기 때문에 평소에 글 쓰는 연습을 많이 하는 것이 큰 도움이 된다.

또한 평소에 〈뉴욕타임스(New York Times)〉나 〈이코노미스트(The Economist)〉와 같은 신문, 잡지들을 구독하는 것도 큰 도움이 된다. 미국 입법부의 입법 과정은 상당히 복잡하기 때문에 이를 책으로만 읽으면 머릿속에 쉽게 들어오지 않는다. 내가 AP U.S.

Government and Politics를 준비할 때쯤 미국에서는 의료보험 법안이 매우 중대한 쟁점 사안으로 떠오르고 있었다. 그래서 평소에도 이에 대한 기사들을 많이 접하게 되었는데 덕분에 책에서 배운 내용을 좀 더 쉽게 이해할 수 있었다. 특히 에세이를 쓸 때 교과서에 나온 예만으로는 충분하지 않기 때문에 기본적인 시사 상식을 많이 습득하는 것이 양질의 에세이를 작성하는 데 큰 도움이 된다.

미국 정치체제의 가장 흥미로운 부분 중 하나가 바로 사법부이다. 미국에는 'Supreme Court'라는 기관이 존재한다. Supreme Court를 한국어로 번역하면 대법원이지만 한국의 대법원과는 전혀 다르다. Supreme Court는 국회나 대통령이 발의한 법안이 헌법에 비추어 보았을 때 흠결이 있는지를 판단하고 특정 법안에 헌법적 흠결이 있다고 판단하면 그 법안을 무효화할 수 있는 엄청난 정치적 권한이 있는 기관이다. 그렇기 때문에 Supreme Court의 선례는 법과 같은 위치를 차지한다. 따라서 상당히 많은 문제가 특정 소송의 결과나 상징적 의미에 대해 물어본다. 중요한 소송은 평소에 잘 정리해 두는 것이 꼭 필요하다.

AP U.S. Government and Politics는 공부를 하다 보면 금방 알겠지만 다른 과목에 비해 공부할 양이 많지 않고 난이도도 매우 높지 않다. 하지만 역으로 생각하면 꼼꼼하게 공부하지 않으면 만족스러운 점수를 받기가 까다롭다는 말이기도 하다. 계속 반복해서 강조하지만 특정 용어의 개념을 예를 통해 이해하는 것은

시험을 볼 때 오히려 혼란을 불러일으킬 수 있다. 따라서 용어의 정확한 정의를 알고 있는 것이 매우 중요하다.

AP U.S. History를 공부했거나 병행하여 공부하는 친구들은 AP U.S. Government and Politics가 훨씬 더 쉽게 다가올 것이다. 위에서도 말했지만 뉴스나 책을 통해 시사 상식을 습득하는 것도 큰 도움이 된다. 특히 좋은 글을 접하면 자동적으로 에세이 부분에 큰 도움이 될 것이다. 더욱이 이는 자신의 영어 실력 향상과 교양을 쌓는 데에 큰 도움이 되기 때문에 AP U.S. Government and Politics를 위해서가 아니라 자신을 위해서 투자한다는 느낌으로 한 번 도전해 볼 것을 권장한다.

특히 2011년과 2012년 미국에서는 대통령 선거가 엄청난 이슈가 되고 있기 때문에 뉴스만 잘 봐도 선거 관련 문제들을 훨씬 수월하게 접근할 수 있다. 예를 들어 역사적으로 가장 처음 예비선거(Primary)를 실시하는 뉴햄프셔(New Hampshire) 주의 결과를 통해 누가 대통령 후보로 당선될지를 점쳐보는 것이다. 평소에 뉴스를 관심 있게 봤다면 이러한 내용을 묻는 문제가 나온다면 보너스가 되는 셈이다.

AP U.S. Government and Politics를 준비할 당시 친한 친구들과 서로 질문을 주고받으며 공부했던 기억이 난다. 공부할 때는 다 이해했다고 생각하고 넘어갔던 부분도 나중에 정리를 하다보면 헷갈리는 부분이 상당히 많이 나온다. 특히 판결문의 경우 판결문 수가 생각보다 많아 나중에는 잘못 외우는 경우가 생기기도 한다. 친구들끼리 서로 질문을 하다 보면 헷갈리는 부분을 설명해주기도 하고 내가 몰랐던 부분들을 새로 알게 되어서 여러모로 득을 많이 봤다. 친구들과 함께 공부하는 것도 효율적인 공부법이 될 것이다.

뉴욕대학교

---- 4기생 **선장명** ----

AP U.S. History
미국사

일단 AP U.S. History를 설명하기 전에 짚고 넘어가야 할 것이 있다. 이 시험은 매우 어렵다는 것이다. 외워야 할 내용도 엄청 나게 많고, 알아야 할 내용이 명확하게 정해져 있는 것도 아니며, MCQ만으로도 힘든데 Essay는 시험 보는 사람을 정말 지치게 만든다. 심지어 열심히 공부한다고 5점이 보장되는 것도 아니다. AP U.S. History를 공부할 시간에 다른 쉬운 AP 2~3개는 충분히 볼 수 있다. 내 주위에도 이러한 이유로 도중에 AP U.S. History를 포기한 친구들이 여럿 있었다. 끝까지 노력한 친구들

중에서도 원하는 점수를 받지 못한 사람도 많다. 생각해보면 미국 역사를 미국 학생들과 경쟁하는 것인데 당연히 힘들 수밖에 없는 것이다.

그런데 이렇게 어려운 AP U.S. History를 왜 보는 것일까? 나는 AP U.S. History가 충분히 공부할 가치가 있다고 생각한다. 일단 첫 번째로 AP U.S. History는 다른 쉬운 AP와 확실히 차별화된다. 대학 입학사정관 역시 AP U.S. History가 어려운 시험이라는 것을 아는데, 여기서 좋은 점수를 받았다면 그만큼 노력했다는 것과 지적 수준이 높다는 것을 증명해주기 때문이다. 누구나 5점을 받는 쉬운 AP를 선택해 과목 수를 늘리는 것보다는 훨씬 좋은 선택이 될 수 있다.

또한 AP U.S. History를 본 학생은 미국 대학 지원 시 어떤 전공이든 관계없이 좋은 인상을 남길 수 있다는 매력점이 있다. 미국 대학은 학생을 뽑을 때 미국 문화와 수업에 얼마나 잘 적응하는지 여부를 중요시한다. 특히 서양 문화권이 아닌 동양의 한국 학생이 미국의 역사와 배경을 이해한다는 것을 보여준다면 매우 긍정적으로 인식될 것이다.

마지막으로 미국의 역사를 공부하면 후에 미국에서 공부할 때 필요한 상식이 축적된다. 정치·역사 수업을 들을 때나, 신문을 읽을 때뿐만 아니라 심지어 친구들이랑 농담을 할 때에도 미국

근현대사나 역대 대통령 이야기가 나온다. AP U.S. History를 준비하면 AP 점수도 얻고 미국에 대한 공부도 해 놓을 수 있어 일석이조다. AP U.S. History는 다른 과목보다 확실히 힘들지만, 그만큼 장점 역시 크기 때문에 미국 유학을 생각한다면 꼭 도전해보기를 추천한다.

정치학이나 법에 관심이 있는 학생은 AP U.S. Government and Politics를 같이 보는 것도 좋은 생각이다. 두 과목이 겹치는 부분도 꽤 있고, AP U.S. Government and Politics를 같이 공부하면 AP U.S. History에 나오는 판결문과 정치, 역사를 따로 공부할 필요가 없기 때문에 효율적이다. 또한 미국사를 알면 미국정치학을 배울 때 필요한 배경 지식과 역사적 사실을 훨씬 쉽게 이해할 수 있기 때문에 이 둘을 동시에 보는 것은 확실히 시너지 효과가 있다. 어차피 AP U.S. Government and Politics를 보려했던 학생이나 볼 계획이 없었더라도 정치와 법에 관심 있는 학생들은 기회를 살려 한 해에 같이 시험을 보는 것도 좋은 방법이 될 수 있다.

이제 본격적인 시험 이야기를 해보겠다. AP U.S. History에서 가장 중요한 것은 '노력'이다. 선생님들이 항상 말하는 상투적이고 고리타분한 답변 같지만, 많은 양의 정보를 읽고 외워야 하는 AP U.S. History에서 노력만큼 중요한 것은 없다. 개인마다 암기력의 차이는 있겠지만 결국 더 열심히, 더 많이 외운 사람이 더 좋은 점수를 받을 수 밖에 없는 것이다. 물리학이나 수학 같은 경우 머리가 좋으면 공식을 응용해서 풀어낼 수 있지만, AP U.S. History는 사전에 방대한 미국사 지식을 가지고 있지 않는 한 많이 외우는 것이 관건이기 때문에 누구든지 노력을 해야 한다. 노력하면 그만큼의 결과는 보장되니 뿌듯함이 큰 과목이기도 하다.

이는 벼락치기가 불가능하다는 말이기도 하다. 내용이 워낙 많고, 이해한다기보다는 끝없이 읽어야 하는 과목이기 때문에 짧은 기간 안에 끝내기가 쉽지 않다. 암기할 것이 많다고 평소에 안 해놓다가 마지막에 몰아서 외우려고 들면 인물 이름이나 사건이 헷갈리기 쉽다. AP U.S. History는 핵심만 파고들어 집중적으로 공부하기보다는 기본기가 탄탄해야 하는 시험이기 때문에 벼락치기에 의존하는 것은 여러모로 좋지 않다. 최소한 시험 보기 6개월 전에는 준비를 시작해서 느리더라도 꾸준히 책을 읽어 나가는 것을 추천한다. 자기 전에 10분씩만 읽어도 6개월이면 두꺼운 책 한 권 충분히 완독할 수 있고, 이렇게 미리 읽어 놓아야 막상 시험이 닥쳤을 때 내용 점검과 암기에만 집중할 수 있다.

AP U.S. History를 준비할 때 또 중요한 것은 될 수 있으면 많은 책과 문제집을 접하라는 것이다. 이 시험은 특정 범위나 알아야 할 내용이 딱히 정해져 있는 시험이 아니다. 따라서 미국 역사 중 어느 부분이 나올지 알 수 없기 때문에 공부하기 까다로운 면

도 있다. 이렇게 시험 범위가 주어지지 않은 상황에서 문제집마다 서술하고 있는 내용이 조금씩 다르고 아무리 포괄적인 책이라고 해도 시험에 나올 모든 문제에 대한 대답을 포함하고 있다고 장담하기 어렵기 때문에, 두껍고 내용이 풍부한 책이라도 한 권만 보는 것은 독이 될 수 있다. 될 수 있으면 여러 권을 읽어서 각 책마다 부족한 내용을 보완하는 것이 좋다. 어차피 미국사는 계속 반복적으로 읽어가면서 큰 그림을 이해하고 역사적 사실을 외우는 것이기 때문에 같은 내용을 여러 번 읽는다고 비효율적인 것은 아니다.

AP U.S. History는 충분히 독학이 가능하기 때문에 굳이 학원에 다닐 필요는 없다. 선생님이 요점을 짚어주고, 쉬운 말로 풀어서 설명해주면 편하겠지만, 이 과목은 결국 본인이 책을 읽고 외우는 것이 중요하므로 학원에 다녀야 할지 말지는 고민하지 않아도 될 것이다. 결국 필요한 내용은 책에 다 있기 때문에 가끔 도움이나 보충 설명이 필요할 때 나는 학교 ET(Elective Tracks, 방과후 수업)를 듣는 것만으로도 충분했다. ET 선생님은 자신의 노하우가 가득 담긴 요약본도 나눠 주시고, 시험 기간에는 늦은 밤까지 열정적으로 가르쳐주셨다. 학교 ET를 들으면서 스스로 노력하면 학원 도움 없이도 충분히 5점 받을 수 있다. 물론 학원에 간다고 해서 나쁠 것은 없다. 다만 꼭 가야할 필요는 없다는 것을 말해두고 싶은 것이다.

이렇게 시간이 흐르면 어느 순간 시험이 코 앞에 다가와 있는데, 이때 미국사를 공부할지 아니면 다른 과목을 공부할지 딜레마에 빠지게 된다. 다른 과목을 공부하자니 미국사가 너무 걱정되고, 미국사를 공부하자니 벼락치기가 가능한 다른 과목을 공부하는 것이 더 효과적이라는 생각이 든다. 나도 이러한 고민에 빠져 제대로 공부를 못한 적이 있다. 가장 좋은 방법은 미리미리 미국사를 공부해놓고 시험기간에는 복습 위주로 하면서 다른 과목을 집중해서 공부하는 것이다. 그래서 AP U.S. History 준비를 일찍부터 시작해서 미리 책을 읽어볼 것을 추천한 것이다. 만약 그렇게 하지 않는다면 AP U.S. History와 다른 AP를 병행해야 하는데 이는 매우 힘들다. 계속 강조하지만 미리 준비해 두는 것은 정말 중요하다.

전부터 공부를 해서 어느 정도 준비가 되어있다면 시험 기간에는 무조건 인물 이름, 중요한 사건 이름, 역대 대통령 업적 등을 외우는 데 중점을 두어야 한다. 에세이를 쓸 때는 전반적인 흐름에 대한 이해와 글쓰기 능력이 중요하지만 MCQ에서는 외워놓은 지식이 많아야 절대적으로 유리하다. 플래시 카드 같은 것을 만들어서 조금씩이라도 꾸준히 보고, 노트로 여러 번 정리하는 것도 많은 도움이 된다.

나는 제1대 대통령인 조지 워싱턴부터 제40대 대통령 로널드 레이건까지 개인 업적과 유명한 법안, 시대상을 다 정리했었다.

이럴 경우 특정 역사적 사건이 어느 대통령 때 일어났는지 알 수 있고, 동시대 사건을 한눈에 볼 수 있어 좋다. Essay에 대통령 관련 문제가 나오면 훨씬 유리한 것은 당연한 말이다. AP 기간이 다가왔을 때는 정리와 암기가 가장 중요하다.

개인적으로 가장 힘들다고 느낀 것은 Essay이다. 어떤 문제가 나올지 모르는 MCQ와는 달리 Essay는 나올만한 주제가 한정적인 것이 그나마 다행이라면 다행이다. 사전에 정말 중요한 주요 주제는 미리 한 번씩 써놓으면 훨씬 도움이 된다. 시간이 없다면 적어도 머릿속으로 생각만 해두어도 좋다. 그래서 준비한 주제가 출제된다면 더없이 좋은 것이고, 설령 나오지 않더라도 그 과정이 공부가 되기 때문에 충분히 해볼만 하다. Essay를 준비할 때 다른 친구들과 답안을 바꿔보는 것도 꽤 도움이 된다. 다른 사람의 에세이를 읽으며 서로 의견을 교환하면 새로운 내용을 배울 수도 있다.

AP U.S. History는 힘들지만 충분히 해볼 가치가 있다. 공부하는 내용이 많으니 끝낸 후 성취감 역시 크고, 여러 가지 부가적으로 따라오는 이점들도 많다. 준비 도중에 몇 번이고 포기하고 싶고 점수가 안 나올 것 같아 걱정되기도 하지만, 열심히 노력하면 분명 원하는 점수를 받을 수 있을 것이다. 미국사는 개인적으로 재미있게 공부했던 과목 중 하나다. 다시 고등학교로 돌아가서 AP를 선택해야 한다면 나는 역시나 AP U.S. History를 선택할 것이다.

이 글을 읽은 여러분들도 AP U.S. History에서 꼭 좋은 점수를 받기 바란다.

웰즐리대학
사회학 전공, 경제학 부전공

4기생 **김유리**

AP World History
세계사

나는 2학년 때 AP World History를 봤다. AP 준비 과목 중 가장 공들여 열심히 준비했던 만큼 지금도 기억에 가장 많이 남는 과목이 바로 세계사다. AP 중에 역사 관련 과목을 하나 정도는 보는 것이 대학 입시에 유리하다는 말을 들은 적이 있다. 이건 사실 확실한 근거가 없는 풍문이다. 아마도 역사라는 과목의 특성상 내용도 방대하고, 단지 역사적 사실을 암기하는 것이 아니라 그 내용을 이해하고 해석하는 능력을 기를 수 있기 때문에 한 과목쯤 공부해서 나쁠 것은 없다는 생각에서 나온 말인 것 같다.

나 또한 해외대학에서 공부하는 것을 목표로 삼고 있는 학생이라면 기본적인 역사의 흐름을 상식으로 알고 있어야 한다고 생각한다.

나는 세계사, 유럽사, 미국사를 놓고 고민하던 중, 중학교 2학년 때 뉴질랜드로 유학 가는 바람에 제대로 공부하지 못했던 세계사를 제대로 알고 싶은 마음에 세계사를 선택하게 되었다. 유럽사와 미국사가 각각 유럽과 미국의 역사만을 자세하게 다루는 데 반해, AP World History는 지금까지 공부해왔던 유럽 중심의 세계사가 아닌 아시아, 남미, 아프리카의 역사 또한 포함하고 있어서 말 그대로 전 세계 문명의 기원부터 근현대사까지 인류의 역사를 총체적으로 공부할 수 있었다. 세계사는 내용이 매우 광범위하기 때문에 사건이 일어난 연도에 집중하기보다는 사건의 역사적인 배경과 중요한 내용만 파악하고 그 사건들이 어떻게 이어져 있는지, 시간의 흐름에 따른 역사적인 변화나 다른 지역, 다른 문화권의 역사와는 어떻게 같고 다른지 등 큰 역사적인 흐름을 읽는 법을 배울 수 있어서 매우 흥미로웠다.

나는 1학년 겨울방학 2월부터 공부를 시작해서 5월에 시험을 치르기까지 3개월 간 꾸준히 AP World History를 준비했다. 공부할 양은 많지만 시간이 넉넉했기 때문에 마지막까지도 서두르지 않을 수 있었고 비교적 차분히 시험에 응시할 수 있었다. 우리 학교는 2학년 때 세계사를 배웠기 때문에 2학년 때 공부하게

될 세계사 교과서 《The Heritage of World Civilizations》를 미리 구입해서 여러 번 정독하며 노트를 정리했다. 예를 들면 그리스 로마, 러시아, 중국, 인도, 이런 식으로 지역·국가·문화별로 영역을 나누어 고대부터 근대까지 중요한 사건을 연표로 만들어 정리했다. 프랑스 혁명, 종교 혁명, 삼각무역(Triangular trade, 무역을 할 때 제3국을 개입시켜서 이를 통해 상대국과의 무역 불균형을 없애고 수지균형을 맞추려는 무역방법)같이 중요한 사건이나 사실은 연표와 별개로 자세히 정리했다.

AP World History의 경우 인류의 역사를 총체적으로 다루다 보니 책 한 권만으로 공부하는 것은 사실 한계가 있다. 그리고 교과서는 실제 AP World History에 나오는 것보다 더 많은 내용을 자세히 다루고 있기 때문에 공부하기 벅찰 수도 있다. 이때 Barron's, McGraw-Hill 등 서로 다른 출판사의 AP 문제집을 비교해가면서 정리·보충하고, 중요한 내용을 간추려서 한 눈에 볼 수 있도록 정리해놓으면 공부하다 헷갈리는 부분이 있을 때 언제든지 펴볼 수 있어서 매우 편리하다. 물론 정리를 하는 것이 끝은 아니다. 정리내용을 틈틈이 암기하고 새로운 내용이 있으면 추가·보충하는 것 또한 필요하다. 이 외에도 틈틈이 시중에 나와 있는 세계사 관련 서적을 읽으면 전체적인 흐름을 이해하는 데 많은 도움이 된다.

알아야 할 내용을 어느 정도 숙지하면 그 다음은 문제를 풀 차례다. 다른 과목과 마찬가지로 AP World History 역시 MCQ와

FRQ로 나뉜다. 나는 시중에 나와 있는 문제집으로 시작해서 기출문제까지 풀 수 있는 문제는 모두 다 풀어보며 MCQ를 준비했다. 처음에 문제를 풀다 보면 틀리는 문제가 많기 마련인데, 나는 이때 오답노트를 만들어 정리하면서 몰랐거나 헷갈려서 틀린 부분을 정리했다. MCQ는 문제은행 형식이라 나오는 문제 유형이 비슷하기 때문에 틈틈이 오답노트를 보면서 문제를 익힌다면 비슷한 유형의 문제를 또 틀리는 것을 방지할 수 있다. 특히 시험이 다가올수록 그동안 풀었던 문제를 차근히 복습하면서 세부 내용, 문제 유형, 문제 풀 당시에 헷갈렸거나 틀렸던 이유를 되새기는 것이 필요하다. 한 가지 조언을 하자면 확실한 답을 찾으려고 노력하기보다 답이 아닌 것부터 지워나가면서 가장 마지막에 남는 답을 고르는 것이 더욱 현명한 방법이다.

　FRQ는 CollegeBoard 웹사이트에 나와 있는 기출문제를 보고 정해진 시간 안에 에세이를 써보는 연습을 하는 것으로 준비했다. FRQ에는 총 3문제가 출제되는데, 에세이 1개 당 40분 정도 시간을 분배해서 쓰는 것이 적당하다. 첫 번째는 DBQ(Data Based Essay Question)로, 여러 개의 지문이 주어지고 그 지문을 모두 사용해서 에세이를 작성하는 것이다. 어떤 주제의 지문이 나올지 전혀 예측할 수 없는 만큼 가장 어려운 문제이기도 하지만, 빨리 지문을 읽고 분석해서 비슷한 내용의 지문끼리 두세 그룹으로 분류하는 연습을 한다면 큰 문제는 없을 것이다. 출제자는 각 지문을 요약하는 능력이 아니라 지문을 얼마나 잘 사용해서 문제

에 답하는지를 본다는 사실에 유의해야 한다.

두 번째 문제는 Continuity and Change-Over-Time Essay로 한 지역이나 사회에서 다른 두 시대 사이에 무엇이 변화했고 무엇이 변화하지 않았는지를 비교하는 문제다. 세 번째 문제는 Comparative Essay로 동시대 다른 지역 · 사회의 교류, 발전 또는 문화, 종교, 기술, 이동, 교역 등의 사항을 비교 · 대조하는 것이다. 이 두 문제는 역사의 맥락을 이해하고 있는지 확인하기 위한 문제들로, 각 시대별 · 지역별 특징을 자세히 알고 있어야 할 뿐만 아니라 그것들을 서로 비교 · 분석할 수 있어야 한다. 에세이를 쓴 다음에는 CollegeBoard 홈페이지에 올라와 있는 채점기준을 보면서 스스로 자신의 에세이에서 부족한 부분을 찾아보는 것도 큰 도움이 된다. MCQ를 꼼꼼히 공부해서 모든 내용을 완벽히 알고 있다면 어렵지 않을 것이다.

세계사는 암기 과목인 만큼 외워야 할 내용이 매우 많다. 한국어로도 익숙하지 않은 지명과 인명을 영어로 외우려니 머리가 아픈 것은 당연한 일이다. 하지만 아무리 암기과목에 약한 사람이라고 하더라도 점수는 꾸준한 노력을 배신하지 않는다. 자신이 없을수록 일찍 공부를 시작하고, 조금씩이라도 꾸준히 공부하면 좋은 성과가 있을 것이다. 물론 벼락치기로 좋은 점수를 받는 사람도 있겠지만, 일찍 시작해서 꾸준히 공부할수록 시험 본 뒤에도 공부한 내용이 오랫동안 머리에 남을 것이다. 나는 AP World History 준비를 매우 철저히 한 덕분에 학기 중에 세계사 수업을 들을 때와 시험을 볼 때는 다른 친구들보다 비교적 수월히 공부할 수 있었다. 또한 SAT I Essay에서 세계사적 지식을 예로 들어 내 주장에 대한 근거로 활용할 수도 있었다. 개인적인 경험보다는 문학작품이나 역사적 사실, 시사 상식으로부터 근거를 찾는 것이 더 설득력 있게 보이기 때문에 매우 효과적이었다.

AP는 미국 대학 수준의 과정을 테스트하는 것이다. 따라서 다른 과목과 마찬가지로 AP World History 역시 무조건 5점을 목표로 공부하는 것보다는 실제로 무언가를 배우겠다는 마음을 가지고 공부하는 것이 더 효과적이다. 어려운 난이도와 광범위한 내용 때문에 AP World History를 억지로 공부하는 사람이 있다. 나 또한 문제를 풀고 에세이를 연습할 당시에 스트레스를 많이 받았다. 하지만 세계사라는 과목을 접하는 과정 그 자체는 나름대로 재미있었다. 꼭 AP World History가 아닌 다른 과목의 시험을 보더라도 나의 경험담이 도움이 되었으면 좋겠다.

고려대학교 국제학부

4기생 **박성우**

AP/SAT World History
세계사

    나는 원래 역사를 좋아해서 SAT World History를 선택해 공부했다. 한번 공부하면 SAT와 AP 모두 볼 수 있는 과목이라는 점도 매력있었다. 용인외고에서는 2학년 때 학교에서 세계사를 배우기 때문에 세계사를 보는 친구들이 많기도 했다. SAT World History를 먼저 보고 다음 해에 AP World History를 봤는데, 아무래도 세계사는 시험 범위도 넓고 외울 것이 많기 때문에 다른 과목에 비해서 상대적으로 훨씬 긴 시간을 투자했다.

SAT World History와 AP World History의 차이를 간단하게 말하자면 모든 AP가 그렇듯, AP World History는 더 넓은 범위를 얕게 훑는다면 SAT World History는 조금 더 자세한 부분까지 까다롭게 물어본다.

나는 Barron's 사에서 나온 《Barron's SAT Subject Test World History》로 SAT World History와 AP World History를 둘 다 공부했다. Barron's 사의 책은 시험에 나오지 않는 자세한 부분들도 많지만, 그 대신 시험에 나오는 거의 모든 내용을 포함한다는 장점이 있다. Kaplan 사나 TPR 사의 책은 요약은 잘 돼있지만 간혹 빠진 내용들이 있다. 자세한 것을 물어보는 SAT에는 Barron's 사의 책이 더 적합하다고 생각해 주교재로 2~3번 읽으면서 공부했고, Kaplan 사의 책은 마지막에 머릿속으로 정리하는 느낌으로 한 번 훑으면서 읽었다. 다른 책들은 그냥 연습문제만 풀어보고 시험을 봤다.

AP World History 교재는 SAT 책보다 범위는 조금 더 넓지만 깊이가 없어 SAT World History를 볼 때 참고했던 Barron's 사의 책과 Kaplan 사의 책으로 준비했다. 사실 Kaplan 교재는 거의 보지 않았다. 그만큼 Barron's 교재가 상세하게 거의 전 범위를 다루고 있다. AP World History 책은 따로 많이 사두는 것이 아까워서 시험 일주일 전에 《Barron's Ap World History》를 머릿속에 정리한다는 느낌으로 반 정도만 읽었다.

AP World History는 FRQ가 정말 중요하다. 아무래도 Barron's나

Kaplan에 있는 FRQ 답은 실제 시험채점자들이 원하는 것과 다를 수도 있다. CollegeBoard 웹사이트에 가면 실제 시험 문제와 학생들이 작성한 답안이 점수 별로 게시되어 있다. 아무래도 시험을 출제한 곳에서 올린 것이기 때문에 만점 받은 답안을 읽어보고 그 답과 같은 구성의 글도 한번 읽어보면, 주최측에서 어떤 내용을 원하는지 잘 알 수 있을 것이다. 점수가 낮은 답안은 보지 않는 것이 좋다.

책을 읽으면서 진하게 표시돼 있는 인명이나 사건은 물론 다 외워야하고, 각 연대마다 비교하여 문명발생지끼리 비교해보는 것이 좋다. 예를 들어, 내가 시험 봤을 때 FRQ에는 중국의 한나라와 로마제국의 공통점과 차이점을 쓰라는 쉬운 문제가 나왔었다. 이와 비슷한 형식의 문제를 어렵게 출제할 수도 있을 것이다. 사실 조금 공부한 사람은 문제만 보면 '에이 별거 아닌데!'라는 생각을 하지만, 실제로는 자기 스스로 정리해서 외울 것들이 꽤 많으므로 시간을 충분히 할애할 생각으로 공부를 시작하는 것이 필요하다.

처음 시험을 준비할 때에는 세계사를 처음 공부하는 것이어서 친구와 함께 학원에 잠깐 다녔는데, 크게 도움이 되지 않아 중간에 그만두었다. 학원 덕을 많이 봤다는 친구들도 있는데 나는 혼자 공부하는 것이 더 능률이 잘 올랐다. 학교에서 일주일 내내 수업을 받았는데 주말에 또 학원에서 수업을 들으려니 그 자체가 지루하다는 생각이 들었다. 혼자 공부하는 게 불안하면 학원을 가는 것도 나쁘지는 않다. 아무래도 혼자 공부할 때보다 친구들과 같이 학원을 다니면 학원에서 제시해주는 시간에 맞춰 공부하게 되고 FRQ도 많이 연습하게 되니 말이다. 하지만 AP나 SAT 학원은 수강료도 비싸고, 학원에서 수업을 듣고 다시 혼자서 복습할 때 시간이 이중으로 들어간다는 점을 생각해보면 혼자 공부하는 것이 나을 수도 있다. 학원에 다니면서 복습을 안하면 다니지 않는 것만 못하다.

　나는 직전에 시험을 본 선배들이 썼던 책을 얻거나, FRQ 준비하는 법 등을 물어보고 참고하여 시험을 준비했다. 이 편이 시간도 절약되고 훨씬 효과적이라고 생각한다. 단, 그렇게 공들여 공부한 것들도 시험을 본 지 2~3년 지나면 다 잊어버리게 되어 있다. 나만 해도 어렵사리 기억해내서 이 글을 쓰고 있으니 말이다. 그러니 선배들에게 조언을 구할 때에는 시험을 본 지 얼마 안 된 바로 윗 선배들에게 부탁하는 것이 최신 정보를 얻는 방법이다. 부디 이 글을 읽는 많은 후배들이 좋은 결과를 얻길 바란다.

서울대학교 자유전공학부

5기생 **김태학**

Mathematics
수학

　인문사회계열 학생들에게 싫어하는 과목을 물으면 아마 대부분이 수학이라고 답할 것이다. 수학이라는 과목은 다른 과목에 비해 실용적인 측면이 덜한 것이 사실이다. 하지만 나의 경험에 비추어 보았을 때 수학은 학문의 기본이 되는 논리력을 길러주는 데 도움을 줄 뿐만 아니라 연습을 통해 계발되는 수학적 감각은 추론 능력도 키워준다. 나는 초·중학교 때부터 수학에 관심을 갖고 경시대회나 수학 영재 프로그램에 참여했는데, 그것이 전반적인 수학 공부에 영향을 주었다고 생각한다. 수학은 계통성을 갖고 있어 초등학교 때 내용이 중학교, 고등학교 때 심화되고 확장된 형태로 다시 나온다. 그만큼 기초 실력이 탄탄해야 한다. 우리 학교 국제 계열에서는 생각보다 수학을 자주 접하게 된다. 1년에 네 번 보는 내신 시험 외에도 많은 학생들이 선택하는 AP Calculus와 SAT I의 수학 그리고 SAT II Mathematics 1C, SAT II Mathematics 2C까지 다양한 형태의 수학을 대해야 한다.

수학, 어떻게 공부하면 잘 할 수 있을까?

내신

용인외고 국제 계열 1학년 학생들은 미적분 준비과정(Precalculus)을 공부한다. 이것은 말 그대로 미적분을 배우기 위해 기초를 닦는 과정이라고 할 수 있다. 함수와 방정식, 삼각함수, 행렬, 수열 등 수학의 기본이 되는 내용을 배우기 때문에 개념을 확실하게 이해하는 것이 중요하다. 일단은 학교에서 수업을 들으며 기본 개념을 다지고 예시로 나온 문제를 푼다. 이해가 안 되는 부분은 무작정 문제를 풀면서 요령을 터득하기보다는, 교과서를 찬찬히 다시 읽어보면서 잘못된 개념을 없애는 방향으로 공부하는 것이 우선되어야 한다. 즉 공식을 외워서 풀기 이전에 공식을 유도하는 방법을 알고 활용하는 편을 택해야 한다는 것이다.

특히 수학 문제는 공식을 적용할 때 조건이 붙는 경우가 많은데, 문제에서 제시된 조건이 원래 정리 조건에 부합하는지 더욱

유의해서 살펴보아야 한다. 개념을 완전히 익힌 후에 예제와 선생님께서 특별히 지정해주신 문제들을 풀고, 문제를 풀 때에도 푸는 방법을 제대로 터득해서 유형이 조금 바뀌어도 풀어낼 수 있도록 한다. 문제를 풀 때 필요한 결정적인 아이디어가 새로운 문제에서도 떠오를 수 있게 하라는 뜻이다.

개념을 이해하려 할 때 도식화하는 것도 좋은 방법이다. 그래프로 나타내거나 그림으로 그려서 풀다 보면 머릿속으로만 계산할 때보다 이해가 쉬워진다. 특히 함수는 그래프를 머릿속에 떠올리면서 그 그래프에 맞게 함수의 기본적인 성질을 같이 묶어서 생각한다. 무엇보다도 자신이 확실히 기억할 수 있는 대상을 연관을 지어 떠올리면서 자신만의 방법을 찾는 것이 가장 좋은 길이다.

나는 수열과 급수에서 항과 항 사이의 규칙을 발견해 일반항을 구하는 것처럼, 규칙을 찾을 때 여러 함수의 성질을 그려보면서 그와 연결해 함수를 정의할 수 있는 규칙을 찾을 수 있는지를 본다.

2, 3학년 때 미적분을 AP Calculus와 연계해서 공부해두면 편하다. 나의 경우엔 2학년 5월에 AP를 보기 위해서 (많은 친구들이 그런 일정을 선택했지만 항상 시험 과목 선택은 자신의 몫이다.) 1학년 말부터 ET를 들었는데 그것이 도움이 되었다. AP Calculus의 범위는 일반계 고등학교 수학에 나오는 미적분 범위보다 훨씬 넓다. 다항함수뿐만 아니라 지수, 로그, 삼각함수의 미적분까지

나오는 정말 어려운 과목이다. 따라서 개념 확립이 더욱 중요하다. 1학년 때 개념을 잡아두면 2, 3학년 때 해야 하는 수학 공부가 조금은 수월해질 것이다. 하지만 1학년 때 삼각함수를 제대로 이해하지 못했다면 다양한 삼각함수의 미적분은 자연히 어려울 수밖에 없다. 따라서 수학을 공부할 때 이미 배웠던 내용 중에 연계된 부분을 같이 공부하는 것도 좋은 방법이다. 만약 수업을 놓쳤다면 어떤 방법을 써서라도 다음 수업을 듣기 위해 그 틈을 메워줘야 한다. 수업을 한 번이라도 놓쳐서 그 다음 수업이 점점 이해가 안 되기 시작한다면 수학과는 점점 거리가 멀어지게 된다.

물론 수업을 잘 따라가는 것만이 전부는 아니다. 수업을 들을 때는 대충 감이 잡히지만 혼자 문제를 풀 때는 막히는 부분이 꼭 있기 마련이기 때문에, 수업 도중에 핵심 포인트를 잡아 필기를 하고 복습을 하면 큰 도움이 될 것이다. 그리고 앞에서 언급했듯이 개념을 확실히 잡아두면 문제를 풀 때 자연스레 요령이 생기고 굳이 어려운 연습 문제에 매달리지 않아도 시험 문제에 쉽게 접근할 수 있을 것이다. 중간고사 시험지를 버리지 말고 기말고사 때 다시 보면 선생님의 문제 출제 유형 등을 볼 수 있어서 내신을 준비할 때 도움이 된다.

시험

AP와 SAT 중에서 수학 과목은 비교적 점수가 잘 나오는 편이

기 때문에 한국 학생들이 많이 선택한다. 순서대로 AP Calculus는 AB와 BC가 있는데 주로 더 어려운 BC를 선택한다. BC를 선택하면 2차 점수로 AB 점수도 같이 나오기 때문이다. 나는 학원에 의존하지 않고 학교 ET를 수강하면서 AP Calculus를 준비했다. AP는 문제 출제 유형이 반복되는 경향이 있기 때문에 FRQ든 MCQ든 기출 문제를 풀어보고 특히 FRQ에 초점을 둬서 풀이 과정을 제대로 써 내려가는 데 신경을 더 썼다. 한 번 접한 문제는 꼭 맞겠다는 의지를 갖고 풀었고, 만약 틀렸다면 문제를 철저히 분석했다. 그러고 나서 그 문제의 기본이 되는 개념으로 돌아가 온전히 이해하려고 노력했다. 오답노트를 기록하는 것도 도움이 될 수 있다. 하지만 반드시 오답노트를 만들어야 할 필요는 없다고 생각한다. 생각보다 많은 학생들이 오답노트를 사용해 잘못된 개념을 바로잡기보다는 문제해결요령을 터득하려고만 하기 때문이다. 이런 경우에 흔히 말하는 숫자만 바꿔서 나오는 문제는 해결해내지만 결국 같은 개념을 응용한 문제가 출제되었을 때 막히곤 하는데, 이것은 오답노트를 작성하지 않아 생긴 문제가 아니라 오답을 분석하는 시간을 제대로 갖지 않았기 때문이다.

SAT I이나 SAT II에서 중요한 것은 실수를 줄이는 것이 아닌 없애는 것이다. 한 문제 틀리는 것이 큰 감점으로 이어질 수 있기 때문이다. 따라서 연습 문제를 풀 때도 항상 완벽하게 풀어낼 수 있도록 모르거나 헷갈리는 개념이 없게 공부해야 한다. 나는 특히 새로운 수학 용어와 한국에서는 잘 쓰지 않는 개념들을 처음부터 영어로 익혀 따로 용어를 외우는 시간을 줄였다. 또한 틀린 문제는 크게 표시해서 그 이유를 찾고 바로 해결했다. 혹시 답이 모호해서 찍고 넘길 때는 반드시 이 문제에서 고민했다는 표시를 해두어 그 문제를 맞히더라도 나중에 다시 살펴볼 수 있도록 했다. SAT II는 문제지 한 권만 풀어보고 바로 시험을 본 기억이 있다. 시험 범위가 어떻게 되는지 아는 것은 공부 계획을 세우는 데 결정적인 역할을 한다. 시험 범위가 아닌 부분에 괜한 시간을 투자할 필요가 없어지기 때문이다. 때문에 반드시 어느 정도 범위까지 시험에 나오는지 볼 필요가 있는데, Math 2C는 미적분 준비과정과 범위가 거의 일치하기 때문에 특별히 준비할 것은 없었다. 거기서 벗어난 부분은 문제지에 나와있는 설명을 읽고 연습 문제에 적용하면서 공부했다.

추가로, SAT에 비해 학생들이 선택하는 비율은 낮지만 SAT와 같은 권위를 가지고 있어 이에 대체할 수 있는 ACT(American College Test, 미국 대학 입학 학력고사)가 있다. ACT 수학은 60분에 60문제를 푸는 집중력을 요하는 시험이기 때문에 시간을 재면서 정해진 시간에 맞춰 실수 없이 푸는 연습을 자주 해두면 좋다. 흔히들 한 문제에 지나치게 많은 시간을 할애하다가 나머지 문제를 놓치는 실수를 범하는데 그렇지 않기 위해서는 한 문제에 대략 어느 정도의 시간을 투자해야 할지 계산을 해두고 문제의 난이도를 보면서 버릴 문제는 과감히 버려야 한다. SAT와 ACT

의 모든 문제가 계산기 없이 해결이 가능하지만 만약 시험 때 계산기를 사용할 것이라면 미리 사용법을 알아두고 어떤 유형의 문제에서 사용할 것인지 마음속으로 정해두면 당황하지 않고 불필요한 시간 사용을 줄일 수 있다.

대회

매년 2월에는 AMC(American Mathematics Contest, 미국수학경시대회)가 열린다. AMC는 AMC 10, AMC 12 두 가지 수준으로 구분되어 실행되고 전자는 고등학교 1학년(10학년)까지, 후자는 고등학교 3학년(12학년)까지 시험에 응시할 수 있다. AMC에서 좋은 성적을 거두면 AIME(American Invitational Mathematics Examination, 미국초청수학시험) 참여 자격이 주어지고, AIME에서 또 다시 우수한 성적을 얻으면 미국 시민권자에 한해 USAMO(United States of America Mathematical Olympiad, 미국수학올림피아드)라는 전미(全美) 대회에 참여할 수 있다. AMC는 수학을 잘하는 한국 학생들이 수상을 할 수 있는 좋은 기회이며 1년에 AMC 10 A, B와 같이 두 번의 시험을 치를 수 있기 때문에 수상 가능성도 높다.

나는 AMC를 준비하면서 별도로 어떤 문제집을 공부한 것이 아니라 일단은 기출문제를 풀어보면서 대회 문제의 수준을 파악해서 부족하다고 느끼는 분야의 심화 문제를 찾아 풀었다. 나는 확률과 기하 부분이 약해서 중학교 때 풀었던 심화 문제집의 확률, 기하 문제를 골라서 풀었고, 풀이과정을 쓰는 연습을 하면서 답이 틀렸을 경우 어떤 개념을 적용했을 때 풀리지 않았는지를 꼼꼼히 체크했다.

풀리지 않은 문제들을 가지고 혼자 고민하는 시간도 중요하다. 고민하는 과정에서 수학 내용들 간의 연결 고리를 발견할 수도 있고 개념을 다시 한 번 다질 수도 있다. 풀이과정을 적어둔 종이는 버리지 말고 대회 전에 한 번 더 살펴보면서 비슷한 흐름으로 다시 사고할 수 있도록 복습했다. 또 어떤 아이디어를 통해서 문제가 쉽게 풀렸다면 그 아이디어를 다른 문제에서는 어떻게 적용할 수 있을지를 생각했다.

기타

내가 수학 공부를 할 때에 도움을 준 것 중 하나가 바로 교내 수학 튜터링(tutoring)이었다. 튜터링은 튜터(tutor)가 자원해서 튜티(tutee)를 모집해 자체적으로 수업 계획을 짜서 진행하는 특별 봉사활동이다. 나는 3학년 때 선생님의 지도로 세 명의 튜터 친구들의 수학 공부를 도와주었다. 심지어는 다른 반 친구가 나의 튜터가 되기도 했다. 세 명의 친구들에게 세 배의 시간을 투자하면서 시간을 뺏길 것이라는 우려도 있었지만 오히려 튜터링 시간을 잘 활용해서 좋은 성적을 얻었다. 친구들을 가르치기 위해서는 어떤 개념이든지 조금이라도 모호하게 이해하는 부분이 있어서는 안 되기 때문에 튜터링 준비를 하면서 개념을 복습하고 효율적인 설명 방법을 연습했다. 부피 적분을 설명하기 위해서 두루마리 휴지를 가지고 와서 설명해보기도 하고, 온갖 손짓, 몸짓을 쓰고 그림도 그리면서 튜티가 개략적으로나마 개념을 이해하도록 했다. 그 다음에 튜티들이 요구하는 질문을 받는 형태로 개개인에게 맞는 수업을 했고 튜티 스스로 자신들에게 맞는 문제 풀이 방법을 찾을 수 있도록 시간을 주었다.

튜티를 가르치다가 튜티와 나 둘 다 명확하게 개념이 잡히지 않는 내용이 나오면 같이 고민하기도 했고, 때로는 튜티 쪽에서 먼저 해답을 제시할 때도 있었다. 튜티가 세 명이나 되다보니 세 명이 던지는 질문 중에 중복되는 부분은 특히 그 범위에서 핵심적인 부분이라는 것을 알 수 있었고, 세 명이 던지는 각각 다른 질문 속에서 내가 미처 제대로 보지 못했던 내용을 다시 바라볼 수 있었다. 수학 외의 다른 과목도 머릿속으로만 개념을 이해하려 하지 말고 혼자 설명해보거나 다양한 방법으로 표현해보고, 친구들과 함께 토의하며 공부하면 훨씬 더 재미있어질 것이다.

수학에는 반드시 정답이 존재한다. 그러나 그 정답으로 향하는 길은 다양하다. 어떤 풀이가 맞다 혹은 틀리다 평가할 수는 없다. 풀이 과정 속에서 논리성을 잃지 않도록, 그래서 실수를 하지 않도록 개념을 다지고 요령으로 터득한 것이 아닌 개념을 바탕으로 한 사고를 전개할 수 있도록 주의해야 한다. 그러한 다양한 길 중에는 지름길이 존재하기 마련이다. 정해진 시간 내에 문제를 정확히 풀어내야 하는 시험에 대비하는 학생으로서 효율적으로 문제를 해결할 수 있는 연습은 확실한 기초 위에서만 가능하다.

용인외고 국제반 3학년

6기생 **최성웅**

SAT/AP Spanish
스페인어

　스페인어는 미국 학생들의 대표적인 제1외국어다. 그만큼 미국 학생들 중에는 SAT Spanish와 AP Spanish를 보는 사람들이 많다. 그리고 대부분의 고득점자들은 스페인어를 집이나 동네에서 자주 사용하는 히스패닉(스페인어를 쓰는 중남미계의 미국 이주민) 학생들이다. 그래서 상대적으로 스페인어가 잘 알려지지 않은 한국에서는 높은 점수를 받기 힘들다. SAT Spanish와 AP Spanish는 스페인어 수업을 들으면서, 각각 두 달 정도 공부하는 것을 추천한다. SAT는 700점 이상, AP는 4점 이상 받는 것이 높은 성적에 포함된다.

SAT Spanish

우선 SAT Spanish를 공부하는 방법과 노하우에 대해 말하겠다. SAT Spanish는 1월, 5월, 6월, 10월, 11월, 12월에 볼 수 있지만, 듣기가 포함된 Spanish Subject Test with Listening은 11월에만 있다. 외국 대학에서는 듣기가 있는 SAT Spanish를 훨씬 잘 알아준다는 말이 있다. 물론 듣기가 없는 시험도 높은 성적을 받으면 대학에서 충분히 인정해 준다.

듣기를 제외한 SAT Spanish는 세 부분으로 나뉜다. 1시간 내에 모든 파트를 끝내야 하기 때문에, 각자의 페이스를 찾아서 파트별로 시간을 배분해야 한다. 문제는 총 85개, 모두 객관식이다.

파트 A는 대략 단어문제 20개와 문장구조문제 12개가 있다.

• 1번 문제: 단어문제

En esa clase es necesario prestar mucha atención y tomar _____.

(그 수업에서는 집중하고 _____해야 한다.)

Ⓐ Apuntes

Ⓑ Notas

Ⓒ Escritos

Ⓓ Letras

• 2번 문제: 문장구조문제

El campesino no permitió que ellos _____ las manzanas.

(농부는 그들이 사과를 따지 못하게 _____.)

Ⓐ Recogieron

Ⓑ Recogieran

Ⓒ Recogerían

Ⓓ Recogerán

보다시피 단어 문제의 객관식 문항들은 해석하면 모두 비슷한 뜻을 가지고 있지만, 스페인어 어휘상 1번 문제의 적절한 답은 Ⓐ Apuntes밖에 없다. Apuntes, notas, escritos, letras 모두 무엇인가 적는 것을 뜻하지만, Tomar apuntes가 '필기하다'는 유일한 뜻이다. 문장구조문제는 문법을 잘 알아야 하는 문제이다. 2번 문제에서는 접속법 과거를 써야 하므로, Ⓑ recogieran이 정답이다. 이렇게 올바른 어휘와 문장을 잘 파악하고 있어야 파트 A에 있는 문제들을 풀 수 있다.

파트 A를 준비하기 위해선 Barron's와 Kaplan Spanish SAT 책의 단어집은 물론 숙어도 90%는 외워야 한다. 스페인어를 잘 모르는 상태에서 단어를 외우면 무척 지루하겠지만 SAT Spanish의 모든 파트들은 단어와 숙어가 필수이다. 영어와 연관해서 단어를 외우면 훨씬 기억에 남을 것이다. paragua(우산) 같은 몇몇 스페인어 단어들은 para(멈추다) + agua(물)처럼 어원을 이해하며 배우는 것을 추천한다.

문법은 수업과 ET(방과후 수업)를 통해 수월하게 배울 수 있을 것이다. Barron's, Princeton Review, Kaplan 책의 문법도 공부하는 것이 좋다. 가장 기본적인 문법은 주어에 따라 바뀌는 동사 변형들이다. 동사 변형을 조금이라도 잘못 알고 있으면 SAT Spanish 파트 A를 성공적으로 통과하기는 힘들다.

파트 B는 제시문 빈칸 채우기다. 2~3개의 제시문에 총 26개의 문제가 있다. 빈칸은 단어나 문법과 관련되어 있다. 우선 제시문을 빨리 한 번 읽고, 전체적인 내용을 대충 이해한 다음에 문제 푸는 것을 권한다. 파트 B도 단어와 문법을 공부해야 한다. 제시문은 책이나 편지, 광고, 기사 등에서 다양하게 나오기 때문에, 이런 문서들을 자주 읽어야 자신감 있게 문제를 풀어나갈 수 있을 것이다. 박스에 둘러싸여 있고 사진이 있으면 광고 종류의 문단이다. 박스에 둘러싸여 있지만 사진이 없으면 기사로 봐도 좋다. 한 번도 보지 못한 어려운 단어들이 자주 나오면 아마 소설일 것이다. 파트 B를 완벽히 준비하고 싶다면 책, 편지, 광고, 기사 등의 문서를 접해봐야 한다.

책과 소설은 《Lecturas paso a Paso》 사이트(http://cvc.cervantes.es/aula/lecturas)에서 접하는 것을 강력히 추천한다. 초급, 중급, 고급

단계별로 나뉘어 있고, 모르는 단어는 사이트에서 뜻을 제공한다. 짧은 소설이기 때문에 읽는 데 5~10분 걸리고, 책을 다 읽고 나면 퀴즈도 풀 수 있다. 편지, 광고, 기사들은 소설 문단에 비해 쉬울 것이다.

다음은 파트 B의 어려운 문제의 예이다.

• 3, 4번 문제: 제시문 빈칸 채우기

Amanecía cuando escuché la puerta. __(3)__ principio, creí que __(4)__ la puerta de la calle y pensé que Andrés _____ a marchar sin _____. Pero los pasos cruzaron el pasillo, subieron muy despacio _____ y se pararon finalmente ante este cuarto. Andrés tardó bastante en mirándome en silencio, sin _____ siquiera a acercarse hasta la cama. Yo le sostuve unos instantes la mirada y, _____, antes de que _____ decir nada, me volví y me quedé mirando a la ventana hasta que él _____ marchó.

(3)에 들어갈 알맞은 말을 고르시오.

> 문소리를 들었을 때 일어났다. 처음에, 길거리에서 난 문소리라 믿었고, 안드레스는 떠난 줄 알았다. 하지만 복도를 지나친 발걸음은 아주 천천히 올라와서 결국 이 방 앞에서 멈췄다. 안드레스는 침묵 속에서 오랫동안 나를 지켜봤고, 침대에 다가설 생각조차 하지 않았다. 나는 그와 눈을 몇 번 마주치고는 아무 말 없이 돌아서서 그가 떠날 때까지 창문을 바라보았다.

Ⓐ El

Ⓑ A

Ⓒ Al

Ⓓ Del

(4)에 들어갈 알맞은 말을 고르시오.

Ⓐ Es

Ⓑ Era

Ⓒ Esta

Ⓓ Estaba

  이 문단을 읽고 어떤 종류의 소설이고, 어떤 일이 일어났는지를 예상하기는 어렵다. 하지만 필요한 부분만 알면 충분히 풀 수 있다. (3)번 문제는 'Al principio'가 숙어로 쓰이기 때문에 정답은 Ⓒ이다. (4)번은 문법 문제이다. 전체 문단은 과거형이기 때문에 Ⓐ와 Ⓒ는 제외한다. 그리고 creer(믿다) 동사는 부정문이 아닌 이상 접속법 동사를 쓰지 않기 때문에 Ⓓ 또한 제외한다. 그러므로 (4)번 문제의 정답은 Ⓑ이다.

  이렇게 문단 전체를 이해하지 못해도 충분히 풀 수 있는 문제들이다. 그러나 문단을 이해하면 풀기 훨씬 수월한 문제들이 있기 때문에, 짧은 스페인어 소설을 읽어보길 바란다.

  파트 C는 4~5개 짧은 문서가 나오고, 대략 27문제이다. 이 파트는 독해 실력을 테스트하므로, 문서의 뜻에 관련된 문제들이 나온다. 이 파트 또한 책, 소설 등을 읽으면서 준비하길 추천한다. 단어도 필수이다. 단어 하나를 모르면 문제의 뜻, 답의 뜻 또는 문서 전체의 뜻을 모를 수도 있다.

리스닝이 포함된 SAT Spanish는 듣기 문제 33개, 나머지 52개가 있다. 리스닝은 다른 파트에 비해 훨씬 쉬운 단어와 문법 요소가 나오지만, 스페인어를 많이 듣고 접해봐야 잘 풀 수 있을 것이다. 듣기 전반부 10개의 문제는 그림이나 사진을 제시하고, 들려주는 4개의 문장 A, B, C, D 중에서 그림과 가장 연관된 것을 고르는 것이다. 일반 스페인어보다 두 배로 느리게 나오기 때문에 집중해서 듣는다면 큰 문제는 없을 것이다. 스페인어 드라마나 뉴스를 여러 번 들으면 도움이 될 것이다.

그 다음 10개의 문제는 2~3개 문장의 대화를 들려주고, 대화에 어울리는 적절한 답을 고르는 것이다. 객관식 답들이 적혀 있는 것이 아니라 들려주는 것이므로, 다음 대화에 나올 말을 미리 생각해서 적으면 좋다.

- 5번 문제: 듣기문제

다음을 듣고 A가 할 가장 적절한 말을 고르시오.

A : Recuerda que mañana salimos de vacaciones.

(내일 휴가 가는 거 잊지 마렴.)

B : ¿Necesito llevar mucha ropa?

　　(옷을 많이 가져가야 되나요?)

Ⓐ No, vamos a pasar mucho tiempo en la playa.

　　(아니, 우린 해변가에서 많은 시간을 보낼 거야.)

Ⓑ No, la ropa cuesta mucho en esa tienda.

　　(아니, 그 가게에선 옷이 비싸.)

Ⓒ La ropa es más barato en este lugar.

　　(여기 옷이 더 싸.)

Ⓓ Es muy largo esta ropa.

　　(응, 그 줄은 매우 길어.)

　문제의 대화 다음에 나올 적절한 답에는 Sí(네) 또는 No(아니오)가 나올 것이라 예측할 수 있다. 이를 적어둔 후, 객관식 답들을 주의 깊게 들으면 Ⓐ와 Ⓑ 둘 중 하나가 답이라는 것을 짐작할 수 있다. 정답은 물론 Ⓐ다. 정답에 나올 말은 조금이라도 예상하고 적어둔다면, 정답을 찾는 데에 도움이 될 것이다.

　듣기 후반부의 13개 문제는 난이도가 조금 높다. 대화나 광고를 다 들은 후 다음 대화가 나오기 전까지 주어진 문제를 풀어야 하기 때문이다. 들려주는 대화나 광고의 전체적인 내용과 자세한 내용까지 기억해야 한다. 역시나 스페인어를 많이 들어보는 수밖에 없다.

지금까지 SAT Spanish 문제 유형과 그에 따른 노하우를 몇 가지 적어보았다. 강조하고 싶은 것이 있다면, SAT Spanish 준비는 많이, 꾸준히 해야 된다는 것이다. 700점 이상 고득점 학생들은 모두 최소한 1~2달은 공부했다. 남미 국가에서 대략 4년을 살다 온 나도 점수가 좋지 않아 수업과 ET를 듣고, Barron's, Princeton Review, REA(Research & Education Association)과 Kaplan 책 총 4권을 풀었다. 스페인어를 매일 쓰지 않는 학생들에게는 매우 어려운 시험인 만큼 열심히 공부해야 한다.

AP Spanish

AP Spanish에 대해 살펴보겠다. AP Spanish는 Language(언어)와 Literature(문학)로 나뉘어 있다. Language는 초급, Literature는 고급이라 봐도 된다. Literature에는 복잡한 소설과 시가 포함돼 있기 때문에 매우 어려울 것이다. AP Spanish는 독해, 문법, 쓰기, 듣기 모두를 포함한다. 문법은 SAT Spanish보다 쉬울 것이다. 하지만 듣기와 쓰기가 있기 때문에 책을 사서 문제를 많이 푸는 것보다 전체적인 스페인어 실력을 향상시키는 것을 추천한다. 스페인어 책이나 기사, 편지 등을 읽고, 영화나 드라마 또는 뉴스를 보면 도움이 될 것이다. 아래 사이트는 Barron's 책에 나온 추천 사이트들이다.

• http://www.elpais.com (스페인 뉴스)

- http://www.consumer.es

  (일반 정보와 흥미로운 사람들 이야기)

- http://www.news.bbc.co.uk/hi/spanish/news

  (일반 정보)

- http://www.semana.com

  (콜롬비아 온라인 잡지)

- http://www.mexicodesconocido.com.mx/interior/index

  (멕시코의 장소들)

- http://www.lanacion.com.ar

  (아르헨티나 부에노스아이레스 뉴스)

- http://www.un.org/radio/es

- http://www.informarn.nl

- http://www.rtve.es/rne/audio/sr5r.htm

  (스페인 뉴스)

- http://www.un.org/radio/es/story.asp?NewsID=5309

- http://www.bbc.co.uk/radio

- http://www.grupofm.com (멕시코 뉴스)

- http://www.radio.udg.mx/inicio.htm

  (멕시코 과다라하라대학교)

- http://cnn.com

시험 구조는 아래와 같다.

Ⅰ : 객관식(70분)

　파트 A: 리스닝(20%) – 대화, 짧은 서술, 긴 서술

　파트 B: 독해(30%)

Ⅱ : 주관식(90분)

　파트 A: 문단 빈칸 채우기(5%)

　　　일상적인 쓰기(5%)

　　　형식적인 쓰기(20%)

　파트 B: 일상적인 말하기(10%)

　　　형식적인 프레젠테이션(10%)

형식적인 프레젠테이션(10%)

　듣기에서 대화는 2~3분 정도 이어지는데, 이 대화를 듣고 6~8문제를 한꺼번에 답해야 한다. 무슨 일이 일어나는지 대략 순서대로 적는 것이 좋다. 다른 방법보다 스페인어 드라마를 자주 보는 것을 추천한다. 짧은 서술에서는 개인의 이야기를 들려주고 각 이야기마다 4~5문제를 풀어야 한다. 긴 서술은 내용을 종이에 적으면 A4 한 페이지를 넘는다. 듣는 데도 5분 이상 걸린다. 문제를 미리 읽고 중요하다고 생각되는 내용을 적으면 수월할 것이다. 가끔씩 문제가 순서대로 나오기 때문에, 들으면서 하나씩 풀어나가는 것도 좋다.

　독해는 3~4개의 광고, 기사, 소설이 나온다. 내용은 SAT

Spanish의 두 배 정도이다. 단어를 꾸준히 공부하고, 소설책이나 기사를 여러 번 읽으면 도움이 될 것이다. 나는 Barron's 책에 있는 단어를 외웠는데, 어렵고 시험에 나오지 않는 단어들이 많았다. AP Spanish를 준비할 때는 'SAT' Spanish 단어집을 외우는 것을 추천한다. SAT 단어집이 더 정밀하고 유용하다.

AP Spanish에서 가장 어렵고 복잡한 부분이 문단 빈칸 채우기이다. SAT Spanish와는 달리 주관식이기 때문이다. 문단이 SAT Spanish에 비해 훨씬 어렵고, 문법 또한 완벽하게 알고 있지 않으면 틀리기 쉽다. AP Spanish를 준비할 때에 가장 많은 시간을 할애한 부분이지만 사실상 이 부분은 AP Spanish의 5%밖에 되지 않는다. 다른 부분에서 자신 있다면 이 파트를 버리는 것이 그렇게 아깝지는 않을 것이다. 정말 어렵기 때문이다. 그래도 조언을 하자면, 동사 변형을 주관식으로 직접 쓸 수 있을 정도로 공부하길 바란다. 그리고 como, en, sin, para, por, de, mas 등등 전치사들이 언제, 어디서 쓰이는지 알아야 한다.

다음 페이지는 문단 빈칸 채우기의 답들을 정리해 놓은 것이다. 다른 답이 나올 수도 있지만 매우 드물 것이다. 개인적으로 만든 것이고, 잘 사용하길 바란다.

일상적인 쓰기는 편지 쓰는 것을 뜻한다. 상황이 주어지고 그

전치사

A	Tan	Como	Entre
Del	Un	Que	Aunque
En	El	Con	Tantos
Al	Sino	Haber	Sobre
Les	Se	Atrás	Uno
Hay	Ni	Si	Sí
O,y	Dos	Casi	Después
Según	De	Por	Pero
Algo	Han	Solo	Pone
La	Para	Lo	Todavía
Cuando	Desde	Gran	Sus
Obstante	Sin	Esta	E
Nuestro	Cuya	Ellas	Hacia
Te	Se		

전치사를 포함한 동사숙어

Atreverse A	Amenazar Con
Subir A	Tratar De
Arrepentirse De	Empezar A
Ponerse A	Casarse Con
Prepararse A	Cansarse De
Acercarse A	Consentir En
Confiar En	Pensar X
Decidir X	Ocuparse De
Aprender A	Invitar A
Tratarse De	Comenzar A

Acabar De	Dedicarse A
Oponerse A	Convidar A
Venir A	Poder X
Contar Con	Preferir X
Vacilar En	Acordarse De
Acostumbrarse A	Venir A
Saber X	Quedar En
Entrar A	Gozar De
Salir A	Volver A
Cesar De	Llegar A
Enseñar A	Desear X
Dejar De	Consistir En
Tardar En	Apresurarse A
Querer X	Resolverse A
Correr A	Terminar De
Quejarse De	Encargarse De
Acudir A	Alegrarse De
Esperar X	Empeñarse En
Ir A	Echarse A
Decidirse A	Ayudar A
Encargarse De	Consentir En
Insistir En	Obligar A
Olvidarse De	Resignarse A
Soñar Con	Soler X
Negarse A	Detenerse X
Detenerse A	Comenzar A

에 알맞은 편지를 쓰면 되는 것이다. 많이 어렵지 않고, 상상력을 발휘해 1~3문단 정도 쓰면 된다. 편지에서 가장 중요한 것은 편지 형식인데, 일상적인 편지는 Querido(친애하는), Estimado(존경하는)으로 시작하고, Sinceramente(마음으로부터), atentamente(주의 깊게), con abrazo fuerte(깊은 사랑을 보내며) 등의 표현으로 끝난다. Querido는 친구나 어린 사람에게, Estimado는 별로 친하지 않은 사람이나 어른에게 쓰는 표현이다.

아래는 일상적인 편지의 한 예이다. 시험에서는 이것의 반 정도 쓰면 된다.

형식적인 쓰기는 에세이를 말하는데, 40분 동안 써야 한다. 처

14 de diciembre de 2009,
Caracas, Venezuela

Estimada Señorita Pérez

Buenos días, mi nombre es Leo Choi y vivo en el mismo edificio. He sufrido del mismo problema con los nuevos vecinos, pero yo lo he solucionado perfectamente. Por esa razón voy a darle unos consejos.

Primero debo asegurarme del problema. Entiendo que sus nuevos vecinos son antipáticos y frecuentemente ponen música en las horas de la madrugada. Después, Ud. perdió sus nervios y los insultó a gritos y amenazó con llamar a la policía. En consecuencia, decidió mudarse a otro apartamento.

Como parte del consejo juvenil del edificio, voy a sugerirle tres reglas para enfrentar este tipo de situaciones, porque a todos nos interesa su bienestar. Ante todo, no grite, o parecerá que sólo tiene una rabieta. Por el contrario, debe hablar despacio para indicar que está seguro de lo que dice. Durante la conversación, póngase en lugar de la otra persona e intente ver la situación desde otro punto de vista. Es muy importante pensar antes actuar. Sobre todo, tenga en cuenta el lenguaje corporal de su interlocutor. La gente no siempre dice lo que realmente piensa. Si nota que está agresiva, es mejor que posponga la discusión.

Espero que tome esta carta como lo que es: el consejo de un vecino y amigo. Ojalá pueda enfrentar situaciones similares con más calma en el futuro.

Atentamente,
Leo Choi

2009년 12월 14일,
베네수엘라 카라카스에서

존경하는 뻬레쓰 씨께

안녕하세요. 저는 같은 건물에서 살고 있는 레오 최라고 합니다. 저 또한 새로운 이웃들에게서 같은 문제로 고통 받아오고 있었습니다. 하지만 이제 저는 완전히 문제를 해결했습니다. 이런 이유로 뻬레쓰 씨께 몇 가지 제 견해를 드리려 합니다.

먼저 저는 그 문제에 대해 확실히 인지해야 했습니다. 그 새로운 이웃들이 적대적일 뿐 아니라 새벽시간에도 자주 음악을 튼다는 것을 알았습니다. 이후에 귀하께서는 신경질이 나 그들에게 고함을 치고 욕을

하며 경찰을 부른다고 으름장을 놓으셨습니다. 결국 다른 아파트로 이사를 하기로 결정하셨더군요.

같은 건물에 사는 제 젊은 견해로써, 이러한 상황에 대처하기 위한 세 가지 규칙을 뻬레스 씨께 말씀드리고자 합니다. 왜냐하면 우리 모두의 바람은 귀하의 평안함이기 때문입니다. 우선, 목소리를 높이지 말고 단지 화났다는 것만을 보여주셔야 합니다. 조목조목 분명하게 따지기 위해서는 천천히 말을 하셔야 합니다. 둘째, 대화를 하는 동안 제3자의 입장에서 생각해보세요. 그리고 다른 관점으로 상황을 보려고 노력하세요. 행동하기 전에 생각하는 것은 매우 중요합니다. 셋째, 상대방의 행동표현을 감지하세요. 사람들은 항상 실제로 생각하는 것을 말하지 못합니다. 만약 상대편이 공격적이라는 생각이 들었다면 나중에 대화하는 것이 더 낫습니다.

저는 귀하께서 이웃이자 친구로서 드리는 견해로 여겨주시길 바랍니다. 부디 미래에는 더 평정심을 가지고 유사한 상황에 잘 대처할 수 있으시길 바랍니다.

그럼 이만,
레오 최

음에 주제가 문제 형식으로 주어지고, 2개의 문서(기사나 뉴스)와 1개의 오디오 문서가 주어진다. 오디오 문서는 들으면서 내용과 이름 등을 최대한 많이 적어야 한다. 에세이를 쓸 때 가장 중요한 점은 주장을 뒷받침할 수 있는 증거를 문서에서 찾아서 에세이에 포함시켜야 한다는 것이다. 인용 부호를 써도 되고, 다른 말로 바꾸어 표현해도 좋다. 인용 부호를 쓸 경우, Según(…에 따

접속사

ENGLISH	ESPAÑOL
above all	sobre todo
accordingly	por lo tanto
again	de nuevo
also	también
as if	como si
as soon as	tan pronto como
at the same time	al mismo tiempo
compared with	comparado con
even though	aunque
first	primero
first of all	primero que nada
for example; for instance	por ejemplo
further	adicional
furthemore; besides	además
however	de qualquier manera
in addition	además
in comparison to	en comparación con
in the first place	en primer lugar
in the same manner	de la misma manera
in the second place	en segundolugar
instead of	en lugar de
likewise	igualmente
nearby	cercas
nevertheless	sin embargo
next	próximo; siguiente
now	ahora

on the contrary	al contrario
on the other hand	de otra manera
once	una vez
otherwise	por otro lado
second	segundo
so that	para que; entonces
soon	pronto; luego
specifically	específicamente
then	entonces
third	tercero
though	aunque
to begin with	para empezar
today	hoy
while	mientras
yet	todavía; aun

르면)이나 En el articulo(이 기사에) 같은 표현을 쓰면 좋다. 에세이를 쓰면서 접속사를 적당히 쓰는 것을 추천한다.

 말하기에 관해 이야기하면, 일상적인 말하기는 주어진 대본에 맞게 그 상황에 처한 사람의 입장이 되어 20초 동안 직접 답하는 것이다. 10초 안에 말을 끝내도 상관없다. 먼저 1분 30초 동안 대본을 읽고 1분 동안 상황을 설명하는 내용을 들려줄 것이다. 이 2분 30초 동안 대본에 하고 싶은 말과 쓰일 단어를 적으면 답하는 데 도움이 될 것이다.

 형식적인 프레젠테이션에서는 2분 동안 계속 말해야 한다. 5

분 내에 주어진 문서를 읽은 후 3~5분 정도의 오디오 문서를 들으면, 2분 동안 프레젠테이션을 준비할 시간이 주어진다. 그 시간에는 하고 싶은 말을 요약하고, 필요한 단어와 접속사 등을 간단히 적으면 된다. 말할 때 가장 혼란스러운 경우는 쓰고 싶은 단어가 생각이 나지 않을 때이다. 이를 대비해서 5분 동안 문서를 읽을 때 유용하게 쓰일 단어에 동그라미치면서 들으면 프레젠테이션 도중 그 단어들을 쓸 수 있어 유익하다.

말하기는 시간조절 연습이 필요하다. 20초 안에 짧은 답을 지어내고, 정확히 2분 동안 필요한 말을 다 하는 것은 쉽지 않다. 나는 말하기 마지막 부분에서 두 사람의 공통점과 차이점에 대해 말해야 했다. 하지만 할 말이 너무 많아서 2분 안에 두 사람의 공통점밖에 말하지 못했다. 아마 총 점수의 반은 깎였을 것이다.

지금까지 SAT Spanish와 AP Spanish에 대해서 요약을 해보았다. 스페인어 시험은 미국인들이 많이 보기 때문에 상대적으로 높은 점수를 받기 힘들며, 스페인어와 영어를 자유자재로 구사하는 미국인들보다 높은 점수를 받으려면 정말 열심히 공부해야 한다는 것을 한 번 더 강조해 본다.

뉴욕시 컬럼비아대학교 생물학과(김정훈)
존스홉킨스대학교 행동생물학과(박준현)

5기생 김정훈, 박준현

AP Biology
생물학

AP 시험의 이과 과목들은 계산 위주의 과목부터 내용 암기 위주의 과목까지 그 성격이 극과 극이다. 그 중에서도 AP Biology는 계산이 차지하는 부분은 적은 대신, 범위 및 내용이 가장 방대하기로 악명이 높은 과목이다. 분자와 세포 단계의 미시적인 상호작용들부터 개체 간 및 생태계 간의 거시적인 상호작용까지 그 범위가 천차만별이며, 상세하게 다루어지는 내용의 양 또한 상당하기 때문에 이 시험은 사람에 따라서는 시도조차 망설여질 정도로 만만치 않다.

그럼에도 AP Biology는 과학도가 아니더라도 도전할 수 있는 가장 쉬운 과학 AP 과목이다. 가장 쉽다는 뜻은 매우 고차원적 사고나 복잡한 계산 없이 순수한 노력과 시간만으로 5점을 받을 수 있는 정직한 과목이라는 뜻이다. AP Biology는 AP History 계열 과목들과 같이 응시 시기를 정하자마자 바로 시작하는 것이 중요하다. 더 정확히 말하자면, 시간을 넉넉히 잡고 준비를 일찍 시작해야 한다. 단순한 이해를 바탕으로 한 암기 과목이지만 내용이 원체 방대하고 AP 역사학 계열 뺨치게 세세한 부분들까지 외워야 하기 때문에, 이전에 단 한 번도 고등생물 과정을 공부한 적이 없는 사람이라면 시험 6개월 전에 책을 준비해서 시작할 필요가 있다.

어떤 공부를 하더라도 마찬가지겠지만, 특히 AP Biology는 개인의 의지와 끈기가 중요하다. 즉, 이미 상당한 지식을 보유하지 않은 이상 학원공부나 벼락치기만으로는 극복하기가 그만큼 어려운 과목이며, 또 한편으로는 자신이 노력한 만큼의 결과가 정직하게 나오는 시험이기도 하다. AP Biology의 엄청난 양을 공부하기 위해서는 공부 기간을 확실히 잡고 기본적으로 소처럼 우직하게 밀고 나가는 전략을 취해야 한다. 특히 AP Biology와 같이 내용이 방대한 과목일수록, 오히려 이렇게 단순한 전략으로 접근한다면 장기적으로는 그리 어렵지 않게 분해되는 법이다.

나는 이전에 고등학교 과정 생물과 일반 생물까지는 한두 번 읽어볼 기회가 있어서 AP Biology 자체가 크나큰 부담으로 다가

오지 않았다. 실제로 시험 자체도 다른 AP 과목들에 비해 그리 어렵지는 않았다. 비록 자주 보고 미리 공부한 내용이었지만 뒤늦게 공부를 시작한 바람에 정말 피가 말리도록 준비를 하였다. 읽을 것이 정말 많고 문장의 약 40%는 외워야 하는 방대한 암기량 때문에 오래 걸렸다. 특히나 혀 꼬이는 오묘한 전문 용어들은 공부 시간을 더욱더 길게 만들었다.

하지만 어차피 피해갈 수 없는 과목이라면 즐겁게 임하는 게 좋다. 사실 AP Biology만큼 과학에 관심이 없는 사람이 비교적 적은 노력으로 5점을 받을 만한 과학 AP는 없다. 앞으로 과학을 계속 공부할 계획은 없지만 과학 과목 AP 점수를 하나 갖고 싶은 분에게 적극 추천하는 과목이다.

최소 준비기간

최소 준비기간도 자신의 과거 이력에 따라 천차만별이겠지만, AP Biology는 과목 특성상 아무리 줄이고 줄여도 한 달의 준비 기간은 필요하다. 외울 것도 많고 읽을 양도 정말 많기 때문이다. 하지만 앞서 언급한 바와 같이 고등생물 과정을 한 번도 본 적 없거나 봤다 하더라도 그냥 지나간 듯이 본 사람이라면 그냥 속는 셈 치고 6개월 전부터 교재를 구입해서 공부하자. 중간에 더 할 필요가 없겠다 싶어 잠시 쉬더라도 안전하게 6개월 전부터 마음의 준비를 하는 것이 좋다.

아무래도 암기할 것이 많기 때문에 외운 것을 외우고 또 외운 다음 다시 확인하고 이를 글로 써보는 연습도 필요하다. 특히나 전문 용어는 AP Biology의 피와 살이다. FRQ에서는 설명 자체보단 용어에 따라 부분 점수를 인정해주기 때문에 용어를 정확히 외우지 않으면 외우지 않는 것보다 못하다. AP Biology 응시 날짜는 전체 5월달 AP 스케줄 중에서도 상당히 초기에 해당되는데, 마지막 시험 복습도 이틀 정도의 시간을 두고 최종 정리한 오답노트나 도표들을 열심히 외우자. 외우면 만점 받을 과목을 게을러서 안 외우고 있다가 점수가 낮게 나온다면 얼마나 억울하겠는가.

교재 선택

자신이 선택하는 주교재에 따라 곧 자신이 공부하는 범위가 결정된다. 책에 따라서 일정 수준 이상의 용어 또는 내용이 포함되지 않을 수 있기 때문에, AP Biology 시험을 어느 정도 포괄할 수 있는 교재를 찾기란 쉽지 않을 수 있다. 그러므로 AP를 공부할 때는 항상 기본서와 문제집을 병행하는 것이 좋다. 나는 재학 중일 때 학교에서 사용했던 교재인 《Biology: Concepts and Connections(6th)》를 기본서로 참고했고, 문제집은 McGraw-Hill사의 《5 Steps to a 5 Ap Biology》를 사용하였다.

경험에 비추어 본 바, AP Biology 교재는 지나치게 심화된 것은 오히려 비효율적이다. 물론 Biology를 완전히 정복하는 것이 가장 확실하겠지만, AP 점수가 목적이라면 제한된 기간을 고

려하여 시간의 투자대비효율 균형을 맞추는 것이 좋다. 기본서는 소위 부엉이책(생물학 기본서는 표지에 나온 동물을 별칭으로 부른다. 이 책 제6판의 표지 모델은 부엉이다.)을 참고하기는 했지만, 사실 이 기본서는 매우 방대하고 AP 범위를 훨씬 초과하는 자세한 내용이 많이 나온다. 그래서 시험 보기 전에 부엉이책을 한 번 탐독하겠다고 마음 먹은 사람이라면 6개월, 사람에 따라서 길게는 1년을 계획하고 공부를 시작해야 한다.

물론 부엉이책을 쭈욱 한 번 읽어보는 것만으로도 매우 큰 도움이 된다. 하지만 AP Biology는 메인 AP가 아니라 덤으로 보는 AP일 경우가 많은데, 덤으로 보는 시험에 그만큼의 시간을 투자하는 것은 그리 효율적인 방법은 아니다. 그래서 나는 McGraw-Hill 사의 《5 Steps to a 5 Ap Biology》를 기본서이자 문제집으로 푸욱 고아먹는 것을 추천한다. 이 책은 내용이 쉽고 재미나게 쓰여 있으면서도 필요한 건 다 들어있다. 책의 앞부분에 소개된 AP Biology 설명과 준비 방법을 참고한 후 본격적인 내용으로 들어가 개념을 훑어보고 머릿속으로 암기해본 다음, 문제를 풀고 틀린 것을 다시 공부하는 과정을 반복하면 된다. 이후 복습을 할 때에는 푼 문제도 다시 보고 외운 개념도 한 번 더 읽어보면서 마음속에 새기면 좋다.

사실 AP Biology는 스스로가 줄글로 된 개념을 구조화하고 도표화할 줄 아는 능동적인 학습자라면 선생님의 도움 없이도 충분히 독학이 가능하다. 《5 Steps to a 5 Ap Biology》와 《Barron's AP

Biology》, 가능하다면 부엉이책을 함께 준비하되 가장 중요한 것은 바로 AP Biology 노트를 한 권 만드는 것이다. AP Biology 노트는 계속 쓰면서 외울 때 유용하고, 줄글로 파묻힌 개념들을 도표화·구조화 할 때도 너무나 중요하며, 오답노트로서도 유익하다. 적당히 두께가 있는 것으로 준비하자. 시험 직전에 자신이 풀어본 문제집을 다 훑어볼 수는 없기 때문에 AP Biology 전체를 노트 한 권으로 '단권화'한다는 마음으로 준비해두면 좋다. 사실 책에 나온 개념을 그대로 필서만 열심히 하는 것은 그렇게 추천할만한 공부 방법은 아니지만, 읽은 내용을 자신만의 논리적 구조에 따라 노트에 옮기면서 다시 한 번 외우는 방법은 적극 추천한다.

AP Biology를 공부할 때 한국어로 쓰인 책은 추천하고 싶지 않다. 한국책으로 공부하면 결국에는 모든 용어를 영어로 다시 공부해야 하기 때문이다. 영어가 이해가 안 될 때 모르는 개념을 참고하는 정도로만 사용하는 것은 괜찮다. 다른 AP도 그렇지만 AP Biology에서 전문용어는 생명이다. 굳이 힘들게 한국책으로 공부하고 다시 영어로 보느니 일찍이 공부를 시작해서 바로 영어와 씨름하는 것이 더 효율적이라고 생각한다. 전문용어뿐만 아니라 그 파트에 쓰이는 동사나 표현들을 숙지하는 것도 매우 중요하기 때문에 공부는 꼭 원서로 하기 바란다.

시험에 대하여

AP Biology는 총 3시간 동안 두 부분으로 나뉘어 시험을 치르게 된다. 첫 파트는 MCQ로 총 80분간 100문제를 풀어야 한다. 한 문제를 약 48초 정도에 풀어야 한다는 계산이 나온다. MCQ는 그렇게 어렵지 않다. 문제를 읽고 약 30초간 고민하고 체크하고 마킹하기까지 비교적 시간은 넉넉하다. 하지만 좀 더 시간을 요하는 문제가 있을 수 있으니 단순 개념을 묻는 문제는 보자마자 바로 바로 답을 표기할 수 있도록 해야 한다. 나쁘지 않은 점수를 받기 위해서는 100문제 중 적어도 60문제 이상은 맞춰야 한다. 하지만 AP 점수 커트라인은 그해 시험의 난이도에 따라 상대평가되고, 첫 파트에서 딱 60문제 밖에 맞추지 못한다면 뒤에 이어지는 FRQ 파트에서 부담이 커지므로, MCQ 한 문제라도 놓치지 않도록 유념하자.

다음 파트에서는 총 100분간 4개의 FRQ를 풀게 된다. 10분간 문제 읽는 시간이 주어지고 나머지 90분간 실제로 에세이를 작성해야 한다. 책을 참고하면 대체적으로 에세이 문제의 주제들이 molecules and cells(분자와 세포), heredity and evolution(유전과 진화)에서 하나씩 그리고 organisms and populations(유기체와 개체)에서 두 문제가 나온다고 하는데, 들은 이야기에 의하면 2011년 시험부터는 'evolution(진화)' 부분에 좀 더 무게가 실려 FRQ가 출제되었다고 한다. 각 에세이별로 3문제 정도씩 딸려 나오는데 그 문제마다 1점씩 차이가 나기 때문에 주요 문제에 가장 많은 시간을 할애하는 것이 좋다.

　FRQ를 준비하는 가장 좋은 방법은 아무래도 많이 써보고 풀어보는 것이다. 문제집에서 나오는 예제를 풀어보고 해답과 비교해서 자신의 에세이에는 어떤 답이 빠졌고 또 어떤 표현이 서툴렀는지를 점검해봐야 한다. AP Biology를 준비하는 데에 시간이 오래 걸리는 이유 중 하나가 여기에 있다. 자기 에세이를 써보고 해설 에세이와 비교하는 이 작업을 정말 많이, 자주해서 그 방식에 익숙해질 필요가 있다. 사실 AP 역사 계열 과목에도 에세이 질문들은 많지만 대개 그런 문제들은 다른 자료가 주어져서 출제자들이 원하는 방향과 역사적 지식을 유추할 수 있지만, AP Biology의 FRQ는 처음 맞닥뜨리면 난감하다. 그러니 문제 유형은 물론이거니와 답안을 작성하는 데 걸리는 시간, 힘든 정도, 용어 및 표현 그리고 문제마다 중요시하는 개념들을 실제 시험을 치르기 전까지 익숙해지도록 공부해 놓아야 한다.

　시간은 FRQ 한 문제당 약 22.5분 정도 걸린다는 계산이 나오는데, 이 또한 문제의 난이도나 자신의 강약점에 따라 유연하게 시간을 배당하자. 하지만 한 문제에 너무 오랜 시간을 끌어서는 안 된다. 아무리 어렵고 막막한 문제라도 한 문제에 30분 이상 할애하면 다른 문제에 지장을 줄 수밖에 없다. FRQ는 10분간 문제를 읽는 시간이 있는데 이때는 말 그대로 문제를 '읽을' 수밖에 없다. 미리 연필을 잡거나 뭔가를 필기하면 부정행위로 간주될 수도 있다. 이때 1번 문제만 붙잡고 머릿속으로 에세이를 쓸 것이 아니라, 문제를 다 훑어보면서 어떤 개념을 쓸 것인지 얼추 정리하고 각 문제마다 전체적인 윤곽을 구조화해서 그려두는 것이 좋다. 몰래 연필을 쓸 수 없는 상황이라면 머릿속으로라도 전체 문제를 파악하자. 그리고 연필이 허용되는 그 순간 답안 작성에 필요한 어려운 개념들과 아이디어를 각각의 질문 위에 대강 적어놓고, 1번 문제로 돌아가서 찬찬히 문제를 풀기 시작하면 된다.

AP Biology 3가지 공부 전략

AP는 기본적으로는 이론 공부를 마친 후 기출문제·실전문제를 푸는 방법으로 대비하지만, AP 과목마다 효과적으로 공부하는 방법이 다르다. 대학교 과정의 난이도를 자랑하는 AP 시험은 특히 과목별로 심화된 내용을 다루기 때문에 전략적으로 접근하지 않으면 많은 시간과 노력을 낭비하게 될 수도 있다. 다음의 내용은 AP Biology를 공부하는 데에 있어 내가 몸소 체험한, 개인적으로 중요하다고 생각하는 몇 가지 전략이다.

1. 용어를 통달하라

모든 이과 과목들이 특히나 그렇듯, AP Biology에서 사용되는 무수한 용어들은 일반인이 알아듣기 힘든 또 하나의 언어를 구성한다. AP Biology는 그 범위가 방대한 만큼 용어 또한 셀 수 없이 많으며, 각 용어 자체도 복잡하거니와 동음이의어도 있기 때문에 용어와 그에 해당하는 정의를 암기하는 것만으로도 상당한 노력이 필요하다.

　아무리 전문용어라도 일단은 언어에 해당한다. 내가 사용했던 가장 효과적인 방법은 용어를 반복적으로 발음해가며 머릿속에 각인시키는 것이었다. 이는 단순무식하지만 용어 암기의 기본이다. (나는 단어를 쓰면서 암기하면 쓰기에만 집중해 정작 단어를 못 외우는 경우가 많아 쓰면서 암기하는 방법은 개인적으로 선호하지 않는다.) 물론 생물학 용어들은 그 생김새조차 괴이한 것들이 수두룩하기 때문에 단어를 보는 것만으로는 읽기조차 힘들 수 있다. 간단한 예로 박테리아의 모양에 따른 분류를 나타내는 용어인 'cocci(구균)', 'bacilli(간균)', 'spirilla(나선균)', 'spirochete(스피로헤타)' 등은 사전 지식 없이는 제대로 읽어내기가 어려울 수 있다. 나는 인터넷에서 발음사전 사이트 www.howjsay.com을 활용하여 용어 하나하나의 정확한 발음과 정의를 수월하게 암기할 수 있었다. 이는 단어의 모양을 공부하기보다는 이렇게 정확한 발음을 알아감으로써, 용어를 익숙하게 습득할 뿐만 아니라 그 발음이 주는 감각적인 인상과 연결지어 더욱 확실하게 용어를 기억할 수 있기 때문에 일석이조인 셈이다.

2. 분류하라

　AP Biology를 공부할 때 분류는 필수다. 작용에 따른 생체물질의 종류부터 어느 phylum(문)에 속하는 생물인지 그 종류와 예시에 이르기까지, 항목과 대상을 분류하는 것은 AP Biology의 어느

부분을 공부하든지 꼭 정리해 두어야 하는 핵심 중 하나다. 중요한 것은 책을 읽어나가면서 내용을 숙지하는 데에 그치지 않고, 습득한 내용을 다시 큰 그림으로 정리해보는 것이다.

앞의 phylum을 예로 들자면, 특정 phylum을 구분 짓는 기준이나 그에 속하는 생물의 종류와 예시만을 숙지할 것이 아니라, 이를 각 phylum끼리 서로 비교하며 정리해야 한다. 나는 하나의 소제목에 해당하는 내용을 정독한 후, 그 내용을 처음부터 머릿속에 다시 그려보고 작은 연습장에 써서 책 곳곳에 붙여두었다. 이렇게 그때그때 소제목마다 자신이 정리한 내용을 붙여두면, 다시 한번 교재를 정독할 때 든든한 요약서이자 참고서를 곁에 두는 격이 된다.

3. 그려라

생물학을 공부할 때에는 항상 머릿속에 '어떻게?'라는 생각을 되풀이해야 한다. 이 과목은 생명에 대한 학문인 만큼 인과관계와 상호작용을 중시하기 때문에, 어떠한 결과가 일어나기까지의 과정과 단계마다 작용하는 중간물들의 역할을 숙지하는 것이 좋다. 간단한 예로 세포 단위에서 DNA의 정보가 RNA를 거쳐 단백질로 발현될 때에 각 단계에서 어떤 조건이 필요하고, 어떤 효소들이 어떻게 작용하며, 각 과정이 어디서 자리 잡는가를 마치 소설을 설명하듯 상세하게 그려낼 수 있어야 한다. AP Biology에서 출제되는 많은 문제들이 어느 과정의 특정한 단계에 관한 내용을 시험하거나, 혹은 아예 과정 전체를 서술하라고 하기 때문에 이러한 지식은 FRQ는 물론, MCQ를 풀 때에도 중요하다.

또한 AP Biology는 생물체의 신체구조에 대해서도 자세히 다룬다. 원핵 생물과 진핵 생물의 세포구조상의 차이, 진핵 생물 중에서도 kingdom(계)으로 나뉘는 동물계, 식물계, 균계 각각의 특징, 동물의 phylum(문)을 구분 짓는 대표적인 신체구조, 인체 기관들의 구조 및 작용 등 구조에 관해 숙지해야 하는 내용이 수두룩하다. 요령은 바로 앞서 언급했듯이 전체적인 그림을 그려나가는 것이다.

이렇게 내용을 공간적으로 이해해야 하는 부분들은 단순히 글로 써서 필기하는 것만으로는 정복하기가 어렵다. 내가 강력히 추천하는 방법은 말 그대로 종이에 내용을 그리는 것이다. 한눈에 쉽게 들어오는 그림이야말로 내용을 정리하고 포장하기에 최고의 방법이기 때문이다. 환형동물을 공부한다면 지렁이를, 순환계를 공부한다면 심장을, 마치 중학교 당시 수행평가를 작성하듯 최대한 많은 그림을 그려라. 창자를 표현하는 데에 있어 하나의 그림으로 부족하다면 창자의 외부와 단면을 표현하는 그림을 각각 따로 그려라. 그림을 그렸다면 마치 선생님을 감동시키기 위해 만든 작품처럼 알록달록 색을 칠하고, 각 부위마다 선을 그어내어 명찰을 달아줘라. 이렇게 직접 그린 작품들을 책 곳곳에 붙여둔다면 그만큼 구조를 정복하기 좋은 참고자료도 없을 것이다.

FRQ 답안은 명확한 용어 사용이 중요

AP Biology는 매우 정직한 과목이다. 내분비계에 관한 내용을 꼼꼼히 숙지했으면 내분비계 관련 문제를 맞힐 것이고, 그렇지 않았다면 틀릴 것이다. 이런 암기 과목의 특징은 FRQ 채점기준과도 매우 밀접하게 관련되어 있다.

생물학 용어는 시험점수에서 큰 비중을 차지하는 FRQ와 관련해서도 매우 중요하다. 실제로 현재까지의 AP Biology FRQ 기출문제들의 채점기준을 보면, 어떠한 현상을 설명하는 데에 사용된 용어 또는 개념을 중심으로 2~3점씩 점수가 부여된다. 즉, 아무리 설명이 장황하더라도 채점기준에 부합하는 개념이나 용어를 쓰지 않으면 점수를 받지 못한다는 말이다. 반대로 오히려 설명 자체가 다소 부실해 보여도 용어나 개념이 제대로 언급되어 있다면 좋은 점수를 받을 수 있다.

이렇게 AP Biology FRQ는 내용을 대략적으로만 이해해서는 점수를 받기 힘들다. 때문에 자신이 습득한 내용을 자신만의 언어로 풀어쓰는 것은 좋으나, 용어나 개념만큼은 배운 대로 확실하게 언급하여 서술해나가는 것이 AP Biology FRQ에서 좋은 점수를 받는 요령이다.

FRQ 에세이, 명료한 문장으로 구성하라

FRQ 에세이의 구조는 일단 문제가 묻는 바를 가장 명확하게 논술하는 방향으로 구성하자. 나머지 부분이 좀 허전해 보인다면 이와 연관된 생물 지식을 추가로 쓰면 된다. '설마 이런 것까지 묻는 질문이겠어?' 하면서 뺀 내용이 가끔은 정답에 포함되는 경우도 있다. 따라서 문제에서 묻는 바를 완전하고 정확하게 답하고도 시간이 조금 남았다면 사족같이 '느껴지는' 부분을 살짝 언급해주는 것도 나쁘지 않다고 생각한다.

하지만 뭐니 뭐니 해도 문제가 '물의 성질을 네 가지 쓰시오'라고 지시한다면 일단 물의 성질 대표적인 것 네 가지를 명확하게 써야 한다. 이때 요령은 가장 논리적이고 자명하게 매 문단의 첫 문장을 '물의 성질은 ○○○하다'라고 시작하는 것이 좋다. 에세이를 더 고급스럽게 쓴답시고 애매모호한 주제문을 쓰거나 그 문단을 다 읽어야지만 요지가 이해되는 글을 쓰면 3점씩 감점되는 경우도 생긴다. 비록 iBT(Internet-based TOEFL, 인터넷 기반 토플시험) 에세이처럼 투박한 에세이로 보일지언정 항상 명료하게 작성하는 것을 가장 중시해야 한다. 그리고 그 뒤에는 이를 뒷받침하는 근거나 부연 설명을 덧붙이자. 결론 문단을 쓸 여유가 있다면 '고로 물의 성질은 1, 2, 3과 4가 있다'라고 한 번 더 정리해주는 것도 좋다.

상식을 과소평가하지 마라

지금까지의 설명을 보면 AP Biology는 철저함과 성실함에 의해 점수가 결정되는, 엄격한 과목처럼 보인다. 그러나 역설적이게도 상당수의 문제들은 상식을 이용해서도 답을 유추해낼 수 있

게 출제된다. 대부분의 학생들이 처음에는 자신이 기본적으로 알고 있던 상식을 사용할 수 있다고 생각하지 못한다.

상식으로도 답이 가능한 경우를 예로 들어 보자. 사막에서 식물이 살아남기 위해 취하는 적응 방법은 무엇이 있을까? 웬만큼 생물학을 공부한 학생이라면 무언가 복잡한 생물학적인 분자 단계의 변화를 써야 한다고 생각할 것이다. 그러나 AP는 학교에서 보는 중간·기말고사와 달리 공부내용과 시험문제가 정확히 일치하지는 않는다. 일반적인 AP Biology 교재 역시 '사막기후에 대응한 식물의 적응'을 자세히 설명하는 범위가 따로 존재하지 않는다. 그렇다면 쉽게 상식적으로 생각하자. 사막의 기후는 어떤가? 덥고 건조하다. 이런 환경에서 식물은 물을 최대한 보존하려 할 것이다. 그렇기 때문에 잎이 바늘과 같이 얇게 발달하고, 줄기가 두꺼워져 물을 저장하기에 적합하게 변할 수 있을 것이다. 또한 부족한 물을 최대한 끌어 모으기 위해, 식물 호르몬 옥신(auxin)의 양을 조절해 뿌리를 땅속 깊이 연장할 것이라는 추측도 할 수 있다. 나는 실제로 이 문제를 풀어보았는데, 이 정도의 내용만 제대로 설명해도 10점 중에서 7~8점은 확보할 수 있다.

절대로 상식을 과소평가하지 마라. AP Biology는 자신이 기존에 가지고 있던 지식과 판단력을 바탕으로 해 공부하는 것이다. 때문에 확실치 않은 내용의 문제와 마주쳤을 때에는 자신의 판단을 믿고, 단순하고 상식적으로 생각해보라. 물론 상식을 통한 유추라 해도 게으른 사람을 위한 지름길을 말하는 것이 아니다.

기본적으로는 내용을 성실히 공부해놨다는 것을 전제로, 마지막 순간에 답을 유추해내는 데에 필요한 상식을 과소평가하지 말라는 이야기다.

효과적인 공부를 위한 몇 가지 조언

AP Biology는 거북이처럼 묵직하게 열심히 읽고 외우면 손쉽게 5점을 받을 수 있다. 그래서 딱히 요령이랄 것이 없지만 일반적으로 생물학을 공부할 때 더 구조적이고 편하게 많은 내용을 공부하는 방법이 있어 이를 소개할까 한다.

AP Biology는 개략적으로 다음과 같은 단원들로 그 구성을 나눌 수 있다.

- Chemistry(화학)
- Cells(세포)
- Respiration(세포호흡)
- Photosynthesis(광합성)
- Cell Division(세포분열)
- Heredity(유전)
- Molecular Genetics(분자유전학)
- Evolution(진화)
- Taxonomy and Classification(개체와 분류)
- Plants(식물)

- Human Physiology(인체생리학)
- Human Reproduction(인체생식)
- Behavioral Ecology and Ethology(행동생태학과 인성학)
- Ecology in Further Detail(생태학)
- Laboratory Review(실험 상식)

막연히 1단원부터 아무 생각 없이 덤비게 되면 후반부로 갈수록 힘이 들어 포기할 수도 있다. 하지만 인체 부분을 제외하면 생물II의 내용을 다루는 AP Biology 범위의 장점은, 매 단원이 독립적이라는 것이다. 단원마다 유기적으로 연결된 것이 아니므로 따로따로 덩어리로 나눠서 공부해도 지장이 없다. 순서대로 할 것이 아니라 어려운 단원부터 먼저 시작하는 것이 좋다. 매도 먼저 맞는 게 좋고 맛없는 반찬도 먼저 먹는 게 왠지 모르게 안정적이다. 처음 1단원부터 차근차근 진도를 밟아나간다면 중간에 Taxonomy and Classification부터 Human Reproduction 사이에서 예상치 못한 방대한 분량에 전의를 상실하고 포기하게 될 수도 있다.

단원별로 그 특징을 파악하여 공부 순서를 짜보았다.

1. 온갖 사이클(cycle) 부분
- Chemistry
- Cells

- Respiration
- Photosynthesis

2. 이해력을 요하는 부분
- Cell Division
- Heredity
- Molecular Genetics
- Evolution

3. 죽음의 암기
- Taxonomy and Classification
- Plants
- Human Physiology
- Human Reproduction

4. 잉여
- Behavioral Ecology and Ethology
- Ecology in Further Detail
- Laboratory Review

제일 처음에 나오는 '온갖 사이클 부분'이 개인적인 관점에서는 고등학교 생물 과정의 꽃이라고 생각한다. 이름 그대로 중요한 사이클이 몇 개 나오는데 이를 중심으로 개념을 암기하면 편하다. Chemistry에서는 몸을 이루는 유기물질들이 어떤 것이 있는지, 각 물질마다 어떤 특성이 있는지를 알고 또 이것들이 몸의 어느 부분을 이루고 있는지 정도는 알고 있어야 한다.

Cells 단원에서는 organelles(세포소기관)의 이름과 특징 및 기능을 암기해야 한다는 것은 두말하면 잔소리다. 다음으로 이 단원을 구성하는 친구 둘이 바로 Respiration(세포호흡)과 Photosynthesis(광합성)이다. 이 둘은 생물을 정의하는 대표적인 활동인데, 매우 상반된 개념인 것 같으면서도 유사하다. 여기서 나오는 Glycolysis(해당^{解糖}작용), Krebs cycle(크렙스 사이클), Calvin cycle(캘빈 사이클), Electron transport chain(전자전달계, 이하 ETC)은 이 단원에서 가장 중요하므로 잘 알아둬야 한다. 사실 ETC를 제외하고, 사이클에서는 하나의 탄수화물이 사이클을 돌 때 탄소 개수가 계속 바뀌면서 그 이름도 바뀐다. 어느 책이나 모든 사이클의 중간 과정을 외울 필요는 없고 결과물로서 ①ATP가 몇 개이고 ②중간 중간에 중요한 탄수화물에 탄소가 몇 개이고 ③ NADH와 FADH$_2$라는 조효소가 각 과정마다 몇 개가 생성되는지만 알면 된다.

하지만 이만큼 외우면 전체 사이클을 다 외워버리는 것과 별반 큰 차이가 없다. 오히려 탄소 개수의 증감을 외우고 있으면 호흡과정 중에 언제 CO$_2$가 생겨서 나간다든지 등을 상식적인 차원에서 더 잘 이해할 수 있기 때문에 개인적으로는 전체를 외우는 것이 더 편하다고 생각한다. 하지만 정 힘들 것 같다면 위에 소개한 사이클 정도만 확실히 외우자. 이조차 외우지 않으면 문제를 풀기 어렵다. 외울 때는 스스로 사이클을 그려보자. 각 탄수화물 과정을 따라가며 이때 무엇이 생기고 무엇이 사이클 밖으로 나가고 무엇이 사이클 내로 들어오는지를 외우면 된다. 직접 그려보는 것이 도움이 많이 된다. 하지만 헷갈리지 않게 각각의 사이클마다 어떤 차이가 있는지 명확하게 인식해둘 필요가 있고, 서로의 차이점과 유사점을 찾아 비교해보면 좋다. ETC도 같은 방식으로 도식화해서 외우면 좋다.

다 외웠다면 이제 각 사이클을 외운 것을 기점으로 해서 레고 블록을 맞추듯이 glycolysis, Krebs cycle, ETC를 연결해서 세포호흡을 완성하면 되고 Calvin cycle, light-dependent reaction(명반응), ETC를 연결해서 광합성을 완성하면 된다. 그리고 또 매우 중요한 것은 이 세포호흡과 광합성이 각각 어떤 세포소기관의 어느 부위에서 일어나는지를 알고 있는 것도 매우 중요하다. 세포호흡이라면 단순히 미토콘드리아가 아니라 미토콘드리아의 기질(matrix) 내에서인지 내막공간(inner membrane space)인지, 그리고 glycolysis, Krebs cycle, ETC가 각각 어디서 일어나는지 다 숙지해야 한다. 광합성도 마찬가지다. 이는 책에 나오는 그림을 적극적으로 참고하자.

두 번째는 유전과 관련된 부분으로, 이해력을 필요로 한다. 이 파트가 AP Biology를 통틀어 계산이 필요한 거의 유일한 부분이

다. 유전 법칙과 같은 간단한 것부터 시작해서 cell stages(세포기)도 다 외워야 하고 각 단계마다의 특징들은 당연히 다 외워야 한다. 문제마다 손자 세대에서 특정 유전자형(genotype)이 발현될 확률을 계산하는 것도 있고 crossover frequencies(교차율)을 읽고 유전자의 위치도 추측해낼 줄 알아야 한다. 열심히 읽고 이해하기 위해 노력하고 문제를 많이 풀어보자. 문제를 많이 풀다 보면 이해가 된다. 또한 각 유전병을 유발하는 유전자가 열성인지 우성인지 linked gene(연관유전자)인지 특히 sex-linked traits(반성형질)인지 아닌지도 알아둬야 한다. 왜냐하면 문제에서는 유전병의 우성·열성 여부를 알려주지 않기 때문이다. 유전병의 이름만 들어도 이것이 연관유전자에 의한 것인지 아닌지, 우성인지 열성인지를 알고 가계도를 그릴 수 있어야 한다. Molecular genetics에서는 DNA가 복제되는 과정, 방향성도 잘 이해해야 하고 앞에서 말한 모든 내용에 나오는 중요한 전문용어(《5 Steps to a 5 Ap》 시리즈에서 전문용어는 진하게 표시되어 있음)는 당연히 다 외워야 한다. 이에 수반되는 표현에도 익숙해지자. 이 단원의 해법은 열심히 읽고 이해해서 문제를 많이 풀어보는 게 최고다.

열정을 가지고 첫 번째 사이클 부분을 외우고 복잡하고 어려운 두 번째 부분을 겨우겨우 이해했다면, 이제 문제가 조금은 풀려 살만하다 싶을 것이다. 하지만 사람을 가장 맥 빠지게 하는 세 번째가 우리를 기다리고 있다. Taxonomy and Classification이라는 지옥의 암기 부분이 나오기 때문이다.

이 부분을 읽어보면 전 생물의 분류 방식에 대해 나오는데 '설마 그 요상한 라틴어 이름의 학명들을 다 외워야 되나?'라는 생각을 할 것이다. 다 외워야 한다. 이름만 외우는 것이 아니라 각 species(종)의 특징, 다른 species와 이 species를 분류하는 기준, 그리고 이 species를 대표하는 생물들까지 싹 다 외워야 한다. 사실 직접 시험을 친 당시를 기억하자면 외운 만큼 많이 활용되지 않는 것이 이 부분이기도 하지만, 외우지 않으면 문제를 아예 못 푸는 경우가 생길 수도 있다. 어떤 것이 문제로 나올지 예상할 수 없기 때문에 부분적으로만 외울 수도 없다. 그래서 많은 친구들이 이 부분은 그냥 포기하는 것을 많이 봤다. Taxonomy 부분을 공부할 때 구조화 작업을 잘하면 정말 좋다. 이름은 거창하지만 간단하게 말하면, 뼈대를 세우고 각 내용이 전체에서 어디쯤 오는지 나무 모양으로 정리하는 것이다.

다음의 구조화 나무는 개략적인 개념을 선보이기 위해 그린 것이라 많은 부분이 빠져있다. Domain Eukarya(원생생물계)에는 Kingdom Fungi(균계)와 Kindom Animalia(동물계)도 있고 Kingdom Protista(원생동물계)에도 위에 명시된 phyla(문) 외에도 더 있으므로 위에 도표의 개념만 이해하자. (Phyla는 phylum의 복수형이다. 우리나라에서 둘 다 '문'으로 번역하는데 원어의 의미를 살리기 위해 둘 다 명시해 두었다.)

'구조화'란, 마인드맵을 그리기 전에 전체적인 내용의 형태를 잡는 것인데 마인드맵은 모양이 조잡하기 때문에 이 구조화 형

Taxonomy 구조화 나무의 예

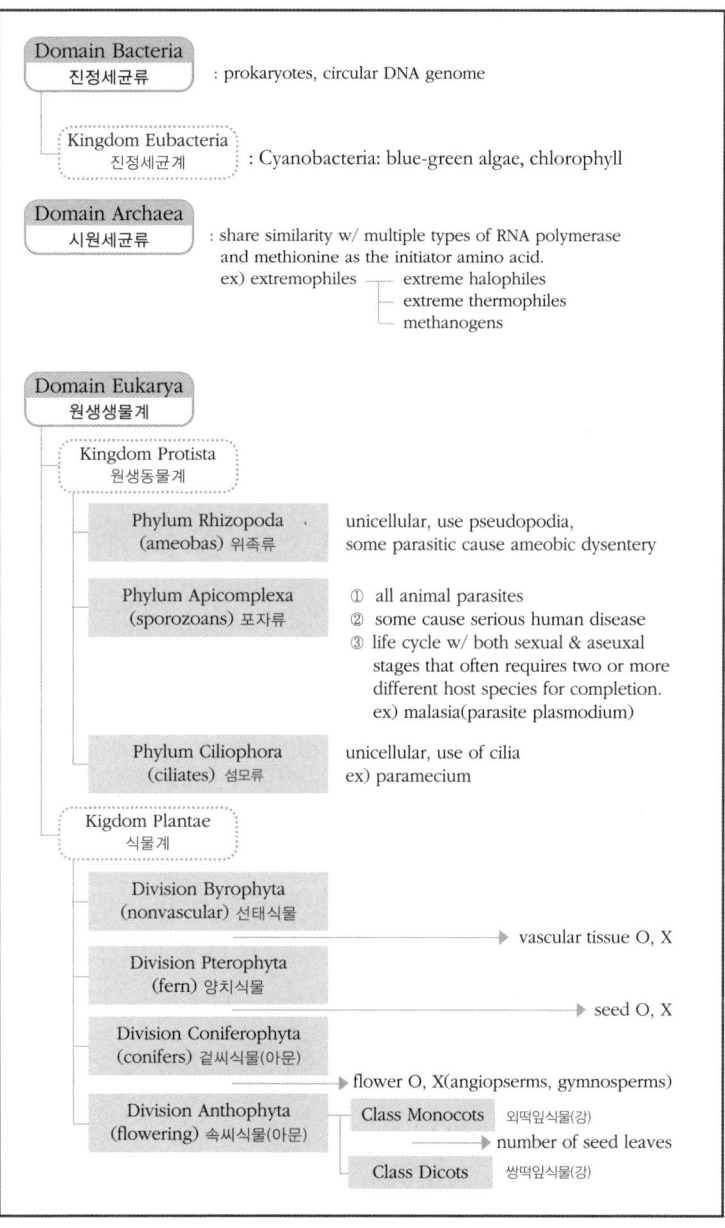

태가 외우거나 공부하기에 알맞다. 이런 형식으로 구조화 나무를 직접, 자주 그려보면서 구조 전체를 머리에 넣으려고 노력하자. 개념을 따로 다 생각해서 머릿속에서 조합하기는 너무 어렵기 때문에 정리된 구조 자체를 사진 찍는다는 느낌으로 계속 눈에 익히자. 시험 직전에 딱 하나만 볼 수 있는 시간이 있다면 이 부분을 봐두고 시험을 치르자.

하지만 눈으로 훑어본다고 해도 외우기 어려운 것이 사실이다. 그래서 몇 가지 비법을 더 알려주려 한다. 연상기억법(mnemonic device)과 분류 기준을 활용하면 된다. 연상기억법이라는 것은 많은 내용의 첫 글자만 따서 이 알파벳들로 시작하는 쉬운 문장을 암기해 전체를 다 외우는 장치이다. 대표적인 예로 태양계의 행성들을 외울 때 'My Very Eager Mother Just Sent Us Nine pizzas'라는 문장을 먼저 외워보자. 대문자로 표기된 단어 첫 알파벳들만 본다면 Mercury(수성), Venus(금성), Earth(지구), Mars(화성), Jupiter(목성), Saturn(토성), Uranus(천왕성), Neptune(해왕성)이 연상되는 내용이라는 것을 알 수 있다. Pluto(명왕성)는 태양계 행성에서 제외되었기 때문에 신경 쓰지 않아도 된다. 이외에도 'My Very Easy Method: Just Set Up Nine planets' 등 다양한 연상기억법이 있다.

Taxonomy의 분류 단위에 (우리나라에서는 대개 '종속과목강문계'라고 그냥 암기해버린다.) 해당되는 Domain(계)-Kingdom(계)-Phylum(문)-Class(강)-Order(목)-Family(과)-Genus(속)-Species(종)

는 'Dumb King Philip Came Over For Good Spaghetti'라고 외울 수 있다. (우리나라에서는 'domain'과 'kingdom'을 둘 다 '계'로 취급하는 경우가 많은데 외국에서는 domain이 kingdom을 포함하는 더 큰 개념이다.) 특히나 kingdom protista나 kingdom fungi는 각 phylum 사이의 명확한 기준이 있는 것도 아니고 더욱이 외워야 할 phyla가 많아서 연상기억법을 효과적으로 활용하면 좋다.

두 번째 방법인 분류 기준을 이해하는 것은 Kingdom Plantae (식물계)와 Kingdom Animalia를 암기할 때 사용할 수 있다. 위에 개략적으로 표현되어 있는데 Kingdom Plantae는 (Kingdom Plantae에서는 Phylum 대신에 Division이라는 말을 쓴다.) 크게 Vascular Tissue(관다발조직)의 유무에 따라 Nnonvascular Plants(비관속식물)와 Vascular Plants(관속식물)로 나눌 수 있다. Vascular Plants 중에는 씨앗의 유무에 따라 Seedless Plants(무종자식물)와 Seed Plants(종자식물)로 나누어진다. Seed Plants는 꽃의 유무에 따라 꽃 없는 식물(gymnosperms, 겉씨식물)와 꽃 있는 식물(angiosperms, 속씨식물)로 나누어진다. 이처럼 같은 division이지만 각 division마다 조금씩 더 진화를 해서 관다발조직, 씨, 꽃과 같이 없던 기관들이 하나씩 추가된다. 이들의 유무, 즉 분류 기준을 알아두면 암기할 때 훨씬 수월하다. 우리나라 생물 교과과정을 보면 Kingdom Animalia는 포배니 낭배니 선구동물이니 후구동물이니 하면서 분류 기준이 다 명시되어있지만 너무나도 복잡한 내용이라서 단순 암기를 하는 것이 오히려 편할 수도 있다. 하지만 적당히 척추의 유무

등 분류 기준 암기법과 연상기억법을 적절히 배합해서 외우면 금방 외울 수 있다. 이 Taxonomy 부분은 AP Biology 책들보다는 The Princeton Review 사에서 나온 《SAT Biology》에 좀 더 구조적으로 나와 있다.

어찌어찌 포기하지 않고 Taxonomy의 산을 넘어 좀더 편한 평야를 기대했을 텐데 이 죽음의 암기 부분에서는 또다시 산이 이어진다. 바로 Physiology와 Plants이다. 이 부분에서는 몸의 온갖 요상한 해부학적 내용과 몸에서 분비되는 수많은 호르몬의 이름, 기능, 분비 위치에 대해 알아야 한다. 사실 해부학적 명칭은 다 외울 필요가 없다. 단, 책에서 짙게 표시된 해부학적 명칭들은 외울 필요가 있다. 또 심장 구조나 콩팥, 네프론, 뇌의 구성 등은 외워야 하고 몸에서 나오는 10개 남짓한 호르몬들은 다 암기하면 좋다. 어떤 호르몬이 무슨 기능을 하고 어디서 나오는지를 잘 숙지하자. 이것도 도표로 정리해서 계속 외워주면 좋다. 또한 몸의 개략적인 모습을 떠올리고 직접 몸을 만져보면서 공부하자. 계속 글자만 머릿속에 넣으려고 하면 금방 포기하게 된다. 글자를 넣지 말고 책에 나오는 신체 해부도 자체를 사진 찍어서 머릿속에 저장해두라. 그림을 몇 분간 쳐다보다가 하늘을 보면서 천장에다 방금 본 그림을 재구성하면서 각 부위별로 이름을 붙이는 연습을 하면 된다. 식물도 같은 방식으로 공부하면 되고 식물의 몇 개 되지 않는 호르몬이나 굴지성과 같은 식물의 특성들은 잘 숙지해두자. 이는 MCQ에 잘 나온다.

겨우겨우 호흡과 광합성 단원을 외웠고 힘들게 유전 단원을 마쳤다고 생각하는 선량한 학생들에게 죽음의 암기 부분은 위태로운 뗏목을 뒤엎는 폭풍우가 아닐 수 없다. 그래서 첫 번째 사이클 다음으로 죽음의 암기 부분을 미리 공략하는 것도 좋은 방법이다. 암기하는 것이 시간이 매우 오래 걸리고 힘들 수도 있기 때문에 다른 부분보다 일찍 시작하는 게 좋다.

마지막으로 잉여 부분이다. 이름이 잉여인 이유는 앞의 부분들에 비하면 압박을 느낄 필요 없이 내용을 편히 읽으면서 개념을 이해하고 숫자 놀음 및 공식을 사용하는 법만 익히면 상식적으로 풀 수 있기 때문이다. 이 부분에 진입하면 다음부터는 순항이다. 하지만 이 부분이 다른 것들에 비해 '잉여'처럼 느껴질지라도 분명히 문제가 출제되는 부분이라는 것을 잊으면 안 된다. 특히나 FRQ의 많은 부분이 Population Biology(집단 생물학)와 관련되어 있고 Ecology(생태학)도 중요하게 다루어지고 있으므로 시험 보기 전까지 몇 번 읽어보고 문제를 다 풀어보자. 주로 데이터가 주어지고 분석하는 것이 많아 상식적으로 해결할 수 있다.

절대 실수는 금물!

이 지침을 참조해서 AP Biology를 일찍 공부하기 시작한다면 손쉽게 5점을 받을 수 있을 것이다. 총체적으로 보면 정말 눈물 나게 외우는 부분이 많기 때문에 '손쉽다'라는 표현이 옳지 않은 듯 들리지만 정말 열심히 노력만 하면 시험 자체는 큰 부담이 되지 않을 것이다. 지극히 개념을 묻는 문제밖에 나오지 않기 때문이다.

SAT Biology는 AP Biology와 내용상 거의 똑같다. 사실 이 둘도 겹치는 게 대부분이라 한 번에 같이 준비하면 편히 시험을 볼 수 있을 것이다. 단 SAT Biology는 800점 받기가 매우 어려운 악명 높은 과목이라 조심해야 한다. 시험이 어려워서가 아니라 80문제를 거의 다 맞춰야 겨우 800점이 나오기 때문이다. 만점을 받기 위해서는 엄청난 집중력을 동원해서 절대 실수를 해서는 안 된다. 실수하면 800점은 이미 물 건너가 버린다. 또 Taxonomy며 Physiology가 등장하기 때문에 일찍 준비하는 게 중요하다. 하지만 AP Biology와 같은 이치에서 단순히 암기를 열심히 하면 준비가 가능하다는 점에서 과학 분야에 큰 관심이 없는 사람이라도 도전해볼 만한 시험이다.

암기가 고되어도 공부하다 보면 몸이 아플 때 왜 아픈지를 추측할 수 있고, 어떤 생명 현상을 보면 왜 그렇게 일어나고 있는지 이해할 수도 있어 정말 재미있다. 일찍만 시작해서 끈기를 가지고 우직하게 공부한다면 5점을 받을 수 있다는 점도 정말 매력적이다. AP Biology를 준비하는 학생이라면 꼭 5점에 도전해보길 바란다.

성균관대학교 글로벌경영학과

5기생 **전미나**

AP Franch
프랑스어

AP French를 어떻게 준비해야 하느냐고 물어보는 사람들이 많다. 하지만 어학관련 시험들은 사실 시험 준비라는 게 따로 없다. 하루아침에 벼락치기가 가능한 것도 아니고 평상시에 계속해서 실력을 쌓아가는 것이 유일한 준비 방법이다. 나도 AP French 자체에만 집중해서 공부한 것은 1~2주 정도밖에 되지 않았다. 즉, 평소에 틈틈이 준비를 해왔다는 말이다. 그럼 내가 평소에 어떻게 프랑스어 공부를 해왔는지에 대해서 이야기를 해보겠다.

일단 먼저 말해두고 싶은 것은 만약 '혼자서' 프랑스어 공부를 어떻게 할지 고민 중인 사람에게는 내 말이 별로 도움이 못될 수도 있다. 왜냐하면 나 자신도 일 년 반 동안 개인 과외의 도움을 많이 받았기 때문이다. 개인적으로 학원이나 과외 같은 것을 꺼리지만, 언어 시험을 준비할 때에는 필요한 것 같다. 언어는 남과 소통을 하는 것이 주목적이기 때문에 혼자서 공부하는 것은 분명 한계가 있다. 그래서 일주일에 한 번이라도 선생님께 도움을 받으면서 다른 사람들을 최대한 활용하는 것이 유익하다.

읽기 – 전체적인 흐름을 파악하라

〈Le Monde(르몽드)〉와 〈Le Figaro(피가로)〉 같은 신문 사이트에서 기사를 많이 찾아 읽어 보라. 단어를 일일이 찾아보지 말고 전체적인 흐름만 파악하고 이해하면 된다. 한 번 훑어보고 내용을 파악한 후로는 다시 한 번 문장을 꼼꼼히 보라. 프랑스어는 문법이 복잡하기 때문에 문장을 다시 한 번 읽어보면 문법에 따라 내가 처음에 생각한 것과는 의미가 바뀔 수도 있다. DELF(Diplôme d'études en langue française, 프랑스어 공인인증 시험)와 AP · SAT 읽기를 할 때에는 질문을 먼저 읽고 지문에서 질문의 답을 찾는 것이 좋다. 단어는 굳이 찾아서 외우지 않아도 괜찮다. 문맥상 단어의 뜻을 유추해내면서 읽으면 어느 순간 아는 단어가 된다. 하지만 자칫하면 뜻을 잘못 알게 될 수도 있으니 유의해야 한다.

듣기 – 반복해서 듣고 받아적어라

듣기는 개인적으로 가장 약한 부분이었다. 회화를 할 때에는 다 들리지만, 녹음된 것을 듣고 질문에 답하는 것은 너무 어렵다. 듣기는 선생님께서 녹음해주시는 라디오 프로그램을 주로 들었다. 프랑스 신문사 사이트에는 기사 밑에 녹음된 파일이 첨부되어 있는 경우도 있기 때문에 이를 잘 활용하면 좋다. 듣기 또한 처음에는 그냥 한 번 쭉 듣고 전체적인 내용을 파악한 후 다시 한 문장 한 문장씩 끊어가면서, 들릴 때까지 반복해서 듣는다.

가장 좋은 방법은 듣고 받아적어 보는 것인데, 이를 딕테이션(Dictation)이라 한다. 프랑스어의 특징 중 하나는 발음은 비슷하지만 완전히 다른 스펠링에 다른 뜻을 가지고 있는 단어들이 많은 것이다. 그렇기 때문에 딕테이션을 하면 쓰기에도 엄청난 도움이 된다. 딕테이션 한 것을 선생님께 검토 받고 다시 한 번 선생님께서 고쳐주신 것을 살펴보면서 들어라. 선생님께 그 듣기에 대해서 문제를 내달라고 해도 좋다.

말하기, 쓰기 – 내 생각을 말하고 써보자

수업시간에 선생님과 100% 프랑스어로 이야기해 보자. 그리고 평상시에도 머릿속으로 프랑스어 문장을 만들자, 그냥 재미로. 또 신문기사를 읽고, 혹은 라디오 프로그램을 듣고 나서 보고 들은 것에 대한 자신의 생각을 녹음하고 써보자. 그런데 둘 다 하면 겹치기 쉬우니 말하기를 먼저 하고 나서 쓰자. 그리고 선생님께 보내서 첨삭을 받아라. 듣기, 말하기, 쓰기는 많이 듣고 많이 말하고 많이 쓰는 것밖에 방법이 없다.

피가 되고 살이 되는 알찬 팁들

AP를 준비하면서 SAT와 DELF도 함께 응시하는 것이 일반적이다. 전반적으로 SAT와 DELF를 준비하면서 AP는 덤으로 한다고 생각하면 된다. DELF가 가장 효율적이다. 말하기, 듣기, 읽기, 쓰기를 다 해야하니 말이다. 하지만 문법을 다지는 데에는 SAT가 최고다. SAT는 무지막지하게 헷갈리는 문제들만 나온다. 그만큼 어렵다. 헷갈리는 만큼 각 문법의 용도들을 정확하게 파악할 수 있다.

5월에 AP를 보고 6월에 SAT를 보면 좋다. AP 읽기와 듣기는 따로 한 번씩 유형만 알아보면 되지만 FRQ의 빈칸 채워 넣기는 답을 외울 때까지 풀고, 풀고 또 풀어야 한다. 말하기 역시 말을 하고, 하고 또 해야 한다. 말하기는 특히 순발력을 요구하기 때문에 평소 실력과는 조금 다르다. 토플의 스피킹이라고나 할까? FRQ의 에세이는 DELF 준비하면서 에세이를 많이 써봤다면 굳이 따로 하지 않아도 된다.

SAT와 AP는 책에다 풀지 마라. 한 번 풀고 버리면 안 되기 때문이다. 적어도 한 책당 세 번씩은 풀어봐야 한다. 그렇게 되면 나오는 문제들이 비슷비슷하다는 것을 깨닫게 될 것이고 패턴이 보이기 시작할 것이다.

SAT와 AP를 준비할 때 특별히 유념해야 할 점은 이 시험은 미국 학생들이 보는 시험이라는 것이다. 그러므로 주최 측에서도 영어 단어와 무척 비슷하지만 뜻은 완전히 다른 단어들을 많이 출제한다. 이런 단어들은 외워야 한다. 보통 신문 기사를 읽을 때는 영어 단어와 연관시키면 90% 정도는 의미가 일치하지만 SAT와 AP에서는 아니다.

프랑스인들은 깔끔하게 정리하는 것을 좋아한다. 그렇기 때문에 말하기나 쓰기를 할 때 어구나 특정 연결어들을 많이 사용하는 것이 좋다. 말할 때나 쓸 때나 본론을 작성할 때에는 premièrement(첫째로, 우선, 처음으로), deuxièmement(둘째로), troisièmement(세 번째로)을 붙여주고, 결론에는 pour concluire, pour la conclusion(결론적으로), pour finir(결론적으로, 결국)와 같은 단어들을 사용해주면 좋다. 그리고 자신의 입장을 표명할 때는 afin que(-하기 위하여, -하도록, -하려고), pourtant(그러나, 그렇지만, 그럼에도), néanmoins(그러나, 그럼에도), pour que(-하기 위하여) 등등의 접속사를 애용하면 좋다.

동의어도 많이 알아두어야 한다. 계속 같은 단어만 반복해서 사용하는 것은 자신의 한계를 드러내는 것이기 때문이다. 예를 들면 Je pense que(나는 …라고 생각한다) 대신에 Je crois que(나는 …라고 생각한다), à mon avis(내 생각에는)와 같이 대체어를 적당히 섞어가면서 써야 한다. 같은 내용을 길고 반복적으로 끌어나가지 말고 간결하고 강하게 입장을 표명해 나가면 된다.

여기까지가 나의 노하우와 팁이다. 나의 노하우가 프랑스어를 공부하는 학생들에게 꼭 많은 도움이 됐으면 좋겠다.

Allez! SAT 800, AP 5, DELF 합격!

용인외고 국제반 3학년

6기생 한상윤, 천온희, 정준우

SAT Latin
라틴어

한상윤

라틴어! 솔직히 이 과목을 선택한 이유는 막연한 호기심과 동경심 때문이었다. 역사 관련 서적들을 읽으며 고대 로마와 그 영향력의 범위에 관심이 생겼고, 카이사르, 아우구스투스, 키케로, 스키피오, 아우렐리우스 등 로마의 수많은 위대한 인물들을 접하며 역사에 흥미를 갖게 되었다. 또한 철학을 제대로 공부하려면 고대 그리스어, 아랍어, 그리고 라틴어 이 세 가지 중 최소한 한 가지는 구사할 줄 알아야 한다는 말을 들은 적이 있다. 그

덕에 라틴어를 처음 대했을 때부터 거부감이 없었고 망설임 없이 라틴어 공부를 시작할 수 있었다.

용인외고에 입학한 후 교내 라틴어 연구 동아리인 Modus Sapientis(모두스 사피엔티스)에 대해서 알게 되었다. Modus Sapientis는 라틴어로 '생각하는 방법'이라는 뜻이다. 우리 누나도 부원으로 활동하고 있었기에 어떤 동아리인지 대강 알고 있었다. 당시 Modus Sapientis는 라틴어 소사전을 편찬하고 출판까지 한 상황이었기 때문에 라틴어 공부에 대한 기대치가 높아졌다. 그것이 바로 내가 라틴어를 본격적으로 공부하게 된 가장 큰 이유였다.

Modus Sapientis 가입 후 교내 ET 시간을 통해 라틴어 공부를 본격적으로 시작하면서, 그저 흥미만으로 공부해보려고 했던 라틴어에 대한 환상이 점점 깨지기 시작했다. 수많은 형태의 변화형, 정해진 변화형 규칙을 따르지 않는 예외적인 상황, 정해지지 않은 어순 등 라틴어의 난관에 적응하는 것만도 많은 시간이 들었고 가끔씩은 그만두고 싶다는 생각도 들었다. 아무리 노력해도 깨진 독에 물 붓는 것 같은 느낌을 떨쳐버릴 수가 없었다.

하지만 그럼에도 라틴어 공부를 그만두지 않은 이유는 라틴어만의 매력 때문이었다. 라틴어는 사어(死語), 즉 현대에서는 쓰이지 않는 죽은 언어이다. 게다가 라틴어는 글을 배울 수 있는 상류층만이 썼다. 그만큼 어렵기 때문일 것이다. 하지만 라틴어는 신기하게도 계속해서 우리 주변에서 자주 쓰이고 있다. 사람마다 생각은 다르겠지만, 나는 그 이유가 라틴어만이 가지고 있는 고급스러우면서도 신비로운 느낌 때문이라고 생각한다. 라틴어를 보고 있으면 왠지 모르게 본래의 의미 외에도 다른 더 큰 의미를 함축하고 있는 듯한 느낌이 든다. 이러한 동경 때문에 라틴어는 현재 사용되지 않음에도 불구하고 사람들에게 잊히지 않고 매력적인 언어로 남을 수 있었다고 생각한다.

라틴어를 공부한다는 것이 학업과 병행하면서 하기 쉬운 일은 아닌지라 동아리에 속해있는 부원들은 많은 어려움과 부담을 느낀다. AP Latin Vergil과 SAT Latin을 위한 책은 REA 출판사 한 곳에서만 나오기 때문에 공부를 할 수 있는 자료도 적어서 어려움이 많은 편이다. 그래서 우리 동아리 같은 경우에는 주로 인쇄실에서 모임을 갖고 출판 작업과 라틴어 스터디를 한다. 보통 인쇄실은 학생들 출입이 제한되어 있지만 우리 동아리는 담당 지도 선생님의 허락을 받아 사용하고 있다.

넓지 않은 방에 많은 인원이 모여서 오랜 시간 동안 고뇌하면서 라틴어를 보다 보면 정신이 멍해져서 가끔 서로 헛소리를 주고받는 상황이 벌어지기도 한다. 그래서 Modus Sapientis 부원들은 인쇄실을 '정신병원'이라고 부르기도 한다. 자기가 어떤 질문을 하는지도 모르고 상대방은 질문과는 상관없는 동문서답만 하는 웃기지만 웃지 못할 상황이 펼쳐진다. 하지만 인쇄실만큼 외부인의 왕래와 출입이 적은 곳도 없기에 동아리 스터디를 위한 장소로는 꽤 좋은 조건을 가지고 있는 곳이어서 부원들로부터 많은 애정을 받는 장소이기도 하다.

천온희

　SAT Latin 혹은 AP Latin virgil은 미국 학생들도 교과과정으로 몇 년씩 준비하고 보는 시험이라고 알고 있다. 특히 AP Latin virgil은 라틴어 시험이 아닌 라틴어 문학 시험이기 때문에 SAT Latin보다 훨씬 더 철저하게 준비해야 한다. 미국 학생들에 비해 상대적으로 적은 시간을 할애할 수밖에 없는 우리나라 학생들 같은 경우에는 더욱 집중해서 공부하는 수밖에 없다. 그것이 일반적인 방법이다.

　여느 언어가 다 그렇듯이 가장 기본은 문법과 단어이다. 외국에서 살다 오지 않은 채로 영어를 한국식(엄밀히 말하면 일본식) 문법으로 배운 나 같은 사람에게는 여러 문법 용어가 익숙하겠지만, 그렇다고 해도 그동안 들어본 적도 없었던 dative(여격)이나 ablative(탈격) 같은 문법에 적응하려면 꽤 오랜 시간이 걸린다. 그 외에도 라틴어에만 있는 고유의 문법 체계, 영어에 비하면 뒤죽박죽인 문장 순서 등. 그 모든 것을 해결하려면 문법과 친숙해져야 한다. 문법 체계를 공부하는 방법도 저자나 교수님들마다 조금씩 다르겠지만, 나는 REA 출판사에서 나온 《SAT Latin》 책에 있는 문법을 두 번 정독하고 공부했다. REA에서 나온 책은 시험을 위한 책이고, 전반적이고 더 자세한 문법을 알고 싶다면 《Wheelock's Latin》의 문법 부분을 정독하여 이해하는 것도 좋다.

나는 1학년 2학기에 라틴어를 시작했지만 라틴어 사전을 이해하고 내가 원하는 단어를 찾을 수 있었던 것은 1년이나 지난 후인 2학년 2학기 때였다. 라틴어는 문장에서 모르는 단어를 사전에서 그대로 찾을 때 그 단어가 존재할 가능성은 거의 없다. 몇몇 부사를 제외한 모든 단어가 시제, 인칭 등에 의해 변하기 때문이다. 그래서 사전에서 단어를 찾는 법을 배우는 것만도 시간이 굉장히 많이 걸렸다. 라틴어 문장에 쓰인 동사는 사전에서처럼 '현재시제−1인칭−단수−직설법'에 해당하는 단어가 나오는 경우는 거의 없고, 문장의 쓰임새에 따라 단어가 완전히 바뀐다. '사랑'을 뜻하는 단어가 사전에는 'amo, -are, -avi, -atus'라고 쓰여 있지만 각각이 어떤 시제를 말하는지 등등, 사전 찾는 법을 빨리 익힐수록 유리하다.

어느 정도 수준을 넘어서 이제 문장의 구조가 보인다고 하더라도 가장 큰 문제는 역시 단어다. 이 단계까지 왔다 해도 어떤 단어에 대해 형용사인지, 동사인지, 명사인지 등의 정보가 없으면 그 문장을 해석할 수 있는 실마리를 못 찾는 경우도 있다. 게다가 똑같은 '-es'로 끝난다고 해도 그것에 해당하는 명사 변화형이 몇 가지이고, 심지어 명사가 아닌 다른 품사로까지 바뀌는 경우도 여럿 있다. 단어의 위치를 보고 역할을 아는 것이 아니라 단어 끝의 변화형을 보고 단서를 얻어야 하는 라틴어에서는, 단어와 그 단어의 변화형을 아는 것이 다른 언어보다 굉장히 중요하다. 지금 와서 느끼는 거지만 단어는 라틴어를 처음 공부할 때부터 자신만의 방법으로 꾸준히 외웠으면 어땠을까 하고 후회하기도 한다. 물론 텍스트에서 모르는 단어를 외우려면 원형을 찾는, 혹은 사전을 보는 방법을 알고 있어야 한다.

 나는 어느 정도 문법을 알만하다고 생각됐을 때 계속 문법을 파고드는 것이 아니라 베르길리우스(Vergilius)가 쓴 《아에네이드(Aeneid)》나 http://www.vatican.va 웹사이트에서 제공하는 라틴어 성경 읽기에 도전했다. 모르는 어법이나 단어가 나오면 그때그때 찾아서 정리하는 식으로 공부했더니 좀 더 자신감이 생기는 느낌이었다. 물론 모르는 게 너무 많았지만. 더군다나 《아에네이드》 같은 경우에는 AP Latin virgil에 나오는 텍스트이기 때문에 더욱더 유용하다.

정준우

 SAT Latin은 다른 언어 SAT와 비슷하게 문법을 강조하는 편이다. 그러나 다른 언어보다 문법을 인식하고 해석하는 데 어휘의 역할이 매우 중요하다. 따로 정해진 어순이 없고 변화형의 종류가 많을 뿐만 아니라 비슷비슷하기 때문에, 단어 하나하나의 품사를 완전히 파악하지 못하면 문장 구조를 이해하지 못해 문제를 건드리지도 못하기 일쑤다. 따라서 단어를 가능한 많이 익혀 두는 것이 당연히 좋으나, 라틴어에서는 특히 모든 단어의 문법적 사용법을 정확히 알아두는 것이 중요하다.

 라틴어 문법은 매우 복잡하고, 생각할 수 있는 모든 상황에 따

라 문장 구조가 바뀐다. SAT Latin은 이 모든 부분을 포괄하지는 않으나, 그럼에도 그 내용이 적지 않다. 이 모든 내용을 공부하려면 시간도 당연히 오래 걸린다. 그러나 이 중 많은 내용은 사실 그리 중요하지 않다. 간단하고 기본적인 문법 체계를 완벽히 익혀두지 않으면 문제를 풀기 힘든 건 당연하고, 기본을 알면 대부분의 문제를 유추할 수 있다. 따라서 기본적인 것을 완전히 통달하는 게 무엇보다 중요하다.

SAT Latin에서 주어지는 지문들은 그다지 길지 않으나, 분석 언어(라틴어처럼 지금은 사용되지 않지만 옛 문헌 등에서 나오는 글귀들을 해석하고 분석할 때 꼭 필요한 언어)란 특징 때문에 완전히 이해하려 들면 제대로 건드리지도 못한 채 1시간이 지나갈 수 있다. 그러므로 빨리 읽어 기본적 내용 파악만 하고, 문제가 요구하는 부분만 다시 자세히 읽어보는 게 효과적이다. 시험을 준비할 때 시간을 따로 재지 않고 문제를 푸는 경우가 많았다면 지문을 해석하려 시도하기 쉬우니, 독해 문제는 확실히 시간제한을 두고 푸는 게 좋다.

SAT Latin을 잘 하기 위해서는 영어를 잘 하는 것도 중요하다. 라틴어를 영어로 번역하는 문제에서는 라틴어의 복잡한 문법을 최대한 영문법에 가깝게 옮겨야 하기 때문에, SAT I에도 나오지 않는 미지의 영어 문법이나 고어체 등이 나오는 경우가 많다. 또한 영어 단어 중 라틴어 어원을 찾는 문제의 경우, 라틴어를 어원으로 가진 영어 단어는 어려운 것이 많기 때문에 라틴어 단어에 관한 지식뿐만 아니라 SAT I 수준의 영어 능력이 요구된다. 이런 점 때문에, SAT I을 공부하는 것이 SAT Latin에 굉장히 큰 도움이 될 수 있다.

SAT Latin은 현대 라틴어를 사용하지 않는다. 따라서 지금은 더 이상 사용하지 않는 장음 기호가 존재한다. 일반적으로 이는 라틴어에서 그리 중요하지 않으나, 모음 위의 장음 기호 유무 외에는 식별 방도가 없는 단어와 문법적 요소들이 심심찮게 등장한다. 따라서 이런 경우 장음 기호에 따른 의미와 문법적 위치 변화를 확실히 파악하고 있다면 상당히 도움이 될 수 있다.

시험 유형 분석

일단 SAT Latin은 SAT II 중 비주류 과목에 속한다. 따라서 다른 과목에 비해 책이나 문제를 구하기가 상당히 힘들기 때문에 한 권이라도 수없이 반복해서 완전히 통달하는 것이 큰 도움이 된다. 흔히들 라틴어 문법이 복잡하다고 상대적으로 단어를 소홀히 생각하기 쉽다. 물론 문법이 우선되기는 하지만 라틴어 품사와 어형의 모호성 때문에 단어 해석은 문법 분석에도 큰 영향을 미친다. 때문에 단어는 가능한 많이 아는 게 좋다.

SAT Latin에 관해 적어보자면, 약 80문제이며 총 6개의 파트로 나뉜다. Recognition of Forms(어격 인식), Derivatives(어원), Translation(번역), Sentence Completion(문장완성), Syntax Substitution(구문 대체), Reading Comprehension(독해)이 그것이다.

Recognition of Forms, Sentence Completion, Syntax Substitution은 모두 라틴어의 문법적인 면을 시험하므로, 라틴어를 배우면서 요구되는 문법적 요소들을 충분히 이해했다면 큰 어려움은 없을 거라 생각된다. 다만, 단어의 품사를 혼동하지 않도록 주의해야 한다.

Derivatives의 경우, 영어 단어의 라틴어 어원을 맞추는 문제로 이루어져 있다. 보통 라틴어 어원을 가진 영어 단어는 어려운 경우가 많기 때문에, 라틴어 단어에 관한 지식은 물론 SAT I 수준의 영어 어휘력을 갖추고 있는 것이 중요하다.

Translation은 말 그대로 라틴어를 영어로 번역하는 것이다. 선택지가 보통 단어 뜻보다는 문법적인 부분에서 나뉘기 때문에 문법지식이 중요하지만, 위의 다른 파트보다는 단어 지식이 중요하다.

Reading Comprehension은 전체 시험에서 절반 정도를 차지하는 제일 중요한 부분이다. 라틴어 글을 읽고 그 뜻을 파악하는 것은 물론 문법적 구조도 이해해야 된다는 점에서 가장 어려운 부분이기도 하다. 글 하나가 8줄 정도로 길지는 않으나, 개수가 4~5개 정도로 적지 않고, 시험 시간도 한 시간밖에 되지 않기 때문에 완벽히 한 줄 한 줄 해석할 시간은 없다. 그러므로 중요한 단어를 찾아내서 이를 통해 전체적인 의미를 파악하고, 문법적인 면은 질문에서 요구하는 곳만 중요하게 봐야 시간 관리가 가능하다.

다른 언어의 SAT도 마찬가지지만, SAT Latin을 완벽하게 준비한다는 것은 불가능하다. 하지만 SAT Latin에서 나오는 문법은 한정되어 있기 때문에, 이를 완벽히 이해하고 남은 시간에 단어를 공부하면 좋은 점수를 받을 수 있을 것이다. 또한, 라틴어를 어원으로 가진 영어 단어가 많기 때문에, 영어를 잘 하면 라틴어 공부에도 큰 도움이 될 수 있다.

라틴어라는 언어는 접하기도, 다가가기도 어려운 언어이다. 워낙 오래 전부터 실생활에서 사용되지 않은 언어이기에 공부를 하는 데 필요한 자료도, 기회도 적다. 우리 같은 경우에는 라틴어 선생님이신 조경호 선생님과 선배들의 조언이 있어 정보를 얻을 수 있었지만 이것마저도 안 되는 사람들은 막막하기만 할 것이다. 그래서 아주 작게나마 도움이 되기를 바라는 마음으로 몇 가지 조언을 해보았다. SAT Latin과 AP Latin virgil에 도전하는 모든 학우들에게 만족할만한 좋은 성과가 있기를 바란다.

뉴욕시 컬럼비아대학교 생물학과(김정훈)
존스홉킨스대학교 행동생물학과(박준현)

5기생 김정훈, 박준현
SAT/AP Chemistry
화학

앞서 수많은 선배들이 이미 다 이 길을 무난히 지나갔고 앞으로의 후배들 중에도 AP Chemistry가 그렇게 큰 두려움으로 다가오지 않을 분들도 있을 것이라 믿는다. 사실 우리가 특별히 AP Chemistry에 타고난 재능이 있거나 남들보다 더 뛰어나게 잘한 것도 아니다. 그렇기에 AP Chemistry를 공부하는 데에 특별한 도움이 필요 없는 분이라면 과감하게 이 글을 넘기길 바란다. 하지만 화학이라는 과목이 누구에게나 그렇게 쉽게 다가오지는 않는 과목인 것도 잘 알고, 시험을 치르고도 5점 만점이 나올 것이라고 확신이 서지 않는 과목이라는 것도 잘 알기에, 조금이라도 도움이 될까 싶어 AP Chemistry에 대한 기록을 남겨보고자 한다.

원론적인 이야기부터 시작하자면, '왜 AP Chemistry를 봐야 하는가?'를 한 번쯤 짚고 넘어가고 싶다. 간단하게 대답하자면 '유용하고 해볼 만해서'이다. 일단 AP Chemistry는 AP Micro/Macro Economics처럼 많은 학생들이 고등학교 1학년 때 시험을 보는 과목이다. 나도 AP라는 존재를 2009년 AP 등록 기간에 처음 알았다. 다른 친구들과 묻어가는 차원에서 아무것도 모르고 등록한 것이 바로 AP Chemistry이다. 그만큼 학년 초에 AP Chemistry를 미리 준비할 수 있는 환경이 조성될 가능성이 높기 때문에 일단 준비하기가 편하다.

또 AP Chemistry는 많은 대학교에서 실제 학점으로 인정해주는 과목이기도 하고(학교에 따라서는 AP 점수를 학점으로 인정해주지 않는 학교도 많다.) 거기에 화학이란 과목 자체가 앞으로의 학교 공부는 물론이거니와 생물과도 매우 밀접하게 연관되어 있기 때문에 공부해둔다면 두고두고 활용할 수 있다. 하지만 뭐니 뭐니 해도 화학은 다른 과학 과목 AP에 비해 해볼 만하고 AP Chemistry 5점과 SAT Chemistry 800점까지 단번에 노려볼 만한 효자 과목이라는 점에서, 화학에 투자할 만한 열정만 있다면 누구나 도전해도 좋은 과목이다.

사실 AP Chemistry가 마냥 쉽다고만 하면 그것은 거짓말일 것

이다. 나는 중학교 시절 한국 교육 과정의 화학 I · II를 먼저 공부해본 적이 있었음에도 정말 열심히 AP Chemistry를 공부했다. 하지만 그렇다고 미리부터 겁먹을 필요는 없다. 과학에 전혀 관심도 경험도 없는 수많은 친구들이 AP 등록기간에 이 과목을 시작해서 성공적으로 5점을 받아내기 때문이다. 정말 열심히 노력만 한다면 충분히 가능하다.

최소 준비 기간

AP 이과 과목들은 AP Physics와 같이 대부분이 계산으로 이루어진 과목부터 AP Biology와 같이 대부분이 암기로 이루어진 과목까지 그 성격이 극과 극이다. 그 중에서도 AP Chemistry는 어느 정도의 계산과 암기를 필요로 하는 과목으로, 어떻게 보면 가장 다양한 공부 전략을 필요로 하는 이과 과목이다. 그래서 AP Chemistry는 적어도 2~3개월은 준비 기간을 가져야 한다. 암기해야 할 것도 있고 다양한 주제와 그에 따른 문제에 익숙해져야 하며, '화학의 필(feel)'을 쌓아야 어떠한 상황에서도 당황하지 않고 잘 할 수 있기 때문이다. 그 '필'을 쌓는 데 적어도 두 달은 걸린다. 요즘 AP 준비서들 중에는 앞부분에 시험까지 남은 기간에 따라 이 과목의 어떤 챕터는 며칠간 혹은 몇 주간 공부하라는 계획표까지 짜주는 정말 착하고 친절한 책들도 있다. 이를 참고하는 것도 좋다. 허나 대체적으로는 3개월 길게는 6개월 정도 잡아야 한다.

물론 특별한 경우, 이를테면 과거 과학고 준비생, 한국화학 올림피아드 준비생, 과학에 관심 있는 학생 등은 예외적으로 더 적은 시간 내에 준비할 수도 있을 것이다. 하지만 처음 AP Chemistry를 접한다면 주당 10시간 정도 이 과목에 투자한다고 봤을 때 최소한 두 달은 필요하다. 또 사람에 따라서 생각보다 더 힘들고 어렵게 느껴진다면 당연히 더 오랜 시간을 투자해야 한다. 특히나 AP Chemistry는 주로 5월 첫째 주에 가장 먼저 시험 보는 과목 중 하나이기 때문에 그해에 시험 볼 생각이면 재빠르게 준비를 해야 한다.

공부할 책: 기본서 + 심화서 + 문제풀이

AP Chemistry 시험을 기한 내에 잘 등록하였다면 책을 구해야 한다. 여느 공부가 다 그렇지만 기본서를 공부하고 문제집을 병행하면 최고로 좋다. 나는 학교에서 1학년 때 화학 수업을 들어서 기본서는 Houghton Mifflin 사에서 나온 Zumdahl의 《Chemistry (7th)》(이하 줌달책)라는 책을 봤다. 옥스토비(Oxtoby)가 쓴 Thomson 출판사의 《Principles of Modern Chemistry》라든지 다른 화학 기본서들도 시중에 많이 알려져 있지만 줌달책만큼 친절하고 이해하기 쉽게 쓰여 있으면서 중요한 설명이 모두 들어 있는 적격의 책은 찾기 힘들다.(위의 두 책은 각각 《줌달의 일반화학》, 《옥스토비의 일반화학》이라는 제목으로 번역되었다.) 줌달책은 거의 AP Chemistry에 필요한 부분을 알맞게 다 담고 있다. 물론

시험에 나오지 않는 부분도 있으니 그런 부분들은 다른 문제집의 목차를 보고 참고해서 선택적으로 공부하면 된다.

아마 줌달책만 완벽하게 다 이해하고 시험을 봐도 5점을 기대할 수 있을 것이다. 하지만 짧은 시간 내에 이해하고 시험을 보기 위해서는 시험의 필수적 요소만 딱 갖춘 더 압축된 공부 방법도 필요한데 이를 위해서 The Pricenton Review(이하 TPR) 사에서 나온 《AP Chemistry》와 Barron's 사의 《AP Chemistry》 같은 문제집들을 병행하면 좋다. TPR의 책은 개념 정리도 잘 되어있고 학생들이 외우기 편하게 재미있는 유머도 섞어가면서 쓴 좋은 기본서이기도 하다. 특히나 VSEPR(Valence Shell Electron Pair Repulsion) 이론, 즉 분자 전체의 형태를 추측해볼 수 있는 이론이 있는데, 이 부분을 그림과 도표로 잘 정리해놓아서 정말 유용하게 써먹을 수 있다. 또 TPR의 Redox reaction(Reduction-oxidation reaction, 산화환원반응) 부분도 다른 책에 비해 헷갈리는 개념이 잘 정리되어 있는 편이다.

반면 Barron's 사의 교재는 개념 정리가 충실히 되어 있지만 문제 수준이 높다. 심화서 같은 느낌이라고 보면 된다. 다소 어렵고 불필요하게 느껴질 수도 있지만 본래 심화서란 정신적인 무장을 위해 사용하는 것이기 때문에, 기본서를 충분히 공부했고 TPR을 잘 소화했는데도 한 달 정도의 여유가 있다면 Barron's도 풀어보자. 나머지 KAPLAN 사나 REA 사의 문제집도 있지만 개인적인 소견으로는, 설명도 빈약하고 문제에 오류가 많은데도 수년이 지나도록 고쳐지지 않고 있어 신뢰가 가지 않는다. 물론 TPR이나 Barron's도 간간히 문제에 오류가 있지만 KAPLAN의 기괴한 문제와 오류투성이 문제 및 해법에 비할 바는 아니다. 또 직접 풀어본 책은 아니지만 근래에 보니 《5 Steps to a 5 Ap》 시리즈도 괜찮은 것 같다.

처음부터 기본서를 들고 원론적인 공부를 하기는 힘들 수 있다. 그래서 사실 공부는 일단 기본서(줌달책 기준)의 1에서 3단원, 즉 'Chemical Foundations(화학적 기초)', 'Atoms, Molecules, Ions(원자, 분자, 이온)', 'Stoichiometry(화학양론)' 부분은 기본서로 시작한 뒤, TPR을 가지고 공부하면 된다. 그리고 중간에 조금 더 설명이 필요한 부분은 기본서를 참고해가면서 공부하고 시험 직전에 여유가 생기면 Barron's를 도전해보는 식으로 공부하면 좋다. 그리고 뭐니 뭐니 해도 CollegeBoard에서 공개된 AP 기출문제를 다운받아서 풀고 다시 풀고 또 푸는 것도 좋다. AP 기출문제들만 모아서 판매하는 문제집도 있는데 기출문제를 구하지 못했다면 직접 사서 풀어보는 게 좋다.

만약 줌달책과 같은 기본서를 구매하지 못했다면 TPR과 Barron's 그리고 인터넷에서 무료로 받을 수 있는 실전기출문제들을 뼈를 푸욱 고아 먹는다는 심정으로 공부하면 된다. 하지만 그만큼 원론적 부분의 뿌리가 다소 약할 수 있기 때문에 이해가 안 되거나 문제 푸는 데 개념이 좀 부족하다는 느낌이 들면 바로바로 학교 화학 선생님께 도움을 요청하는 게 좋다. 이 모든 문제집을 구하기 힘들다고 하면 학원에 다니는 친구의 학원 책을 빌려서 풀어보는 것도 방법이다.

마지막으로 AP Chemistry 공부를 마무리짓고 싶다면 국내에 나온 《하이탑 화학 II》도 유용하게 쓸 수 있다. 특히나 금속의 반응성(K>Ca>Na>Mg…, 금속이 양이온이 되려는 경향을 부등호로 나타낸 것으로 한국책에만 나옴)이나 뒤에 산화환원반응 시 반응물질과 생산물질의 균형을 맞추는 두 가지 요령도 《하이탑》에 소개되는데, 이런 것들이야말로 우리나라 문제집에서나 볼 수 있는 장점이다. 또 AP Chemistry에서 개인적으로 가장 어렵게 느껴졌던 산-염기 부분도 《하이탑》을 참고하면서 풀었다. 또 각 궤도에 전자가 차들어가는 순서도 피라미드 형태로 궤도를 나열한 것에 비스듬히 화살표를 그려 넣어 쉽게 외우는 방법도 소개된다. 잘 활용한다면 단순히 이해를 돕는 것뿐만 아니라 그 이상의 팁과 요령을 전수할 것이다.

하지만 《하이탑》이나 다른 번역서들이 도움은 될지 몰라도 주교재를 대신할 수는 없다. 위에 글에도 정말 많은 영어 단어가 섞여있는데 AP Chemistry는 영어로 된 시험이므로 모든 화학 용어와 화학에 관련된 표현들에 익숙해지는 것이 중요하다. 그러므로 한국어로 이해했다가 다시 영어 용어와 연결 짓는 일을 이중삼중으로 하지 말고 바로 원서로 공부하되 이해하기 힘든 내용은 우리나라 책을 참고하자. 만약 영어로 읽는 게 느리고 힘이 든다면 남들보다 네 배는 노력해서 번역서를 공부하고, 원서를 읽어보고, 문제집을 풀어야 할 것이다.

AP Chemistry의 개요

시험에 대해 간략하게 이해하자면 다음과 같다. 시험은 크게 MCQ와 FRQ로 이루어져 있다. 먼저 객관식 75문제를 90분 안에 푸는 MCQ부터 시험을 보는데, 이것이 전체 시험 점수의 50%를 차지한다. 계산기는 쓸 수 없다. FRQ는 총 6문제가 나오는데 45분 간 계산기를 사용하여 앞의 3문제를 풀고, 나머지 45분 동안 뒤의 3문제를 계산기를 사용하지 않고 풀어야 한다. FRQ 첫 문제는 대체적으로 $K_{eq}(K_c, K_a, K_b, K_w, K_{sp})$에 관해 묻고 네 번째 문제는 balanced net ionic equation(균형잡힌 알짜이온반응식)이나 reaction type(반응유형)에 대해 묻고 마지막 문제는 에세이 유형이다. FRQ 또한 전체 시험의 50%를 차지한다.

전체 시험 점수 75% 이상을 얻는다면 5점을 받을 수 있다고 한다. 미국 시험은 한국의 상대평가 시험과 다르게 매해 시험 평균에 따라 5점, 4점, 3점, 2점 커트라인을 정해서 그 커트라인을 넘는 응시자에게 각 점수를 부여한다. 대체적으로 커트라인 평균은 매년 비슷하고 매해 시험마다 5점을 받는 비율은 정해져있어서 나름 '절대평가+상대평가 시험'이다. (이를테면 AP Calculus BC는 매해 거의 50% 가량이 5점을 받는다.)

이에 대해 크게 세 가지를 짚고 넘어가야 한다.

첫째, 시험시간은 무려 180분. 즉 장장 3시간 동안 치르는 시험이므로 많이 지친다. 물론 MCQ 파트가 끝나고 잠시 휴식시간을 주지만 3시간 동안 혼신의 힘을 다해 시험을 보면 체력적으로나 정신적으로나 지치게 된다. AP Chemistry는 주로 아침에 많이 보는데 가능하다면 같은 날 오후에는 다른 AP를 보지 않는 게 몸과 마음에 좋다.

둘째, 계산기를 쓴다는 점이 다소 생소할 것이다. 미국 AP 시험은 현실적인 물량을 계산하기 위해 소위 '예쁜 숫자'가 아니라 '지저분한 숫자'를 가지고 계산을 많이 한다. 계산을 하다 보면 소수점은 물론이거니와 정말 해괴한 숫자들을 만나볼 수 있는데 이 부분도 FRQ를 준비하면서 많이 능숙해져 있어야 한다. AP에는 사용할 수 있는 계산기 종류도 정해져있다. 이 점에 대해서는 CollegeBoard 사이트를 참고하자. 일단 계산기의 많은 기능을 사용할 줄 알아야 하고 매우 능숙하고 빠르게 계산을 할 줄 알아야 한다. 계산기로 그래프도 그릴 줄 알면 도움된다. 계산기는 인터넷이나 설명서를 보면서 만지다 보면 금방 익숙해진다. 시험 당일 계산기를 반드시 가지고 가야겠지만 혹시나 계산기가 없다면 복잡한 계산을 연필로 풀 자세가 되어있어야 한다. 운이 좋지 못하면 손으로는 계산할 수 없는 문제를 만날 수도 있다.

마지막으로 FRQ는 답도 필요하지만 그 과정도 표현돼야 해서 다소 부담이 될 수 있다. 하지만 유형이 대체적으로 정해져있으므로 FRQ 기출문제를 다 풀어보고 그 유형에 익숙해지면 충분히 할 수 있다. 또 용인외고 화학선생님의 용어를 빌리자면 일명 '이삭줍기'라고 해서, FRQ 각 문제에 딸린 하위문제 내에서도 일정 조건만 만족시킨다면 부분 점수를 얻을 수도 있다. 이를테면 'balanced net ionic equation이라는 말이 있으면 2점' 이런 식으로 뭐든지 위의 문제에 관해 아는 것들을 열심히 써놓는다면 뒷걸음질 치다가 쥐를 잡을 수도 있다는 것이다. 그러니 포기하지 말고 열심히 이삭을 줍다 보면 5점을 받을 수 있을 것이다.

마지막으로 시험의 형식적인 부분 말고 전체적 특성을 묘사하자면 다음과 같다. AP Chemistry는 AP 중 암기 바탕의 소위 '문과 계열 시험'과, 개념의 이해와 문제 적용 바탕의 '이과 계열 시험' 사이에 있는 시험이다. 그래서 암기를 바탕으로 이를 아주 창의적이고 올바르게 문제에 잘 적용하는 능력이 요구되는 종합적인 공부가 필요하다. 그만큼 많은 관심과 노력을 요하는 과목이다. 하지만 쏟아 부은 열정만큼 성취감이 높은 과목이기도 하다.

AP Chemistry 공부법

일단 누차 강조하지만 이 부분부터는 특히나 개인적인 소견이 많이 들어가 있고 말 그대로 '조언' 정도에 불과하기 때문에 이를 맹신해서는 안 된다. 그저 공부하면서 참고 정도만 하면 좋다. 어느 누구나 공부는 스스로 하면서 자신만의 노하우를 길러야 하고, 그런 노하우들이 생겼을 때에야 비로소 AP를 응시할 준비가 다 된 것이다. 그래도 개인적으로 AP Chemistry에 빠져서 즐

겁게 공부한 경험을 조금 더 나누고자 몇 가지를 적어본다.

1. 언어를 익혀라

어떠한 문화를 이해하는 데에 있어 언어가 핵심적인 요소이듯, 화학 과목을 이해하는 데에도 필수적인 역할을 하는 언어가 존재한다. 주기율표의 원소들이 바로 화학의 글이며, 이들의 성질 및 상호작용 그리고 그것을 나타내는 무수한 화학식들이 곧 화학어의 문법과 맞춤법으로 사용된다.

따라서 화학 이론을 공부하기에 앞서 가장 먼저 열중해야 할 일은 바로 '화학의 글' 암기, 즉 주기율표 원소들의 기호, 이름, 위치를 익히는 것이다. 특히 주기율표에서는 원소의 위치에 따라 원자크기, 전자친화도 등의 대략적인 성질들이 정해지므로, 원소의 정확한 위치와 상대적인 위치를 익히고 그에 따른 성질 변화를 알아야 한다. 이후 보다 심화된 내용을 다룰 때 각 원소의 이름이나 기본적인 성질에서부터 막힌다면 화학공부를 수월하게 하기는 어려울 것이다.

역시 '화학의 문법·맞춤법'에 해당하는 화합물 명명법이나 화학 반응식 또한 알아야 한다. 글을 이용하여 문장을 만들고 의미를 소통해야 하듯, 원소들이 결합하였을 때 그 생성물의 이름을 붙이는 방법(Nomenclature, 명명법) 그리고 화학 반응식을 세워 화학반응을 나타내고 변화를 보이는 방법 등을 익히는 것으로, 기본적인 '화학어'를 알아야 AP Chemistry의 이론을 배우기에 앞서 그 이론을 다룰 수 있는 바탕을 다듬게 되는 것이다.

2. 단위를 조심하라

AP Chemistry는 이론적인 내용과 더불어 다양한 계산을 필요로 하는 과목으로, 화학 계산을 할 때 가장 기본적이면서도 중요한 것이 바로 '단위'이다. AP 정도 수준의 화학에서는 특히 다양한 종류의 단위가 존재하며, 이들은 어떠한 답을 구하는 데에 있어서 숫자 자체를 크게 좌우하기 때문에 수학에서보다도 화학에서 매우 중요시되는 필수적인 요소이다. 같은 에너지라 할지라도 그를 표현하는 다수의 다른 단위가 존재하고, 이에 따라 자신이 구한 답, 심지어는 주어진 상황에 따라 적절한 공식까지도 변하기 때문에, AP Chemistry를 공부할 때에는 항상 조건에 주어지거나 답으로 요구되는 단위를 눈여겨보고 단위환산을 할 준비가 되어있어야 한다. 특히 단위환산 과정이 FRQ 점수 부여에도 상당한 중요도를 차지하며, 단위를 환산하는 식 및 과정을 꼼꼼히 써서 보여주는 것이 실제로 FRQ 채점기준에 포함되기 때문에 암산을 할 필요도, 한다고 해서 얻는 이익도 없다. 나는 단위로 인해 낭패를 본 뼈아픈 경험을 여러 번 겪었기 때문에, 마지막 순간에 자신의 노력이 물거품이 되지 않게 특히 유의하라고 강조하고 싶다.

3. 화학 공식은 무조건 외워라

여느 이과 과목이 그렇듯, 화학에도 과학적 현상을 일반화한 여러 공식들이 존재하며, AP에서는 시험지 자체에서 여러 상수값과 함께 공식을 제공해 준다. 그렇다면 AP Chemistry를 준비할 때 공식은 외우지 않아도 되는가? 천만의 말씀이다. 시험지에는 단지 각 공식을 떠올리는 데에 도움을 주는, 이를 테면 목차에 해당하는 최소한의 정보만 제공되어 있다. 그마저도 보다 심화된 범위의 공식은 제공되지 않는다. 말 그대로 '공식만' 제공되기 때문에 공식이 어떠한 식으로 사용되고, 어떻게 단위에 따라 변환될 수 있으며, 경우에 따라 어떠한 값을 대입할 것인가를 정하는 것은 순전히 자신의 몫이다.

앞서 이미 언급한 내용이지만, 공식 역시 단위에 따라 다양한 형태가 존재할 수 있으며, AP Chemistry에서는 어떤 특정한 형식을 이용한 풀이를 요구하는 문제가 출제되기도 한다. 그렇기 때문에 시험 자체에서 공식이 제공된다는 것만을 믿기에는 위험부담이 너무 크다. 설령 공식이 충분히 제공된다 하더라도 앞장을 뒤져보며 시험을 칠 여유는 부리지 않는 것이 좋다. 공식은 그냥 외워두는 것이 반드시 효율적이다.

4. 수백 번 부딪혀보고 감을 익혀라

AP 화학은 계산과 암기가 골고루 버무려진 과목인 만큼, 순전히 이론공부로만 습득할 수 있는 내용은 한계가 있기 때문에 이론공부와 문제풀이를 동시에 진행해야 한다. 원소 또는 화합물의 종류, 그에 따른 여러 개별적인 특성, 그리고 시험문제에서 주어지는 상황이 너무나 다양하고 방대하기 때문에 최고의 강사라도 학생들에게 정리해줄 수 있는 내용은 제한적일 수밖에 없다. 당연한 말이겠지만 어떠한 이론이 실전에서는 어떻게 사용되는지를 아느냐 모르느냐가 모든 것을 좌우할 수 있으며, 심지어는 기출문제를 풀어보지 않으면 아예 습득하지 못하는 이론이 상당히 있다.

이 때문에 아무리 이론공부를 탄탄히 했다 하라도 처음에 문제를 풀었을 때에는 심리적 공황 상태에 빠질 만큼 많이 틀릴 것이다. 이렇게 빗발치는 무수한 오답들에도 좌절하지 않고 계속 문제풀이에 부딪혀야 한다. 그렇게 반복적으로 기출문제를 접하다 보면 이론에서는 등장하지 않았던 실험 유형, 원소들의 숨겨진 특성, 통상적인 법칙에는 맞지 않는 예외 물질 및 상황을 알아가게 된다.

특히 AP Chemistry의 가장 큰 고비 중 하나는 바로 매년 FRQ 4번으로 출제되는 문제 유형이다. 이 문제는 일반적으로 반응물만 적힌 화학식을 몇 개 제공하고, 응시자가 그중에서 자율적으로 일부를 선택하여 각각 어떠한 반응이 일어나고 어떠한 생성물이 만들어지는가를 서술하는 유형이다. 주어지는 반응식들 중 일정 개수 이상을 맞추기만 하면 완전한 점수를 받을 수 있지만, 그만큼 문제에서 주어지는 반응식은 무작위이며 반응을 완전히

이해하고 백지에 써낼 수 있어야 하기 때문에 FRQ 4번은 흔히 AP Chemistry를 공부하는 학생들이 가장 난감해 하는 문제이다. 이론 공부를 통한 대비는 가능하지만 마지막 순간에 이 문제에서 제공되는 반응식이, 예를 들어 연소 반응을 일으킬지 아니면 이중치환을 일으킬지를 알아내는 것은 반복적인 연습을 통해 습득되는 '감' 뿐이다. 때문에 역시 이 유형도 수백 번 부딪혀보고 틀려보는 수밖에 없다.

5. 틀리는 것을 두려워하지 마라

자신이 이미 화학에 통달하지 않은 이상, AP Chemistry 공부는 수월하지 않을 것이며, 또 그래서는 안 된다. AP Chemistry를 대비하면서 거치는 문제풀이 연습은 문제를 맞히기 위한 과정이 아니라 틀리기 위한 과정이기 때문이다. 자신의 오답들을 '틀렸다'라는 시선으로 보지 말고, '다음부터 이런 문제는 맞으면 된다'는 생각을 갖고 꼼꼼히 다시 공부해보는 것이 중요하다. 실전이라면 성적표는 분명 형편없게 나왔겠지만, 이것은 어디까지나 연습이다. 틀려도 괜찮을 때에 실컷 틀리는 것이 AP Chemistry 실전에서 성공하는 방법이다.

AP Chemistry 공부를 위한 알찬 팁들

AP Chemistry 전체 내용을 성격별로 나누자면 크게 네 가지로 분류할 수 있다. 벽돌과 시멘트, 암기, 감(感), 계산이 그것이다.

1. 벽돌과 시멘트: 기본에 충실하라

벽돌과 시멘트라는 건축 비유를 썼는데 수학으로 보자면 사칙연산(더하기, 빼기, 곱하기, 나누기)에 해당하는 부분이다. 산수를 못하면 수학을 하기 힘들다. 물론 아주 복잡하고 어려운 수학은 창의성이 더 중요하지만 적어도 고등학교까지의 수학에서 산수가 되지 않는 사람이 시험을 친다면 자기 이름 빼곤 맞는 것이 없을 것이다. 화학에서도 그렇다. 벽돌과 시멘트에 해당되는 'Chemical Foundations', 'Atoms, Molecules, Ions', 'Stoichiometry', 이것들이 없으면 이후에 화학 공부를 계속 해나가는 데 지장이 크다. 이들은 기본 중의 기본인 것이다. Subatomic particles(원자구성입자)나 원소주기율표에 대한 내용을 담은 2단원부터는, 본격적으로 시험에 종종 한두 문제씩 나오는 nuclear chemistry(핵화학)는 물론 단원 대부분의 기본 구성 개념을 다루고 있으므로 정말 중요하다. 이 부분에 나오는 실험들은 문제로도 가끔 나오기 때문에 아주 찬찬히 살펴볼 필요가 있다. 화학물질을 명명하는 Nomenclature(명명법)도 나오는데 '뭘 이런 걸 다 외우나' 싶겠지만 이런 걸 다 외워야 한다. 적어도 문제에 자주 나오는 원소나 이온이 결합해서 만드는 물질의 명명법칙은 FRQ를 위해서 잘 숙지할 필요가 있다.

Stoichiometry(화학양론)는 산수와 마찬가지다. 산수 중의 산수고 또 그만큼 중요하기에 이 단원에 존재하는 모든 문제를 적어도 두 번씩은 풀어주면서 문제에 익숙해지는 게 필수다. 일전에

중등교육서 나온 유효숫자 개념인 scientific notation(과학적 표기법) 부터 새로 나오는 unit conversion(단위환산)이라는 부분까지 잘 해 두면 두고두고 편하지만 안 하면 두고두고 후회한다. 이 벽돌과 시멘트들은 말로 이루 다 표현할 수 없을 만큼 중요하다. 정말 열심히 하자. 이 모든 벽돌과 시멘트를 다루는 것에 익숙해졌다면 이제 어느 정도 화학어를 이해하는 사람이 되었을 것이다. 그런데 여기에 너무 진을 빼진 말 것! 뒤에 기다리고 있는 것이 더 많다.

2. 암기: 미루지 말고 바로바로 외워라

두 번째 부분은 암기하는 것이다. 이해하는 것은 물론 중요하다. 이해를 하지 못하면 금방 잊어버리기 때문이다. 하지만 그 이해한 내용들을 암기해두지 않으면 문제를 푸는 효율이나 속도가 떨어질 수밖에 없다. 자기가 문제를 풀면서 외우는 게 낫겠다 싶은 것들은 그때그때 외워버리자. 다음은 경험상 외워서 유용했던 것들이다.

(1) 6가지 기본적 화학 반응

① Precipitation reation(침전반응): 반응하는 두 용액을 섞으면 발생함

② Neutralization reaction(중화반응): 산성(용액)+염기성(용액) → 염+물(액체)

③ Redox reaction(산화환원반응)

④ $\begin{bmatrix} CO_3^{2-} \\ HCO_3^- \end{bmatrix}$ 염기+산 → 수용성염+이산화탄소(기체)+물(액체)

⑤ anhydride(무수물)+물(액체) → 산/염기(용액)

　－Metal oxide(금속산화물)+물(액체) → 염기(용액)

　－Nonmetal oxide(비금속산화물)+물(액체) → 산(용액)

⑥ lewis acid-lewis base(루이스산-루이스염기)

위의 내용이 AP Chemistry에서 다루고 있는 화학 반응의 종류를 아주 간략하게 적은 것이다. 아직 공부를 시작하지 않았다면 도통 무슨 소리인지 이해하기 힘들겠지만 이런 것들이 있다는 것을 유념하면서 공부를 시작하고 위의 반응식들이 적당히 이해되는 시점부터 식의 '형태'를 눈에 잘 익혀두자. 무식하게 외워두면 나중에 반응식을 보자마자 이 물질들이 어떤 반응을 할 것인지 예상하고 문제를 풀 수 있다. 태어나 처음 보는 화학물질들도 이와 같은 방식으로 많은 문제를 풀다 보면 얼추 그 반응을 예측할 수 있게 된다. MCQ와 FRQ 모두에서 화학 반응을 미리 알 수 있으면 매우 용이하게 풀이를 할 수 있다.

(2) Solubility Rule(용해법칙)

Solubility Rule 또한 기본 중의 기본 상식으로 암기가 필수적이다. 이는《하이탑 화학 I》에 나오는 precipitation rxn(침전 반응)의

앙금(AgCl 등)과 같이 외워두면 도움이 많이 된다. 줌달책에 나오는 내용이 조금 부족할 때는 여러 책들을 찾아서 꼭 참고하자. 번거롭지만 solubility rule을 외우지 않으면 풀지 못하는 문제가 당연히 생길뿐더러 화학 반응 자체를 가늠하지 못하는 경우도 생긴다. 가끔씩은 매우 어려운 문제를 풀 때 예상치 못한 해결의 실마리가 될 때도 많기 때문에 꼭 암기하도록 하자.

(3) Periodic Table(원소주기율표)

우리나라에서 화학 하면 '히히 성적이 B, C가 아니고 F네' 하면서 열심히 암기한다. 바로 H, He, Li, Be, B, C, N, O, F, Ne의 periodic table(주기율표)을 외우는 것이다. 물론 주기율표를 다 암기한다면 AP Chemistry 문제 풀이에 도움이 되긴 할 것이다. 하지만 시험지에 주기율표가 주어지기 때문에 다른 것도 외울 게 많은 상황에서 굳이 이것까지 외울 필요는 없다. 하지만 바로 문제를 풀기 전에 각 원소가 주기율표의 어느 위치쯤 오는지를 대략 눈으로 확인해둘 필요는 있다.

앞서 언급도 했고 공부를 하면서 알게 되지만 문제의 원소가 이 주기율표의 어느 위치에 있고 어떤 원소 가까이에 있는지 아는 것만으로도 미스테리 원소의 특성에 대한 수많은 추측이 가능하고, 이는 매우 빈번하게 문제 해결의 실마리가 된다. 각 family(족)에 대한 성질을 익혀두고 각 주기마다 원자의 껍질(orbital, 오비탈)이 많아진다는 것을 느끼면서 약식 주기율표를 가

숨속에 하나 심어두자.

(4) Nomenclature(명명법)

AP Chemistry를 처음에 공부할 때 가장 귀찮고 암기하기 싫은 것 중 하나가 Nomenclature이다. 하지만 기본서 초반에 나오는 Nomenclature을 외우지 않는다면 AP Chemistry 문제를 풀 수 없다. 화학식이 주어지는 경우도 있지만 대체적으로 'Chlorine gas is passed through potassium bromide solution' 식으로 말로 이름이 풀이된 경우가 다반사고, 간간이 이름 옆에 transitional metal(전이금속)의 경우 몇 가(oxidation number)인지 정도만 표시되어 있을 뿐이다. 당초 이름을 읽고 화학식을 만들지 못한다면 문제를 아예 접근할 수조차 없다.

(5) Organic Chemistry(유기화학)

Organic Chemistry는 암기 기반의 화학이다. hydroxyl(수산기), carboxyl(카르복실기), aldehyde(알데하이드), ketone(케톤), ether(에테르), ester(에스터), amino/amine(아미노/아민) 계열의 기본적 화학구조와 이들이 포함된 화학물질의 명명법, 그리고 각 계열마다의 특성과 대표적 물질들을 다 전반적으로 파악하고 암기할 필요가 있다.

(6) 금속의 반응성

K > Ca > Na > Mg > Al > Zn > Fe > Ni > Sn > Pb > (H) > Cu > Hg > Ag > Pt > Au

위의 금속반응도는 사실 AP Chemistry 책에는 언급되지 않는 사족이기는 하지만 이 사족을 달면 은근히 더 빨리 달릴 수 있다. 화학 문제가 정말 재미난 것이 모든 화학적 성질들은 다 서로서로 연결되어있기 때문에 한 문제를 풀더라도 다양한 사고 과정을 통해 같은 해답에 도달할 수 있다. 금속반응도는 알아두면 많은 문제에 요긴하게 써먹을 수 있는 사족이다. 물론 암기에 약하거나 더 많은 것을 외우기 힘들면 무시해도 괜찮다. 전혀 문제 푸는 데에 지장이 없으니까 말이다.

혹시나 외워보고 싶은 분들을 위해 알고 있는 연상법을 하나 알려주자면 다음과 같다.

'쌍칼 나만 알아 패니? 주납세 동은금.'

쌍칼(K, Ca) 나만(Na, Mg) 알아(Al, Zn) 패니(Fe, Ni) 주납세(Sn, Pb, H) 동은금(Cu, Hg/Ag, Pt/Au)

하지만 영문 이름과 한글 이름이 다른 것이 있으니 이에 유의하자.

> 주의 K=potassium(포타슘)/칼륨 X
> Na=sodium(소디움)/나트륨 X

(7) VSEPR(원자가껍질 전자쌍 반발 이론)

VSEPR는 아주 가끔 나오는 문제인데, lone pair(고립전자쌍)가 반발력이 강해서 다른 결합들을 옆으로 자꾸 밀어버린다는 생각을 가지고 이해하려고 하면 어려운 개념이 아니다. 앞서 언급한 바와 같이 이 부분은 TPR 책에 도표와 그림으로 매우 잘 정리되어 있으니 원자 놀이를 하면서 머릿속으로 그리면서 도표를 외우면 한 방에 끝낼 수 있다.

이것도 외우고 저것도 외우고 계속 외우라는 이야기만 내내 했다. 경험상 화학이라는 과목은 단순 암기만으로는 풀 수 없는 과목이지만, 암기 없이는 절대 풀 수 없는 과목인 것도 분명하다. 이 중 특히 2, 3, 4, 5번에 해당되는 것을 외우지 않으면 문제를 풀 수 없다. 이외에도 AP Chemistry는 어느 정도 외워줘야 하는 것이 매우 많다. 문제를 풀다가 외워야겠다는 생각이 드는 것이 있다면 바로바로 그 자리에서 외워버리자. 화학의 반은 암기다. 주저하지 말고 부지런히 외워라.

3. 감: 머릿속으로 그림을 그려라

세 번째 부분은 화학적 감을 얻는 것, 즉 필을 받아 느끼면서 푸는 것이다. 이 표현이 잘 와 닿지 않을 수도 있는데, 간단하게 말하자면 머릿속으로 그림을 그려가면서 완전하게 이해하는 것을 뜻한다.

이 대표적인 부분이 thermodynamics(열역학)와 equilibrium(평형) 부분이다. 사실 thermodynamics 부분은 화학에 한정된 것이 아니라 세계의 현상 모두를 총망라하는 법칙을 다루다 보니 수식이나 설명만으로는 이해하기 어려울 수도 있다. 하지만 그렇게 어렵게 생각할 것이 아니라 뜨거운 것과 차가운 것이 붙어있으면 둘 다 미지근한 물이 되는 이치와 같이 크게 머릿속으로 그림을 그려가면서 이해하면 도움이 많이 된다. 특히나 이 부분을 공부하면서 이해한 전현상의 법칙은 이름 그대로 모든 현상에 적용되기 때문에 다른 모든 AP Chemistry 문제에도 적용된다. 물론 이 부분 하나만으로 모든 문제를 정확히 풀 수 있다는 뜻은 아니지만 열역학적으로 불가능한 화학 반응이 문제로 나올 수도 없고, 열역학으로 반응물의 상태를 보고 생산물의 상태를 추측할 수 있다. 만약 자신이 열심히 계산한 답이 열역학적 맥락에서 어긋난다면 자신의 답이 틀렸다는 것을 알 수도 있고, 열역학적 맥락으로 답의 모양을 예상하여 이를 지표로 자잘한 계산을 해내갈 수도 있는 것이다.

equilibrium 부분은 'ICE table(Initial Change Equilibrium table, 초기상태 변화량 평형상태표)'이라고 해서 찬찬히 계산을 해야 하는 부분도 존재한다. 하지만 이 부분도 큰 맥락에서 Le Châtelier's principle(르 샤틀리에 법칙)을 이해하면 계산 도중 헷갈리지 않고 잘 해내갈 수 있다. 르 샤틀리에 법칙도 지극히 상식적인 법칙이다. 시스템 내로 들어온 변화를 줄이는 방향으로 시스템의 화학 반응이 일어난다는 것인데, 상식적으로 한 생태계나 환경이 있다면 안정을 추구하는 방향으로 반응하지 않을까? 불안정해지고 싶어 하는 환경은 없을 것이다. 안정된 환경이 있다면 그 환경은 안정된 상태를 유지하고 싶을 것이고 외부에서 들어온 변화를 최소화하는 쪽으로 반응할 것 같다. 이렇게 마음속에 큰 그림을 그려두고 문제를 풀려고 한다면 훨씬 수월하고 실수 없이 문제를 풀 수 있다. 작은 계산도 잘해야 하지만 큰 맥락도 살필 줄 알아야 한다는 점에서 화학은 숲과 나무를 동시에 볼 줄 아는 능력을 요한다.

간간히 AP Chemistry에는 듣도 보도 못한 요상한 화학식들이 나오기도 한다. 일종의 '100점 방지용' 문제인데 쿨하게 지나갈 수도 있지만, 한국인 근성상 답안지를 비워두는 것이 껄끄럽거나 이런 문제에 막혀서 다른 문제를 푸는 것에까지 영향을 받는 사람은 이런 '화학의 감'을 많이 쌓아야 한다. 감각이라고도 할 수 있는 이것은 수많은 문제를 풀어보고 틀려보고 공부해 본 사람에게만 생긴다. 개략적인 화학물질들의 특성이 눈에 보이는 것인데 이 '감'이야 말로 화학 공부의 묘미다. 내가 2009년 시험을 볼 때에도 FRQ 1번 문제부터 황당한 화학 반응식이 나왔다. 이때 당황하지 않고 찬찬히 감각을 발휘해 문제를 풀어나갈 수 있었다. 문제의 옳고 그름을 떠나서 1번 문제부터 막혔다면 AP Chemistry 5점은 힘들 수도 있다. 하지만 이 '감'은 암기했던 것을 잊어버렸을 때도 유용하게 쓰이는 정말 좋은 도구가 된다.

4. 계산: 정확하고 차분하게 풀어라

마지막으로, 차분히 계산해야 할 것도 있다. 사실 대부분의 AP Chemistry 문제는 다 차분히 계산을 해야 한다. 느리더라도 계산기에 또박또박 정확히 숫자를 쳐서 문제를 풀어야 한다. 하지만 rate law(반응속도식), empirical formula(실험식), pH 계산, formation energy 계산, galvanic cell(갈바니전지), electrolysis(전기분해), buffer solution(완충용액) 만들기, equilibrium ICE table과 같은 내용들은 유난히 차분하게 계산해야 한다. 이들도 문제를 많이 풀어보는 것이 정답이다. 자주 풀어보고 자주 복잡한 계산을 맞닥뜨리는 것이 매우 중요하다. 특히나 empirical formula(분자식)와 molar mass(몰 질량)를 가지고 molecular formula를 찾는 것, molar니 mole이니 하면서 단위를 맞추는 것, formation energy 계산하기와 equilibrium ICE table을 쓰는 문제들은 줌달책과 같은 기본서에 나오는 연습문제를 다 한 번씩 풀어보는 것이 수련하기에 좋다. 숫자가 매우 복잡하기 때문에 정확도와 집중력을 요하게 되고 자연히 차분하게 계산하는 능력이 길러지게 된다.

AP Chemistry를 혼자 공부하기가 많이 부담된다면 필자는 적극적으로 학원에 가는 것을 추천한다. 짧은 기간에 방대하고 깊은 내용을 혼자 다루는 것이 사실 힘들 수밖에 없는데, 이럴 때 유능한 선생님의 도움을 받는 것은 정말 중요하기 때문이다. 사교육이고 공교육이고를 따질 것이 아니라 AP Chemistry 공부에 가장 도움이 되는 쪽을 추천한다.

SAT Chemistry는 단지 상당한 '화학의 감'이 요구되는 True/False 문제가 15문제가량 나오는 것을 제외하면 나머지 내용은 AP Chemistry에서 공부한 내용으로 거의 다 풀 수 있기 때문에 AP Chemistry를 응시한 사람이라면 누구에게나 좋은 옵션이 된다. 하지만 총 85문제 중 3~4개 정도 틀려야만 800점을 얻을 수 있기 때문에 정말 열심히 공부해야 하고 True/False 문제를 잘 풀기 위해 화학적 감각도 넘쳐나야 한다. 나는 AP Chemistry를 공부한 경험덕에 매우 수월하게 SAT를 치를 수 있었고 운이 좋게 800점도 받을 수 있었다.

이렇게 해서 아주 길고 복잡하게 AP Chemistry에 대한 여러 팁을 알아보았다. 사실 AP Chemistry는 정말 어려울 수도 있고 쉬울 수도 있는 과목이다. 그만큼 본인의 노력이 매우 중요한 과목이다.

일전에 위대한 선배님이 Chemistry을 들어 "Chem is try"라고 하셨다. 시도와 도전을 포기하지 않고 열심히만 한다면 누구나 AP Chemistry 5점을 받을 수 있을 것이고 덤으로 SAT Chemistry 800점도 노려볼 수 있을 것이다.

밴더빌트대학교 경제학, 컴퓨터공학 전공

5기생 **김규훈**

SAT Chinese
중국어

나는 용인외고에서 재미나게 3년을 보내고, 나름대로 SAT Chinese를 준비한 끝에 800점을 받았다. SAT Chinese에 대비하는 것은 쉬운 일이 아니다. 특히나 중국어를 외국어로써 접하는 사람이라면, 한국어나 영어에 습관화된 문법적 사고방식을 중국어에 맞게 변화하여 생각하기가 결코 쉽지 않을 것이다. 하지만 그럼에도 불구하고 몇 가지 규칙을 항시 유념하고 자신만의 학습 노하우를 통해 꾸준히 공부하면 얼마든지 만점을 받을 수 있는 과목이 중국어다. 뻔한 소리를 늘어놓는 것이 아니라 중국어를 공부하고 SAT Chinese를 잘 볼 의향이 있는 사람들에게 정말로 도움을 드리고자 하는 것이니 관심이 있다면 꼼꼼히 읽어주길 바란다.

좋은 점수를 위한 일러두기 2가지

출판사에서 나에게 이 글의 집필을 부탁했을 때에는 SAT Chinese 준비를 위한 '길'에 대해 귀띔해 주기를 바랐던 것 같다. 시험 대비를 위한 여느 조언들과 같이 그 '길'에 대해서 주절주절 써 내려갈 수도 있다. 하지만 이에 앞서 나는 그런 것보다 훨씬 중요한 것 두 가지를 먼저 일러두고자 한다. 이 두 가지에 대한 확고한 인식이 없는 상태로 공부를 해서는 절대 좋은 점수를 낼 수 없기 때문이다.

1. 나만의 맞춤식 학습을 하라

앞으로 소개하게 될 SAT Chinese 대비 방법은 때와 상황과 사람과 파트에 따라 크게 차이가 날 수 있다. 각자 스스로에게 가장 잘 맞는 공부 방법론을 모색하는 과정은 철저히 각자의 몫이다. 꼭 기억해야 한다. Personalize!

2. 힘들게 공부할 각오를 하라

위에서 언급한 각자에게 맞는 공부 방법은 오로지 스스로만이 인고의 노력을 통해서 찾을 수 있는 것이다. 도전 의식을 갖고,

힘들어질 각오를 하고, 의자에서 엉덩이를 떼지 않는 노력을 통해서만 각자에게 맞는 효율적인 중국어 학습 방법을 찾을 수 있다. 나는 어렸을 적부터 매일매일 중국어를 했고 회화를 할 수 있었음에도, 시험 보기 두 달 전부터 대비하기 시작해 시험 전 2주 동안 아침, 점심, 저녁 시간에 밥 먹고 이만 닦고 교실로 뛰어들어와서 다시 공부했다. 쉽게 고득점을 얻으려고 생각하면 안 된다. 격렬한 세포 활동은 뇌 속에서만 하자. 엉덩이로 하면 안 된다.

중국어 문법의 특징 3가지

이제 일러두기를 마쳤으니 중요한 것은 다 언급했다. 지금부터는 '부수적인' 이야기들을 하나둘씩 해보고자 한다.

문법이나 단어 몇 개 더 외워서 한두 문제 찍어서 맞히는 시험으로 SAT Chinese를 생각하지 말고, 중국어라는 언어에 대해서 근본적으로 이해하려고 노력해야 한다. 많은 사람들이 주어+동사+목적어의 구조를 갖는 중국어를 보고 영어와 비슷하다고 생각해버리지만, 단지 그런 생각 하나만으로도 많은 문법적 실수를 범할 수 있다. 한국어와 일본어가 99% 비슷하다면 중국어와 영어는 50%도 채 비슷하지 않다.

내가 중국어를 학습하면서 의식적으로 익힌 중국어 문법의 특징 몇 가지를 소개한다.

1. 한국어와 다르고 영어와 비슷한 중국어의 모습

(1) 주어+동사+목적어 순의 구조로, 문장 형식이 전반부와 중반부 사이에서 결정된다.

(2) 접속사가 문장 앞에 나온다. (如果, 因为 등)

2. 영어와는 다르고 한국어와 비슷한 중국어의 모습

(1) 관계대명사가 없으므로 명사 수식 시에 꾸며주는 표현이 온전히 피수식어 앞에 온다.

(2) 영어에서는 in, on, at, by, with 등으로 시작하는 구가 문장 뒷부분에 오는 반면, 중국어에서는 대체로 주어 바로 뒤에 나타난다. 예를 들어

'I consumed all the chocolate at Min's office.
(나는 민선생님 사무실에서 초콜렛을 다 먹어버렸다.)'

라는 문장에서 'at Min's office'와 같이 때·상태·장소·수단 등을 나타내는 절은 중국어의 위치 상

'I at Min's office consumed all the chocolate.'
즉, '我在珉老师的办公司吃了所有的巧克力.'

라고 표현해야 한다. '나는 민선생님 사무실에서' 부분까지는 한국어와 매우 비슷하다.

3. 한국어와 영어에서는 찾아보기 힘든 중국어만의 특징

(1) 중국어에는 사자성어를 사용한 수식표현이 자주 나타난다. 고

급 중국어를 공부하려면 사자성어 단어장을 따로 만들어 정리해서 암기하는 것을 추천하지만 SAT Chinese만 위해서라면 따로 준비할 필요까지는 없다.

(2) 영문법에서는 최대의 적으로 경계하는 중의적 표현이 중국어 문법에서는 문장 호응을 위해 당연한 것으로 통한다.

'Because I ate chocolate, so I gained weight.
(초콜렛을 먹어서 몸무게가 늘었다.)'

라는 말은 because와 so가 겹치므로 영문법에서는 허용되지 않지만, 중국어에서는 因为와 所以가 호응해야 한다. 由于와 于是, 尽管과 但是, 虽然과 可是 등의 관계도 마찬가지다.

내가 찾은 중국어 문법의 특징은 여기까지다. 여러분이 찾은 특징은 무엇인가?

사실, 여기까지 다른 것들의 힘을 빌리지 않고 내 힘으로 쓸 수 있기까지는 수많은 시간을 중국어와 함께했기 때문이다. 위에서 재차 강조한 끈질긴 노력으로 여러분들만의 중국어를 분석할 수 있는 안목을 가질 날이 올 수 있기를 바란다.

또한 더 나아가 HSK까지 준비할 수 있다면 더욱 좋다. SAT Chinese와 HSK를 병행하여 준비하면 학습능률이 더욱 오를 것이다. 대부분 신HSK 4급 수준이면 SAT Chinese를 대비하는 데에 큰 문제가 없으므로, 함께 준비하여 열정과 안목을 더욱 높은 단계로 끌어올리면 좋을 것이다.

시험 준비를 위한 작은 팁

1. 추천 교재

학교에서 중국어 선생님을 찾아가면 모두가 갖고 계신 캘리포니아 소재 학교 중국어교사연합회에서 출간된 모의고사가 실전과 가장 유사하고 풀 만하다. 사실, 구할 수 있는 거의 유일한 문제집이기도 하다.

2. 실전처럼 모의고사에 임하기

중국어는 풀 수 있는 모의고사 분량이 그리 많지 않다. 그러므로 모의고사 문제집을 무턱대고 풀어버리지 말고 한 번 모의고사를 풀 때마다 제한된 아이템을 사용한다는 생각으로 신중하게 풀어야 한다. 정확히 시간을 재고 스스로에게 엄격하게 해서 최대한 현실적인 예상점수를 산출해 보라. 그리고 며칠이 걸려도 좋으니 한 회를 풀 때마다 꼼꼼하게 오답 및 모르는 표현을 복습하라.

3. 오답노트 정리법

우선 오답노트의 특징 두 가지를 설명하고자 한다. 첫째, 오답노트에는 오답만 정리하는 것이 아니라 지문 전체에서 자신이 몰랐던 단어, 표현, 심지어는 구문까지 꼼꼼하게 표시해서 정리해야 한다. 둘째, 나중에 오답노트를 보고 쉽게 복습하고 스스로에게 다시 문제를 낼 수 있도록 구성해야 한다.

이 두 가지 조건을 만족하기 위해서는 시간과 노력을 별로 들이지 않고도 알아보기 쉬우면서 방대한 양의 오답노트를 만들어야 한다. 개인적으로는 다음과 같은 방법으로 오답노트를 만드는 것을 추천한다. 우선 얇은 줄공책을 세로로 삼등분한다. 가장 왼쪽 칸에는 자신이 몰랐던 단어나 표현을 쓴다. 중간에는 그 단어나 표현의 뜻을 써넣는다. 가장 끝 칸에는 그 표현과 관련되거나 참조할 만한 사항, 동의어 또는 반의어 등의 추가 학습 정보를 기록해 넣는다. 표현, 구문, 문법사항은 노트 첫 장 정면에서부터, 단어는 별도로 노트 맨 뒷장에서부터 시작하면 노트도 아끼고 눈에 띄게 구분할 수도 있다. 나중에 오답노트를 펼치면, 오른쪽 두 칸을 손으로 가리고 가장 왼쪽의 것을 보고 뜻을 맞추는 식으로 스스로에게 문제를 내면 된다. 처음에는 중-한 또는 중-영으로 시작하다가 수준을 한 단계 높여 중-중으로 정리하면 더욱 좋다.

4. 익힌 표현으로 혼자 연습하기

그날 익힌 표현은 꼭 그날 완벽히 숙지해야 한다. 야간자율학습 시간에 딴짓하는 대신 그날 배운 표현으로 새로운 문장을 창작해 노트에 적어 보라. 기숙사에 들어가서 친구들과 이야기할 때 혼자서 창작한 문장을 중얼거려 보라. 힘든 일이라는 것은 나도 알지만 이미 수많은 언어학자들의 연구가 이를 뒷받침한다. 습득한 내용을 직접 표현해 내면 학습 정도가 훨씬 오른다!

5. CD 플레이어

이해할 수 없는 CollegeBoard의 정책으로 인해 SAT Chinese 응시자들은 시험 때 CD 플레이어를 지참해야 한다. 요즘은 웬만한 큰 마트에서조차 CD 플레이어를 팔지 않으니, 원활한 시험 준비와 응시를 원한다면 일찍부터 구해두어야 한다. 시험 전날에도 CD 플레이어가 없어 큰 고생하는 친구들을 많이 봤다.

6. 시험 전날, 마지막 점검

오답노트는 완벽히 정리했다면 보면서 끊임없이 중얼중얼 외워보라. 수험표를 출력해 가방에 잘 챙겨두고, 2B 연필을 깎아서 조심스럽게 보관하는 것도 잊으면 안 된다. 모든 SAT OMR 표기는 2B 연필로 해야 한다. 샤프펜슬로는 답안을 표기하지 못하게 되어 있기 때문에 2B 연필을 깨끗이 깎아서 가는 것이 좋다. 그 후에는 다른 친구들의 모습에 흔들리지 말고 침착하게 자신만의 호흡을 유지하며 일찍 잠자리에 들어라. 10시 반 전에 자는 것을 추천한다.

SAT Chinese 3가지 파트별 전략법

마지막으로 파트별로 간략한 조언을 하고자 한다. SAT Chinese는 듣기, 문법, 읽기의 세 부분으로 나뉜다.

1. 듣기: 빠르게 반복해서 들어라

모의고사 녹음내용은 실전보다 살짝 빠른 편이다. 실제 시험에서 녹음 내용은 모의고사보다 약간 느리고 발음도 비교적 또박또박하다. 실전에서 감독관 선생님들은 CD 플레이어 되감기 기능을 쓰지 말라고 지시를 하지만 그럼에도 유혹에 넘어가고 싶을 때가 많기 때문에, 연습을 위해서라도 빠르게 듣는 훈련을 하는 것이 실전에 가서도 훨씬 유리하게 작용한다. 한 번 틀린 문제는 오답만 확인하는 것에 그치지 말고, 모든 내용을 알 때까지 반복해서 듣는 훈련이 필요하다.

2. 문법: 단 하나의 유형도 반드시 익혀라

쓰기라고도 불리는 두 번째 파트에서는 중국어의 관용적인 표현이 많이 나온다. 이는 많이 공부하더라도 어려운 면이 있을 수 있기 때문에 단 하나의 문법사항도 빼놓지 말고 오답노트에 정리하고, 선생님의 직접적인 도움을 받는 것도 나쁘지 않다. 자주 나오는 문법 유형은 꼭 숙지해야 한다.

3. 읽기: 중요한 단어는 놓치지 마라

지문을 빨리 읽고 훑어 읽는 연습을 해두어야 한다. 중요한 단어 위주로 읽으면 사실관계를 묻는 문제는 그리 어렵지 않게 풀 수 있다. 또한 지문에서 중국 문화와 관련된 내용이 나오는 경우가 있기 때문에 이와 관련된 단어들도 별도로 익혀두면 큰 도움이 된다.

SAT Chinese를 준비하는 모든 분들의 행운을 빈다.

※ 파트별 조언 부분을 쓰는 데 있어서는 곽선경 학우의 도움을 많이 받았음을 일러둔다. 곽선경 학우는 국내파로 중학교 때 중국어를 처음 접했음에도, SAT Chinese에서 800점 만점을 받고 현재는 서울대학교에 재학하고 있는 동급생이다. 과제도 미루고 도움을 준 선경이에게 진심으로 고맙다는 말을 전한다.

윌리엄스대학

3기생 **성준헌**

AP Art History
미술사

　AP 과목을 고를 때 가장 중요한 점은 자신이 관심 있는 과목을 선택하는 것이다. SAT I이나 SAT II와 달리 AP는 봐야하는 과목들이 모범 답안처럼 정해져 있지 않다. AP를 보는 목적은 내가 학생으로서 어떤 학문 분야를 좋아하는지 잘 알고 있으며 이를 자기 주도적으로 공부할 수 있고 객관적으로 증명할 수 있다는 것을 보여주는 것이 크다. 달리 말하면, AP는 남들이 다 보니까 따라서 보는 시험이 아니고 단순히 몇 개 이상의 개수를 채우기 위해 꾸역꾸역 봐야하는 시험도 아니다. 옆에 앉은 친구가

AP를 10개 본다고 따라서 11개 과목을 공부할 필요가 전혀 없다. 또한 다들 AP Chemistry를 본다고 나도 봐야한다고 생각할 필요도 없다.

이렇듯 AP 과목을 선택하기 전에 정말로 내가 이 과목에 흥미가 있는지 고민하고 생각해보는 과정이 필요하다. 나는 역사를 좋아하고, AP를 통해 평소에 공부하지 않던 과목을 공부하는 계기로 삼고 싶었기 때문에 AP Art History를 선택하게 되었다. 단순히 입시과정을 위해 공부하는 것이 아니라 교양과 상식을 기르는 기회가 되길 바라는 마음이 컸다.

AP Art History는 원시시대부터 현대까지 이르는 방대한 분량의 예술사조와 작품을 공부하는 과목이기에 공부할 내용도 많고 외워야 할 내용도 많다. 그래서 나는 한국어로 된 미술사 책을 먼저 읽고 전반적인 흐름을 파악하고자 노력했다. AP Art History를 보기 전 겨울방학부터 SAT를 준비하며 틈틈이 머리도 식힐 겸 이 책 저 책을 찾아 읽었다. SAT가 끝난 후에는 McGraw-Hill 출판사의 《Art Across Time》을 사서 읽기 시작했다. 분량이 워낙 방대하다 보니 한 번에 다 읽으려는 생각보다는 교양서를 읽는다는 기분으로 찬찬히 조금씩 읽어나갔다. 또한 세세한 사항을 기억하기보다는 전반적인 흐름을 알고 특정 시대 또는 사조의 대표적 작품과 예술가를 파악하려고 노력했다. 그런 후에 Barron's나 REA에서 나온 수험서로 공부하며 본격적으로 시험을

준비하기 시작했다. 문제집은 기출문제를 풀고 오답이 나온 부분을 복습하며 내가 부족한 부분이 어디인지 파악하고 보완해 나가는 식으로 활용했다.

나는 차근차근 한 번에 끝내버리는 공부 방식보다는 최대한 빨리 진도를 나간 후 돌아와 부족한 부분을 복습하는 공부 방식에 더 익숙하다. 그래서 수험서를 가지고 공부하면서도 오답 하나 하나를 세세하게 훑어보기보다는 어느 부분에 대한 이해가 부족한지를 파악하고 그 부분으로 다시 돌아가 살펴보는 방식으로 공부했다. 또한, AP 공식 사이트인 CollegeBoard에서 기출문제를 구해 풀어보고 문제 유형에 익숙해지려고 노력했다. AP는 매년 유형이 크게 바뀌지 않고 출제된다. 그렇기 때문에 기출문제를 풀어보고 유형을 익히는 것은 굉장히 중요하다. 특히 전체 점수의 65%를 차지하는 주관식 문제를 공부하기 위해서는 시험 문제 기출유형에 익숙해지는 것이 무엇보다 중요하다.

앞서 이야기했다시피 AP Art History는 방대한 분량을 다루는 과목이다. 그렇기 때문에 모든 세부적인 사항을 외우는 것은 불가능할 뿐만 아니라 시험 특성상 전반적인 흐름을 묻는 문제들이 많이 나온다. 그래서 공부하면서 내용을 외우기보다는 발전 과정의 흐름을 파악하는 데에 중점을 두었다. 세세한 내용은 잊어버리면 곧 다시 외우고 정리할 수 있지만, 전체적으로 큰 흐름을 파악하고 이해하는 것은 시간이 많이 걸린다. 그렇기 때문에 일단은 차근차근 전체적인 그림을 이해하는 것이 더 중요하다.

이런 전체적인 그림을 쉽게 기억하고 이해하는 방법은 여러 가지다. 그 중 하나는 일정한 유형으로 예술사조가 발전하고 반복된다는 것을 기억하는 것이다. 처음 새로운 예술사조 또는 기법이 등장하면 조금 밋밋하거나 단조로운 경향이 있다. 처음 등장한 유행을 사람들이 완벽하게 소화하지 못하는 것은 어찌 보면 당연한 일이다. 하지만 시간이 지나고 그 특정 기법이나 사조에 대한 이해가 깊어질수록 작품은 점점 화려해지고 그 특징은 과장되곤 한다.

그리스 조각상을 보면 처음 그리스 예술이 발전한 고대 시기의 작품은 인체 묘사나 비율이 굉장히 부자연스러워보인다. 하지만 시간이 지나면서 조각상들에 동적인 느낌이 가미되고 묘사 자체도 점점 자연스러워진다. 더 나아가 헬레니즘 시대의 조각상에서는 굉장히 과장된 감정표현이 느껴진다.

비슷한 예가 원근법이다. 멀리 있는 물체는 작게, 가까이 있는 물체는 크게 표현하는 원근법은 중세시대 후기에 시작된 기법으로 이후의 르네상스 시대 예술에서 매우 특징적으로 사용되었다. 원근법을 사용하지 않은 작품을 보면 적어도 중세시대 이전의 작품이라고 예상할 수 있고, 반대로 과장될 정도로 원근법이 사용되었다면 르네상스 시대의 작품이라고 생각해 볼 수 있을 것이다. 이런 식으로 발전과정을 이해하다 보면 전에 보지 못했던 작품이라 하더라도 그 특징과 세련된 정도를 보고 전기, 중기, 후기 중 언제쯤 만들어진 작품인지를 추측할 수 있다.

특정 예술사조가 전성기를 누리고 난 후에는 그 정반대의 특징을 가진 예술사조가 유행한다는 점을 기억하는 것 역시 전체적인 흐름을 파악하는 데에 도움이 된다. 전설이나 역사적인 사건을 드라마틱하게 묘사한 낭만주의 사조 후에는 보통사람들의 이야기를 최대한 사실에 가깝게 그려낸 사실주의가 뒤따랐고, 사실주의 이후에는 예술가의 주관을 중요시한 인상주의가 유행했다. 이러한 패턴을 파악하면 예술사의 발전 과정을 더 쉽게 이해하고 기억할 수 있다.

무엇보다 미술사 역시 역사 과목이고 다른 역사 과목들과 연관되어 있다는 점을 기억하는 것이 중요하다. 단순히 예술사조의 발전이나 변화를 독립된 변화로 이해하지 말고 전체적인 역사의 일부분으로 생각하면 공부하는 데 큰 도움이 된다. 예를 들어 서양 중세시대의 성당 구조물의 발전과정을 공부할 때 무턱대고 외우는 것이 아니라, 점점 묘사가 자세해지고 석상들이 자연스러워진다는 점을 신 중심의 중세사회에서 인간 중심의 르네상스로 발전하는 과정과 엮어서 생각하면 이해하기가 더 쉽다. 종교가 지배하던 중세 사회에서는 종교와 믿음이 무엇보다 중요하기 때문에 인간에 대한 묘사를 충실히 할 필요성을 느끼지 못했지만, 점점 인본주의가 발전하면서 인간을 자세하고 정확하게 묘사하기 위한 노력이 시작되었기 때문이다.

Barron's나 REA 사에서 발행한 수험서로 공부하다 보면 전에 공부했던 내용에 나오지 않는 작품에 대한 이야기가 나오거나 생전 들도 보도 못한 예술가를 비중 있게 다루는 것을 볼 수 있다. 시험을 볼 때에도 전에 본 적이 없는 작품들은 분명히 나오기 마련이다. 그럴 때는 당황하지 말고 공부했던 내용을 기억해서 어느 시대의 작품인지 유추해낼 수 있어야 한다. 단순히 외우는 것으로 끝나는 것이 아니라 공부한 내용들을 종합해서 응용할 수 있는 능력이 필요한 것이다.

AP Art History는 확실히 여러 AP 과목 중에서도 어려운 편에 속한다. 내가 앞서 흐름을 파악하고 이해하는 것을 강조하기는 했지만 세세한 사항들을 외우는 것 역시 매우 중요하다. 또한 회화, 조각, 건축 작품에 이르는 방대한 시험 범위를 공부하는 것은 굉장히 벅찬 일이다. 외워야 할 것도 많고, 공부해야 할 내용도 버거울 정도로 많다. 지금이야 돌아보면 보람을 느끼지만 시험보기 직전까지 아무리 외우고 읽어도 끝이 보이지 않는 것 같아 머리가 아팠던 기억이 난다. 그만큼 시간과 노력을 많이 투자해야 하는 과목이다 보니 다른 것들을 우선적으로 생각해야 하는 학생들에게는 알맞지 않은 과목일 수도 있다. 하지만 정말 이 분야에 대해 관심이 있고 공부하고 싶은 욕심이 있다면 분명 해볼만한 가치가 있는 과목이다.

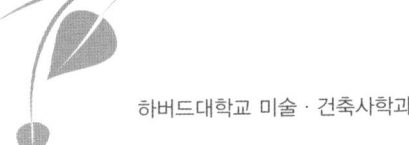

하버드대학교 미술·건축사학과

5기생 **하지예**

AP Art History
미술사

미술사는 단순히 '미술의 역사'라기보다는 문화와 창조의 역사를 살펴보는 과목이라고 보는 것이 더 옳을 것이다. 사람의 인생이 문화로 기록된 순간과 상황들, 그리고 지금까지 나타났던 여러 가지 문화적 양상들과 생성과정 등을 그린 매력적인 문화 백과사전이다. 문학, 철학 등 관련 분야도 많아 공부하자면 끝이 없는 과목이기도 하지만 인문학의 기본을 쌓기에는 더없이 필요한 과목이다.

AP Art History 공부법

AP Art History는 세계사만큼 방대하고 미적분처럼 응용문제가 많은 과목이다. 어찌 보면 AP 과목 중에 가장 많은 암기력과 창의력을 요구하는 과목이라고 볼 수도 있다. 우선 많은 그림과 그 그림들에 해당하는 특이사항을 외워야 하고, 제출해야 하는 에세이만 자그마치 9개에 달하기 때문에 어느 정도의 작문력을 필요로 한다. 또한 그 에세이 중 2개는 '긴 에세이'로 자신이 스스로 주제에 맞는 그림을 선정하여 글을 풀어나가야 하므로, 지식 또한 많아야 하고 그 지식을 활용할 수 있는 능력 또한 필요하다. 미술사는 까다로운 과목이지만, 알고 보면 이렇게 진국인 과목도 없다.

제1단계: 왕초보용 기초 쌓기

정식적인 공부를 시작하기에 앞서 준비운동용으로 몇 권의 책을 추천한다. 평소에 미술에 관심이 많았어도 군데군데 잘 모르는 미술사조를 익힌다거나, 나중에 공부할 때를 대비하여 중요한 그림들에 눈도장을 찍어 놓기 좋은 책이다. 이 책의 그림과 정보를 외운다기보다는 그냥 취미로 쉬엄쉬엄 읽기를 권한다.

《청소년을 위한 서양미술사》

친절한 설명과 더불어 부담 없는 분량으로 교양서적을 읽듯 술술 넘기며 읽을 수 있다. 쉬우면서도 꼭 필요한 내용이 들어 있으며 워밍업을 제대로 할 수 있는 책이다. 미술사가 생소한 분, AP Art History를 선택할지 고민 중인 분들에게 추천한다.

《The Story of Art》

몇십 년간 서양과 고대 미술의 최강 입문서로 불려온 미술학자 곰브리치(Ernst H. J. Gombrich)의 역작이다. 생각보다 정보를 금방 내놓지는 않지만, 철학적 단상과 작가의 깨알 같은 유머코드가 결합된, 미술사 서적 뿐만 아니라 비문학 저서로서의 가치도 굉장히 높은 책이다. 잔잔한 재치가 넘치는 영어의 매력을 느낄 수 있다. 우리나라에는 《서양미술사》라는 제목으로 2002년에 번역되었다. 미술사를 사상적, 학문적으로 접근하고 싶은 분이나 미술사에 천천히 입문하고 싶은 사람에게 추천한다.

《그림을 보는 52가지 방법》

미술사 흐름 자체를 파악하는 데보다는 AP 시험 중 에세이 부분에 요긴하게 쓰일 것들을 알려주는 책이다. 한 페이지 한 페이지가 소중하고, 미술을 좋아하는 사람이라면 누구든지 읽어두는 것이 좋다. 그림을 '읽는다'는 것이 무엇이고 어떻게 하는지 알고 싶은 사람, 본인이 그림에 대해서 잘 모른다고 느끼는 사람부터 미술 전문가까지 모두 즐겁고 유익하게 읽을 수 있는 책이다.

《The Annotated Mona Lisa》

　미술사조에서 가장 유명하고 시대적으로 중요한 작품들을 선정해 '주석을 달아 놓은 책'이다. 미술품에 관한 에세이를 쓸 때 매우 유용하게 참조할 수 있다. 가볍게 읽을 수 있으면서도 평소에 알았던 그림들을 조금 더 자세히 알아보고 싶을 때 이 책에 소개된 방법을 토대로 그림을 보면 예술작품에 대한 관찰력을 기를 수 있다.

《웬디 수녀의 유럽 미술 산책》

　이 책에 대한 소개를 딱 한마디로 하자면, 굉장히 재미있는 책이다. 읽기도 편하고 지식 쌓기에도 많은 도움이 된다. 또한 AP Art History에서 요구하는 난이도와 형식으로 쓰인 에세이가 들어 있어 에세이를 작성할 때의 힌트를 얻을 수 있는 책이다. 미술사에 대해서 대강 알고 있지만, 조금 더 깊이 알고 싶은 분들에게 추천한다.

제2단계: 흐름 잡기 + 미술사로 스크랩북 만들기

　모든 역사 과목이 그렇듯이 미술사 또한 흐름을 이해하는 것이 관건이다. 이 단계는 각 시대별 인간상이 어떻게 문화 속에 반영되었는지 살펴보고 차근차근 그 과정을 이해해나가는 단계인 만큼 기초가 중요하다. 이 단계를 준비하는 교재로는 REA에서 출판한 《AP Art History》만 한 책이 없다. 시험에 필요한 정보로 꽉 차 있으면서도 수험서 같지 않은 여유와 품위를 느낄 수 있는 독특한 책이다.

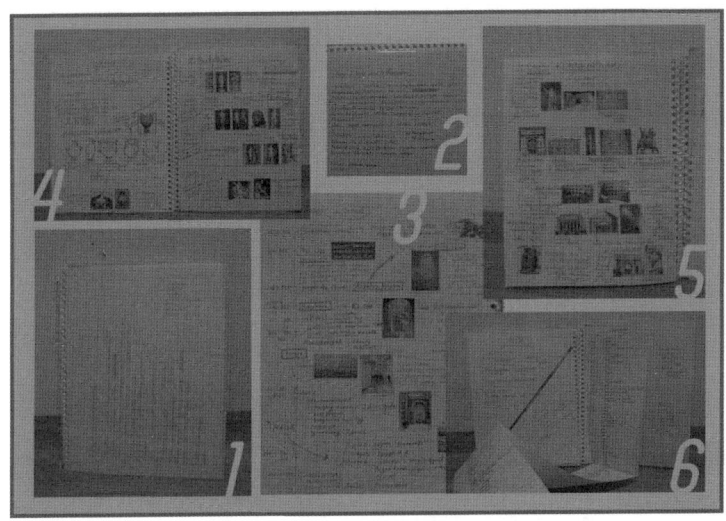

1. 표지. 위 노트는 AP History 노트이고 AP Art History용으로는 줄 없는 연습장을 썼다.
2. 제일 첫 장에는 잘 외워지지 않는 것들을 써 놓은 종이를 끼워 놓아 노트를 펴 볼 때마다 체크했다.
3. 세계사와 미술사를 통합하여 정리한 메소포타미아 부분이다. 왼쪽에는 시간과 주요 사건을, 오른쪽에는 그 시기의 미술품들과 그 의미를 적어놓았다.
4. 글과 그림, 일러스트를 이용하여 스크랩하듯이 정리한 그리스 부분이다.
5. 로마의 미술·건축 양식에는 특징이 많고 추후 다른 시대에서도 많이 반복되기 때문에 외워야 할 작품이 많다. 각 작품과 그 의미, 중요성을 함께 기록했다.
6. 역대 로마 황제들의 순서별 리스트를 출력한 후, 각 황제가 집권했을 당시 만들어졌거나 유행했던 미술사조를 같이 정리하며 세계사와 연결해 공부했다.

이 책을 정독할 때, 자신만의 방법으로 노트정리를 해두면 시험이 임박했을 때 굉장히 요긴하게 활용할 수 있다. 미술사 시험 범위가 워낙 방대하므로 노트정리를 해두지 않는다면 책을 다시 펴서 읽어보거나 기억에 의존할 수밖에 없는데, 이 책에 나와 있는 중요한 정보만을 응축해서 어딘가에 적어놓는다면 그것만으로도 큰 도움이 될 것이다.

AP Art History를 준비할 때 중요한 것이 노트정리이다. 미술사는 예술작품을 다루는 과목인 만큼 딱딱한 노트정리에서 벗어나서, 마치 미술품으로 자신만의 스크랩북을 만들듯이 공부하는 재미가 있다. 나는 AP History와 AP Art History를 같이 보는 바람에 두 과목을 섞어서 노트정리를 했다.

제3단계: 미술 작품 갈아 마시기

REA 사의 Art History 수험서에는 책 속에서 소개되었던 그림들이 들어있는 CD가 포함되어 있다. 책을 처음부터 끝까지 정독하고 어느 정도 외운 후, CD에 들어있는 그림들을 엄지손톱 크기로 모두 출력하면 A4 용지 한 장에 그림 50~70개 정도가 들어간다. 그렇게 총 다섯 장 반 정도 되는 분량이 출력될 것이다. 이 출력된 용지에 작품의 이름과 작가, 시대적 배경과 쓰인 재료, 작품의 중요성과 의미 등을 책을 보지 않고 아는 대로 적어보라. 이렇게 하다 보면 본인이 가장 기억나지 않는 부분이 무엇인지, 더 공부해야 할 시대가 어디인지 명확하게 알 수 있다.

사실 수험서에 나오는 모든 그림을 갈아 마시는 것처럼 통째로 외우는 것이 처음에는 조금 무식한 방법처럼 보일 수는 있지만, 이렇게 하다 보면 그림을 알아보는 속도도 붙고 작품 외우기의 묘한 매력에 빠지게 될 것이다.

이 단계에서는 《Master Pieces: The Curator's Game》을 추천한다.

370 • 세계로 향하는 첫 걸음, SAT

이 책은 미술사에서 잘 알려진 그림부터 중요하지만 대중적으로 많이 알려지지 않은 그림까지, 그림의 일부만을 떼어 놓고 원본과 작가를 맞추는, 일명 '큐레이터 게임'을 책으로 펴낸 것이다. 어느 정도 작품을 보는 눈과 미술작품에 대한 지식이 생긴 후라면 이 책을 통해 세계적인 큐레이터들이 낸 수수께끼들을 맞춰 가면서 자신감을 기를 수 있을 것이다.

제4단계: 문제 풀고 에세이 작성해보기

미술사 속 여러 사조들의 흐름과 각 시대에 해당하는 그림들을 머릿속에 장전한 후, 스스로 AP Art History를 대비해서 문제를 풀어보고 에세이를 작성하는 시간을 가져보자.

(1) 객관식

객관식 문제는 Barron's 사의 수험서에 수록된 문제를 풀어보면 된다. 문제가 적어 귀한 만큼 장별로 제공되는 문제와 연습문제를 둘 다 풀어본다.

(2) 서술형 주관식

CollegeBoard 웹사이트에서 무료로 제공하는 지난 에세이 주제를 다운받아서 직접 써보지는 않더라도 자신 있게 구상할 수 있는지 점검해 본다. 또한 시험 보기 전에 몇 문제 정도는 직접 써보면서 시간과 분량에 대한 감을 키운다.

이 밖에도 AP Art History를 준비하기 위해 예술의전당, 서울대미술관, 서울시립미술관, 덕수궁미술관, 리움, 그리고 삼청동 주변 갤러리 등 관심 있는 미술관이나 갤러리들의 웹사이트를 즐겨찾기에 추가해놓거나 메일링 리스트에 이름을 올려서 수시로 전시 정보를 받아 보고 정기적으로 전시회에 다니는 것을 권한다. 또한 유용한 웹사이트를 몇 개 알아두어 정기적으로 들어가보는 것도 도움이 된다.

- http://www.archive.com - 미술사조와 작가별로 작품을 찾아볼 수 있고, 간단한 설명 또한 읽을 수 있는 웹사이트이다.
- http://www.metmuseum.org/toah - 메트로폴리탄 박물관에서 운영하는 사이트로, 전문 학예사와 큐레이터가 쓴 학문적 에세이를 찾아서 읽어볼 수 있다.

조지타운대학교 SFS 카타르캠퍼스

3기생 **방기원**

AP Japanese Language and Culture
일본의 언어와 문화

대학 생활에 빠져있다 보니 고등학교 시절 무슨 과목의 AP와 SAT를 보았는지, 점수가 얼마였는지 바로바로 기억하지 못할 때가 훨씬 많아졌다. 기억을 더듬어 지난 2009년 5월, 일본어 독학을 막 시작한 지 1년이 채 안 된 상태였던 내가 AP Japanese Language and Culture에 도전한 이야기를 해보고자 한다.

내가 일본어를 히라가나와 카타카나부터 처음으로 배우기 시작한 시점은 고등학교 2학년 6월에서 7월 사이였다. 가장 초보적인 내용을 다루는 책을 한 권 사서 개학 전까지 떼는 데에 주력했고, 2학년 2학기가 시작하자마자 JLPT 구 3급과 SAT II 준비를 병행하면서 초급 수준의 실력을 갖추어갔다. 그 결과 같은 해 11월, 백분율은 낮지만 일본어 공부를 시작한 지 5개월 만에 SAT 일본어 720점을 받았고, 12월에 응시한 JLPT에도 어렵지 않게 합격하여 공부에 가속도가 붙었다.

겨울방학을 맞자마자 나는 SAT와 JLPT 구 3급보다 한 단계 높은 AP, JLPT 2급 시험으로 눈길을 돌렸다. 여름부터 한일고교생 교류캠프 등 일본과 관련된 교과 외 활동에 참여하면서 일본어와 일본 문화에 쏟는 관심이 한창 커져가고 있었다. 이번에는 시험 합격이라는 구체적 목표에 도달하고 언어 실력 자체를 키우고자 하는 도전 의식이 강한 동기로 작용했다.

AP 일본어 시험에서 높은 점수를 받기 위해 요구되는 일본어 실력은 JLPT 2급 수준에서 크게 벗어나지 않는다. 독해 영역에서 제시되는 지문들은 오히려 JLPT보다 더욱 짧고 쉽다. 나는 JLPT 교재에 있는 시험 빈출 어휘를 이용해 원래 알고 있던 것보다 조금 더 어려운 단어들에 친숙해짐으로써 AP에 대비했다. 듣기 영역은 안내방송·뉴스·날씨·짧은 대화 등 두 시험에 출제되는 듣기 지문들의 유형과 길이가 매우 비슷하다는 점을 고려했을 때, JLPT 식 지문들을 듣고 그에 해당하는 문제를 푸는 것으로 길지 않은 시간 안에 두 시험 준비를 충분히 병행할 수 있었다. 듣기 지문은 재생 속도가 꽤 빠르고, 지문을 다 듣고 문제를 볼 수 있기 때문에 잠깐이라도 정신을 놓지 않고 꾸준히 중

요한 내용들을 필기하며 집중력을 유지해야 한다.

말하기 및 쓰기 영역의 답은 iBT(Internet Based Test) 방식의 TOEFL처럼 컴퓨터에 녹음하고 써서 기록하는데, 친구와의 인터넷 채팅 그리고 대화 형식으로 이루어지는 단답형 문제와 함께 일본 문화의 지식을 묻는 문제가 마지막에 나온다. 말하기 영역은 여기에 그림이나 사진을 보고 상황을 말로 묘사하는 문제가 별도로 포함되어 있다. 구체적으로 하나의 사물 혹은 개념을 논하기보다는 의상이면 의상, 음식이면 음식 등 커다란 주제에 속한 얕고 넓은 지식을 최대한 많이 끄집어내면서 부연 설명을 간단하게 붙여주는 식으로 답안을 전개하는 훈련을 계속했다.

내가 시험을 봤을 때 다행히 나의 예상대로 '일본의 음식 문화에 대하여 알고 있는 것을 말하라'라는 문제가 나왔고, 학교 ET 수업 시간마다 꾸준히 일본의 의식주 문화 정보들을 요약하고 녹음하는 연습을 했던 효과를 톡톡히 보았다. 오세치요리(御節料理, お-せちりょうり - 새해 첫날에 먹기 위해 전날 미리 만들어 찬합에 놓는 일본의 명절 음식), 오코노미야키(お好み焼き) 등 수업을 들으면서 암기한 내용들을 차분히 되새겨 시험을 봤으며, 최종 점수와 상관없이 스스로에게 아주 만족스러운 답안이 나왔다고 생각한다.

지금은 AP에서 다루는 시험 과목 중 일본어와 중국어의 입지가 어느 정도 다져진 상태이기 때문에 적게나마 책으로 출판된 수험서들을 대형서점에서 접할 수 있지만, 당시에는

CollegeBoard에서 배포하는 얇은 유형 안내 책자 외에는 시험을 준비할 목적으로 참고할 만한 마땅한 자료가 없었다. 일본어과 나 일본어를 제2외국어로 선택한 영어과 친구들처럼 학교 교과 과정을 따라왔던 것도 아니었기에, 말하기와 쓰기 능력을 향상 시키기에는 JLPT 책만으로는 어느 정도 한계가 있었다.

  2학년 2학기 겨울방학과 3학년 1학기 두 차례에 걸쳐 개설된 교내 ET 수업이 나에게는 큰 힘이 되었다. 선생님께서 지난 두 해 동안 시험을 본 학생들의 후기, CollegeBoard가 예로 든 문제 유형, 그리고 AP 난이도에 상응하는 JLPT 2급 수준의 언어 지식 을 기반으로 방향을 잡아 주신 덕분에 막연해하지 않고 시험을 잘 준비할 수 있었다. 겨울방학 ET는 대화를 하거나 상황을 묘 사할 때에 사용되는 숙어들을 따라하면서, 일상적이지만 몰랐던 표현들을 쓸 수 있도록 하는 것이 수업의 핵심이었다. 반면 시 험 직전의 ET는 일본 가옥의 구조, 음식 풍습, 민속 놀이 및 공 연, 그리고 기모노를 영어로 쉽게 설명한 수많은 그림 자료들이 주요 교재로 활용되어 비슷하면서도 다른 나라 일본의 전통적인 생활 방식을 훨씬 쉽게 이해하는 데 큰 도움을 주었다.

  이 자리를 빌어 다시 한 번 선생님들께 감사의 말씀을 드린다.

조지타운대학교 SFS 카타르캠퍼스

5기생 최윤석

Debate
영어토론

Debate의 기원

영어토론의 기원은 영국 국회에서 찾아볼 수 있다. 흔히 영국 국회를 parliament라고 하는데 여기서 바탕이 되어 Parliamentary Debate(의회식 영어토론)가 탄생한 것이다. 따라서, 영국 국회에서 실제로 있는 직위들, Prime Minister(국무총리), Deputy Prime Minister(부총리), Leader of Opposition(반대당의 당수), Deputy leader of Opposition(반대당의 부당수) 등의 호칭을 Debate에서도 사용한다. Asian Parliamentary Debate(아시아 의회식 토론)에서 찬성팀이 정부(政府)의 역할을 하고, 반대측이 반대당의 역할을 수행한다고 보면 된다. 따라서 정부측 첫 번째 토론자가 Prime Minister이고, 반대측 첫 번째 토론자가 Leader of Opposition가 되는 것이다. 또한, 영어토론 주제의 시작부분에서 'This House'도 영국 국회를 가리키는 것인데, 이런 영국 국회 형식의 영어토론이 아시아로 전파되면서 의미가 변화하여, 이제는 This house가 꼭 한 나라의 정부를 가리키지는 않는다. 별다른 의미 없이 모든 의회식 토론의 특징과 현상이라고 보면 될 것 같다.

Debate의 발언 순서

한국에서 주로 하는 영어토론, 즉 아시아 의회식 토론은 세 명이서 한 팀을 짜서 두 팀이 하나의 주제를 놓고 토론을 시작한다. 한 팀의 구성원은 세 명이지만, 한 팀당 네 번의 발언권

Debate 발언자 순서

	Government(찬성팀)		Opposition team(반대팀)
순서	발언자	순서	발언자
1	Prime Minister (국무총리)	2	Leader of Opposition (반대당의 당수)
3	Deputy Prime Minister (부총리)	4	Deputy Leader of opposition (반대당의 부당수)
5	Government Whip (원내총무)	6	Opposition Whip (반대당의 원내총무)
8	Government reply (찬성팀 대응)	7	Opposition reply (반대팀 대응)

이 주어진다. 최종 발언은 상대팀이 어떠한 실수를 범했고 자신의 팀이 주장하는 바가 왜 타당한지, 결론적으로 설명해주는 부분이라고 할 수 있다. 앞의 발언이 6~7분가량 소요되는 데 반해 최종 발언은 4분이고, 각 팀에서 첫 번째나 두 번째로 말한 토론자 중 한 명이 하게 된다.

그럼 어떤 사람들이 Debate를 잘 할까? 지금부터 Debate에 도전하는 사람들에게 도움이 될 전략 몇 가지를 소개해 보겠다.

영어 실력이 아닌 아이디어 겨루기

많은 사람들이 영어토론은 영어를 잘 하는 사람들이 하는 것이라고 생각하는데, 영어토론을 잘 하려면 일단 영어를 잘 해야 된다는 생각부터 버려야 된다. Debate는 누가 영어를 잘 하는지를 겨루는 대회가 아니라 어느 팀이 더 생각을 많이 하고, 더 좋은 아이디어를 가지고 나와서 좋은 토론을 만드는지를 겨루는 것이다. 즉, 아이디어를 겨루는 대회라는 말이다. 영어 말하기는 자신이 생각한 것을 주장하고 상대의 주장을 반박할 수 있는, 아주 기본적인 의사소통 능력만 되어도 문제없다.

앞으로 자세히 설명하겠지만, Debate 심사에는 세 가지 기준이 있는데 Manner, Matter, Method이다. 그 중 영어실력, 즉 영어로 얼마나 잘 말할 수 있느냐는 Manner 점수로밖에 들어가지 않는다. 다시 말하지만, Debate를 잘 하는 것은 영어를 잘 하는 것과 다르다.

현재의 이슈에 관심을 가져라

뭐니 뭐니 해도 Debate는 '누가 더 좋은 주장을 개진하는지'에 대한 싸움이다. 즉, 누가 더 강력하고 창의적인 주장으로 자신이 생각하는 것을 표현할 수 있는지가 관건이다. 아는 만큼 더 폭넓은 주장을 내세울 수 있다. 세계에서 어떤 정책이 어떤 효과를 가져왔고, 어떤 나라가 어떻게 고통 받고 있는지를 많이 알수록 더 통찰력 있고 좋은 주장을 할 수 있는 것이다. 따라서 세계 각지에서 무슨 일이 일어나고 있는지를 아는 것은 매우 중요하다. 뉴스를 보고 읽는 게 중요하다는 말이다. 결국은 아는 만큼 말할 수 있고, 아는 만큼 더 종합적으로 주장하는 바를 구상하여 말할 수 있다.

뉴스는 폭넓게 읽는 게 중요하다. 해외 유명 사이트의 세계뉴스나, 유명 신문사의 웹사이트를 수시로 들러 뉴스를 확인하자. 특히, CNN은 사건의 발단부터 지금은 어떤 상황에 처해 있는지를 시간별로 자세하게 설명해 주는 서비스나 동영상으로 뉴스를 요약해주는 서비스를 제공하기 때문에 해외토픽이나 해외뉴스를 잘 보지 않는 사람들도 처음 보기에 적합하다.

뉴스는 대립하고 있는 양쪽의 의견을 다 접하는 게 중요하다. CNN에서 기사를 읽었으면 영국 뉴스인 The Guardian을 통해 다른 입장에서 똑같은 주제의 기사를 보면 한층 더 폭넓게 상식을 쌓을 수 있다. 뉴스는 어디까지나 정보 수집을 위한 것임을 명심하자. 뉴스를 읽을 때에는 기자의 의견을 무조건적으로 받아들

이지 말고 자신의 주관을 가지고 적절히 비판하면서 받아들이는 것이 제일 좋다.

Debate를 평가하는 3가지 요소

앞에서 말한 것처럼, 토론하는 사람을 평가하고 점수를 매기는 데에는 세 가지가 요소가 있다. 얼마나 부드럽고 유창하게 말하는지를 평가하는 'Manner', 자신이 펼치는 주장의 깊이나 질, 부연설명, 쟁점 분석 등 Debate의 가장 중요한 부분을 평가하는 'Matter', 팀 스포츠와 같이 팀원들 사이에서 전략, 주장, 반박 등이 얼마나 일치하고 효과적으로 개진되고 있는지 팀워크를 평가하는 'Method'가 있다.

1. Manner: 스피치 방법과 세련됨

Manner는 발언을 하는 부분만이 아니라 Debate 전반적인 면에서 태도를 본다고 생각하면 된다. 상대방을 위한 배려, 존중, 그리고 자신이 발언할 때의 태도 등 여러 가지를 복합적으로 반영한다. 흥분하는 것과 상대방을 깔보는 듯한 말투를 사용하는 것을 아주 싫어하는 심판이 있는 반면, 자신의 팀이 주장을 펼치고 있을 때 책상을 쾅쾅 치며 공격적인 모습을 보이는 것을 좋아하는 심판도 있다. 하지만 언제까지나 상대방을 존중하고, 그들의 의견을 듣는 것에서부터 토론이 시작된다는 것을 알고 임하면 좋은 Manner 점수를 받을 수 있을 것이다. Debate에서 영어능력이 필요한 부분은 이 부분밖에 없다. 발언할 때 자신의 주장을 영어로 표현할 수 있는 정도면 충분하다. 물론 월드 클래스 디베이터들은 대단히 확고한 자신만의 스타일이 있다. 하지만 Debate는 영어를 잘 하는 사람이 이기는 것이 아니라, 좋은 생각을 하고 그 좋은 생각을 잘 표현하는 사람이 항상 이긴다는 것을 잊지 말라.

2. Matter: 주장의 질

주장의 깊이와 질을 평가하는 이 부분이 Debate의 승패를 결정짓는 중요한 요소가 된다. Matter 점수를 얻기 위해서는 자신의 주장을 논리적으로 설명하는 게 관건이다. 설명할 때는 왜 그런지, 왜 그런 일이 일어나는지를 설명해주어야 한다. 바로 이것이 분석력이다. 토론자는 심판이 아무것도 모른다는 가정하에서 가장 기본적이고 상식적인 것까지 설명해주어야 한다. 계속 '왜'라는 질문을 던지면서 말이다. 사형을 집행하는 것이 정당하지 못하다고 생각하면 왜 정당하지 못한지, 왜 사람이 다른 사람의 목숨을 빼앗을 권리가 없는지, 그것이 법적 절차인 처벌의 일부라도 왜 허용되면 안 되는지를 설명해주어야 한다. 이 부분에서 많은 사람들이 고민을 하고 Debate를 어려워한다. 실제로 인권, 생명, 평화 등 우리가 당연하게 생각하는 것들이 왜 좋은 것이고 왜 보장되어야 하는지를 설명하게 되면서 자연스럽게 생각의 폭이 넓어지고 주장의 깊이도 깊어진다.

자신이 펼친 주장의 질이 높은지를 확인하려면, 자신이 개진한 주장의 링크를 확인하고, 하나의 커다란 상식으로 연결되는지를 확인하면 된다. 즉, 주장을 뒷받침하는 설명 한 단계 한 단계가 더 이상 설명할 것이 없을 때까지 맞아 떨어지는지를 보는 것이다.

예를 들어, 사형집행을 찬성하는 팀의 첫 번째 주장이 '사형은 최악의 범죄를 저지른 사람들에게 내리는 최악의 벌이기 때문에 정당화되어야 한다'라는 것이라고 가정해보자. 왜 사형이 최악의 형벌인지, 또 왜 최악의 범죄를 저지른 사람들에게 최악의 형벌을 내려야 하는지를 설명하고, 왜 그것들의 이유가 사형제도를 옹호하는 방향으로 나아가야 하는지를 보여줘야 한다. 그때에 비로소 주장이 제대로 완성되는 것이다.

3. Method: 발표하는 방법과 팀의 우수함

사실 이 전략 부분은 객관적으로 평가하기 모호하다. 팀워크를 점수로 환산하기 어려울뿐더러, 전략과 팀워크에 정확하고 객관적인 점수를 매긴다는 것도 어렵기 때문이다. 이 부분에서는 점수를 얻는 것이 아니라, 깎이지 않는 것에 중점을 두어야 한다.

팀워크의 대표적인 것 중 하나가 일관성이다. 이는 세 명의 팀원이 모두 같은 가치를 추구하고, 같은 맥락의 주장을 펼치는지를 뜻한다. 팀의 주장에 일관성이 있어야 반박당한 주장을 다시 수정할 수 있고, 주장과 반박이 더 거세지기 때문이다. 이는 팀원들과의 소통이 잘 되어 서로 자신이 맞은 역할이 무엇인지뿐만 아니라 상대방의 역할과 중요성도 이해해야 비로소 얻을 수 있다. 일관성은 팀원들이 제시된 상황을 완벽히 이해한 상태에서 주장을 개진해야 얻을 수 있다. 3명이 주제를 다르게 이해하고, 다른 가치를 추구하면서 발언 내용을 구성하면 일관성을 얻을 수 없다. 실제로 자신의 팀원이 말한 것을 반박하거나, 토론 후반에 가서는 자신들이 무엇을 주장하는지도 잊어버리는 경우를 본 적이 있다.

Debate에 도전하는 사람들을 위한 몇 가지 팁

Debate를 가장 빨리 배우고 실력을 향상시킬 수 있는 방법은 일단 Debate 동영상을 많이 보는 것이다. 대회에 나가서 자신이 직접 체험하는 것이 제일 빠른 방법이지만, Debate를 처음 접해 자신감이 없는 상황이라면 우선 세계적으로 유명한 대회를 보는 것을 추천한다. 구글이나 유튜브에서 World University Debate Championships, World Schools Debating Championships, Australasian Intervarsity Debating Championships 등의 대회 동영상을 검색하여 찾아보자. 거기서 자신과 맞는, 자신이 좋아하는 발언자의 스타일을 따라하거나, 인상 깊은 문구, 주장을 기억하는 것에서부터 Debate가 시작된다. 가장 중요한 것은, 아주 기초적인 실력일지라도 통찰력 있는 눈으로 시사를 분석하고 자신만의 주관을

가지고 그것을 설명하는 것이다. 마지막으로, 영어를 잘한다고 Debate를 잘하는 것만은 아니니 자신감을 가지고 좋은 생각과 좋은 주장을 펼치면 된다.

또한, 평소에 '왜?'라는 질문을 계속하는 것이 중요하다. 누구라도 사람의 천부적인 인권은 보장받아야 한다고 생각한다. 하지만 좋은 디베이터가 되려면, 왜 천부적인 인권이 소중하고 절대적인지를 설명할 수 있어야 한다. 그런 사람은 많지 않다. 뉴스를 볼 때에도 내용을 무조건적으로 받아들이지 말고, 왜 저런 일이 일어나고 누가 배후에 있어서 저런 일이 일어나는지를 생각하자. 그렇게 하다 보면 더 많은 뉴스 기사를 검색하게 되고, 생각하는 범위와 지식의 폭이 넓어지게 된다. 이렇게 계속 '왜?'라는 질문을 하면 주장을 개진하기가 훨씬 수월할 뿐만 아니라, 어떤 현상이나 뉴스를 비판적으로 받아들일 수 있는 자신만의 주관이 생긴다.

마지막으로, Debate 실력을 향상시키는 가장 확실하고 좋은 방법은 대회에 직접 나가보는 것이다. 대부분의 고등학교는 Debate를 하는 사람이 정해져 있다. 중학교 때 대회에 나간 경험이 있는 학생이나 영어를 잘 하는 학생들 위주로 대회에 나간다. 반면 중학교 때는 모두가 경험이 없기 때문에 누구나 신청만 하면 대회에 나갈 기회가 주어진다. 대회에 나가면 실력이 늘 뿐만 아니라, 자신도 모르게 경쟁적인 환경 속에서 Debate를 잘하고 싶은 의지와 열정이 생기게 마련이다. 중학교 때 이런 경험을 많이 하면 고등학교에서도 어렵지 않게 Debate를 접할 수 있다.

중·고등학생들이 참가할 만한 대회로는 매년 3월에 열리는 전국학생영어토론대회(National Schools Debating Championships), 6월에 열리는 YTN 영어토론대회(YTN Debate Championships), 7월에 열리는 용인외고 영어토론대회(HAFS Debate Championships), 고려대학교 영어토론대회(Korea University Debate Championships), 광주광역시 전국청소년영어토론대회(Gwangju Youth English Debating Championship), 이화여자대학교주최 고등학생토론대회(High-on Debate Tournament) 등 일 년에 10개 정도의 대회들이 있어 영어토론을 막 시작하는 사람들이 참가할 기회는 많다.

Debate를 처음 시작하면 누구나 다 좌절을 맛보기 마련이다. 자신만의 소견을 가지고 비판하는 능력을 기르는 것은, 무조건적인 수용을 권장하는 한국 교육의 현실을 감안했을 때 매우 어려운 일이다. 확실히 Debate의 벽은 높지만, 그것을 극복할 수 없는 것은 아니다. 자신이 영어를 못한다고 생각하고 포기해버리지만 않으면 깊이 있는 생각으로 언제든지 뒤집을 수 있다. 승패는 차치하고 Debate에 꼭 한번 도전해보길 바란다. 세상을 바라보는 시야가 넓어지고 생각의 폭이 확장되는 것을 느낀다면, 어느 순간 Debate의 매력에 푹 빠질 것이다.

03

현지 대학생활 적응기

해외 명문대 합격의 비밀
"세계로 향하는 첫 걸음, SAT"

큰 생각을 품되,
작은 기쁨을 누려라

3기생 **정혜원**

클레어몬트 매케나대학
(Claremont McKenna College)

클레어몬트 매케나대학(Claremont McKenna College, 이하 CMC)에서의 첫 생일은 어떻게 보내게 될까?

그날 나는 기숙사 책상에 앉아 다음날 제출할 숙제를 하고 있었다. 딸깍! 등 뒤에서 문이 열리는 소리가 들렸다. 뒤를 돌아본 순간, 멜리사, 브라이언, 리트비즈 등 기숙사 친구들이 우르르 방으로 쳐들어왔다.

"Oh my God! Wait, wait!(이런! 잠깐, 잠깐만!)"

이 난폭한 침입자들은 순식간에 나를 번쩍 들어올렸다.

"Yes, We got her!(좋아, 잡았어!)"

"Hye Won, this will be fun.(혜원, 진짜 재밌을 거야.) We have it all prepared, Haha.(다 준비됐어, 하하하.)"

무법자들의 입에서 즐거운 웃음소리가 터져나왔다. 나는 연신 비명을 질렀다.

"No! Stop it.(안 돼, 그만.)"

하지만 나는 두 팔과 두 다리가 무법자들에게 붙잡혀 꼼짝없이 체포된 꼴로 200m를 끌려갔다.

"One, two, three, go!(하나, 둘, 셋, 발사!)"

풍덩~. 나는 바다에 빠진 것처럼 학교 분수대에서 허우적댔다. 친구들이 환호성을 질렀다. 나는 물을 한껏 먹어 무거워진 옷 때문에 친구의 손을 잡고 겨우 분수대에서 빠져나올 수 있었다.

"You lied, Malissa!(날 속였어, 멜리사!)"

CMC에는 학교에서 맞는 첫 생일에 분수대에 빠지는 전통이 있다. 전에 룸메이트인 멜리사가 나를 배신하고 기숙사 문을 열어준 탓에 나는 CMC의 전통을 고스란히 따르게 되었다. 내 생일은 2월이다. 날씨는 아직 쌀쌀한 편이었기에 물에 빠진 나를 건져낸 친구들은 곧 수건으로 나를 김밥 말 듯 둘둘 말아줬다. 지금도 그때 사진을 보면 웃음이 나온다. 생각만 해도 몸이 으슬으슬 떨리지만, 나를 감쪽같이 속인 멜리사와 비밀 습격에 동참해준 기숙사 친구들 덕분에 평생 잊지 못할 생일을 맞게 되었다. 미국에서 맞는 첫 생일을 CMC에서 만난 새로운 가족과 보내게 된 것을 다시 한 번 감사하게 되었다.

눈에는 눈, 이에는 이! 멜리사의 생일, 나 역시 무법자 무리 중 하나로 그녀의 다리를 잡고 분수대로 향했다. CMC 신입생이라면 첫 생일은 분수대에서 맞이하게 된다는 것을 잊지 말고 즐겁게 누리길 바란다. 전통이여 영원하라~.

기숙사의 버스커버스커

매일 숙제나 공부에 치여 살 것 같은 기숙사 생활에도 잠깐 동안이나마 미소를 머금게 하는 낭만적인 시간이 있다. 주위에 음악적 재능이 뛰어난 친구가 있는 행운아라면 기숙사 복도에서 꽤 수준 높은 기타 연주나 노랫소리를 들을 수 있다. 그 소리가 들리면 우리는 모두 방문을 열고 복도로 나간다. 오늘은 같은 층에 사는 남자 아이들이 길거리 악단 버스커버스커처럼 기숙사 복도에서 기타를 치며 공연을 하고 있다. 우스꽝스러운 몸짓을 하며 어설픈 아마추어 가수 티를 팍팍 내는 친구들이다. (대부분의 미국 대학 기숙사는 남녀가 같은 층을 사용하는 경우가 많다. 물론 반대로 따로 성별을 나눠 운영하는 기숙사도 있다.)

복도에서 깜짝 미니 콘서트가 열리면, 모두들 공부에 대한 생각을 잠시 멈추고 연주를 즐긴다. 내 방 앞에 모자를 두고 공연을 하는 천진난만한 친구들의 모습을 보고 있노라면 나 혼자만을 위한 콘서트를 해주는 것 같아 황홀한 기분에 빠지기도 한다. 나는 고마움의 표시로 늘 25센트 동전을 모자에 넣어주는데, 그걸 본 친구들이 고맙다는 표정을 짓는다.

25센트는 우리나라 돈으로 300원 정도의 작은 금액이지만 대

학 기숙사 생활에서 25센트 동전의 위력은 매우 막강하다. 25센트 동전이 없으면 기숙사 세탁기를 돌릴 수가 없기 때문이다. 우리나라에서 설날에 어른들이 새로 나온 빳빳한 만원권 지폐를 찾는 것만큼이나 대학 생활에서 25센트 동전은 의미가 크다.

추수감사절엔 칠면조와 그레이비소스가 필요해

입학한 첫 해의 추수감사절에는 뉴욕에 거점을 잡고 용인외고 친구들과 함께 즐거운 시간을 보냈는데, 두 번째 추수감사절 때는 뭔가 새로운 경험을 하고 싶다는 생각이 들었다. 미국에 사는 친척이 없는 나로서는 새로운 경험이 무엇이 될지 조금은 막막했는데, 갑자기 나를 보자고 하신 토우 교수님이 자신의 집에서 2박 3일을 함께 보내자고 초청하셨다. 'Thank you so much'라고 짧게 대답했지만 속으로는 기쁨을 감출 수 없었다.

추수감사절은 11월 넷째 주 목요일에 열리는 미국의 대표적인 명절이다. 대부분의 미국 대학생들은 추수감사절 연휴를 집에 가서 보낸다. 유학생들은 평소에 가보지 못했던 곳으로 여행을 가기도 하고, 친척이나 다른 대학에 있는 친구들을 만나러 간다. 그런데 나는 교수님댁에서 연휴를 보내게 된 것이다. 결코 흔치 않은 경험이다.

교수님은 아들이 두 명 있는데 나는 주로 중학교 2학년인 키난과 시간을 보내게 되었다. 남동생이 있는 나로서는 키난과 보내는 시간이 별로 어색하지 않았다. 위(Wii) 게임도 하고 쇼핑몰에 가서 함께 저녁거리를 고르기도 했는데, 가장 기억에 남는 것이라면 역시 맛있는 음식이었다.

많은 사람들이 알고 있는 것처럼 미국 가정에서는 추수감사절에 칠면조를 먹는다. 그동안 여러 미국 영화에서 칠면조를 굽는 장면을 봤던지라 가정에서 만든 칠면조 구이는 어떤 맛일지 너무 궁금했던 참이었다. 칠면조 뱃속에 온갖 허브를 넣고 오븐에서 구워 낸 칠면조와 그 위에 끼얹은 그레이비소스(gravy sauce). 각종 음식으로 차려진 추수감사절의 상차림은 우리나라의 추석 때처럼 풍성하고 맛있는 음식으로 가득했다. 국제관계학 수업 연구조교로 일하면서 뵀던 교수님과 요리도 하고 교수님 가족들과 식탁에 둘러 앉아 이야기를 나누면서 CMC에서 또 하나의 가족을 만나게 된 것에 다시 한 번 감사했다. 2박 3일간 교수님 댁에서 지낸 경험은 시간이 아주 오랜 후에도 나에게 분명 소중한 추억으로 남을 것이다. 그와 함께 그레이비소스를 얹은 칠면조 요리도 분명 생각날 것이다.

하고 싶은 게 너무 많아!

학교생활을 하다 보면 하고 싶은 것이 너무 많아 고민일 때가 많다. 학교에서 제공하는 여러 가지 이벤트 때문이다. 이벤트 공지는 이메일로 오기 때문에 어느 한 가지도 놓치고 싶지 않아, 대학교에 온 후로 나는 수시로 이메일을 확인하는 습관이 생겼다. 진로상담센터(Career Services Center)에서 주최하는 LA 내 투자은행 기업 방문을 통해 낯설었던 금융산업에 대해 배웠고, 각 학과에서 여는 외부초청강연을 통해 미국 내 의료 개혁에서부터 인도의 경제 성장까지 다양한 분야의 정보를 접할 수 있었다. 또한, 매주 토요일마다 Education Task Force 동아리 부원들과 학교 인근에 있는 포모나 고등학교(Pomona High School)에서 11학년 학생들의 글쓰기 능력 향상을 위한 교육 봉사를 하고, 경제학 교수님과 지역 경제지표 분석을 하는 연구를 한다. 시간을 쪼개고 또 쪼개서 보내는 일과들이라 하루가 저물 때면 체력이 바닥나는 경우가 허다하다. 하지만 대학생활에서 주어지는 다양한 기회를 최대한 많이 누리고 용기를 갖고 새로운 일들에 도전한다면 더욱더 알찬 대학생활을 할 수 있을 것이다.

고등학교와 마찬가지로 대학에서도 GPA가 매우 중요하다. 대학원 진학 및 취업 등 졸업 후 어떤 길로 가더라도 내신성적은 성실함의 주요 지표가 된다. GPA가 만족스럽지 못하다면 전공 과목 관련 인턴십이나 각종 자격증 취득으로 이를 보완하는 것도 고려해 봐야 할 사항이다.

마지막으로 하고 싶은 말은 열심히 공부하는 와중에도, 한국 유학생 친구들과 어울리며 익숙함에 안주하지 말고 여러 외국 친구들과 교류하면서 소중한 인연을 만들고 외국인들의 생활에 녹아들어가는 경험을 해보길 바란다. 이런 경험을 통해 고등학교 때부터 목표로 했던 글로벌 리더의 꿈에 한발 더 가까이 다가갈 수 있을 것이다.

똘똘한 지도자보다는 마음이 따뜻한 리더가 되자

1기생 **권보경**
하버드대학교
(Harvard University)

하버드대학교는 미국 동부 매사추세츠(Massachusetts) 주에 있는 미국에서 가장 오래된 대학교이다. 학교에 재산의 절반을 기부한 청교도 성직자 존 하버드(John Harvard)의 이름을 따서 하버드 칼리지(Harvard College)가 설립되었고, 향후 여러 대학원이 통합되면서 종합대학을 뜻하는 University가 되었다. 하지만 아직도 학부는 '하버드 칼리지'라고 불린다.

세계적으로 유명한 명문대학, 저명한 교수들, 튼실한 재정, 보스턴(Boston)이라는 대도시와의 근접성……. 하버드대학교에 입학을 염원하는 사람들의 이유는 저마다 다를 것이다.

나 또한 위에 열거한 이유들의 영향을 받았다. 하지만 가장 큰 이유는 따로 있었다. "전 세계에 큰 영향을 줄 수 있는 인재들을 길러내고자 하는 사명을 지닌 학교에서 공부할 수 있다는 사실은 정말 큰 영광이다." 입학지원서에 썼던 문구이다. 더불어 교육 행정가, 혹은 교육 관련 벤처기업 CEO, 타국에서 활동하는 교육봉사단, 미래의 교육부 장관, 이 모두를 꿈꾸고 있다고 조심스레 밝혔다. 대학 진학 후, 학부에서 사회학를 전공하고, 경제학과 경영학을 배워 교육 콘텐츠와 관련된 벤처기업을 꾸려 세계 속에 한국을 알리고, 돈만 버는 회사가 아닌 교육 기회의 불균형을 줄이고, 모든 개인이 교육을 통해 꿈을 이루는 데 보탬이 되는 기업을 경영하고 싶다는 포부도 잊지 않고 일러두었다.

하버드 입학 후 나를 뽑아준 한국 담당 입학사정관은 지원서를 보고 내가 사회문제에 관심이 있고 이를 해결하려는 높은 이상을 지닌 학생이라는 생각을 했다고 한다. 하버드대학교는 하버드에서 받을 교육과 학위를 어떤 분야에 얼마나 뜻깊게 활용하려고 하는지 고려해 지원자를 뽑는다. 자신이 받은 교육의 혜택을 사회에 환원해야겠다는 생각을 지닌 동기들, 선후배들과 교류하며 영감을 받을 수 있다는 점도 하버드의 큰 장점 중 하나다.

이웃과 함께 나누는 봉사활동의 기쁨

겨울이 춥고 긴 보스턴에서도 여러 봉사활동 덕분에 나눔의 정이 가득한 따뜻한 대학생활을 보냈다. 나는 신입생 시절 시티스텝(CityStep)이라는 봉사단체에 가입하여 보스턴 시내 청소년을 대상으로 '창의력 댄스 워크샵'을 진행했다. 자신을 창의적으로 표현할 줄 알고 다른 사람과 소통하는 법을 익힐 수 있는 활동으로 구성된 이 워크샵을 통해 어린 학생들의 팀워크와 창의력 증진을 도왔다. 영화 〈블랙 스완〉으로 아카데미 여우주연상을 받은 나탈리 포트만도 하버드 대학생 시절 시티스텝의 멤버였다고 한다.

또 2년 반 동안 한국 입양아들에게 한국어와 한국 문화를 가르치며 그들의 인생 멘토가 될 수 있는 기회를 제공하는 동아리

에도 가입했다. 나의 멘티인 한국인 입양 가정에는 페기와 패트릭이라는 두 남매가 있는데, 세 살 쯤 한국에서 입양되었다고 한다. 나는 아직도 그 가정과 연락하고 가끔 함께 식사도 한다. 언젠가는 한국에서 예쁜 한복을 한 벌 사다가 페기에게 주었는데 정말 좋아했다. 향후에도 아이들이 점점 자라면서 자신이 태어난 나라인 한국과 한국 문화에 대해 궁금해 하면 주저 없이 돕고 싶다.

앞서 언급한 두 봉사활동은 대학생으로서 그리고 한국인으로서의 내 경험과 능력을 누군가를 위해 열정적으로 발휘하려고 노력하는 계기가 되었다. 무엇보다도 함께 봉사활동에 참여한 하버드 대학 동기들에게서 지역사회를 위해 헌신하는 자세를 배웠고, 바쁜 학업 중에도 이웃과 가진 것을 나누는 기쁨을 맛볼 수 있었다.

미래의 글로벌 리더를 위한 리더십 컨퍼런스

나는 2010년 여름, 10일간 대만에 있었다. 대만의 조그만 도시인 산샤(Sanshia)에서 하버드 학생 12명이 모여 '하버드 대만 리더십 컨퍼런스(Harvard Taiwan Leadership Conference)'를 계획하고 운영했다. 대만 각지에서 온 100명의 고등학생에게 리더십에 대해 가르치고 하버드에서의 경험을 들려주는 것이 이 컨퍼런스의 목적이었다. 컨퍼런스에서 내가 맡은 역할은 다른 하버드 학생들과 함께 처음 3일간의 일정을 계획하는 것이었다. 그리고 나머지 7일은 대만 학생들에게 리더십에 대한 강연을 하고, 토론하는 법을 가르치고, 영어 작문 실력을 증진시킬 수 있는 방법을 제시하고 조언하는 일을 했다. 또한 한국인으로서 한국 문화를 알리는 것도 빠뜨리지 않았다.

컨퍼런스 일정은 굉장히 빡빡했다. 아침 9시부터 오후 5시까지 강연을 하고 저녁에는 과외활동으로 댄스 수업을 리드했다. 밤에는 학생들의 영어일기를 첨삭하고 다른 하버드 학생들, 대만 봉사자들과 함께 모여 회의를 하며 하루 일과를 회고했다. 그러고 나면 새벽 2시나 돼야 잠자리에 들 수 있었다. 매일 쏟아지는 업무량에 목이 아프고 다리가 뻐근하고 잠이 모자라서 때로는 끼니를 거르면서까지 토막잠을 자기도 했다. 이렇게 힘든 일정을 소화하면서도 미래의 대만 리더들과 교류하며 그들에게 꿈을 심어주는 의미 있는 일을 하고 있다는 생각에 마음이 뿌듯하고 행복했다. 아무리 몸이 힘들어도 자신에게 의미 있고 적성에 맞는 일을 하면 절로 신이 나서 그 일에 몰두하게 된다. 또한 큰 꿈을 품은 단 몇 명의 사람이 100명이나 되는 학생들에게 뜻깊은 경험을 선사하는 큰 일을 해낼 수 있다는 사실을 직접 경험하니 나도 사회에 긍정적인 영향을 줄 수 있을 것이라는 확신이 생겼다. 이 컨퍼런스에서 선생님으로 참여한 것 같이 내가 한국에 이런 프로그램을 만들 수 있다면 얼마나 좋을까 끊임없이 생각했다.

그 꿈은 2012년 1월에 이루어졌다. 올해 초 대만에서 보고 듣고 느낀 것을 바탕으로 마음이 맞는 하버드 친구들, 교수님들과 함께 '날개 나눔 리더십 컨퍼런스'라는 무료 리더십 캠프를 기획했다. 미래에 영민한 리더로 성장해 나갈 한국의 고등학생들에게 교류의 장을 만들어 주자는 뜻이었다. 같은 비전을 나눈 이들과 함께 이런 이벤트를 기획하고 진행한 것은 졸업 후에도 오래오래 기억될 것이다.

세상을 변화시키는 원동력, 교육의 힘

나는 2학년 재학 중에 하버드 대학교 학부 입학처에서 학생직원으로 일했다. 세계 각지에서 보낸 입학 서류가 입학처로 날아들기 시작하면, 그 입학 서류를 알파벳 순으로 정리하는 아주 간단한 일이었다. 그러나 이렇게 작고 간단한 일을 통해 얻은 것은 이루 말할 수 없을 정도로 크다.

상상할 수도 없을 만큼 대단한 사람들이 하버드라는 곳에 원서를 내민다. 대단한 성취 경력과 놀라운 시험 성적을 자랑하는 지원자들 속에 유독 이목을 끄는 한 소녀가 있었다. 그 소녀는 교육의 기회가 없는 국가에서 태어났는데 어린 시절 우연한 계기로 미국에 이민을 오게 되었다. 모국에서와는 달리 미국에서 우수한 교육을 받으며 소중한 꿈을 키워나간 그녀는 한없는 감사의 마음을 에세이에 표현했다. 그녀의 에세이를 보며 교육이란 것이 한 사람의 인생을 송두리째 바꿔놓는 힘을 가지고 있다고 다시 한 번 생각하게 되었다.

나는 사람을 꿈꾸게 하고, 자아를 찾게 해주고, 시야를 넓혀 사회와 소통하게 하며, 세상을 변화시키는 데 동참하게 하는 중요한 원동력 중 하나가 '교육'이라고 줄곧 생각해왔다. 고등학교 시절 토론 대회나 모의 유엔 회의, 영어 모의 법정 대회에 참가하며 느꼈던 것은, 영어를 자유자재로 구사할 수 있어 이런 대회에 참여할 수 있는 학생 대부분이 교육의 기회가 풍부한 환경에서 자라왔다는 것이다. 위의 소녀는 어려운 환경에서도 다행히 양질의 교육을 받을 수 있었지만 이는 굉장히 드문 일이다. 아직도 세계 곳곳에는 사회제도로 인해, 경제적인 어려움으로 인해 교육을 받지 못하는 사람들이 넘쳐나고 있다. 이와 같은 일들을 몇 번 겪은 후, 교육정책을 만들어 누구나 다양한 교육기회를 접하게 도와주거나 직접 후학들을 길러내는 교육자가 되고 싶다는 생각을 하게 되었다. '똑똑한 지도자'뿐만 아니라 '마음이 따뜻한 리더'가 되기 위해 겸손한 자세로 사회의 어두운 면을 구석구석을 살피며 내가 할 수 있는 일이 무엇인지 항시 도모하고 싶다는 생각을 했다.

그런데 절대 바뀌지 않을 것 같던 교육자에 대한 꿈도 조금씩 변할 수 있다는 사실을 대학에 가서 깨달았다. 대학 진학 후 교육 외에도 가슴을 설레게 하고 관심을 끄는 분야가 참 많다는 것을 알았다. 그래도 교육 분야에 대한 관심은 여전하다. 사회학을 전공으로 선택하고 리더십 교육과 관련된 일을 기획하게 된 것이 그 증거다. 졸업 후 잠시 다른 분야에 곁눈질하는 일이 생긴다 해도 결국 먼 미래에는 또다시 교육과 관련된 일이나 연구를 하게 되지 않을까 생각한다. 그만큼 교육 분야에 종사하는 것이 가치 있는 일이라고 생각하고, 이 생각에는 변함이 없을 것 같다.

사실 나는 반드시 하버드대학교에 합격해야겠다는 생각은 하지 않았다. 이 말에 실망했다 해도 어쩔 수 없다. 그게 사실이기 때문이다. 나는 내가 원서를 제출한 학교들 중 어느 곳을 가더라도 많이 느끼고 배울 수 있을 것이라는 확신이 있었고, 미국 대학교를 갈 수 있다는 것 자체만으로도 굉장히 설레고 기뻐했었다. 미국 대학에는 '입학하려면 몇 점 이상'이라는 말이 없다. 점수만으로 탈락과 합격을 구분 짓지 않는다는 뜻이다. 미국 대학

은 '총체적인 사람'을 본다. 학업 성적, 인성, 특기, 과외활동, 잠재력, 발전 가능성, 추천서, 인터뷰, 개인 에세이, 공인시험성적 등 입학을 좌우할 수 있는 요소들은 너무나 많다. 내가 미국 입시를 준비하면서 느낀 점은 미국 대학은 공부만 잘 하는 사람보다는 공부를 약간 못하더라도 다양한 방면에서 경험이 풍부하고 자신의 분야에 열정과 포부가 큰 사람을 선택한다는 것이다. 훗날 그런 사람이 성공하고 진정한 리더가 된다. 큰 꿈과 목표를 위해 공부하되 작은 것에 감사할 줄 알며 자신의 잠재력을 확인해 보고 싶은 후배 여러분은 하버드에 꼭 지원하기 바란다.

배운 것은
어떻게든 써먹어야 한다

3기생 **성준헌**

윌리엄스대학
(Williams College)

나는 고등학교 시절 영어토론 활동을 열심히 했고 평소에 시사문제에도 관심이 많았기 때문에 대학에 가면 정치경제 분야를 전공하겠다는 생각을 했었다. 하지만 자연과학 계열에도 관심이 있던 터라 인문계열, 자연계열 모두 공부하고 싶다는 마음도 있었다. 특히 고등학교 3학년 때 친구의 권유로 함께 나노공학 관련 학회에 참석한 적이 있었는데, 그때 이후 막연하게나마 자연과학 계열 공부를 더 하고 싶다는 생각을 하게 되었다. 그렇지만 어떤 공부하고 싶은지는 정확히 정하지 못했다.

이렇듯 대학 진학을 준비하면서 내가 가고 싶은 길에 대해 아직 뚜렷한 확신이 없었고 더 많이 경험한 후에 진로를 정해도 늦지 않겠다는 생각을 했다. 한국이나 영국 대학은 입학하는 시점에 전공을 정해야 하는 경우가 대부분이어서 입학 후에 전공을 정할 수 있는 미국 대학에 진학하기로 마음을 굳히게 되었다. 미국 대학 중에서도 여러 분야를 공부할 수 있고 새로운 기회를 접할 수 있는 곳을 알아보았다.

윌리엄스대학은 미국 최고(最古)의 리버럴 아츠 칼리지(Liberal Arts College)이다. 리버럴 아츠 칼리지는 대학원 없이 학부 중심으로 이루어진 대학으로 대개 학교 규모가 작고 교수 대 학생의 비율이 매우 낮다. 또한 학생들이 다양한 학문을 접하고 새로운 시도를 하도록 장려한다. 우리 학교 역시 리버럴 아츠 칼리지의 특성을 살려 학생들이 다양한 분야를 접하고 공부할 수 있는 환경을 마련해준다. 또한 한 학년당 학생 수가 약 500명밖에 되지 않을 정도로 적기 때문에 대부분의 수업이 20명 내외 작은 규모의 토론식 수업으로 진행된다. 나는 이런 점들에 끌려 윌리엄스대학을 선택하게 되었다.

윌리엄스대학 학생은 졸업하기 전까지 자신의 전공 분야 외의 과목을 의무적으로 이수해야 한다. 우리 학교의 모든 수업은 언어와 예술(Arts and Languages), 사회과학(Social Studies), 수리과학(Science and Mathematics) 세 가지로 분류되어 있다. 학생들은 졸업하기 전까지 각 분야에서 최소한 세 과목을 수강해야 한다. 예를 들면 생물을 전공하는 학생도 영문학 수업을 듣는다거나 역사 수업을 듣는 식으로 필수과정을 이수해야 한다. 그 분야 내에서는 어떤 과목이든 들을 수 있기 때문에 학생 입장에선 평소에 따로 시간을 내 공부할 기회가 없었던 흥미로운 과목을 수강할 수 있다. 또한 우리 학교 학생들은 수리능력을 기르는 정량분석(Quantitative Analysis, 전체의 모든 부분을 세세히 나누어 분류하는 것) 과목과 작문 능력을 기르는 작문심화(Writing Intensive) 과목 역시 의무적으로 이수해야 한다. 전공에 상관없이 자신의 생각을 표현하고 체계적으로 세상을 이해할 수 있는 능력을 가지고 있어야 한다는 우리 학교만의 교육 철학이 담긴 교과 과정이다.

이렇듯 다양한 과목을 듣다 보니 언뜻 보면 전혀 연관이 없는 과목들을 복수전공하는 학생 역시 매우 많다. (윌리엄스대학에는 부전공이라는 개념이 존재하지 않는다.) 또한 다양한 수업들을 듣다 보니 새로운 분야에 관심이 생겨 그 과목을 전공하는 학생들도 많다. 나 또한 현재 역사와 화학을 복수전공할 계획으로 공부하고 있다. 대학에 오기 전까지는 과학 분야를 전공할 마음이 없었지만 첫 학기에 수강한 화학 수업에 흥미를 느껴 진로를 결정하게 되었다.

윌리엄스대학은 교수 대 학생의 비율이 매우 낮고 수업 규모가 굉장히 작다. 수업 역시 토론식으로 진행되는 경우가 많기 때

문에 조용히 앉아만 있겠다는 생각을 한다면 큰 오산이다. 발표를 하지 않는 학생은 교수가 직접 지목하여 의견을 묻거나 토론에 참여하도록 유도하는 경우가 다반사이기 때문이다. 수업의 규모가 작기 때문에 학생의 이름을 전부 아는 것은 물론이고 지난번에 제출한 과제에서 어떤 논지를 펼쳤는지도 모두 기억해 학생들의 생각이 얼마나 일관성 있는지 또는 어떻게 변화했는지 참고한다.

학생들은 교수가 혹시라도 발표를 시킬 수 있기 때문에 수업 준비를 철저히 한다. 이런 식으로 학생들이 수업에 적극 참여함으로 내용을 완벽히 숙지할 수 있을 뿐만 아니라 다른 학생들의 의견을 듣고 미처 생각하지 못한 부분도 생각할 수 있게 한다.

윌리엄스대학에는 튜토리얼(Tutorial, 개별지도)이라는 독특한 형식의 수업이 있다. 영국 옥스퍼드대학교와 케임브리지대학교에서 기원한 수업 형태인데, 교수 1명과 학생 2명이 한 조가 되어 수업하는 방식이다. 학생들은 돌아가면서 5~7쪽 분량의 에세이를 써내며 다른 학생의 에세이를 첨삭하고 그 내용에 대해 토론한다. 자신의 의견을 제시하고 다른 사람의 의견을 듣고 답을 하는 튜토리얼 수업이야말로 윌리엄스대학이 지향하는 교육철학을 가장 잘 살린 수업방식이다. 이렇듯 수업을 소규모로 진행하다 보면 교수와 자연스럽게 가까워진다. 의견을 발표해야 하는 토론식 수업이기에 교수와 직접적으로 교류하고 이야기하면서 배우는 내용도 많다. 교수와의 교류는 수업이 끝난 후에도 이어진다.

모든 교수들은 수업 시간 외에도 학생들이 의문사항을 가지고 찾아올 수 있도록 오피스 아워(Office Hour)를 개설한다. 질문거리가 있다면 언제나 찾아올 수 있도록 일주일에 두세 번 정도 교수실을 개방하는 것이다. 어떤 교수들은 아예 동네 카페 구석을 차지하고 앉아 학생들이 찾아오는 것을 기다린다. 이렇게 시작되는 교수와의 면담은 단순히 수업내용에 대한 이야기에서 끝나지 않는다. 교수 대 학생 비율이 굉장히 낮은 리버럴 아츠 칼리지의 교수들은 학생에 대한 관심이 많고 정말로 가까이에서 도움을 주고싶어 한다. 그렇기 때문에 더 큰 대학교가 아닌 작은 학교에서 학생들을 가르치는 것이다. 그런 교수들이기에 학생이 자신의 수업에서 헤매고 있지는 않은지, 학교생활에 잘 적응하고 있는지 항상 관심을 기울인다. 그리고 많은 교수들이 이외에도 학생들과 개인적으로 가까워질 수 있는 기회를 만든다. 수요일마다 학생들과 카페테리아에서 밥을 먹으면서 야구 이야기를 하는 교수도 있었고 시험 직전에 학생들에게 응원 노래를 불러주는 교수도 있었다. 이런 학생과 교수 사이의 관계가 매우 인상 깊었다.

자신의 수업을 듣지 않아도 여러 가지 멘토 역할을 해주는 교수들도 있다. 모든 신입생들에겐 프레시맨 어드바이저(Freshmen Advisor)가 한 명씩 배정된다. 자신의 관심분야가 무엇인지 밝히면 그에 맞게 학생과 교수를 연결지어주는 시스템이다. 나는 역사에 관심이 많았기 때문에 내 프레시맨 어드바이저는 역사학과 교수였다. 특히 이 교수는 윌리엄스대학 출신이어서 특히 많은 도움을 주었다. 수강신청 전에 교수와 만나서 어떤 과목을 들어야 할지에 대해 이야기하기도 하고 앞으로 어떻게 수강 계획을 짜야 하는지도 조언해 주었다. 언제, 어디로 교환학생을 지원하는 것이 좋을지 의논하기도 했고, 또한 눈이 많이 오는 겨울에는 무엇을 하고 지내야 하는지와 같은 학업 외적인 측면에서도 많은 도움을 받았다.

외국인 학생에게는 미국 생활에 적응할 수 있도록 도움을 주는 역할을 하는 인터내셔널 호스트(International Host)도 배정된다. 내 인터내셔널 호스트는 재미교포 2세인 화학 교수이다. 한국어는 전혀 못하지만 낯익은 한국인의 얼굴을 가끔 볼 수 있다는 것만으로도 큰 의미가 있다. 그는 가끔 자신의 집으로 나를 초대해 저녁을 대접하기도 하고 기말고사 기간이 되면 동네 제과점에서 먹을 것을 사서 보내주기도 한다. 이렇게 옆에서 조언해주는 사람들이 있다는 것은 학업으로나 학업 외적으로나 큰 도움이 된다. 현재 나는 화학과 역사학을 복수전공할 계획인데 멘토 역할을 해주는 두 교수의 조언 덕분에 진로를 정할 수 있었다.

교수들과 좋은 관계를 쌓아두는 것은 굉장히 중요하다. 방학에 인턴이나 연구 활동에 지원하기 위해서는 추천서가 필요하다. 만약 좋은 관계를 쌓아놓은 교수가 없다면 추천서를 받는 것은 쉬운 일이 아니다. 또한 교수가 여러 가지 기회를 마련해주는 경우도 있다. 지난여름 나는 학교에 남아 화학 연구 보조로 일할 기회가 있었다. 인터내셔널 호스트인 화학 교수가 마련해준 자리였다. 내가 평소 화학에 관심이 있고 진로를 그 방향으로 정할 마음이 있다는 것을 알고 기회를 마련해준 것이다.

미국 대학은 정시 입학결과가 나온 후 합격생들을 학교로 초대해 수업을 참관하는 행사를 하곤 한다. 우리 학교 역시 프리뷰스 데이(Previews Day)라고 불리는 이날만 되면 학교는 자신이 합격한 학교를 구경하고 수업을 참관하러 온 고등학교 졸업반 학생들로 북적인다.

지난해 내가 듣던 다원미적분 수업에도 역시나 많은 학생들이 참관했다. 다원미적분 수업을 가르치는 교수는 보스턴 출신으로

고향 야구팀인 보스턴 레드삭스의 열렬한 팬이자 야구광이다. 교수는 프리뷰스 데이를 기회 삼아 진도를 나가지 않고 수학이 어떻게 야구에 적용될 수 있는지에 대해서 강의했다. 기존에 있는 수치가 아닌 새로운 수치를 이용해 선수들의 몸값이 얼마나 과소·과대 평가되었는지 알 수 있다는 내용이었다. 이런 내용을 오클랜드 애슬레틱스(Oakland Athletics) 팀의 단장인 빌리 빈(Billy Beane)이 개발해냈고, 이를 통해 팀을 성공으로 이끌었다는 이야기도 덧붙였다. 수업을 들을 당시에는 쉽게 흘려버렸지만 얼마 후 오클랜드 애슬레틱스 팀의 이야기가 브래드 피트 주연의 〈머니볼〉로 영화화된다는 소식을 들었을 때 교수의 의도를 알 수 있었다. 그는 단순히 수학 지식을 전달하는 것이 아닌 우리 생활과 밀접하게 연관되어 있는 수학을 보여주려 했던 것이었다.

앞서 이야기했다시피 나는 화학과 역사를 복수전공할 계획이다. 우리 학교에서는 복수 전공이 어렵지 않기 때문에 많은 학생들이 전혀 생뚱맞은 과목을 조합하여 복수전공을 하곤 한다. 이런 특성상 우리 학교 졸업생들은 전공에 큰 의미를 두지 않고 다양한 분야로 진학하곤 한다. 특히 전공에 상관없이 자신의 생각을 말과 글로 표현하는 법을 배워야 하기 때문에 컨설팅 업체나 로스쿨로 진학하는 경우도 많다.

우리 학교는 수학과가 특히 뛰어나다고 한다. 그래서 수학과 경제학이 인기가 많다. 덕분에 윌리엄스대학이 월스트리트에서 선호하는 10대 학교 중 하나라는 말이 있을 정도로 투자은행 등에서 일하는 졸업생도 많다.

나는 2학년 밖에 되지 않아서 아직 진로를 확정 짓지 못했다. 컨설팅 업체에서 일하는 것도 조금 관심이 있지만 화학공학을 심도 있게 공부하는 것이 지금 당장으로서는 더 큰 관심사다. 내가 여름에 참여한 화학 연구 활동은 유기물질을 이용해서 태양전지를 만드는 것이었다. 이렇듯 화학을 공부해 새로운 친환경 대체에너지를 개발하는 일에 일조하고 싶다.

우리 학교는 뚜렷한 목표와 꿈을 가진 사람보다는 다양한 것을 해보고 싶은 사람들에게 더 잘 어울리는 학교다. 한 가지 분야에만 관심이 있고 다른 분야는 전혀 관심이 없는 친구들이라면 오히려 버거운 학교일 수도 있다. 하지만 그렇다고 해서 배우는 내용의 깊이가 덜한 것은 아니다. 윌리엄스대학은 미국 시사전문지 〈US News & World Report〉와 〈Forbes(포브스)〉 등에서 선정한 미국 내 각종 대학 랭킹에서 1위를 차지하고 있는 최상위 대학 중 하나이고, 하버드대학교가 학사과정을 참고할 정도로 공부를 많이 시키는 학교이다. 그런 점에서 우리 학교는 배움에 열정이 있는, 새로운 것을 열심히 배울 마음이 있는 후배들에게 어울리는 학교다.

윌리엄스대학의 교육 철학은 리버럴 아츠 칼리지와 전인적 교육이다. 그런 점에서 학업뿐만이 아니라 체육활동이나 다양한

클럽활동을 장려한다. 학생들은 적어도 네 차례에 걸쳐 정규수업 외의 체육수업을 들어야 하고 신입생 때는 수영시험도 봐야 한다. 이런 것들이 귀찮고 간섭처럼 느껴질 때도 있지만, 다양한 기회가 주어졌을 때 귀찮아하지 않고 열심히 활용할 수 있는 친구들이 오면 자신을 잘 계발할 수 있는 학교다.

다양한 경험과 학업을 통해 큰 그림을 보는 능력을 키우고 싶은 친구들, 통섭을 통해서 새로운 것을 만들어내고 자신만의 비전을 그려내고 싶은 친구들이라면 윌리엄스대학을 단연 추천하고 싶다.

자신을 알아가는 데
충분한 시간을 투자하라

4기생 **김유리**
웰즐리대학
(Wellesley College)

　내가 다니는 웰즐리대학은, 매사추세츠(Massachusetts) 주 보스턴(Boston)에서 30분 정도 떨어진 교외에 자리 잡고 있는 여자 인문대학이다. 웰즐리대학은 힐러리 클린턴(Hillary Rodham Clinton) 미 국무장관이나 매들린 올브라이트(Madeleine Korbel Albright) 전 국무장관 등 여성 지도자와 사회 각계에서 두각을 나타내고 있는 많은 졸업생을 배출한 미국 최고의 여자 대학이다. 여자대학의 장점은 남학생이 없기 때문에 다른 학교의 여학생보다 리더십을 발휘할 기회가 많고 더 진취적인 사고를 키울 수 있다는 것

이다. 또한 웰즐리는 학생 수가 약 2,300여 명인 작은 학교로, 20명 미만의 학생들이 토론을 하는 수업이 주를 이룬다. 여자대학, 작은 인문대학, 그리고 학생 대부분이 4년 내내 기숙사 생활을 하는 숲 속의 학교라는 특징이 자유, 신뢰, 존중이라는 웰즐리만의 특별한 분위기를 형성한다. 이러한 장점과 매력이 나를 웰즐리로 이끌었다.

웰즐리 학생들은 서로를 동문이 아니라 'sister'라고 부를 정도로 학교에 대한 자부심과 서로에 대한 신뢰가 각별하다. 이것은 특히 기숙사 생활에서 잘 드러난다. 웰즐리에는 크고 작은 기숙사가 캠퍼스 곳곳에 퍼져 있다. 웰즐리는 기숙형 학교(residential college)로 전교생이 4년 동안 학교 내 기숙사에서 생활하는 학교다. 공부 외에도 학생들이 함께 생활하며 서로를 아껴주고 자유롭게 대화를 나누면서 성장하게 하기 위한 학교의 방침 중 하나다. 다른 대학은 보통 학년별로 기숙사가 나뉘어져 있는 반면에 웰즐리는 1학년부터 4학년까지 모두 한 기숙사에 함께 살고 있다. 2학년 때까지는 2인실이나 3인실에 살아야 하고, 3, 4학년이 되어야 비로소 1인실을 사용할 수 있다.

다른 학교에 비해서 기숙사는 매우 좁고 낡은 편이지만 나는 룸메이트와 함께 방을 예쁘게 꾸민 덕분에 나름대로 만족하며 지내고 있다. 내 룸메이트는 보스턴 출신인데, 입학하기 전에 이메일과 페이스북으로 연락하다가 내가 미국에 도착한 다음날 만나서 보스턴을 구경시켜 주었다. 이후 나는 룸메이트의 수학 숙제를 도와주고 룸메이트는 내 에세이를 고쳐주는 등 서로 도와주며 잘 지내고 있다.

한국 대학이나 다른 큰 종합대학과는 달리 웰즐리에서는 입학할 때부터 전공을 정하지 않아도 된다. 따라서 필수로 수강해야 할 수업이 정해진 것이 아니기 때문에 같은 전공을 목표로 하는 친구라도 같은 수업을 듣지 않는 경우가 많다. 그래서 1학년 때는 가까운 곳에 사는 같은 기숙사 건물의 친구들과 친해지는 것이 보통이다. 내가 사는 멍거홀(Munger Hall)은 학교 내에서 가장 작고 조용한 기숙사 중 하나라 주로 1인실을 쓰는 3, 4학년이 많이 있어서 같은 1학년 친구들은 많지 않지만 선배들을 자연스럽게 알 수 있는 계기가 되었다.

오리엔테이션 기간에 FYM(First Year Mentor)인 선배가 일학년

학생들을 인솔하면서 학교 생활에 대해 알려주고 적응을 도와준다. 내가 속한 FYM 그룹은 오리엔테이션이 끝나고도 토요일에 함께 브런치를 먹거나, 주말 저녁에 모여 드라마를 보거나, 생일을 맞은 사람 방 앞에 찾아가 깜짝 파티를 해주는 등 학교 내에서 가장 활발하고 돈독한 그룹이라 특히 더 많은 친구들을 사귈 수 있었다.

지난 학기 말에는 마지막으로 FYM 그룹과 함께 식사를 하고 비밀 산타(Secret Santa)도 뽑았다. 비밀 산타는 우리나라의 마니또와 비슷한데, 제비뽑기를 해서 뽑힌 친구에게 각자 작은 선물을 준비해서 교환하는 것이다. 또 웰즐리에는 모든 일학년 학생들을 같은 기숙사의 선배들과 일대일로 짝지어주는 전통이 있는데, 서로를 big sister, little sister라고 부르며 친자매처럼 지내곤 한다.

　RA(Regident Assident, 기숙사장)들이 매주 여러 가지 프로그램이나 이벤트를 주최하는데, 우리 기숙사는 매주 화요일 저녁에 '하우스 카운슬(House Council)'이라는 회의가 있어서 기숙사 내의 크고 작은 문제를 학생들이 주체적으로 논의하고 결정할 수 있도록 한다. 그리고 수요일 저녁에는 멍거티(Munger Tea)가 열려 학생들이 공부하다가 잠시 쉴 수 있는 시간을 마련해 준다.

　또 매 기숙사마다 APT(Academic Peer Tutor)가 한 명씩 배정되는데, 간식시간(study break)이나 인포세션(info session) 등을 열어 학생들이 학업에 지치지 않고 궁금증을 풀 수 있도록 도와준다. 특히 첫 수강신청 전날 밤에는 RA들과 APT가 신입생들이 긴장하지 않도록 파자마 파티를 열어 질문에 답해주기도 하고, 당일 아침에는 식당까지 걸어가는 수고를 덜어주기 위해 기숙사 거실에서 팬케이크를 만들어 함께 브런치를 하기도 한다. 참고로 웰즐리의 모든 이벤트, 모임, 행사에는 절대로 음식이 빠지지 않는다.

　내가 미국에서 첫 학기를 나름 즐겁게 보낼 수 있었던 이유는 기숙사에서 만난 인연 때문이 아니었나 싶다. 물론 용인외고의 기숙사만큼 좋은 시설을 기대할 수는 없지만, 기숙사에서 만난 친구들, 언니들과 함께 공부하고 놀며 어려움 없이 첫 미국 생활을 잘 적응할 수 있었다. 사실 대학에 가서 미국인 친구들과 아주 자연스럽게 어울려 논다는 것은 생각만큼 쉬운 일은 아니다. 나도 개인적으로는 같은 미국인이라고 할지라도 아시아계 미국

인 친구들이 더 편하게 느껴지고 대화도 잘 통한다. 생김새도 비슷하고 집에서 먹는 음식, 생활하는 방식, 부모님의 가치관이 비슷하다 보니 아무래도 마음을 열기가 더 쉬운 것 같다. 비록 국적은 미국, 일본, 한국 등으로 다양해도 영어로 한국 아이돌 가수 이야기, 드라마 이야기를 하기도 하고, 서로 비슷하고 다른 문화에 대해서 매일 조금씩 배우기도 한다. 가끔 보스턴에 놀러 갈 때면 한국음식, 일본음식, 태국음식, 베트남음식 등 아시아 음식점을 찾아다니거나 기숙사에서 함께 라면을 끓여 먹기도 한다. 그렇다고 동양 친구들하고만 가깝게 지내는 것은 아니다. 자라온 국적, 환경, 생김새, 가치관이 제각기 다른 사람들이 만났기에 서로를 아주 잘 이해하기까지는 아무래도 시간이 걸리겠지만, 배려하고 배려 받는 가운데 서로에게 마음을 열어가고 있다.

웰즐리에서는 2학년 봄 학기에 전공을 확정하는데, 나는 아직 전공을 정하지 못해 다양한 과목을 조금 더 접하는 중이다. 경제학이나 사회학 등 마음이 가는 과목은 있지만 아직 일 년 남짓의 시간이 남아있으니 천천히 고민해본 뒤에 결정하려고 한다.

무엇을 공부해야 할지 확실하지 않은 사람, 대학 졸업 후에 대학원을 목표로 하는 사람, 가족 같은 분위기와 조용하고 한적한 환경을 좋아하는 사람, 미국 최고의 여대생들과 함께 경쟁해보고 싶은 사람, 여성 지도자로서의 자질을 키워나가고 싶은 사람이라면 웰즐리에 지원해보는 것을 추천한다. 물론 여자만 말이다.

학문과 사회, 그 사이를 누리자

2기생 **배하늬**
애머스트대학
(Amherst College)

어느 대학교에 원서를 써야할지 한참 조사하고 있을 때 내가 중점적으로 생각한 것은 두 가지였다.

첫 번째, 가장 중요한 것은 내가 전공하고 싶었던 뇌과학 (Neuroscience)과의 존재 여부와 그 교과 과정의 구성과 체계성이었다. 뇌과학은 인간의 뇌를 구성하고 있는 신경세포인 뉴런의 활동과 특성, 그 뉴런의 집합이 만드는 신경회로(neural circuit)를 연구하고 궁극적으로는 인간의 생각과 감정 등 지금까지는 과학이 접근할 수 없었던 신비로운 비밀을 탐구해 나가는 학문이다. 뇌과학은 상대적으로 최근에 확립된, 나이가 어린 학문이기 때문에 미국에서도 학부 과정이 없는 대학이 많이 있다. 그래서 각 대학마다 뇌과학과가 얼마나 인정받고 있는지, 수업이 다양한지 등을 잘 알아봐야 했다. 학교 홈페이지를 꼼꼼히 확인하고 또 궁금한 점이 있으면 홈페이지에 나와 있는 학생들의 이메일 주소로 이메일을 보냈다. 애머스트의 뇌과학과 프로그램은 1973년, 미국 내에서 학부로서는 가장 처음으로 확립되었다고 한다. 긴 역사 뿐 아니라 학과 내의 수업도 다양하고 4학년 때 교수와 함께 논문을 쓰는 프로그램도 체계적으로 보였다.

두 번째 선택 기준은 학생 수가 적고 학생 대 교수 비율이 낮아, 학과 학생들, 교수들과 교류가 많은 학교였다. 학생 수가 너무 많아 교수의 관심을 받기 위해 경쟁해야 하거나 학생 간에 유대감이 적은 학교는 내 성격에 맞지 않았다. 이 조건에 리버럴 아츠 칼리지인 애머스트는 내가 꿈꾸던 학교와 완벽하게 잘 맞았다. 한 학년 당 400명, 전교생이 1,700명 조금 넘는 이 작은 학교에서는 가족 같은 친근함이 느껴졌다. 또 대학원이 없고 학부만 있기 때문에 교수들이 자신의 연구보다 학생 교육을 더 중요시하고 학생들과의 교류에 시간을 많이 투자한다는 것도 매력있었다.

애머스트에 입학하고 2년 반 동안 생활해본 결과 내가 애머스트에 끌렸던 두 가지, '뇌과학과'와 '작은 학교'는 내가 기대했던 것만큼 좋았고 만족스러웠다. 뇌과학과 교수들의 수업도 정말 마음에 들었고, 적은 인원으로 수업이 진행되는 덕에 교수들과 친근한 대화를 나눌 수 있는 것도 좋았다.

입학 당시에는 전혀 예상하지 못했던 애머스트의 장점이 또 한 가지 있다. 바로 애머스트의 분위기, 애머스트만의 문화이다. 한국 사람들은 대체로 대학교를 숫자로 판단하곤 한다. 예를 들어 〈US News & World Report〉(미국 뉴스 잡지의 하나로 매년 발행하는 미국 내 대학교, 의대, 법대 등의 랭킹으로 유명함)의 랭킹, 합격률, 학생 수, 학자금 지원(Financial Aid)의 양 등이다. 물론 이런 것들도 매우 중요하지만 미국 대학은 숫자만으로는 알 수 없는 그 학교만의 특징과 분위기, 그 학교의 냄새가 있다. 신입생을 뽑을 때에도 성적과 경력 이외에 지원서와 에세이에서 느껴지는 성격과 특성이 학교의 분위기에 잘 맞는지, 학교에서 자신의 능력을 최대한 발휘할 수 있는지를 본다. 따라서 학교의 특성을 먼저 잘 파악하는 것은 중요하다. 학교 분위기에 잘 어울리는 에세이를 써서 경쟁력을 높이고, 또 장기적으로는 내가 4년 동안 즐겁고 생산적인 대학 생활을 할 수 있는 학교를 고르는 데 큰 도움이 된다.

학교 분위기는 사실 학교를 직접 방문해서 학교에 다니는 학생들과 이야기하고 몸으로 체험을 해야 알 수 있다. 그런데 나 같은 외국인 학생은 지구 반대편에 있는 미국의 학교를 방문하기가 쉽지 않다. 나도 학교에 입학하기 전까지는 우리 학교 캠퍼

스에 와 본 적이 한 번도 없었다. 하지만 미국에는 고등학생들이 미리 대학 캠퍼스 방문 프로그램에 참가해서 학교의 분위기를 경험해보는 것이 꽤 보편화되어 있다.

애머스트는 다른 학교에 비해 진보적이고 다양성을 중시하는 문화를 가지고 있다. 일단 유색 인종의 비율, 외국에서 온 유학생의 비율이 높고 학생들의 국적도 아시아, 유럽뿐만 아니라 아프리카의 가나, 나이지리아, 케냐나 파키스탄 등 아주 다양하다. 나는 실제로 대학교에 와서 처음 아프리카 친구를 사귀게 되었다. 고등학교 때까지만 해도 아프리카 하면 디즈니영화 〈라이온킹〉밖에 생각나지 않았는데 애머스트에서 많은 새로운 문화를 접하고 배울 수 있었다. 애머스트대학은 이런 다양성을 유지하기 위해 많은 투자를 한다. 학비지원 신청 여부를 묻지 않고 합격생을 뽑는 '니드 블라인드(Need-blind)' 제도는 많은 학생들에게 후한 장학금을 주어 학교가 원하는 다양한 인재들이 학교를 다닐 수 있도록 한다. 이런 다양성과 적은 학생 수가 애머스트의 분위기를 형성한다. 애머스트 학생들은 나와 다른 사람, 나와 다른 문화를 단순히 포용하는 것뿐만 아니라 한 걸음 다가가서 배우고 이해하려는 적극적인 태도를 가지고 있다. 그리고 자신이 다가가는 것만큼 상대방도 관심과 적극성을 보이리라는 기대도 품고 있다.

나는 처음 애머스트에 이런 문화가 있다는 것을 전혀 모른 채 학교 캠퍼스에 왔지만 다행히도 결과적으로는 나와 정말 잘 맞았다. 애머스트는 지금까지 3년 동안 내가 즐겁고 편안하게 공부하면서 나의 능력을 마음껏 펼치고 가꾸어 나갈 수 있는 환경이 되어 주었다.

Academic Life

"Choose two, academics, social life, or sleep."

(다음 중 2개를 고르시오. 학업, 친구, 잠)

신입생으로 처음 애머스트에 들어왔을 때 선배들에게 들었던 말이다. 돌아보면 나는 항상 잠을 희생시켰던 것 같다. 친구들과 어울리고 놀고 싶은 것도 그렇지만, 특히 다양한 동아리 활동과 애머스트라는 울타리 안에서 내게 주어진 좋은 기회들을 놓치기가 너무 아까웠기 때문이다. 뭔가 새로운 일들이 내 앞에 다가오면 '아, 할 시간 없을 텐데' 하면서도 결국은 그 일을 하고 잠을 줄이게 된다. 그렇다보니 한 주에 과제와 중간고사 등등 여러 가지가 겹치기라도 하면, 밥도 제대로 못 먹은 채 친구들과 함께 며칠씩 밤을 지새우기도 한다. 이렇게 몸을 혹사시키고 있지만 신기하게도 정신적인 스트레스는 고등학교 때보다도 적은 것 같다. 아마도 내가 관심이 있어 선택한 학문을 배우고 있기 때문에 고생해서 공부한 만큼 보람도 있는 것이리라.

　애머스트 수업에서 가장 마음에 드는 것은 교수들과의 교류이다. 애머스트 홈페이지에 게시된 바로는 수업의 89%가 30명 이하의 학생이 듣는 수업이고, 수업당 수강 학생 수는 평균 16명이라고 한다. 나는 과학 전공이라 대체로 수강생이 많은 수업을 듣는 편인데도 대개 30명 정도가 수업을 듣거나 그 이하일 때도 있다. 일본어 수업은 나를 포함해 2명이서 들었던 적도 있다. 이렇게 수업당 학생 수가 적다 보니 교수들은 당연히 학생들의 얼굴과 이름을 기억하고, 또 수업시간에 내가 어떤 질문을 하는지, 실험 시간에 어떤 성과를 냈는지 등을 알고 있다. 수업시간 이외에도 질문이 있으면 언제든지 교수실에 찾아가 질문을 할 수 있다. 애머스트에 지원해서 일하고 있는 교수들은 기본적으로 미국의 리버럴 아츠 칼리지에 열정이 있는 교수들이기에 학생들을 가르치는 것과 학생들과 교류하는 것을 즐긴다. 교수실에 여러 번 가다 보면 교수와 금세 친해져 개인적인 이야기를 하고 농담을 하다 오기도 한다.

나는 2학년 때 입문 수준의 생물학 수업을 뛰어넘고 분자유전학(Molecular Genetics)을 들었는데, 아무리 입문 수업의 내용을 다 알고 있었다지만 3학년이 듣는 수업을 2학년 때 들으려니 조금 버거운 건 어쩔 수 없었다. 수업 내용도 훨씬 더 자세하고, 시험도 단순히 외운 지식을 묻는 것이 아니라 '왜 이런 현상이 일어날 수 있는지 몇 가지 가능성을 써보라'는 식의 생각하는 문제들이 많이 나오는 등, 지금까지 내가 하던 생물학 공부와는 많이 다른 것이었다. 그러다보니 틈만 나면 교수실에 가서 질문을 하고 속이 후련해질 때까지 넋두리를 하다 오기도 한다. 한 학기를 그렇게 보내니 손녀딸 이야기를 좋아하는 머리가 희끗희끗한 할아버지지만, 생물학 이야기만 시작하면 청년이 된 듯 눈이 반짝반짝거리는 교수와 꽤 친해지게 되었다. 그래서 겨울방학 때는 한국에 돌아가지 않고 학교에 남아있으면서 그 교수의 실험실에서 일을 하게 되었다. 또 다음해 여름 인턴십 지원서를 쓸 때 이분께 추천서를 받았고, 그 다음 가을 학기에는 전에 들었던 분자유전학 수업을 돕는 TA(Teaching Assistant)로 일을 하기도 했다.

동아리 활동에 대한 적극적인 재정지원

애머스트는 학생의 다양성을 중시하는 것처럼 학생들이 가지고 있는 다양한 생각을 지원하는 것도 중요시한다. 동아리는 학생들이 학업 이외에 열정을 가지고 추구하는 활동이다. 이를 활성화함으로써 학교는 다양한 생각의 장이 될 수 있다. 애머스트는 미국 대학 중에서도 동아리 활동에 대한 지원이 남다르다. 학교에서 인정하는 동아리를 만들고, 이벤트 계획서를 제출하기만 하면 동아리를 운영하는 데 전혀 부족함을 느낄 수 없을 정도로 재정을 지원해 준다.

예를 들어 나는 1학년 2학기부터 2학년 때까지 1년 반 동안, THiNK(Towards Humanitarianism in North Korea, 북한의 인권을 위하여)라는 북한 인권 동아리의 장을 맡았다. THiNK는 북한 인권 관련 다큐멘터리 시청과 소책자 제작 등 북한의 상황을 알리는 활동을 한다. 그 외에도 나는 중국에서 숨어 지내는 탈북자들을 돕기 위한 대형 모금 이벤트도 계획했다. 우리는 100명이 넘는 인원의 저녁식사를 준비해 참가자들이 식사를 하는 동안 다양한 프레젠테이션 및 영상물로 홍보활동을 했다. 많은 미국 학생들은 북한을 김정일이나 핵문제와만 연관시키고 실제로 북한주민이 어떤 삶을 살고 있는지는 모르는 경우가 많다. 우리의 목적은 이곳에 모인 사람들에게 북한 인권의 실상을 알리는 것이었다. 이런 충격적인 정보를 접하면 많은 학생들이 지갑을 열어 후원금을 낸다. 몇몇 학생들은 자신이 더 도울 일은 없냐며 동아리에 가입하기도 한다.

또 나는 3학년부터 교내 과학잡지 〈The Amherst Element〉의 편집장으로 활동하고 있다. 학교는 2,400달러에 달하는 과학잡지 인쇄 비용을 전부 지원해줄 뿐만 아니라, 작년 11월 워싱턴 D.C.에서 열린 뇌과학회(Society for Neuroscience)에 동아리원들이 참

가할 수 있도록 등록비, 교통비, 숙박비 등을 거의 전액 지원해 주었다. 이외에도 학교에서는 세계 기아 문제, 아이티 지진 문제 등에 대한 의식을 높이기 위해 티셔츠나 손목밴드를 제작하는 비용, 한국문화를 알리기 위한 추석 이벤트의 비용 등을 지원해 주었다.

이렇게 큰 이벤트를 계획하려면 당연히 돈이 많이 필요하다. 애머스트는 학비 중의 일정 부분을 동아리 활동비로 할당해두고 동아리가 이벤트를 계획할 때 재정을 지원해 학생들이 참가비나 식비를 내지 않아도 동아리 운영이 가능하도록 해준다. 사실 이 재정은 학생들의 등록금에서 할당된 것이라 결국은 우리 주머니에서 나온 것이지만, 이런 제도는 학교 내 동아리 활동이 훨씬 활발해지도록 도와준다. 이벤트를 열면 식비로만 800달러 이상을 받기도 하고, 그 외에도 홍보자료 제작비, 소책자 인쇄비, 여러 가지 장식비용 등을 다 합치면 큰 이벤트인 경우에는 거의 1,000달러를 지원받을 수 있다.

자신이 열정을 가지고 중요하다고 생각하는 활동을 마음껏 하면서도 돈에 구애받지 않는 것은 사실 애머스트를 벗어나 실제 사회에 나가면 어림도 없는 일이다. 하지만 그것을 알기 때문에 이 순간이 더 특별하고 소중하게 느껴진다. 자신의 능력과 한계를 시험해보고 꿈을 키우는 대학 시절에 이런 기회가 주어진다는 것은 정말 멋진 일이다.

새로운 도전의 장

젊음은 도전이라는 말이 있다. 하지만 지금까지 한 번도 해보지 못 한 일을 시도한다는 것은 누구에게나 어려운 일이다. 대학이라는 울타리 안이라 해도 말이다. 새로운 걸 배우는 것도 힘들지만, 어릴 적부터 지금까지 꾸준히 실력을 키워 나보다 훨씬 더 잘하는 사람이 있다는 것만으로도 위축되어 시작도 하기 전에 벌써 힘이 빠진다. 예를 들어 대학에 와서 새로운 악기를 배워본다거나, 갑자기 미술을 시작한다거나, 한 번도 배워보지 않은 과목으로 전공을 바꿔본다거나 하는 일들 말이다. 불가능한 일도 아니고 누군가는 이미 그렇게 하고 있겠지만, 막상 내가 하기는 조심스러운 일들이다.

애머스트에는 그런 도전을 중요시 여기는 문화가 있고 학교

도 이런 도전 정신을 장려하기 위해 다양한 기회를 제공한다. 애머스트 신입생 중에는 졸업 후 자신이 무엇을 할 것인지 구체적인 계획 없이 입학하는 학생들이 많다. 이런 학생들은 처음 만났을 때 인사치레로 어떤 것을 전공할 예정인지 물어보면 상당수가 이러이러한 것들에 관심이 있긴 한데 전혀 모르겠다며 웃으며 대답한다. 그리고 애머스트에서 그것을 찾아나가리라 희망한다고 덧붙인다. 관심 있는 수업을 찾아 듣는 것부터가 새로운 도전인 것이다.

애머스트의 교육과정은 학생들의 바람에 많은 도움을 준다. 애머스트에는 전공필수 과목 외에는 꼭 들어야하는 교양과목이라든가 필수과목이 없다. 자유롭게 새로운 가능성을 탐색하고자 하는 개인의 의사를 존중하는 것이다. 만약 스스로 자연계열이 적성에 맞지 않는다고 생각한다면 4년 내내 수학, 과학 없이 살 수 있고, 또 책을 읽고 글을 쓰는 것이 끔찍하다고 생각한다면 인문계열 수업을 듣지 않고 대학생활을 마칠 수 있다. 하지만 반대로 내가 원하는 것이 무엇인지, 나에게 맞는 학문이 무엇인지 전혀 모르겠다면 이런 시스템을 100% 활용해서 이 모든 과목을 전부 맛볼 수도 있다.

학생들이 첫 2년 동안 들었던 수업 목록을 보면 여기저기 기웃거리고 이것저것 많이 시도해본 티가 난다. 1학년 때 정치학 전공을 꿈꾸던 내 친구는 정작 공부를 해보니 정치학은 자신과 맞지 않다는 것을 깨달았다. 오히려 평소에 취미로 들던 미술과 아시아 문화 수업에 더 큰 관심이 생겨 결국 전공을 바꾸기로 결정했다. 그 외에도 악보 보는 법도 몰랐는데 대학에 와서 처음 음악이론 수업을 듣고 음악을 전공하기로 결정한 친구도 있다. 심지어는 전공을 네다섯 번 바꿨다는 선배들의 이야기가 전설처럼 내려오기도 한다.

대학교에 와서 악기연주라는 것을 처음 배워보는 친구들도 있었다. 학교에는 여러 가지 악기 레슨을 받을 수 있는 기회가 있고, 또 학비 지원을 받는 학생이라면 음악 수업 하나만 들으면 학교에서 레슨비를 전액 지원해줘서 정말 간단한 방법으로 자신이 원하는 레슨을 받을 수 있다.

'Singing College'라는 별명을 가진 애머스트에는, 노래와 관련된 여러 가지 동아리가 있다. 나는 2학년 때부터 학교 합창단에서 노래하고 있다. 나는 이전까지는 한 번도 제대로 된 노래 수업을 받거나 학교 노래 동아리 같은 곳에서 활동해 본 적도 없었다. 예전부터 노래를 배우고 싶다는 생각은 있었지만 이미 너무 늦었다는 생각에 그냥 포기하고 있었는데, 합창단에서 활동하는 친구들의 설득에 넘어가 오디션을 봤다. 놀랍게도 합격! 합창단에는 졸업 후 성악가나 작곡가의 길을 생각하고 있는 음악전공자들부터 취미 생활로 노래를 막 시작한 학생들까지 실력이 천차만별인 친구들이 골고루 모여있다. 만약 음악 활동 경력과 실력이 있는 학생들만 합창단에 가입할 수 있다면 더 수준 높은 공연을 할 수 있었을 것이다. 하지만 애머스트의 합창단은 정식으로 노래를 배우지는 못했어도 노래를 좋아하고 노래하고 싶다는 열정을 가진 학생을 받아주어 새로운 도전을 장려하고 있다. 만약 애머스트가 아니었다면 내게 이렇게 값진 경험과 소중한 취미를 만들 수 있는 기회가 주어지지 않았을 것이다.

이렇듯 여러 가지 의미에서 도전은 하루하루를 다채롭게 하고 자기계발을 돕는 긍정적인 힘을 준다. 나는 막상 일을 시작하고 나면 그 도전을 즐기면서도 시작하기 전에는 마냥 두려워만 하곤 한다. 그래서 새로운 도전을 하기까지 내 자신을 추스르기가 힘들 때도 있는데 애머스트에서의 생활은 이런 나 자신을 바꾸는 데 큰 도움이 되었다. 여름방학에 집에 돌아와 가족들과 시간을 보내고 있으면 현재의 삶에 만족하고 편하고 쉬운 길로만 가고 싶다가도, 학교에 도착하면 신기하게도 생각이 바뀌는 것을 느낀다. 각자의 도전을 즐기는 학생들이 가득한 애머스트의 분위기 속에 나도 흠뻑 취해 힘이 솟아난다.

이제 이 조그마한 시골 동네에서 생활한 지도 3년이 다 되어간다. 한창 대학 지원으로 정신이 없을 때는 내가 무엇을 원하는지, 무엇을 찾고 있는지도 정확히 모르고 우왕좌왕하면서 지원서를 써냈다. 하지만 그때의 신념과 노력이 나를 지금 이곳, 애머스트에까지 데려와 주었고 또 내 인생을 바꾸는 값진 경험을 선물해 주었다. 미국 대학의 입학사정관들은 자기 학교의 문화와 잘 맞는 학생들을 뽑아내는 신기한 능력이 있는 것 같다. 이 글을 읽는 모든 분들도 어느 학교에 가든지 주어진 자원을 100% 활용해 자신을 찾아가고 가꿔가는 행복한 대학생활을 하길 바란다.

어제보다 나은 오늘의 나,
오늘보다 나은 내일의 나

4기생 한서윤

예일대학교
(Yale University)

역사상 가장 많은 미국 대통령을 배출한 대학, 수많은 예술가들의 집합소, 떠오르는 이공계의 다크호스, 예일대학교(Yale University)! 예일대학교는 하버드(Harvard), 프린스턴(Princeton)과 함께 아이비리그(Ivy League) 빅3라 불리는 학교로, 미국 동부 코네티컷(Connecticut) 주의 뉴헤이븐(New Haven)이라는 중형 도시에 위치한 학교다. 라이벌 하버드에 비해 상대적으로 한국에는 덜 알려진 학교여서 나도 고등학교에 들어가고 나서야 예일대학교의 위상을 비로소 제대로 인식하게 되었다.

사실 나는 아이비리그 빅3 대학에 모두 합격했다. 합격 비결이 뭐냐는 질문을 많이 받는데 내가 입학사정관이 아니니 정답을 알려드리지는 못할 것 같다. 아마도 겉으로 봤을 때는 조용한 모범생이지만, 꼭 예기치 못한 상황에서 결정적으로 엉뚱함을 빵 터트리곤 하는 모습 때문이 아닐까 추측해 본다. 나는 하버드, 예일, 프린스턴에 지원할 당시 전공을 정하지 않고 원서를 넣었다. 그리고 아직도 전공을 탐색 중이다. 그렇지만 나중에 무엇을 전공하든 한서윤은 본인만의 길을 개척해 나갈 수 있으리라고 대학 측에서도 믿어준 듯하다. 미국의 명문 대학에서는 단순히 공부만 잘하는 학생을 원하지 않고, 남들과는 다른 자신만의 색깔을 가진 학생을 원하기 때문이다.

아시다시피 세 학교 모두 교육의 질은 우열을 가리기 힘들만큼 우수한 곳이고 내게는 과분한 학교들이다. 그런데 이 세 학교 중에서 왜 예일대학교를 선택하게 됐는지 궁금할 것이다. 합격 후 세 곳을 모두 방문하고 머물러 본 후에 가장 끌린 것은 예일의 인문학적이고 예술적인 분위기였다. 사실 나는 어렸을 때부터 예술 방면에 관심은 많았지만, 줄곧 이과적인 성향이 강하다는 말을 많이 들으면서 자랐다. 그런데 고등학교 진학 후, 보다 깊이 있고 다양한 독서를 하다 보니 인문학에 대한 흥미가 점점 자라났고, 어려서부터 남과 다른 대답을 곧잘 내놓곤 하는 나의 자유로운 사고를 이해해주고 발전시켜줄 수 있는 학교가 있다면 인문학을 마음껏 공부해 보고 싶다는 열망이 생겨났다.

예일은 예술과 인문학 분야에서 세계 최강임을 자부하는 학교다. 그런 역사와 전통이 자연스레 캠퍼스 자체에 녹아 있어, 처음 학교를 방문했던 날 학교 전체에서 풍겨나는 고풍스런 분위기에 매료되었다. 나는 주저함 없이 예일을 택했다.

이 글을 읽는 여러분도 나중에 대학을 정해야 할 시기가 오면, 정말 자신과 잘 맞다고 느껴지는 학교를 선택하길 바란다. 후회 없는 삶이란 어차피 불가능하겠지만 그래도 능동적인 자세로 자신이 택한 길을 간다면 적어도 후회할 일이 줄어들지 않을까?

활기찬 교내 활동

'아이비리그 대학이면 당연히 학업적으로 우수한 것 아닌가?'라고 생각할지도 모르지만 아이비리그 내에서도 예일이 특히 탁월하다고 자신 있게 말할 수 있는 데에는 이유가 있다. 예일대학교는 학부인 Yale College, 대학원인 the Graduate School of Arts and Sciences, 그리고 전문대학원(the professional schools)으로 이루어져 있다. 전문대학원은 법률, 음악, 의학 등 대학원 중에서도 전문 교육을 제공하는 대학원인데 그 대표적인 예가 예일 로스쿨(Yale Law School)이다. 미국 대학들 중 예일처럼 학부와 대학원을 다 포함하는 큰 대학교의 경우, 대학원에 비해 학부를 상대적으로 소홀히 관리하는 경우가 많다. 그러나 예일은 대부분의 큰 아이비리그 학교들과는 달리 학부 교육을 굉장히 중시한다. 개론, 입문 수업(Introductory courses)을 제외한 대부분의 수업은 소규모 세미나 형식으로 진행되며, 심지어 대학원과 전문대학원의 교수님들이 직접 학부생들을 가르치기도 한다.

예일의 학업적 우수성에 대해 강조하였지만 그렇다고 예일 학생들이 공부만 잘하는, 흔히 말하는 범생이들이라고 속단하면 큰 오해다. 사실 공부벌레만큼 예일 학생과 거리가 먼 단어는 없다. 예일은 아이비리그 내에서도 자타공인하는 굉장히 진취적인 학교다. 무수히 많은 동아리가 이 사실을 뒷받침해 준다. 예일에서는 매 학년 초 동아리원들이 신입 회원을 모집하기 위해 체육관에 모여 동아리 홍보를 하는데, 처음 그곳을 방문했을 당시에 나는 넓디넓은 체육관을 꽉 채운 다양한 동아리에 정신을 차릴 수 없을 정도였다. 아카펠라, 학술지, 봉사활동, 토론, 스포츠, 경제, 연극 등등. 예일 내에 존재하는 동아리의 다양함은 예일이라는 곳이 얼마나 역동적인 곳인지를 잘 보여준다.

한국에서와는 달리 아카펠라 그룹과 같이 오디션을 요하는 동아리가 아닌 이상 동아리 출입이 상대적으로 자유롭다. 동아리에서 얼마나 활동할 것인지는 말 그대로 '자발적'으로 정하게 놔둔다. 그렇다보니 동아리에 가입해 오리엔테이션을 해보고 자신과 맞지 않는 동아리였다는 것을 알게 됐다면 그다음부터 바로 안 나가도 별일 없다. 물론 동아리 내에서 어떤 임무를 맡았는데 책임을 지지 않고 안 나가버리는 무책임함을 말하는 것은 아니다. 또 학기 중에라도 관심이 가는 동아리가 생겨서 동아리장에게 이메일을 보내면 대체로 흔쾌히 다음 모임부터라도 참가하라고 답해준다.

여기서 잠깐! 여러분의 이해를 돕기 위해 내가 활동하고 있는 동아리에 대해 소개하자면 나는 현재 SJN(The Social Justice Network, 사회정의연대), 정치·시사 잡지 동아리, 공정무역 봉사 동아리에 주력하여 활동하고 있다.

SJN은 교내에서 시민단체 활동을 하는 동아리들을 총괄하는 동아리다. 교내 동아리 지원금 지급, 교내 이벤트 기획, 홍보 등 다양한 일을 맡아서 하고 있다. 특히 이번에 내가 SJN의 임원으로 임명된 후 새로 추진하고 있는 프로젝트가 있는데, 바로 The Social Justice Week이다. SJN 아래에 있는 다양한 동아리와 함께 명망있는 교수님들과 전문가들을 초빙하여 컨퍼런스 개최, 다큐 영화 상영, 문화교류 행사 등 일주일 동안 다양한 이벤트를 여는 프로젝트다. 교내 학생들의 사회의식을 드높이는 뜻깊은 일인 만큼 힘들지만 항상 즐겁게 동아리 활동에 참여하고 있다.

정치·시사 잡지 동아리에서 나는 국제정치 관련 기사를 쓰고 있다. 자신이 관심 있는 분야에 대한 전문적인 글뿐만 아니라 저명한 교수님과의 인터뷰, 관련 서평 등 다양한 내용의 기사를 써서 실을 수 있다. 예를 들자면 이번에 나는 명실상부 부동의 세계 1위의 로스쿨인 예일 로스쿨의 저명한 교수님 한 분과 불문법과 성문법에 대해 직접 인터뷰를 하고 기사를 쓸 수 있는 멋진 기회를 가지게 되었다. 동아리 성격상 부수적인 효과로 나의 인문사회학적 사고의 깊이를 더하는 데 많은 도움이 되는 것 같아 매우 만족하고 있다.

공정무역 봉사 동아리는 가나, 베트남, 페루 등 세계 각국의 장인들이 만든 물건을 공정무역 단체와 연계해서 캠퍼스 내외에서 판매하는 동아리다. 각 공정무역 단체와 직접 연락하여 물건을 주문하는 것은 물론 마케팅, 교내 이벤트, 교외 모금 활동 등 다양한 활동을 하고 있다. 목걸이나 귀고리 등의 액세서리, 스카프, 가방 외에도 다양한 물건을 취급하는데 특히 베트남 아이들과 장애우들이 만드는 수제 동물인형은 굉장히 인기가 많다. 뜻깊은 일을 하는 동시에 세계 각국의 문화를 엿볼 수 있어서 내겐 그 재미가 남다르다.

내가 하는 활동을 위주로 몇 가지 작은 예만 들었지만 실제로는 무수히 많은 멋진 동아리가 활동하고 있음을 한번 더 강조하고 싶다. 알찬 동아리 활동은 단순히 학창시절의 추억과 낭만을 넘어서 졸업 후 진학, 취업 등의 진로 설정에도 도움이 되는 유익한 경험과 기회의 장이 될 수 있다는 선배들의 말을 전한다.

게다가 동아리 활동은 나와 마음이 맞는 친구를 사귈 수 있는 좋은 기회를 준다. 실제로 나도 동아리 회원들과 우정이 깊어지면서 낯선 이곳에서의 삶에 많은 위로와 활력을 얻었다.

뉴헤이븐, 또 다른 경험

예일에 대해 조금만 조사하다 보면 꼭 듣게 되는 말이 있는데,

"뉴헤이븐은 위험한 도시다!"라는 말이다. 사실 미국은 뉴헤이븐뿐만 아니라 어느 도시든 다 위험하다고 보면 된다. 하지만 기본사항만 지킨다면 (예를 들어 새벽 3시에 혼자 걸어 다니는 것) 화를 당할 확률은 0%에 가깝다. 또한 워낙 예일 측에서 보안에 심혈을 기울이기 때문에 예일 학생들은 안전한 환경에서 편안히 생활할 수 있다. 즉, "치안을 너무 걱정할 필요는 없다"라고 자신 있게 말할 수 있다.

물론 뉴헤이븐이 같은 규모의 다른 도시에 비해 사회적 빈곤층이 많은 것은 사실이다. 그러나 나는 이 점을 예일의 단점이 아니라 장점으로 보고 싶다. 부모님과 사회의 남다른 보호와 혜택을 받으며 자라난 나를 비롯한 많은 예일 학생들이 우리 사회의 또 다른 삶의 모습을 직접 보고, 듣고, 경험함으로써 책에서는 배울 수 없는 진짜 알아야 할 것들을 배울 수 있기 때문이다.

지난 봄방학에 뉴헤이븐 빈민가에서 봉사활동을 할 기회가 있었다. 그들과 함께 숙식하면서 그들의 삶을 가까이에서 들여다보고, 속 깊은 이야기도 나누어보니 내가 그동안 얼마나 편견과 자만심에 가득 차 있었는지 저절로 반성하게 되었다. 나와는 '다르지만 같은 세상'을 사는 이들을 언제나 잊지 말고 돌아봐야겠다고 다시 한 번 마음먹는 계기가 되었다고나 할까?

뉴헤이븐을 한마디로 표현하자면 'a city where every type of person is within a walking distance(지척에 모든 종류의 사람들이 사는 곳)'가 아닐까 싶다. 예일 기숙사에 사는 아랍왕족부터 미국의 빈민가까지 흘러들어온 콩고 출신 난민들까지 정말 각양각색의 세계인이 모여 있는 도시, 뉴헤이븐은 작지만 그 다양성이 실로 매력적인 곳이다.

또한, 뉴헤이븐은 맛있는 레스토랑이 많은 도시로도 유명하다. 뉴욕보다 훨씬 싼 가격으로 퓨전 음식을 비롯해 미국 내 최고라고 인정받는 피자까지 정말 다양하고 맛있는 음식을 맛볼 수 있는 도시다. 여러분이 예일에 입학해 후배로 들어오시면 맛있는 음식을 꼭 대접할 테니 반드시 나를 찾아주길 바란다.

We love Yale!

무엇보다도 예일은 학생들이 진정 사랑하는 학교다. 예일에 와서 아무 학생이나 붙잡고 물어보라. 모두 다 한결같이 "We love Yale!"이라고 주저 없이 말할 것이다. 다른 대학들도 여럿 돌아보고 알게 된 것은 모든 학생들이 예일 학생들만큼 모교에 대해 깊은 애정과 충성심을 보이지는 않는다는 사실이다.

학생들이 사랑에 빠질 수밖에 없는 대학, 예일대학교! 여러분의 꿈이 무엇이든 간에 예일은 여러분이 그 꿈을 이룰 수 있도록 세상에서 가장 강력하고 든든한 후원자가 되어줄 것이다.

미지의 땅과 세상이
필요로 하는 사람을 꿈꾸자

3기생 **방기원**

조지타운대학교 SFS 카타르 캠퍼스
(Georgetown University
School of Foreign Service in Qatar)

2010년 봄 미국 대입 결과가 모두 발표되고 나서 입학할 학교를 선택하지 못했을 때도, 그리고 아시아를 더 깊게 공부하기 위해서라는 표면적인 목적 아래 홍콩대학교로 방향을 틀었을 때도 내게 있어 가장 큰 문제는 수업료였다. 미국의 세인트루이스 워싱턴대학교(Washington University in St. Louis)와 버지니아대학교(University of Virginia)에 합격했지만 막상 입학 허가서를 받고 보니, 가정 형편상 미국 유학은 애초부터 품을 수 없었던 너무나 비싼 꿈이었다는 사실을 깨닫게 되었다. 최선의 대안이라고 생각했던 홍콩대학교도 외국인 학생은 입학장학금을 제외하고는 재정적으로 혜택을 받을 길이 사실상 없었던 터라, 1학년 2학기부터는 도저히 이를 감당할 수 없는 지경에 이르렀다. 다행히 홍콩의 한인 기독교 공동체에서 크게 도움을 받아 납입 기한 1주일 전 위기에서 탈출할 수 있었지만, 또다시 이와 비슷한 문제가 생기면 여름방학과 그 다음 학기에는 무슨 수로 살 길을 찾아야 하나 하는 부담감에 제대로 공부할 수는 있을까 계속 불안에 떨었다.

장학금을 많이 받을 수 있는 다른 학교로 옮겨볼까 생각하던 중, 고등학교 1학년 어느 날 대학 정보를 검색하다가 우연히 발견했던 조지타운대학교 SFS 카타르 캠퍼스(Georgetown University School of Foreign Service in Qatar)가 문득 떠올랐다. 카타르에 위치한 조지타운 캠퍼스는 외교대학(School of Foreign Service) 하나만을 그대로 카타르에 세운 것이기 때문에, 조지타운 카타르의 학생들은 세계의 정치와 경제, 그리고 외교를 배우는 데에 초점을 두고 있고, 3학년이 되면 문화정치(Culture and Politics), 국제정치(International Politics), 국제경제(International Economics) 세 가지 세부 전공 중 하나를 선택하여 그 분야에 더욱 매진하는 시스템을 따른다. 중동 지역의 학교답게 중동의 역사, 경제, 안보, 그리고 문화에 특화된 수업을 다양하게 선택하여 들을 수 있다는 점이 조지타운 카타르의 큰 장점이다.

재정 지원의 폭이 넓고 그 양이 훨씬 풍부한 카타르의 미국 대학 분교는 내가 잊고 있었던, 그리고 한국에는 아직 많이 알려지지 않은 기회의 땅이라는 확신이 들었다. '홍콩도 어떻게 보면 새로운 세상이었는데, 이번에도 다시 한 번 미지의 세계를 개척하고 내 삶을 바꾸어 보자' 하는 마음에서 다시 지원서를 붙잡았다. 원서 접수가 끝나는 3월 1일까지 남은 시간은 불과 일주일. 혹시 모르는 일이니 붙으면 당연히 기쁜 일이고, 떨어진다 하더라도 후회하지 말자고 마음을 먹었다.

워싱턴 D.C.의 조지타운 본교에 지원서를 냈던 경험을 살려 일주일만에 원서와 추천서 작업을 모두 끝낸 나는 곧 입학사정관과 인터뷰를 했다. "한국인으로서 아랍 세계로 유학을 떠나는 것이 대단히 흔치 않은 일일 것이다. 그럼에도 왜 당신은 카타르에 오고 싶은가?"라는 입학사정관의 질문에 나는 다음과 같이 대답했다.

"지금까지 한국인이 직접 중동을 공부하러 대학에 간 경우가 많지 않기 때문에, 한국에는 그 지역을 직접 몸으로 체험한 중동 전문가가 아직 희소합니다. 많은 전문가들의 예상을 뒤로 하고 당당히 월드컵을 유치하는 등 카타르와 중동의 가능성이 무궁무진함에도 동북아시아에는 이러한 잠재력이 잘 알려지지 않았습니다. 중동의 정치와 경제를 그 중심지에서 직접 공부하고 동북아시아와 중동, 즉 서아시아가 견고한 협력 관계를 맺는 데 도움을 주고 싶습니다."

입학사정관은 웃으면서 고개를 끄덕였고, 얼마 지나지 않아 나는 입학 허가서를 받았다. 재정 지원을 담당하는 카타르재단(Qatar Foundation)에서 수업료와 기숙사비를 포함해 첫 해 약 43,000달러를 무이자 융자 형식으로 받게 되어 마침내 학비 고민도 해결했다. 이는 졸업한 후 취직했을 때 월급의 15퍼센트를 공제하거나, 재단에서 정해 주는 기업체 또는 정부 기관에서 일정 기간 동안 일하고 채무를 면제받을 수 있는 제도이다. 후자의 경우 근무 기간에 받는 급여는 모두 학생에게 돌아간다.

카타르에는 조지타운 외에도 노스웨스턴대학교(Northwestern University), 카네기멜론대학교(Carnegie Mellon University), 코넬대학교(Cornell University), 텍사스A&M대학교(Texas A&M University), 버지니아코먼웰스대학교(Virginia Commonwealth University) 등이 외국 캠퍼스를 운영하고 있다. 조지타운을 포함한 6개의 미국 대학을 품고 있는 카타르의 교육 도시(Education City)가 가지고 있는 자랑거리를 들자면 크고 편안한 기숙사를 빼놓을 수가 없다. 처음 내가 지낼 기숙사 방문을 활짝 열었을 때 받은 인상은 '이게 기숙사야, 집이야? 아니면 호텔 스위트룸이라도 되나?' 하는 놀라움이었다. 주로 6인실과 4인실 건물이 많은 기숙사는 숫자만 보면 많은 사람들이 한 방에 모여 살아 좁다는 느낌을 줄 수 있으나, 실제로는 아파트 한 칸 안에 2인실이 있고, 거실, 주방, 세탁실이 따로 있는 구조라 생활공간이 매우 넓다. 반드시 같은 학교 학생과 한 방을 쓰지는 않으며, 다른 대학 캠퍼스의 학생들과 한 방

을 쓰는 경우가 더 많다.

　큰 방 한 칸마다 한 개씩 딸린 주방에는 핫플레이트, 전자레인지, 정수기, 심지어 냉장고와 큰 오븐까지 없는 것이 없다. 일반적으로 대학 기숙사의 취사 시설은 한 층의 모든 인원을 위한 공동 시설이라는 것과 비교하면 그 차이가 매우 크다. 공동 목욕장이 아닌, 화장실과 욕조가 있는 방별 욕실이 두 개 혹은 세 개씩 있어서, 수업 전에 친구들에 밀려서 씻을 차례를 기다리는 일도 카타르의 기숙사에서는 찾아볼 수 없는 일들이다.

　2011년 8월 25일, 스무 개 이상의 나라들에서 찾아온 수많은 국적의 친구들과 입학식을 가졌을 때 얼마나 가슴이 벅차올랐는지! 이렇게 홍콩에서의 1년을 뒤로하고, 나는 2011년 가을 학기부터 다시 1학년으로 새 출발을 했다.

　1년 동안 학점이 3.6점(만점은 4점)을 넘으면 전액 장학금을 신청할 자격이 주어지기 때문에, 이번이 마지막 기회라는 마음으로 학업에 임했다. 이미 1년간 대학 생활을 해보았지만 새로운 학교에서의 첫 학기는 순탄치 않았다. 조지타운대학교는 많은 양의 독서와 작문을 강조한다. 고등학교 시절부터 쌓아 놓은 배경지식과 AP 공부의 경험을 토대로 국제정치학개론, 경제원론 등 낯익은 수업에서는 만족스러운 성적을 받았지만, 깊은 분석을 바탕으로 수시로 에세이를 써 내야 했던 영문학과 유럽사 교양 수업에서는 영어 실력에 부담감을 느낀 채 꾸역꾸역 진도를 따라가느라 밤을 새는 일이 허다했다. 나는 읽기 속도가 워낙 느려, 고전을 미리 읽고 토론하는 영문학 수업은 시간마다 주어진 분량을 소화해 내기가 매우 힘들었다.

　과제에 파묻혀 어려운 문학작품을 읽고 분석하는 일이 힘들기만 했고, 친구들과의 토의에 적극적으로 참여하지 못하는 날이 이어지면서 자연스레 수업에 흥미가 떨어졌다. 게다가 한국과 멀리 떨어져 있다는 외로움이 나를 덮치는 바람에 무엇을 하든 능률이 오르지 않았다. 밀린 공부를 한꺼번에 몰아 하기 위해 밤을 새는 것은 효과적이지 않다는 교훈은 학점에 고스란히 드러났다. 카타르에서의 첫 학기는 그렇게 아쉬움으로 막을 내렸다.

　어렵게 다시 시작한 유학생활인데, 이렇게 무너질 수는 없었다. 나는 마음을 굳게 다잡았다. 공부에 방해가 되지 않도록 페이스북을 닫아두기도 했고, 과제가 잘 풀리지 않을 때마다 교수님들과 조교들을 찾아다니며 조언을 구했다. 평소에는 조깅을 하며 체력을 길러두었고 가끔 컨디션이 좋지 않을 때에는 맛있는 음식으로 영양보충도 했다. 가장 많이 달라진 것은 일찍 자고 일찍 일어나는 생활 습관이었다. 학업 스트레스에 치어 몸과 마음을 잘 추스르지 못했던 1학기 때와는 달리 철저히 자기관리 하는 방법을 배우고 실천했다. 태어나서 가장 열심히, 고3때보다 더 열심히 온 힘을 다해 공부를 한 느낌이었다. 규칙적인 생활 습관으로 강의 시간에 졸거나 쓰러져 자는 모습도 눈에 띄게 줄었다. 새로운 문학 작품이 쉽지는 않았지만 맑은 정신과 준비된 자세로 수업 시간에 토의를 이끄는 날이 점점 늘어났다. 그 결과, 2학기 성적이 눈에 띄게 좋아졌다. "피곤해? 밤에 뭐 하는 거야?"라는 말로 농담삼아 인사를 대신하던 친구들도 확 달라진 내 모습을 신기하게 바라본다.

유학생활은 생각보다 힘들다. 그동안 주변에 항상 나를 챙겨주고 때로는 채찍질도 하시던 부모님, 선생님, 친구들을 떠나 그 모든 것들을 스스로 알아서 해야 하기 때문이다. 나는 남들보다 1년이나 유학생활을 더 했지만 혼자 많은 것들을 알아서 해야 한다는 것은 아직도 힘들다. 특히 체력 관리는 중요하다. 규칙적인 생활과 건강을 유지하는 것은 유학생들이 특히 더 신경 써야 한다.

졸업까지 3년이 남은 지금, 구체적으로 무슨 직업을 가지고 싶다 등 미래 계획은 아직 완벽히 정하지 못했다. 그럼에도 미지의 땅에서 사람들이 가지 않았던 길을 차근차근 걷다 보면, 사회인이 되었을 때 조국과 세상이 필요로 하는 그런 중요한 인재로 성장할 수 있는 기회를 이곳 카타르 땅에서 잘 살리도록 정진하는 모습을 응원해 주기 바란다.

모두들 Ma'a Salama! (마앗 살라마 – 안녕히 계세요)

04

부록

해외 명문대 합격의 비밀
"세계로 향하는 첫 걸음, SAT"

제1장
용인외고 생활기

용인외고 인문사회과정 2학년
7기생 **성현아**

마음을 움직이는 사람이 되자

벌써 일 년이나 지났지만, 아침시간은 정신이 없다. 시끄러운 롤콜(roll call) 소리를 듣고도 일어나기는 힘들다. 체크아웃 시간에 겨우겨우 맞춰 나왔는데 친구들도 마찬가지다. 서로가 정신없는 모습을 보고 웃으면서 친구들과 함께 아침을 먹으러 간다. 특별히 아침시간에는 한식과 양식 두 종류의 식단이 있어 매일 골라서 먹을 수 있다는 것은 우리 학교에서만 누릴 수 있는 재미일 것이다. '용인외고' 하고 인터넷 검색창에 치면 급식이 바로 뜰 정도로 우리학교 급식은 맛있다. 같은 급식비를 내는 다른 학교들과 비교하면 정말 훌륭하다. 가끔은 엄마께 죄송하지만 집밥보다 메뉴가 다양한 것 같기도……. 게다가 매달 있는 생일 이벤트와 둘둘데이(22일) 등 가끔씩 열리는 급식 이벤트는 소소한 즐거움을 준다.

아침을 먹고 난 후 조례를 하고 나면, 8시 20분부터 1교시가 시작된다. 솔직히 수업시간이 마냥 즐겁고 기대되기만 하는 사람은 없을 것이다. 나도 마찬가지다. 하지만 이곳에 와서 무언가를 배운다는 사실에 설레고 고민해 볼 수 있었다.

2학년인 나는 국어, 영어, 수학, 윤리, 생물, 정보, 체육, 제2외국어(프랑스어) 이렇게 일곱 과목을 배운다. 그런데 정말 수업이 너무 좋다. 수업의 질은 물론이고 배우는 것에서 나아가 다양한 생각을 던져주는 수업이 많다.

국어의 경우, 선생님 두 분 모두가 EBS에서 강의를 하고 계신 만큼 수업의 질이 높다. 요즘은 현대시 발표수업을 하는데, 시 분석을 정말 못하는 내게는 새롭고 배우는 것이 많은 수업이다. 꼭 발표수업이 아니더라도 자유롭게 여러 가지 이야기를 할 수 있는 분위기도 좋다. 예를 들어 수업 중에 르네 마그리트(René Magritte)가 나오면 관련 그림들도 찾아서 보고, 좋아하는 화가 이야기도 한다. 물론 시험범위에 대한 압박감도 있지만, 수업 중에 자유롭게 서로의 생각을 공유하는 시간 또한 행복하다.

수학과 영어도 마찬가지다. 사실 수학의 경우 예습을 하고 온 친구들이 많은데, 우리들이 알고 있던 것들을 완전 뒤집어버리는 수업에 다들 놀랐다. 영어 또한 텝스(TEPS) 중심으로 높은 수준의 수업이 진행된다. 특히 올해부터는 회화시간이 추가되어 원어민 선생님, 짝꿍과 자유로운 이야기를 나눈다.

사회 과목 수업도 마찬가지이다. 1학년 때에는 경제와 국사를, 2학년 때에는 윤리와 사상을 배운다. 우리 학교 사회 선생님 중에는 특히 EBS 강사로 활동하는 분들이 많다. 하지만 꼭 EBS 선생님이 아니더라도 모두 뛰어난 실력자이시다. 작년 경제 수업 중 가장 기억에 남는 것은 모의창업 수행평가인데, 비록 시간이 많이 걸리긴 했지만 CEO의 자세, 창업 정신, 경제 지식 등등 많은 것을 배웠다. 윤리와 사상 수업 또한 '인간이란 무엇인가?'에 대해 토론하고, 도서관에 가서 책을 뒤지며 철학자들의 사상을 배웠다. 이런 활동은 여기 용인외고에서만 할 수 있는 것들이 아닐까?

가장 놀랐던 건, 주요과목 선생님들뿐 아니라 예체능 수업까지 좋다는 것이다! 1학년은 음악, 2학년은 체육을 배우는데, 지금까지 내가 만났던 음악, 체육 선생님 중 가장 뛰어난 분들이었다. 사실 중학교 때 음악은, 단순한 이론 암기가 대부분이었고 그다지 음악을 즐겼던 기억은 나지 않는다. 하지만 여기서는 기본적으로 필요한 이론과 교양 상식을 알게 되었고, 나머지 시간에는 음악을 온전히 즐길 수 있다. 뮤지컬, 영화, 오페라 등 비싸서 보기 힘들지만 꼭 봐야 할 작품의 영상을 수업시간에 보는데, 아무런 부담 없이 음악을 음악답게, 즐겁게 배울 수 있다. 체육 수업 또한 너무 좋다. 가장 놀랐던 적은 첫 시간이었다. 주로 체육 수업 운영방식에 대해 말하고 어영부영 끝나는 보통의 체육 수업과 달리 'Goal Setting(목표설정)'을 주제로 각자의 꿈을 발표했고, 체육 선생님께서는 그에 대한 각자의 목표를 세우라는 말씀을 해주셨다. 잠시 잊고 있던 내 꿈에 대한 열정과 목표의식을 다시 세울 수 있어 정말 감사했고, 여전히 자신의 꿈을 향해 노력하시는 선생님의 모습에 도전을 받았다. 이런 좋은 선생님들과 잘 짜인 교과과정 덕분에, 정말 재미있게 수업을 듣고 있다.

　이렇게 수업이 끝나면 7, 8교시에는 다양한 활동을 할 수 있다. 기본적으로는 자율학습을 하지만, 명사 초청 강의나 GA(Global Assembly, 학교전체조회) 등 여러 행사들이 열린다. 또한, 반에서 문제가 생길 때마다 학급 임원을 중심으로 회의를 하곤 한다. 매주 목요일에는 동아리 시간이 있고, 앞으로는 자신이 관심 있는 분야에 대해 심층 연구할 수 있는 시간을 준다고 하니 매우 기대된다.

　저녁시간이 지난 후, 야간자율학습이 시작된다. ET(Elective Tracks, 방과후 수업)는 내신과는 상관이 없는 수업이 많고, 주로 자신이 부족한 과목이나 심도 있게 공부하고 싶은 과목을 선택해 듣는다. 야간자습시간 중에 진행되기 때문에 자습시간이 줄어들긴 하지만, 그만큼 효과를 볼 수 있는 시간이다. 게다가 보통 20명 정도로 진행되기 때문에 인기 있는 수업은 콘서트 티케팅만큼이나 경쟁이 치열하다.

나는 1학년 1학기 때는 텝스 ET, 2학기 때는 경제경시 ET를 들었다. 우리 학교에는 영어를 잘하는 친구들이 참 많은데 나는 텝스가 너무 약해서 텝스 ET를 선택했다. 그 덕에 내신 공부를 하느라 정신없던 와중에도 텝스 감을 놓지 않을 수 있었다. 또, 1학년 때 사회 과목으로 경제를 배운 것이 너무 재미있어서 경제경시 ET를 선택했는데, 혼자 준비하기가 어려운 부분이라 더 유익했다. 경제는 공부할수록 어렵다는 것을 뼈저리게 깨달았지만, 그만큼 재미있고 매력적인 학문이라는 것을 여실히 체험했다. 비록 경시대회에서 상은 받지 못했지만, 경제를 심도 있게 배울 수 있는 좋은 기회였다. 그리고 지금은 언어 ET와 문학 ET를 듣고 있다. 언어도 공부하고, 수업시간보다 좀 더 자유롭게 문학에 대해 공부할 수 있는 것 같다. 예를 들어 자습서 없이 순수하게 우리 생각으로만 시를 해석해서 발표하는 등 여러 여건상 수업시간에는 할 수 없는 것들을 하면서 배우는 것들이 정말 많다.

사실 ET를 더 많이 활용할 수 있는 것은 방학 때이다. 지난 겨울방학 때에는 학교에 남아 ET를 들었는데 모두 많은 도움이 되었다. 수학1은 ET만 듣고 혼자 문제를 푸는 식으로 공부했었는데 덕분에 개념이 튼튼히 잡혔다. 특히 행렬 수업은 이제껏 들어봤던 수업 중 단연 최고였다. 그리고 텝스 ET에서는 고급 수준의 문법과 단어들을 많이 배울 수 있었다. 잘 몰랐던 문법도 많이 알게 되었고, 특히 단어를 조금씩이라도 매일매일 암기하게 되어서 좋았다. 마지막으로 독서논술 ET를 들었다. 이 수업을 들은 게 이번 방학 때 한 것 중 가장 잘한 일이라고 생각할 정도로 수업이 좋았다. 단순히 글을 쓰는 능력이 향상된 것을 떠나, 선생님, 친구들과 토의하며 더 깊게 생각하고 좋은 책들도 많이 읽으며 내게 많은 물음과 고민을 던져준 수업이었다. 물론 ET 또한 무작정 많이 들으면 문제가 생기겠지만, 적정한 선에서 자신이 조절해 들으면 큰 효과를 볼 수 있다.

그렇게 ET가 끝나면, 또는 ET가 없다면 자율학습을 한다. 공부를 하는 데에 있어서 분위기는 생각보다 중요하게 작용하는데, 그런 면에서 우리 학교는 정말 훌륭한 분위기가 갖춰져 있다. 놀고 싶고 귀찮다가도 주위에서 열심히 하는 친구들을 보면 자극이 돼 정신을 차리고 더 열심히 공부하게 된다. 물론 가끔 다같이 떠들고 놀 때도 있지만, 그것보다는 서로에게 도움이 되는 경우가 더 많다.

처음 우리 학교에 왔을 때 신기했던 것이 있는데, 졸리면 짝꿍에게 "10분만 있다 깨워줘" 하고 엎드려서 자는 문화였다. 졸릴

때는 오히려 짧은 잠이 도움이 되는 걸 알기에 10~20분 정도 자고 일어나 다시 공부하는 것인데, 못 깰 수 있으니 서로 깨워주며 공부를 하는 것이다. 별것 아니라고 생각할 수도 있지만, 시간을 효율적으로 사용한다는 생각이 들었고 친구를 위해 기억하고 깨워주는 모습이 보기 좋았다. 물론 나도 매우 자주 써먹고 있다. 그렇게 10분 자고 일어나도 졸릴 때는, 교실 뒤에 있는 스탠딩 책상이나 교탁, 아니면 아예 추운 복도에 책상을 가지고 나가서 공부하기도 한다.

  교실뿐 아니라 미술실, 멀티미디어실, 도서관, 중형강의실 등 다양한 장소를 택해 자율학습을 할 수 있는 것도 우리 학교만의 장점이다. 개인마다 집중이 제일 잘 되는 장소가 다르다는 것을 존중해 여러 장소에서 자습을 할 수 있게 해준다. 또한 시험기간 1주일 전부터는 기숙사에 들어가서 공부할 수 있다. 사실 기숙사 방에 있으면 잠을 이기기 힘들기 때문에, 주로 기숙사 내에 있는 열람실을 이용한다. 처음에는 기숙사에 있다는 것 때문에 자꾸 자고 싶고 놀고 싶은 마음에 휩싸이지만, 그것을 이겨내는 것 또한 한 과정이라고 생각한다. 아무튼 이와 같이 학교에서는 우리가 최대한 편하게 공부할 수 있도록 환경을 만들어준다.

  그렇게 치열하게 야자시간이 끝나고 나면, 학교에서 기숙사까지 가는 언덕길은 삼삼오오 학생들로 붐빈다. 개인적으로는 그 길을 정말 좋아한다. 특히 주말 늦은 시간, 가로등 불빛이 살짝 비치는 그 길을 혼자 걸어갈 때면 그날 나와의 약속을 지키지 못한 나도 용서하게 되고, 이런 좋은 환경에서 공부하고 고민할 수 있다는 사실에 감사하게 된다. 그렇게 미소를 지으며 기숙사로 들어서면 룸메이트가 나를 반겨준다. 기숙사 생활이라는 것을 답답하게 느끼는 사람이 있을지도 모르지만, 나는 정말 재미있다. 스트레스 받은 날에는 라운지에서 라면파티를 연다. 항상 먹고 나면 내일 얼굴이 걱정되며 후회하지만……. 그리고 기숙사에서 생일을 맞은 친구들을 위해 초코파이로 케이크를 만들어 노래도 불러주고 사진도 찍고 생일빵도 때린다. 소박하긴 하지만, 기숙사에서 많은 친구들의 축하를 받아본 사람만이 그 행복을 알 것이다. 꼭 그런 특별한 날이 아니더라도 기숙사에서 노는 것은 언제나 재밌다. 한 학기마다 생기는 룸메이트라는 특별한 관계도 기숙사 생활의 장점 중 하나이다. 가끔 필(?)을 받으면 새벽까지 고민 상담하고 수다를 떤다는 것이 문제이긴 하지만, 같은 방에서 지내면서 서로 배려하는 법도 배우고 볼꼴 못 볼꼴 다 보는 각별한 사이가 된다. (상상은 금물이다. 흐흐흐.)

　우리 학교에 입학하려고 하는 사람들 중 기숙사 생활에 대해 걱정을 하는 사람들도 많을 것이다. 하지만 나는 고등학생 때의 기숙사 생활을 추천하고 싶다. 평생 간직할 소중한 추억이 됨은 물론, 다양한 사람들 속에서 배려하고 존중하며 살아가는 방법을 배워나갈 수 있다. 또한, 혼자 빨래하고 청소도 하니 (물론 청소는 아주머니들께서 거의 해주시기는 하지만, 그래도 기본적으로 어

느 정도는 해야 한다.) 좀 더 깨끗하게 살게 된다. 또한 아무리 룸메이트가 있다 하더라도 수면, 건강 등 모든 것을 혼자 해결해야 하기 때문에 자기관리하는 법도 배우게 된다.

물론 가족들을 자주 보지 못해 부모님께 죄송하다는 가장 큰 단점이 있다. 그래도 부모님과 떨어져 지내는 만큼 가족의 소중함을 깨닫게 된다. 나도 1년이나 지났는데 아직도 집에 갔다가 학교에 들어올 때마다 아쉬운 마음이 든다. 그래서 통화도 자주 하고 볼 때마다 잘해드리려고 나름 노력은 하는데, 항상 내가 힘들 때 부모님께 짜증내고 응석부리는 등 생각보다 잘 되지 않아 항상 죄송하다. 이 점은 내가 항상 생각하고 노력해야 할 부분이다.

그 다음으로 우리 학교에서 자랑하고 싶은 것은 동아리 활동이다. 나는 에듀보이스, 치어스, 슬레이트, 프로젝트에서 활동하고 있다.

먼저, 에듀보이스에서는 교육 문제에 관련한 토의, 토론을 하고 봉사를 한다. 용인외고, 즉 우리나라 교육제도에서 특권을 누리고 있는 학생들이 무슨 교육제도에 대한 토의를 하냐고 생각할 수도 있지만, 부원들 모두 우리나라의 교육체제에 큰 갈증을 느끼고 변화를 고민하고 있다. 한 번은 자유로운 토의를 하다가 한 선배가 우는 모습을 보기도 했는데, 모임에 갈 때마다 많은 것을 느끼게 된다. 나의 꿈은 학교를 세우는 것이다. 에듀보이스에서 활동하면서 앞으로 내가 세울 학교에 대한 많은 생각을 하게 된다. 교육에 관심이 있는 친구들이라면 꼭 들어와 볼 만한 동아리라고 자부한다.

그리고 치어스. 어떻게 보면 우리나라의 치어리더에 대한 편견 때문에 부정적인 생각을 할 수도 있지만 난 정말 이 동아리가 좋다. '응원'이라는 것은 자기만을 위해서가 아니라 다른 사람의 힘을 북돋아주는 것이다. 또한 스턴트나 여러 동작을 보면 혼자 돋보이기보다는 모두의 호흡이 딱딱 맞는 것이 중요하기 때문에 협동심을 배울 수 있다. 이렇게 스트레스를 풀면서 협동심, 배려, 리더십 등을 배울 수 있다는 점이 치어스의 가장 큰 매력이다. 그래서인지 다른 동아리보다 부원들과 돈독한 우정을 쌓을 수 있어 더욱 즐거운 용인외고 생활을 할 수 있는 것 같다.

슬레이트는 이번에 새롭게 만들어진 동아리인데, UCC를 찍는 동아리이다. 내 손으로 영상을 찍어보고 싶어서 가입하게 되었다. 사실 이미 영상제작에 뛰어난 실력을 갖추고 있는 친구들도 굉장히 많다. 비록 나는 아직 그만큼의 실력을 갖추지는 못했지만, 우리 손으로 직접 내용을 구상하고 촬영을 한다는 것이 정말 신기하기만 하다. 빨리, 그리고 더 많이 배우고 싶다. 올 한 해의 활동이 정말 기대되는 동아리이다.

마지막으로, 프로젝트는 논문을 쓰는 동아리이다. 우리 학교에는 졸업논문제가 있는데 그전에 우리끼리 여러 주제에 대해 논문을 쓰고 있다.

사실 난 동아리에 많이 가입한 편이다. 그래서 친구들보다 조금 더 바쁘지만, 그만큼 시간을 소중히 사용하게 된다. 시간이 아까워서 밥을 안 먹고 동아리 활동을 하기도 할 만큼, 오히려 잘 활용하지 못하던 시간들까지 찾아낼 수 있다. 이렇게 동아리 활동을 하며 하고 싶은 것과 해야 하는 것들 사이에서 균형을 잡는 방법도 배워간다. 때론 공부를 하는 친구들을 보며 조바심을 느끼기도 하지만, 오히려 적당한 동아리 활동이 내 삶에 활력을 불어넣어 준다. 게다가 공부할 때 집중력도 높아지고, 즐겁고 활기찬 학교생활을 하게 된다. 우리 학교에 들어오는 친구들이 있다면 꼭 동아리 활동을 적극적으로 활용했으면 좋겠다.

그렇지만, 아무래도 우리 학교에서 가장 큰 부분을 차지하는 것은 공부이다. 모두들 잘하고 열심히 한다. 가끔 시험기간에 한 발짝 물러나 교실을 바라보면 가슴이 짠해질 정도로 열심이다. 3~4시간밖에 못 자고 공부하기 때문에 다들 피곤한 기색이 역력하지만 최선을 다하는 모습이 반짝반짝 빛난다. 한 가지 조금 안쓰러운 게 있다면 (물론 나 자신을 포함해서) 다들 시험이라는 존재에 대해 스트레스를 받는다는 것이다. 난 시험 스트레스는 덜 받는 편이지만, 계획을 못 지키거나 졸음이 몰려올 때마다 내 자신이 매우 싫어진다. 그래도 '아픈 만큼 성장한다'는 말처럼 나 자신과의 싸움을 한바탕 치르고 나면 점점 더 단단해진 나를 느끼게 된다. 앞으로 더 힘들겠지만 나도, 친구들도 더 단단해졌으면 하는 바람이다.

마지막으로 용인외고의 가장 큰 장점은 친구들이다. 아무래도 기숙사 생활을 하다 보니 초·중학교 시절 친구들보다 아니, 가족보다도 더 많은 시간을 함께 지내는 것이 친구들이다. 아마 친구들이 없었다면 이 시골에서의 고등학교 생활을 견디지 못했을지도 모르겠다. 축제나 체육대회와 같은 큰 행사들도 기억이 많이 나지만, 오히려 도서관에서 함께 공부하다가 장난치던 순간, 밤에 감성적이 되어서 울면서 이야기했던 것들이 더 많이 생각난다. 때로는 함께 웃고 떠드는 친구, 때로는 아플 때 챙겨주는 엄마, 때론 내 고민을 열심히 들어주는 선생님으로 항상 옆에서 함께했던 친구들은 이곳에서 얻은 가장 큰 보석이다. 항상 함께 있기에 더 즐겁고, 행복하다.

하지만 마냥 좋다고만 할 수도 없다. 우리 학교의 가장 큰 단점을 꼽자면 전국에서 잘하는 친구들이 모인만큼, 내신 점수를 얻기가 힘들다는 것이다. 이런 점 때문에 '차라리 일반고에 가서 1등급 받고 서울대 갈래'라는 생각으로 우리 학교 같은 특목고를 택하지 않은 사람들도 많이 있을 것이다. 하지만 내 생각은 조금 다르다. 그곳에서는 물론 좋은 대학이라는 하나의 조건은 더 쉽게 얻을 수 있겠지만, 그 이상 성장하기는 힘들 것이다. 그에 비해 이곳에는 나보다 공부도 열심히 하고 생각도 깊은 친구들이 넘쳐난다. 나 자신의 문제부터 사회를 바라보는 눈까지, 나는 하루가 다르게 성장하고 있다. 우리 학교에서는 내신 점수를 잘 받

기가 무척 힘들기 때문에 자칫 꿈꾸던 대학에 진학하지 못하게 될 수도 있다. 하지만 멀리 내다보면, 그것보다 여기서 얻을 수 있는 내적 성장이 더 값진 것이라고 생각한다.

글을 쓰다 보니 너무 우리 학교를 미화한 면도 없지 않은 것 같은데, 사실 단점도 굉장히 많다. 하지만 궁극적으로 말하고 싶은 것은, 나는 우리 학교가 좋다. 고치고 변화해야 할 면들도 많지만, 학교 문화는 우리가 만드는 것 아닌가. 이러한 애정을 가진다면 함께 부족한 면들을 하나둘씩 고쳐나갈 수 있을 것이라 믿는다.

'삶은 순간의 합이다'라는 말이 있다. 짧은 순간순간이 모여 전체를 만든다는 말이다. 난 용인외고에서의 매 순간이 행복하다. 그 순간들이 모여 멋있는 고등학생 시절이 되리라 믿는다. 우리 학교를 졸업한다고 무조건 행복한 생활이 기다리고 있는 것은 아니다. 사회에 나갔을 때 편견이 있을 수도 있고, 예상치 못한 고난이 기다리고 있을 수도 있다. 하지만 적어도 하나는 자신 있게 말할 수 있다. 용인외고에서의 소중한 경험은 사회에 나갔을 때 더 열심히, 탄탄히 달릴 수 있는 아주 좋은 운동화가 될 것이다.

지금 이 순간이
나의 최고의 순간

용인외고 자연과학과정 2학년
7기생 **박새미**

이 글을 읽고 있는 친구들에게

안녕! 나는 용인외국어고등학교 자연과학과정 7기에 재학 중인 박새미라고 해. 우리 학교에 대해서 최대한 많은 정보와 이야기를 전달하고 자연과학과정 학생들의 삶과 공부에 대해서 본격적으로 파헤쳐 보려고 이 글을 쓰게 되었어. 이 글이 용인외고를 궁금해 하는 사람들에게 많은 도움이 되었으면 좋겠다. '학생들의 열정이 만드는 학교, 용인외고'에 대해서 한 번 자세히 알아볼까?

용인외고 제7대 학생회 동아리 연합부에 의하면 현재 약 200개의 동아리가 활동한다고 해. '과연 이 모든 동아리가 활동하고 있을까'라는 의문을 들겠지? 하지만 우리 학교 동아리들은 보이지 않는 곳에서도 목표 달성을 위해서 끊임없이 토론하고 활동을 하고 있어.

현재 교내 유일의 뮤지컬 동아리인 에임(AIM Addicted In Musical)에 소속되어 있는 나는 동아리에서 열심히 배우로 활동 중이야. 1년에 두 번 정도 공연을 올리는 우리 동아리는 약 20명의 선후배가 함께하는 대가족 같은 동아리지. 가족이라고 소개한 이유는, 진짜 가족들과 떨어져서 1년을 지내면서 힘든 점도 많았고 쓸쓸함과 외로움도 종종 느끼게 되는데 에임 식구들과 함께하면서 이런 것들을 극복할 수 있었기 때문이야. 기숙사 학교이다 보니 모두가 그런 감정을 느끼게 되는데 동아리 활동으로 이겨내는 것이 제일 좋은 방법이라는 생각이 들어.

전교생을 대상으로 하는 무대에 서면 용기와 도전의식에 대해 배울 수 있어. 그리고 작품을 올린 후에 동아리 부원들과 함께 느끼는 정과 성취감, 뿌듯함 같은 것들이 나를 더욱더 큰 사람으로 성장하게 해. 축제 때 올린 작품에서 주연을 맡게 된 나는 참 다양한 경험을 했어. 우선 주연으로서 맡은 작품에 책임감을 느끼게 되었고, 등장하는 장면이 많은 만큼 매 장면마다 같이 나오는 등장인물들과 호흡을 맞추면서 서로 배려하고 도와주는 법을 배우게 되었어. 축제, 드라마 나잇, 두 번의 공연을 다 올리고 에임과 함께 진정으로 한 식구가 된 느낌을 갖게 되었어.

이제는 나와 동기들이 주체가 되어서 새로운 신입생 부원들을 뽑아야 하는데, 오디션 날짜와 내용 등을 준비하고 평가하는 일을 해. 작년 이맘때 쯤 내가 오디션을 보러 왔을 때의 그 첫 마음과 첫 다짐이 떠오르는 순간이야. 그리고 나보다 더 잘하는 후배들의 모습을 보면서 '나도 저런 점은 본받아서 더 열심히 해야겠다'라고 생각하기도 해.

동아리가 연극이나 뮤지컬 동아리만 있냐구? 당연히 아니지. 춤추고 춤을 배우는 동아리인 제스처(Gesture)와 하율(Hayul), 노래 부르는 동아리 인터루드(Interlude), 그리고 사물놀이 동아리인 달여울 등 다양한 동아리들이 있어. '나의 끼를 다 보여주기에는 시간이 너무 부족하지 않을까?' 또는 '실력이 부족하지 않을까?'라는 생각이 혹시라도 있다면 지금 당장 접어두시길! 동아리는 잘하는 사람들이 모이기보다는 그 활동에 열정을 가지고 적극적으로 참여하는 친구들이 함께 있는 곳이야. 그러기 때문에 두려워하지 말고 적극적으로 참여해야 해.

공연동아리에 대해서 소개했으니 이제 학습 동아리를 소개해 볼게. 자연과학과 학생답게 이 분야의 동아리들을 알려줄게. 의학에 관심이 많은 학생들은 의학동아리 메딕트(MEDICT)에 참여하고 있어. 의학 관련 프레젠테이션을 서로 준비해 와서 발표도 하면서 서로의 의학 정보와 지식들, 그리고 시사적인 측면도 공유하는 동아리야. 물리학에 대해서 발표하고 탐구하는 스터디 그룹인 모멘텀(Momentum)도 있어. 모멘텀은 일반 물리학을 공부하고 싶지만 다소 어려움을 느끼는 학생들이 모이는 곳이야. 고등학교를 졸업하기 전에 일반 물리학을 최소 두 번 이상 보기, 다양한 물리학 실험과 더불어 관련 기관 견학하기를 목표로 하는, 물리에 대해 진정으로 열정이 있는 친구들이 모이는 곳이지. 특히 올해는 외국어대학교 전자물리학과 교수님 Lab에서 청강 및 실험을 하고 매주 꾸준히 실험 계획 및 토론 등을 하기로 했어. 새로 탄생한 동아리인 QED(Quad Erat Demonstrandum)는 수학에 뜻이 깊은 친구들이 만든 동아리야. 올해는 동아리 멤버와 함께 독서토론과 수리 논술 제시문에 대한 탐구와 토론을 진행하기로 했어. 또 개인적으로 관심이 많은 수학 주제에 대해서 그룹을 정해 연구하고 그 결과물을 발표하는 등의 활동을 계획 중이야. 그리고 한 학기 동안 했던 활동들을 모아서 잡지로 발간하기로 했어. 이밖에도 많은 동아리가 있는데, 구성원들 모두가 새로 올 후배들과 함께 배우고 가르치면서 더 재미있는 활동들을 하기 위해 1년 동안 갈고 닦은 실력을 뽐내려고 준비하고 있어.

이처럼 관심사가 같은 친구들끼리 열정을 가지고 토론하고 발표하는 과정에서 아주 많은 것들을 배우게 돼. 크게 본다면 친구들끼리 정보와 지식을 공유하면서 특정 분야에 대한 상식도 많이 늘었지. 하지만 제일 중요한 것은 동아리 활동을 하기 위해 진취적으로 준비하는 과정, 친구들 앞에서 내 주장을 말하고 타인의 의견을 수용하는 능력, 그리고 활동을 마친 후 정리하는 능력 등을 한꺼번에 기르면서 성장해 나가는 것이야. 이런 것들이 차곡차곡 쌓이면 지식인은 물론 사회적으로 환영받는 글로벌 리더가 될 수 있을 것이라고 믿어.

전교생이 기숙사 생활을 하는 우리 학교의 특성상 방과후 참여할 수 있는 프로그램이 많이 있는데, 그중 하나가 ET야. ET는 학원에서도 제공해 줄 수 없는 프로그램을 다양하게 포함하고 있어.

우선 모두가 들을 수 있고 참여할 수 있는 AP반이 있어. 영어에 자신이 있는 친구들 또는 수학, 과학을 폭넓게 영어로 배우고 싶은 친구들은 AP반을 많이 수강하지. 주로 국제과정이나 영어과 선배들이 듣지만 때로는 자연과학과, 인문사회과 학생들이 자기 진로에 맞게 수강하기도 해. 자연과학 학생들은 AP Calculus, AP Physics B, AP Chemistry 이 세 과목을 많이 들어. 작년에 나는 '고등수학 심화반(자연계)', 그리고 '수학 모의고사 문제 풀이반' 등을 들으면서 선생님과 함께 심화된 수학내용을 공부했어. 이외에도 물리가 부족하거나 더 자세하게 배우고 싶은 학생은 '물리1'을 수강하기도 했고, 화학에 관심이 많은 학생들은 '양자역학의 화학'을 듣기도 했어. 올해 2학년을 위해서 마련된 강좌들은 '수학2 심화 문제 풀이반', '최신 기출 유형과 모의고사 연습' 등이 있고 '물리1 3/4'와 '환경생태연구 및 논문 지도' 등의 강좌도 마련되어 있어. 자신에게 필요한 과목이 뭔지 곰곰이 생각하고 결정하면 아주 좋은 효과가 나타나겠지?

작년 7, 8교시에는 PBLC(Project Based Learning Class)가 진행됐어. 올해도 작년과 같이 진행될 예정이라고 해. 자신이 더 관심을 가진 분야에 대해 정규 수업시간에 배우는 것보다 확장된 내용을 학습하고 싶은 학생들에게 주어지는 자율적인 기회야. 컴퓨터와 정보, 수학에 관심이 많은 학생들을 위한 '창의적 사고를 위한 알고리즘 해석2', '문제해결전략(Problem Solving Strategy)'을 듣고, 화학이나 과학에 관심이 많은 학생들은 'Learning Chemistry by teachings(가르치면서 배우는 화학)' 등을 듣기도 했지.

나는 작년 1학기 PBLC는 'Learning Chemistry with Computers (컴퓨터로 배우는 화학)'을 수강했는데 화학을 다양하고 폭넓게 배울 수 있었어. 정규 수업과는 다른 수업 내용과 매체 활용도 등을 처음 접했을 때에는 많이 놀라기도 했지. 예를 들어서 수업 시간인 약 두 시간 동안 자바(JAVA)를 배운 후 NuCalc(함수그래프 프로그램)를 이용해서 간단한 것부터 복잡한 것까지 다양한 그래프를 그려보면서 기본적인 작동법을 익히고 자료해석에 대해서 배웠어. 그리고 화학 프로그래밍인 켐스케치(Chem Sketch)를 통해서 결합각, 결합길 파악은 물론 실험 설계 방법도 배웠지. 특히 나는 과학적 프로그래밍에 관심이 많았기 때문에 평소에 궁금했던 것을 배울 수 있는 기회여서 매우 반가웠어.

이런 자연과학 프로그램만 있는 것은 아니야. '신문으로 비판적인 사고력 키우기', '사운드 에디팅(Sound Editing) 프로그램을 이용한 디지털 음악', '영문학 작품을 통한 창의적 사고와 논리적 글쓰기 향상', '고사성어 100선을 통한 동양 역사, 철학, 문화 이야기' 등과 같이 정규수업과 관계없이 공통으로 들을 수 있는 강좌도 있어!

PBLC가 ET나 정규수업과 확연히 차이가 나는 것은, 다른 수업들은 선생님이 학생들에게 지식을 전달하는 방식이라면 PBLC는 더 많은 것을 배우고 싶고 알고 싶은 학생들의 용기와 도전 의식에서 시작이 된다는 점이야. 그러기 때문에 학생들은 수업에 대한 책임감을 느끼고 이를 동반한 호기심은 엄청난 시너지 효과를 불러오지. 그리고 자치적인 심화학습이 중요시되고 있는 요즘 트렌드에 맞춰서 성장할 수 있다는 점에서 PBLC는 용인외고 학생들에게 큰 의미를 지니고 있어. 만약 PBLC 강좌 리스트에 내가 마음에 드는 강좌가 없다면 선생님께 건의할 수도 있어. 용인외고라는 학생들이 만들어 간다는 점을 잊으면 안 돼!

학생들의 열정으로 만드는 학교, 용인외고! 학생들의 열정이 없었으면 아마 지금까지의 8년이라는 역사를 써내려 갈 수 없었을 거야. 그렇기 때문에 우리 학교 학생 생활의 중심이라 불려도 과언이 아닌 대의원회와 학생회의 활동에 대해서 말해줄게.

학생회는 총무부, 홍보부, 체육보건부, 환경봉사부, 행사기획부, 정보통신부, 국내 학습부, 국제 학습부, 동아리 연합부로 이

루어져 있어. 명목상 학생회를 만들어 놓은 다른 학교와는 달리 용인외고에서는 각 부서가 자신이 맡은 일을 열심히 일하고 친구들, 후배들, 그리고 선배들이 조금 더 나은 시설과 환경에서 학교생활을 할 수 있도록 도와주려고 지금 이 시간에도 회의하고 구상하고 고민하고 있지.

작년 2학기부터 올해까지 이어진 7대 학생회의 활동에 관해 말하자면 7대 학생회 공약이었던 스탠딩 책상을 다른 기업으로부터 협찬 받아서 방학 이후 각 반마다 두 대씩 보급했고, 학생들과의 소통을 위하여 소셜네트워크 페이스북 계정을 만들었어. 이렇게 용인외고 학생회는 명목으로만 내세운 공약이 아니라 진정으로 학생들을 위해서 활동하고 그 누구보다 더 적극적이고 진취적으로 활동하는 곳이지.

각 부서에 대해서 더 자세히 알아볼까?

우선 총무부는 교내 캠페인 진행을 담당하고 있어. 전체적인 계획을 수립하고 캠페인 주제 설정, 진행, 감독 등의 업무를 모두 맡아서 하는 부서야. 가장 눈에 띄는 업적은 학교 후드티셔츠를 제작하는 일인데, 이럴 때 마다 이와 관련된 모든 것을 주관하는 부서가 총무부야.

체육보건부는 체육과 관련된 일을 하는 것은 물론, 더욱더 안전하고 편리한 환경에서 체육 활동을 할 수 있도록 활동하는 부서야. 작년에 체육보건부는 HAFS Cup(합스컵)을 주관했고, 기숙사 가까이에 위치한 농구 코트를 수리했어.

환경봉사부는 학교 환경미화는 물론 여러 가지 시설관리 및 쾌적한 환경을 유지하는 것을 도와주는 부서야. 급식실과 함께 잔반 줄이기 캠페인을 주도했고, 급식을 남기지 않은 학생들에게 스티커를 배부하여 스티커가 가장 많은 학급에게는 상을 주는 등의 이벤트를 통해 음식물쓰레기를 줄이는 데 노력했어.

행사기획부는 학교에서 진행되는 다양한 행사를 계획하고 진행하며 감수까지 하는 부서야. 체육대회, 축제 운영 및 관리를 맡아 왔고 올해에도 당연히 주도할 거야.

정보통신부는 학교 행사나 이벤트에 필요한 영상이나 파워포인트 제작을 도맡아서 하는 부서야. 매년 수능응원영상을 촬영하고 제작하지.

동아리 연합부는 동아리 총예산 관리와 동아리 개설 등에 힘쓰고 신입생 환영회를 준비해.

국내 학습부는 국내 대학을 지망하는 학생들을 위해 적극적으로 활동하는 부서야. 작년엔 수능을 보는 선배들을 위해서 간식을 마련하고 수능응원영상에 적극 참여하는 등의 활동을 했어.

국제 학습부는 국제 대학을 지망하는 학생들을 위해서 일하는 부서야. 국제 학습부는 작년과 올해 1학년 게시판을 정비해서 학생들에게 WordSmart, 대학 정보 및 대회 정보를 제공했어.

마지막으로 홍보부! 홍보부는 우리 학교를 알리고 우리 학교에 입학을 준비하는 학생들을 도와주는 부서야. 학교 입학 설명회가 있을 때마다 홍보부는 도우미로 참여하고, 학교 투어 또는 학교에 대한 질문을 받는 시간에 활동해. 그리고 현재 용인외고 공식 홍보카페 'HAFS 탐구생활'을 관리하고 질의응답에 빠르고 정확한 답을 하기 위해 항상 노력하는 부서야.

나는 현재 제7대 학생회 홍보부에 소속되어 있어. 홍보부에서 1년을 보내면서 아주 많은 것을 느꼈어. 학교를 홍보한다는 것에 큰 매력을 느껴서 홍보부에 지원한 것도 있지만, 사실 학생회에 참여하고 싶은 마음이 컸기 때문에 홍보부에 지원한 것이기도 해. 내가 학생회에 들어가서 학교의 주체가 되어 학교를 진정으로 사랑하는 마음으로 활동한다면 얼마나 즐겁고 뿌듯한 일일까. 이런 생각에서 시작하게 됐어. 서류를 제출하고 면접을 보는 과정이 매우 어려워서 힘들기도 했지만, 중요한 것은 내가 점점 성장하고 한 사람의 사회인으로 자라고 있다는 느낌이 들었어.

학교 교복을 갖춰 입고 홍보띠를 두른 후 우리 학교에 오고 싶어 하는 준비생들에게 올바른 정보를 전달하는 일은 매우 뿌듯한 일이야. 물론 어려운 점도 있었어. 중학교 때 경험하고 예상했던 것과는 달리 사무적인 일을 관리하는 과정이 너무나도 전문적이라 일처리가 만만치 않았어. 하지만 수많은 시행착오와 선배들의 충고를 통해서 많은 것들을 배우고 나니, 힘든 마음보다는 뿌듯함이 더 컸지.

이렇게 학생회 활동이 활발한 학교는 우리 용인외고밖에 없을 거야! 용인외고의 유일한 특권이자 즐거움인 학생회 활동은 우리 학교의 자부심이자 원동력이야.

이제 자연과학과 학교 수업에 대해서 알아볼까?

학교 정규 수업 또한 자연과학과 학생들을 배려해서 계획되어 있어. 1학년 때 국어는 총 세 분의 선생님께서 일주일에 4시간씩 수업하셔. 국어 교과서로 진도를 나가고 부교재를 활용해 공부해서 국어 실력을 더욱 탄탄하게 다질 수 있어. 최강 EBS 강사 선생님들과 함께하는 수업을 들으면 실력 향상은 물론이고 재미있게 국어를 배울 수 있어서 정말 좋아. 기존의 딱딱한 중학교 국어 수업에서 벗어나서 실제로 유용한 언어기술을 배우고 문학을 감상할 줄 아는 능력도 기르는 소중한 시간이야.

수학은 자연과 커리큘럼 중에서 가장 많은 부분을 차지하고 있는데, 그만큼 매우 중요하기 때문이지. 1학기에 수학 상·하를 다 배우고, 2학기에는 수학1을 마치도록 되어 있어. 2학년 때에는 수학2와 기하와 벡터를 같이 공부해. 자연과학 학생인 만큼 수학의 중요성을 잘 알고 있기 때문에 수학 수업이 필요 이상으로 많은 것 같아도 그 중요성은 무시할 수 없어.

영어는 1학년 때 주당 5시간으로 텝스, 그룹 토론, 독해 시간으로 이루어져 있어. 텝스는 일주일에 2시간, 그룹 토론은 1시간, 독해는 2시간으로 구성이 되어 있는데, 영어 수업만 잘 들어도 토의 능력, 국제 사회에 참여할 수 있는 능력을 기를 수 있어. 더

욱이 과학 원서 읽는 데에도 큰 도움이 되기 때문에 자연과학 계열 학생들에게는 수학만큼 중요한 시간이 영어 시간이야.

과학은 1학년 때 물리1과 화학1 수업을 듣고, 융합과학은 배우지 않아. 현재 과학 수업은 개정교육안에 따라 시행되고 있고 교과서를 중점으로 하지만, 그 이상 과학을 공부할 수 있도록 선생님께서 지도해주셔. 다시 말해 교과서에서 제공하는 지식을 기초로, 이를 확장한 과학 수업이 진행되고 있다는 뜻이지. 이런 수업을 통해 다른 학교와 차별화되는 자연과학 계열의 학생이 될 수 있다고 생각해.

1학년 때는 사회과목을 배우는데, 사회는 지리와 경제로 나누어져. 지리는 주당 2시간이고 경제는 주당 1시간이야. 지리는 지구과학과도 밀접한 관련이 있기 때문에 많은 학생들이 관심을 가지고 공부하는 사회 과목이야. 지리 수업은 교과서 위주로 진행되고, 경제 수업은 선생님께서 집필하신 책을 중심으로 진행돼. EBS 선생님의 강의를 인터넷이 아닌 실제 눈앞에서 보고 들을 수 있다는 점에서 매우 좋아.

작년까지 자연과학 계열은 제2외국어로 중국어와 일본어 중 하나를 선택할 수 있었어. 하지만 올해 신입생부터는 제2외국어 선택권이 없어지고 모두 일본어를 하게 되었어. 올해 새로 개정된 교과서를 중심으로 일본의 사회, 정치, 경제, 문화에 대해 폭넓게 이해할 수 있는 수업이야!

이제 2학년 수업과정에 대해서 알려줄게.

국어 수업은 일주일에 네 번으로, 이번 국어 수업도 최강 EBS 강사 선생님 두 분과 함께하게 되었어. 수능과 모의고사, 언어능력 향상을 주목적으로 수업이 진행되고 일주일에 두 번은 현대시를 발표해.

수학 수업은 1학년 때보다 1시간이 늘어서 일주일에 총 7시간을 들어. 수업 시수가 많아서 하루에 두 번 수학 수업을 듣는 경우도 있어. 중학교에서는 보기 힘든 광경이지. 그만큼 수학이 중요하기 때문이야. 우리 학교가 수학을 진도를 빨리 나가는 가장 큰 이유는, 고등학교 3학년 때에는 문제 풀이 연습을 더 많이 하고 수능과 수리 논술에 확실히 대비하기 위해서라고 해.

고등학교 2학년 때 배우는 과학 과목은 총 2개야. 생명과학은 필수로 들어야하고, 물리2와 화학2는 둘 중 하나를 선택해서 들어. 두 과목을 합치면 총 6시간으로, 과학 과목도 꽤 많은 비중을 차지해. 과학 선생님 모두가 학생을 가르치시는 데 열정이 대단한 분들이라, 학생이 배우고자 하는 강한 의지만 있다면 열성적으로 도와주시는 분들이셔. 굉장히 좋아. 특히 과학을 좋아하는 나에게는 매우 즐겁고 반가운 소식이지. 작년에는 화학 선생님께서 '질문 교실'을 운영하셨어. 일반화학까지 범위를 확장하여 화학에 대해 자유롭게 질문하고 수업 시간에 미처 다 질문하지 못했던 궁금했던 점들을 알려주셔서 지식의 폭을 넓힐 수 있는 좋은 기회였어.

정보수업은 올해 새로 개정된 교과서와 교육과정을 기반으로 진행되는데 컴퓨터 프로그래밍에 대한 심화 내용과 과학 기술의 역사, 상식 등에 대해서 배울 수 있어.

제2외국어는 3시간이야. 작년에는 전반적인 중국의 문화와 생활에 대해서 배우는 것이 주였다면, 올해는 실제로 중국어 문법이나 어휘에 초점을 맞추어 수업을 진행해.

체육은 일주일에 총 세 번으로 다양한 체육활동을 하고 배우는 시간이야. 얼마 전에 새로운 기자재를 주문해서 시설 또한 좋아. 특히 움직일 일이 많지 않은 고등학교 생활에서 체육은 학교 생활의 꽃이기도 하지. 올해 한 학기동안은 축구, 배드민턴, 얼티미트 프리스비(ultimate frisbee, 플라스틱 원반을 던져 주고 받으며 펼치는 레저스포츠 경기)를 할 예정이야.

3학년 교과과정은 아직 겪어보지 않아 자세히는 모르지만 자연과학 학생들이 바라고 건의하고 선호하는 방향으로 최적화되어 있어.

공부할 때는 공부, 놀 때는 신나게 노는 용인외고!

체육대회가 끝나고 그 다음날 아침부터 밤까지는 학생들의 반란을 위한 시간이야. 동아리와 반 친구들끼리 준비했던 퍼포먼스를 한꺼번에 방출하는 시간인 'HAFS FESTIVAL'은 우리들에게 너무나도 소중한 시간이야. 축제가 본격적으로 시작되면 그 첫 순서로 다양한 퍼포먼스가 시작이 돼. 1학년은 가장행렬을 진행하고, 지금은 비록 없어졌지만 중국어과, 일본어과, 영어과, 독일어과, 프랑스어과 학생들이 각 나라의 전통춤을 준비해. 친구들과 매일 점심시간, 저녁시간에 모여서 함께 노래를 정하고 춤을 구상하는 과정이 재미가 쏠쏠해. 새로운 것에 도전하면서 배우는 것도 많지.

우리 학교를 빛나게 해주는 학교생활의 즐거움! 우선 밥부터 시작할게~. 우리 학교가 흔히 '신의 급식'이라 불리면서 인터넷 사이트를 뜨겁게 달군 사건이 있었지. 아침에는 한식과 양식, 그리고 샐러드 바까지 포함해서 다양한 메뉴의 밥을 먹을 수 있어. 급식 반찬도 매우 다양해서 질리지 않아. 그리고 매일 점심은 특식으로 먹는 기분! 규동, 훈제오리고기, 카레라이스, 잔치국수, 삼겹살, 쌀국수와 파인애플 볶음밥, 훈제연어회덮밥, 갈릭로즈마리치킨구이 등. 점심 급식을 아주 만족스럽게 먹을 수 있는 아마 유일한 학교가 우리 학교일 거야. 저녁은 부담스럽지 않은 간단한 한식으로 마무리. 야자1이 끝나고 먹는 간식은 호박죽, 코코아와 떡 절편, 핫도그와 매실 주스, 호빵과 딸기우유, 치킨퀘사디아 같은 것들이야. 공부하다 출출할 때 먹으면 정말 딱이야.

이게 끝이 아니야! 거의 모든 기념일에 이벤트가 열려. 발렌타인데이, 화이트데이, 블랙데이 같은 기념일은 기본이고, 급식실에서 '둘둘데이'라는 이벤트를 만들어서 학생들이 먹고 싶은 음식 설문조사를 받아서 급식으로 제공하는 날도 있어. 그리고 매달 생일 파티를 하고 생일인 사람 중 추첨을 통해 생일 케이크와

여러 가지 상품 겸 선물을 주는 이벤트도 있어. 용인외고생들 모두 함께 식사하는 시간인 만큼 매우 소중하고 좋은 추억 만들기에 정말 좋은 기회지.

자연과학과정을 중심으로 학생들이 궁금해 하는 것을 이야기해봤어. 이 글을 읽고 우리 학교에 대해 많은 것을 알 수 있는 기회가 되었으면 좋겠어. 내가 알고 있는 것을 최대한 자세히 소개하려고 했는데 잘 했는지 모르겠네. 이 글이 너무 길면 딱 한마디만 기억해.

'학생들의 열정으로 만들어가는 곳, 그곳이 바로 용인외고야!'

통일 후 세대를 이끌어 나갈
차세대 리더가 되자

용인외고 국제과정 2학년
7기생 **박기정**

첫 곡인 '스톡홀름 신드롬'을 미친 듯이 치고 난 순간, 올 것이 왔구나 싶었다. 리허설 때, 드럼 스틱이 부러질 것 같은 불길한 예감이 들었는데 우려가 현실로 나타난 것이었다. 순간, 무대 옆에서 우리들의 공연을 응원하러 온 선배와 눈이 마주쳤고, 입을 열지 않아도 우리 사이엔 많은 말이 오갔다.

마침 내 옆에 드럼을 바닥에 고정을 할 때 쓰던 검정색 테이프가 있었고, 막간을 이용해 나는 테이프로 스틱을 칭칭 감았다.

'스틱이야 부러지면 또 어때!'

나는 더 힘차게 드럼을 쳤다. 무대 밑에서 소리 지르고 춤추며 열광하던 아이들이 끝내는 무대 위로 뛰어올라와 클럽을 방불케 했다. 말로 표현할 수 없는 희열이 넘치는 이 순간.

'아, 내가 만약 여기에 안 들어왔으면 이런 감동을 체험할 수 있었을까?'

폭풍 감동이 몰려왔다.

이곳은 홍대 클럽이 아니다. 제8기 신입생 환영회가 열리는 용인외고 체육관이다.

"그 팝핀 춤 춘 오빠 짱이지?"
"그 연극에 나온 오빠는 영화배우보다 더 잘생겼어, 그치?"
"우리 학교 완전 예술고 아니냐? 드림하이 같아."

1년 전에 내가 했던 말을 그대로 하는 후배들을 보며 벌써 용인외고 국제반 생활 1년이 지났음을 실감했다.

학업

벌써 학교 생활 1년. 처음 국제반으로 지원하고 합격했을 때의 기쁨도 잠시, 국내 대학과는 전혀 다른 해외 대학의 입학 시스템과 커리큘럼에 용어부터 하나하나 배워야 할 지경이었다.

"SAT는 아는데 SAT II는 또 뭐야? 그리고 대학교 가서 배우는 수업을 왜 미리 시험 보게 하는 거야?"

첫 달 3월은 질풍노도의 나날이었다. 중간고사 준비에, AP 준비에, 동아리 가입 면접까지……. 거대한 쓰나미 앞에 맞닥뜨린 기분이랄까? 오른쪽, 왼쪽, 앞도 뒤도 모두 천재 같은 친구들이 나를 둘러싸고 있는 것 같아 숨이 막혔다.

"쟤는 한국영재학교랑 줄리어드 예비학교에 합격하고도 단지 집하고 학교가 가깝다는 이유만으로 우리 학교에 왔다며?"

"전국 디베이트 챔피언이라며, 쟤는?"

"쟤는 영어책만 중학교 때 2,000권을 읽은 영어 천재래."

쟤는, 쟤는, 쟤는……. 주변에서 들리는 친구들의 소문에 숨통이 조이는 듯했고, 첫 중간고사를 얼마 안 남기고 나는 마침내 엄마와 전화하면서 엉엉 울고야 말았다.

"엄마, 나 여기서 나가고 싶어, 엉엉엉."

지나고 나서 알게 된 일이지만 많은 아이들이 나와 같은 경험을 했고, 단지 나같이 밖으로 울어버리는 게 속으로만 끙끙 앓았던 아이들보다는 훨씬 나았다는 이야기를 전해들을 수 있었다.

국제반 학생 대부분은 해외 대학 진학을 목표로 한다. 요즘은 국내 대학들도 입학사정관 제도로 공부뿐만이 아니라 다른 활동도 해야 하지만, 국제반 학생들은 더욱 나만의 독창적인 활동이 필요하다. 그러나 '닥치고 GPA'라고, 국제반 학생들에게도 학교 시험은 태산만한 무게로 다가오는 압박임에 분명하다. 그나마 압박의 무게가 조금 가벼워지는 한 가지 이유는, 바로 국제반은 상대 평가가 아닌 '절대 평가'라는 점이다.

89.5점(반올림 해서 90점) 이상이면 A, 89.4~79.5점은 B······. 이런 매력은 국제반 학생들에게 큰 위안이 되어 인문 계열, 자연 계열 친구들보다 시험 공부에 대한 부담감이 적은 게 사실이다. 그리고 많은 수행 평가들이 그룹 프로젝트로 진행되기 때문에 여기저기서 자발적으로 그룹 스터디를 한다. 그래서 나 혼자만 잘하면 된다는 생각이 점점 사라지고, 서로서로 협력하고자 하는 마음이 자리를 잡는다. 덕분에 친구들의 장단점도 더 잘 알게 된다.

"애들아~ 희민이가 문학 요약해준대. 로비로 와."

"역시 노트 필기의 여왕답다. 이윤지 노트 몇 부 카피?"

"동찬이가 반 카페에 칼큘(미적분) 답안 올렸대."

이런 분위기는, 국제반에서만 경험할 수 있는 착한 분위기 아닐까?

일반 고등학교나 우리 학교의 인문·자연과정과 달리 국제과정에서는 정규 수업시간에 AP를 따로 듣는다. 우리 학교에서는 AP 수업을 한 학기에 최대 5개나 들을 수 있다.

작년에는 Micro economics, Macro economics, Chemistry 세 과목만 있었는데, 올해는 무려 Calculus, Psychology, Computer Science, World History, Comparative Government and Politics, Statistics, Biology의 7개 과목이 개설되었다. 나는 이 중 다섯 과목을 신청했다. 정규 과목 7개 중 5개가 AP 과목이라니! AP 과목이 많이 어려운

것은 사실이지만, 선생님들이 워낙 잘 가르쳐주셔서 배우다 보면 어느새 보통 고등학교 과정처럼 AP도 쉽게 공부할 수 있다.

동아리

학교에 입학하기 전 학교 동아리 카페에 가서 어떤 동아리들이 있나 리서치를 해보니 입이 딱 벌어졌다. 수많은 분야의 동아리들……. 공연, 스포츠, 학술, 봉사 등의 분야로 나눠져 있는 동아리들이 거의 200개. 와우~ 난 학교에 입학하기 전부터 이 네 분야에서 한 가지씩은 꼭 해보리라 마음 먹었다.

우선, 평생 동안 5개국 언어를 배우고야 말겠다는 의지의 표현인 '라틴어 연구회'와 내 장기인 드럼을 살릴 수 있는 밴드부 '노이즈', 경영을 체험할 수 있는 '이코노미아'. 그리고 고교 라크로스(농구, 축구, 하키가 복합된 형태의 운동경기)에서 전국 최강인 용인의 자랑 '라크로스'. 여기에 새로운 동아리 창단 멤버로 들어가게 된 북한 인권 동아리 'ATB(Across The Border)'도 있다. 하늘같은 선배님들과의 면접을 마치고 합격을 기다리는 며칠이 학교 합격 소식보다 더 애타는 시간들이었다.

나는 부모님으로부터 공부하란 소리를 별로 들어보지 못했다. 대신 왜 공부를 해야 하는지, 하고 싶은 것이 무엇인지를 늘 생각하며 살란 얘기를 많이 들었다. 한마디로 '동기 부여'를 해주신 셈이다. 우리 학교에서 1년을 지내면서 귀한 동기 부여를 해

준 동아리가 ATB다.

ATB 멤버 중 나를 포함한 총 4명은 여성가족부에서 주최한 '청소년 세계를 가다' 프로그램에 뽑혀 미국 LA에 갈 기회가 생겼다. 나라에서 보내주는 여행, 게다가 우리 친구들끼리만 가는 여행이라니. 아싸~ 그저 꿈을 꾸는 기분으로 기대와 흥분 속에 비행기를 탔다.

마냥 기쁜 마음으로 돌아다니는 것도 잠시. 입양자 한슈나이더의 가슴 아픈 이야기에 흐르는 눈물을 주체할 수 없었고, '탈북 고아 입양법을 통해 본 북한 인권'과 관련된 협회와 기관을 방문하며 인터뷰하는 과정에서 작은 의식이 샘솟기 시작했다. 나는 당당히 미국 사람들에게 설문지를 돌리면서 내 미래의 비전에 대한 확신이 들었다. 그 시간 이후로 내 생각과 관심은 북한 탈북자 인권 활동에 초점이 맞춰졌다. '대한민국의 청소년으로서 마땅히 할 일을 하자.' 이런 결심은 또 하나의 행동으로 옮겨져 3년 전에 창단한 전국청소년동아리 WAVE(World Associaction of Volunteering Elites)를 통해 '북한을 알자'는 취지의 월간 신문을 발행하게 되었다.

또 하나 작년 한해 잊지 못할 동아리 활동 중 하나는 바로 노이즈가 주최가 된 '용인외고 공연동아리 연합자선공연'이었다. HAFS 5대 공연 동아리가 연합해서 성남지역 어려운 아이들을 위한 연합자선공연을 가진 것이다. 틈틈이 익혔다고 보기에는 너무도 훌륭한 우리들의 춤과 노래와 연주는 한여름밤의 야외 음악당을 열광의 도가니에 빠뜨렸고, 이 공연으로 우리는 20명의 어린이들에게 장학금을 나눠줄 수 있었다. 올해도 이 공연을 이어 나가기 위해 여러 가지 많은 준비를 하고 있는데, 행사의 총감독 역할을 맡고 있어 할 일은 태산이지만 마음은 벌써 공연장에 가 있다. HAFS 5대 공연 동아리에 대해 간략하게 소개하자면, 간지 밴드 '노이즈', 스트리트 댄싱의 제왕 '제스쳐', 힙팝 전사 'CITY', 섹시 폭발 하율, 폭풍 열창 '인터루드'. 이렇게 다섯 개의 동아리다. 5대 동아리는 사실 우리끼리 그냥 정했다. 하하하.

2011년부터 기숙사로 올라가는 길모퉁이 공터에서 학생들이 곡괭이로 땅을 파며 텃밭을 가꾸는 모습을 종종 보게 됐다. 친환경 퇴비를 만드는 과정도 시연하고 있는데 농부가 따로 없다. 환경동아리 '폴라베어'와 '한나무'의 모습이다. 그 외에 나갔다 하면 전국대회를 휩쓰는 디베이트의 제왕 '코기토', 가슴에 파고드는 연기로 심금을 울리는 영어연극의 지존 '아웃버스터', 흥겨운 사물놀이 한마당 '달여울', 매주 주변의 어려운 이웃들에게 교육봉사를 하는 '램프', 다문화 가정의 아이들을 가르치는 '해랑' 등등.

1년 동안 열심히 활동한 결과 노이즈와 이코노미아에서는 이제 부장의 자리에서 후배들과 동아리를 꾸려나가게 되었고, 라틴어 연구회에서는 라틴어 회화책 발간을, 또 올해 의욕적으로 창단된 스페니쉬 어너 소사이어티(Spanish Honor Society)에서는 스페인 문화 주간 개최 등 각종 행사와 학술 활동을 준비 중이다. 특히 스페니쉬 어너 소사이어티는 멘사처럼 가입 자격요건 다섯 가지가 충족되어야 들어올 수 있는 어너스클럽(Honor's Club)으로, 학교에서 가장 열정적인 산초쌤, 조경호 선생님과 함께 신나게 활동하고 있다.

요즘은 가장 친한 친구 7명과 함께 국궁 동아리를 만들어 토요일 새벽마다 국궁장에 가서 활을 쏘는데, 바람을 가르며 날아가는 활이 일주일의 스트레스도 함께 날려준다.

워낙에 하고 싶은 것이 많아 다양한 동아리 활동을 하고 있지만 항상 웃을 일만 있는 것은 아니다. 라크로스를 하다가 하나에 1억이나 한다는 소문이 있는 LED 기둥을 깨트려 20여 만원이나 물어주었고, 실물경제를 배운답시고 카나페를 만들어 외상으로 팔았는데 아직도 외상값을 못 받고 있다. (얘들아, 공짜로 먹으면 배탈나~.) 또 아이들 가르치는 교육봉사 동아리인 에듀잉에 들었다가 참여부족으로 잘리기도 했다. 하지만 하고 싶은 일을 찾아주고, 열정을 배울 수 있는 용인외고 동아리가 꿈과 보람 그 자체라는 것은 절대 부인할 수 없다.

요즘은 대학에 가는 스펙을 쌓기 위해 각종 교외활동을 하는 친구들도 있는 것이 사실이라 참 안타깝게 느껴진다. 그러나 진정성을 가지고 자신이 원하는 분야에서 열정적으로 활동하다 보면 좋은 성과는 저절로 따라오는 것 같다.

GMC(Global Manner Center) Life

2인 1실에 방마다 화장실이 딸려 있는 전국에서, 아니 해외 명문 대학과 비교해도 손색이 없는 가장 좋은 시설의 용인외고 기숙사. 밤 12시, 나는 로비에서 롤콜을 마치고 방에 들어와 침대에 누웠다.

'내일 아침에 못 일어나서 지각하면 어쩌지?'

걱정에 잠을 이룰 수가 없었던 첫날밤의 기억이 새롭다.

"Good morning GMC students, good morning~."

아침 6시 반이 되면 이젠 너무 많이 들어서 멘트까지 다 외워 버린 사감 선생님의 롤콜 방송이 우리를 깨운다. 처음에는 독특한 영어 멘트에 바로 눈이 떠졌는데 며칠 지나니 자장가로 들린다. 인간의 적응 능력이란……. 그걸 기숙사에서도 알았는지 요즘에는 아침부터 시끄러운 가요를 펑펑 틀어댄다. 평소에는 찾아 듣던 가요가 아침에는 정말 소음 그 자체다. 매일 아침 엄마와 벌였던 'wake up' 전쟁은 기숙사에 와서도 마찬가지다.

그러나 룸메이트와 정신없이 아침 단장을 하고 기숙사를 나와 학교로 걸어가는 그 내리막 오솔길의 상쾌함이란. 여기저기서 새들이 오늘도 'Good Morning~'이라고 노래하는 듯하고, 각종 벌레들도 우릴 배웅해 준다.

"악!"

옆방에서 또 전쟁이 났다. 벌레와의 전쟁. 모기도, 파리도 아닌 이름도 알 수 없는 갖가지 모양의 벌레들이 자꾸만 방에 출몰한다. 이름하여 외대충! 산 밑에 별장처럼 지어져 있는 기숙사라

492 • 세계로 향하는 첫 걸음, SAT

갖가지 벌레들이 우리를 방문하는데, 대부분 인체에 무해한 것이라 시간이 지나면 벌레들과 친하게 노는 친구들도 생긴다. 또 적응해버린 것이다.

GMC(Global Manner Center). 이름 그대로 기숙사는 매너 교육의 산실인 것 같다. 기숙사에서 생활하다 보면 이곳은 그저 씻고 자는 공간이 아니라, 자신을 관리하고 남을 배려하는 공간임을 깨닫게 된다. 청소 도우미 아주머니께서 매일 방 청소를 해주시긴 하지만, 스스로 이불을 정리하고 옷걸이에 옷을 거는 생활, 룸메이트의 상태에 따라 서로 불편함 없이 타협하는 마음. 이런 것들은 기숙사 생활에서만 배울 수 있다.

밤 11시 40분에 하는 롤콜 시간에 안 늦으려 헐레벌떡 뛰고, 새벽 2시 커퓨(Curfew, 완전 취침시간)에 안 걸리려고 불빛이 새어나가지 않도록 방문을 막는 다양한 방법을 연구한다. 나 같은 경우는 이불 속에 들어가서 무선 스탠드를 켜고 공부를 하다 사감 선생님 순찰소리가 들리면 탁 끄고 자는 척 했는데, 한 번도 안 걸렸다. 아무튼 무선 스탠드 강추!

사감 선생님들과 학생들과의 두뇌 싸움은 나날이 진화하고, 그 가운데 생기는 깨알 같은 재미는 많은 시간을 보내는 기숙사 생활의 큰 힘이 된다. 그래서 주말에도 집에 안 가려고 발버둥치는 친구들이 많아지나 보다.

"기정아, 너 걷는 게 왜 그리 어기적거리니?"
"토끼 뜀 50번 했어. 허벅지가 아파 미치겠다."

"아, 벌점 상쇄 트레이닝 받았구나, 크크큭."

상점을 받고 벌점을 받아도, 남자들이 군대 이야기를 평생 하듯 우리도 기숙사 생활의 추억을 평생 우려먹을 것 같다.

꿈의 급식

용인외고 면접을 볼 당시, 대기실에 선배들이 들어와 질의 응답 시간을 가지고 학교 생활에 대해 이야기를 해주었다. 그때 선배 언니가 이런 말을 했었다.

"야, 우리학교 들어오면 남자는 막 운동하고 그래서 모르는데, 여자는 진짜 거짓말 안하고 기본 7킬로그램 찐다!"

그땐 설마설마했는데 1년이 지난 지금 내가 딱 7킬로그램 늘었다.

처음 입학했을 때는 규칙적인 생활과 학업 스트레스로 인해 살이 빠졌다. 그런데 첫 중간고사 즈음에 스트레스를 너무 받아 기숙사 매점에서 눈에 보이는 대로 다 사서 말 그대로 입에 쑤셔 넣다 보니 살찌는 소리가 마구 들린다.

우리 학교 매점은 천국이다. 웬만한 외부 슈퍼보다 먹을 게 많다. 밖에서도 잘 볼 수도 없는 여러 가지 과자들로 풍성하다. 아이스크림도 새로운 맛이 나오면 우리 학교로 가장 먼저 배달되는가 보다.

게다가 그 유명한 꿈의 급식. 우리 학교의 급식은 이미 말을 안 해도 유명하다. 용인외고에 들어오고 싶은 이유 중 하나로

'급식을 먹기 위해서'라고 당당하게 쓴 친구도 있다. 한식과 양식을 골라 먹을 수 있는 아침 식사에, 요즘은 소화가 잘 안 되는 친구들을 위해 죽도 준비되어 있다. 진수성찬인 점심과 저녁을 먹고 난 뒤의 야식은 역설적이게도 또 다른 고통이다. 계절별로 행사별로 열리는 이벤트가 입을 떡 벌어지게 만든다. 복날에는 닭 한 마리씩을 통째로 넣어주는 삼계탕, 고기 무제한 뷔페, 각 나라별 전통음식 체험, 바비큐 파티, 수험생 도시락 전달, 1학년 테이블 매너 등등은 결국 살과의 전쟁을 치르게 한다.

부모님들, 우리 밥 잘 먹고 있나 걱정하기 전에 너무 많이 먹어 살찌지 않나 걱정해 주세요. 그리고 집에 가면 식탁이 부실해 보이는 거, 이거 다 우리 학교 급식 때문인 거 아시죠?

ET

"우리 집 인터넷이 너무 느려서 미적분 ET 신청 못 했어. 어떡하지?"

"나도 마찬가지야. 올해는 경쟁률이 더 폭발이네."

우리 집의 느려 터진 컴퓨터 덕분에 올해도 난 원하는 ET를 신청하지 못해 ET 루저가 됐다. 미적분 ET 수업은 정원이 무려 50명이나 되는데도 오후 5시에 수강신청이 시작된 지 1분도 채 안 돼 인원이 꽉 찼다. 결국 자비로우신 미적분 선생님께서는 신청하지 못한 학생들을 위해 100명 넘게 들어갈 수 있는 시청각실에서 강의해 주셨고, 덕분에 나는 수업을 몰래 도강할 수 있었다.

우리 학교에서는 정규 수업 외에 여러 가지 수업을 제공한다. 그중 가장 대표적인 것이 모든 학년이 참여할 수 있는 ET 수업과, 1학년과 국제반 2학년만 참여할 수 있는 PBLC(과제중심수업)이다.

ET는 야간자율학습 1교시 때 듣는 수업으로 학기 초에 인터넷 사이트를 통해서 신청을 받는데, 다섯 명 이상이면 새로운 과목을 개설할 수 있다. 체육, 음악, 애플리케이션 만들기 등 예체능 분야부터 AP, SAT, 수능, 각종 인증 시험, 논술까지 무려 100개의 수업이 있다. 기숙사 학교의 특성상 외부 학원에 가지 못하는 상황을 학교에서 잘 이해해줘서 학원보다 몇 배나 질 좋고, 무엇보다도 싼값(한 달에 10만 원)에 들을 수 있는 ET를 만들어 준 것이다.

ET와 비슷한 맥락의 커리큘럼 중 하나가 PBLC이다. Project Based Learning Class라고 해서, 정규 수업과는 달리 소수의 학생과 담당 선생님이 토론을 하면서 말 그대로 여러 가지 프로젝트를 진행하는 수업이다. 나는 작년에 TED(Technology Entertainment Design) 수업에 참여해서 유명인사들의 강연 동영상을 보고 토론을 하며 아이디어를 나누었는데 정규 수업과 다른 신선한 수업을 경험할 수 있었다.

글로벌한 국제반의 EC

1년 동안 학교에 다니다 보면 끊임없이 '학생 실종 현상'이 발생한다. 국제반에서는 더더욱 그렇다. 분명 어제까지만 해도 옆에 있던 아이가 잠시 안보이다가 일주일 후에 다시 나타난다. 나중에 알고 보면 대회, 봉사, 컨퍼런스, 인턴 등을 하고 왔다고 한다. 나부터도 지난 1년간, 비행기만 세 번이나 탔다. 북한인권 조사 연수를 위해 LA에, 모의유엔대회에 참가하기 위해 싱가폴과 하버드 대학에 다녀왔다. 내 룸메이트는 얼마 전 봉사 활동을 위해 캄보디아를 갔다 왔고, 라크로스 부원들은 이번에 청소년 라크로스 국가대표에 뽑혀 일본에 원정 경기를 갔다 왔는데 우승을 했다.

국제반에서는 학업 못지않게 중요한 것이 EC 활동이다. 공부벌레보다는 다재다능하고 적극적인 학생이 되는 것이 중요하기 때문이다. 그래서 간혹 학기 중에도 중요한 EC를 하기도 하지만, 방학 중에는 좀 더 깊고 넓은 활동들을 많이 한다. 중학교 때만 해도 선생님이 "방학 동안 뭐했어요?" 하면 "가족여행이요", "잠 잤어요", "책 읽었어요" 같은 대답만 들리곤 했는데 우리 학교에 와서는 "MUN(Model United Nations, 모의유엔)하러 하버드에 갔다 왔어요!", "괌 가서 스쿠버다이빙하고 왔어요!", "국제대회 본선에 뽑혀 미국에 갔다 왔어요!", "국회에서 인턴했어요!" 등 정말 저절로 탄성이 나올 뿐 아니라 글로벌한 친구들이 많음을 느낀다.

매일 게시판을 통해 각종 다양한 대회나 컨퍼런스, 봉사 활동 등이 공고되어 얼마든지 자신의 관심사와 꿈을 펼칠 기회가 제공되는 국제반은 국제화의 전당임이 분명하다.

HAFS 축제 한마당

4월 중간고사와 5월 AP가 끝나면 용인외고의 신나는 축제와 체육대회가 열린다. 놀다 죽으면 죽으리오~.

각 교실마다 공연 동아리들의 공연에 웃음과 탄성이 터져나오고, 운동장에서는 오케스트라 연주와 태권도 시범, 달여울의 흥겨운 사물놀이 공연이 끊임없이 펼쳐진다.

스페인, 프랑스, 중국어 등 전공에 맞게 펼쳐지는 각 나라의 전통춤이나 가장 행렬은 배꼽을 잡게 만들고, 어머니들이 만들어 파는 떡볶이, 빈대떡, 팥빙수, 닭꼬치, 바비큐 등의 음식에 배가 터진다.

밤을 꼴딱 새워 챌린지홀 1층을 까만 비닐로 도배해서 귀신의 집을 만들어 놓고 입장료 500원을 받은 친구들은 돈을 얼마나 벌었을까? 여기저기서 물벼락을 놓는 친구나 당하는 친구나 옷이 흠뻑 젖든 말든 모두들 신나기만 하다. 저녁에 강당에서 열리는 공연동아리의 축제 한마당에서는 주체할 수 없는 끼를 가지고 있는 선생님들도 함께 어우러져 노래하고 춤춘다. 이 와중에도 축제에 참여하지 않고 기숙사에 올라가 떡실신하듯 밀린 잠을 청하는 친구들에게도 HAFS 축제는 최고임이 분명하다.

열심히 공부한 당신, 이젠 놀아라. 이것이 용인외고의 축제 한

마당이다.

만 17년을 살면서 지난 한 해만큼 많은 경험과 열정으로 보낸 시간이 내게 있었을까? 대답은 NO!
하나하나가 개성으로 뭉친 친구들과 만들어간 깨알 같은 우정, 강요하진 않지만 스스로 공부하게끔 만드는 독특한 선생님들, 장점은 더욱 부각시키고 단점은 서로서로 보완해 어느새 글로벌 리더로서의 자질을 몸에 익히게 해준 마술 같은 능력의 국제반 커리큘럼. 나는 우리 학교 국제반의 한 멤버라는 것에 진정으로 자부심을 느낀다. 그리고 당당히 외칠 수 있다.

친구들이여, 여기 들어와서 함께 청춘을 불사릅시다!

제2장
용인외고 커리큘럼 소개

주요 교과활동

인성교육

　인성교육을 위해 학생들이 봉사활동 150시간, 인턴십 30시간, 리더 20시간을 이수할 수 있도록 하고, 1인 1악기, 1인 1체육으로 공부로 지친 심신을 단련시킬 수 있도록 합니다.

　각 분야의 전문가를 불러 글로벌 매너 교육, 테이블 매너 교육, 기숙사에서의 에티켓 교육, CCC(Clean Comfortable Cozy)캠페인 등을 실시하고 있습니다. 그리고 글로벌 리더쉽교육을 통해 영어 실용 정책, 비영어 과목을 포함하는 영어 몰입 교육, 글로벌 리더 인증제(HLC:HAFS Leadership Certificate)실시합니다.

창의성 교육

학생들이 자신의 관심 분야를 연구하여 2학년 말까지 논문을 쓸 수 있도록 논문인증제를 실시하고 있습니다. 각 분야의 전문가인 한국외국어대학교부속 용인외국어고등학교 교사들이 지도교사로서 학생들이 논문을 통해 문제해결 능력과 비판적 사고력을 기를 수 있도록 지도합니다. 또한 토론과 발표 위주의 수업, 사례연구와 인턴십을 통한 체험학습, 창의성에 기반을 둔 속진 및 심화교육을 실시하고 있습니다. 매주 1회 Writing 과제를 제출하는 Writing On-Line을 통해 학생들의 외국어 구사력과 사고력 향상에 도움을 주도록 합니다.

자율성 교육

학생 협의회와 학교규칙적용자치기구(GLM)에 의한 학생 자치활동 강화, 민주적 의견수렴을 통해 제정한 학교생활규정을 자율적으로 준수하는 풍토를 조성합니다.

또한 100여개의 방과후 강좌를 개설하여 학생들이 원하는 보충수업을 선택하여 들을 수 있으며, 각종 동아리 활동과 115개의 소모임 학습을 통해 학생들이 자율성을 기를 수 있도록 합니다. 이 외에 자율성 교육을 위해 전문가, 학부모 및 명사 초청 강연을 실시하고, 자율성에 기초한 편안한 학교 및 기숙사 생활, 교원 및 학생이 참여하는 영어 상용화 정책 등을 지속적으로 실시하고 있습니다.

용인외고의 장점

1. 우수한 학생과 학생 중심의 교육 활동

높은 경쟁률을 뚫고 전국 16개 시·도 및 외국에서 모인 영재들의 학습 열기, 영어로 진행되는 수업과, 토론과 발표를 위주로 하는 학생 중심의 수업, 개별 학습, 소모임 학습 등 자율적인 면학 분위기가 조성됩니다.

2. 최첨단 교실에서 최고 수준의 교사들의 차원 높은 수업

EBS 강사, 석·박사로 구성된 실력과 열정을 지닌 교사들의 차원 높은 수업, 영어와 원어로 진행되는 수업, 첨단 기자재를 최대한 활용하는 멀티미디어 수업으로 만족도 높은 수업을 제공합니다.

3. 1인 1악기, 1인 1체육을 통한 인성교육 강화

학생 전원이 악기를 다룰 줄 알며 자신의 특기가 될 수 있을 정도의 체육 활동 등으로, 인성 교육의 바탕이 되는 체력과 정서 교육을 강화합니다.

4. 국제적 교육의 중심지로 도약하여 글로벌 스탠다드를 지향

SAT, AP, ACT TEST 센터로 지정되었고 AP교과의 지도와 국내 최초의 GAC(Global Assesment Certificate, 글로벌 평가인증제), 프

로그램을 운영합니다.

5. Elective Track의 운영(다양한 수업과 활동의 선택)

진학에 필요한 과목만이 아니라 취미, 특기 등을 살릴 수 있는 다양한 수업과 활동이 주중과 주말에 개설되어 학원이나 과외 수업이 필요 없는 교육 환경을 제공합니다.

6. 쾌적하고 안전한 기숙사 최고의 교육시설

2인 1실의 최고 시설의 기숙사에서 함께 살아가는 방식과 자기 관리 능력을 함양하며, 전 교실에 멀티미디어 시설이 완비되어 있고 교내 전 시설에 자동 제어 냉·난방 시스템이 설비되어 쾌적한 학습 환경을 조성합니다.

7. 국제 교류와 해외 문화 체험

미국과 영국, 중국과 일본의 학교와 자매결연을 맺어 학생(6개월) 및 교사(1년)의 국제 교류를 활발히 전개하며 방학을 이용하여 아프리카 탐사, 미국 아이비리그 대학 비전 캠프, 유럽 전통 문화 탐방, 중국 일본 문화 체험 등으로 세계적인 비전을 품게 됩니다.

8. 영어 상용화 정책

학교의 모든 공식적인 행사와 공공장소에서는 영어를 24시간 사용합니다. 그 밖에도 영자 신문을 통한 영어 토론 시간을 장기적으로 가지며 영어로 진행되는 수업, 영어로 작성하는 논문 등으로 실질적인 영어 교육 환경을 조성합니다.

9. 글로벌 리더 육성을 위한 매너와 자율성 교육

GA(Global Assembly, 학교전체조회)와 GLM(Global Leader Monitor) 제도를 통해 글로벌 리더로서의 국제적 매너와 자율성을 함양합니다.

10. 맞춤형 국내외 대학 진로 지도

〈국내 대학 진로 지도〉

EBS 강사와 진학 지도 경험자들로 구성된 진학팀, 각 분야 전문가 초청 진로의 날 운영, 토론과 발표 수업으로 심층면접을 준비합니다.

〈해외 대학 진로 지도〉

해외대학전문 진학상담실 운영, 영어로 진행하는 수업과 토론, Writing 지도, 다양한 교과 외 활동, 인턴십, 봉사활동 인증제 등을 실시하고 있습니다.

커리큘럼(HAFS Curriculm) 소개

국제과정

> 해외 명문 대학 진학에 초점을 맞춘 교육과정
> AP(Advanced Placement) 수업 진행
> 인문 사회 계열 및 자연 공학 계열 선택과목 이수 가능
> 해외대학 진학상담선생님의 진학 지도
> 해외대학의 교내 방문 입학 설명회 개최
> 다양한 창의적 체험 활동

인문 · 사회 과정

> 국내 명문대학의 인문 · 사회 · 정경 계열 진학을 위한 교육과정
> 수능, 논술 및 심층면접 관련 교과 집중 이수
> 국어, 영어, 수학, 사회 및 제2외국어 교과 강조

자연 · 과학 과정

> 자연 · 공과 계열 및 의대 · 치대 · 한의대 대비를 위한 교육 과정

- 수능, 논술 및 심층면접 관련 교과 집중 이수
- 수학 및 과학 관련 교과 강조
- 교과 대학 연계를 통한 과학실험 및 실습 강조
- 진로 탐색 및 진로상담을 통한 진로교육 강화
- 다양한 창의적 체험 활동

용인외고 교과과정에 따른 학년별 특징과 이수교과는 다음과 같습니다.

	1학년	2학년	3학년
인문사회과정	**특징** · 국어, 영어, 수학, 사회 교과의 기초실력 증진 · 제2외국어 기초 확립 · 봉사활동 및 체험활동의 체계적 운영 · 1인 1악기, 1인 1체육 운영 **이수교과** · 국어8, 수학8, 영어10, 과학6, 사회6, 한국사6, 제2외국어10, 음악6	**특징** · 진학관련 교육의 심화 학습 · 영어 및 제2외국어 인증 취득 · 연구논문 작성 **이수교과** · 국어8, 수학12, 영어8, 사회6, 제2외국어10, 정보6	**특징** · 수능 및 인문 사회 논술 관련 교과 집중 이수 · 상담활동 강화를 통한 진로지도교육 강화 **이수교과** · 국어12, 수학10, 영어12, 사회18, 제2외국어8

자연과학과정	**특징** · 국어,영어,수학,과학의 기초 실력 증진 · 제2외국어 기초 확립 · 봉사활동 및 체험활동의 세계적 운영 · 1인 1악기, 1인 1체육 운영 **이수교과** · 국어8, 수학12, 영어10, 과학12, 사회6, 제2외국어6, 음악6	**특징** · 진학 관련 과목의 심화 학습 · 영어 및 제2외국어 인증 취득 · 연구 논문 작성 **이수교과** · 국어8, 수학14, 영어8, 과학12, 체육6, 제2외국어6, 정보6	**특징** · 수능 및 수리과학 논술 관련 교과 집중이수 · 상담활동 강화를 통한 진로지도교육 강화 **이수교과** · 국어12, 수학12, 과학14, 한국사6, 영어12, 제2외국어4
국제과정	**특징** · 국어, 영어, 수학의 기초 실력 증진 · AP 준비에 도움이 되는 교육과정 운영 · 1인1악기, 1인 1체육 운영 **이수교과** · 국어6,수학(Precalculus)8 영어16, 사회(AP Micro/Macro Economics)6, 과학8, 제2외국어10, 음악6	**특징** · 진로에 맞는 선택교과 중심 운영 · 문 · 이과 과정 어느 쪽이든 관련 과목 이수 가능 · AP 및 SAT 시험준비에 도움이 되는 교과운영 · 인턴십 등 비교과 활동 강화 **이수교과** · 수학(AP Calculus)6, 영어14, 사회12, 과학6, 체육6, 제2외국어10, 정보6	**특징** · 해외 대학 입시에 맞춘 맞춤식 지도 · 에세이 지도 강화 · 해외대학 진학상담선생님의 진학지도 · 해외 대학의 교내 방문 입학 설명회 개최 **이수교과** · 국어4,수학(AP Calculus)6, 영어18, 사회 · 과학24, 제2외국어8

- 교과명 옆의 숫자는 1년간 이수 단위임.
- 교과명은 정확한 명칭이 아니라 이와 관련된 과목을 뜻함.
- 교육여건 및 수능체제, 내신반영방법 등의 변동에 따라 달라질 수 있음.

교육과정의 특징(Overview of HAFS Education)

용인외고의 교육과정은 현행 교육과정의 편성운영 지침을 준수하면서 학교 설립이념과 교육목표를 구체화하기 위해 최적화된 프로그램입니다. 또한, 영재교육과 국제화교육 방법에 의거 속진·심화 및 개별화 수업으로 진행됩니다.

정규 교육과정과 선택 교육과정

정규 교육은 경기도 교육청의 교육과정 운영지침에 의한 국가수준의 교육과정을 준수하게 되며, 선택 교육과정은 학생들의 전공과 진로, 적성에 따라 본인의 선택에 의해 운영되는 교육과정을 의미합니다. 따라서 본교는 이 두 교육과정의 적절한 조화를 통해 학생들의 진로에 맞는 맞춤식 교육과정을 운영하고 있습니다.

영어 몰입 교육의 시범적 운영

본교의 모든 영어 교과는 영어로 수업을 진행하고 있으며, 그 밖의 외국어 교과 역시 원어로 수업을 진행하고 있습니다. 국제과정 학생들에게는 영어 교과 외의 대다수 과목도 영어로 수업을 진행합니다.

속진 · 심화반 운영

해당 학년의 학업 성취기준에 이미 도달한 학생들에 대하여는 학생의 능력에 따른 개별화된 수업프로그램을 운영하고 있습니다.

국제적 인증 교과목

교과별로 영어 몰입 교육을 실시하는 과목 중에는 College Board로부터 우수 교육과정으로 인증(AP Audit)을 받아 구체적인 수준의 교과지도를 합니다.

국내외 진학지도 연계학습

본교 교과 담당 선생님들은 학생들이 별도의 사교육 없이 학교 수업만을 충실히 이수해도 국내외 명문대학 진학준비가 가능하도록 밀도 있는 수업을 진행하고 있습니다.

어학 인증시험 및 경시대회 연계

어학에 대한 소질을 신장시키고자 하는 학생들을 위해서 국제적 수준의 어학 인증시험(iBT, DELF, HSK, JLPT 등), 전공어별 AP, 그리고 각종 경시대회에 대한 준비과정을 운영하고 있으며 이를 통해 학생들의 글로벌 역량 강화에 힘쓰고 있습니다.

방과 후 교육과정(Afterschool Program)

선택 가능한 맞춤식 강좌인 ET와 자연과정 전문 프로그램인 ARC, 프로젝트 단위로 진행되는 PBLC로 이루어져 있습니다. HAFS의 우수한 교사진과 외부강사가 어우러져 이루어지는 다양한 양질의 수업에 추가 교육비 부담없이 참여할 수 있습니다.

ET(Elective Tracks)
-선택가능한 다양한 맞춤식 강좌

정규 교육과정을 보완하는 방과 후 수준별 교과 프로그램입니다. 평일 수업과 주말 수업으로 구성되며, 학생들의 다양한 학습욕구를 해소하고자 하는 프로그램입니다. 본교의 우수한 교사진과 외부 강사가 어우러져 이루어지는 양질의 수업은 학생들의 참여율이 대단히 높으며, 학생들이 추가 비용에 대한 부담 없이 참여할 수 있는 사교육 절감 프로그램입니다.

ARC(Advancement Resarch Course)
-자연과정 전문 프로그램

자연과학적 영재성을 지닌 학생들이 일반 교육과정에 기초하여 보다 깊이 있는 교과 내용을 탐구하고, 미래에 자연과학 분야 및 이공계의 인재로 성장할 수 있는 자질을 함양하는 프로그램입니다.

소모임 형태로 운영되며, 디베이팅 멘토링(Debating Mentoring)을 병행하는 자연과정 전문 프로그램입니다.

PBLC(Project-Based Learning Class)
-프로젝트 단위의 스터디 클래스

PBLC는 1학년 전 과정과 2학년 국제과정 학생들을 위하여 방과 후에 제공되는 교육 프로그램입니다. 중소규모 클래스에서 학생들의 창의적인 발상과 적극적인 참여, 그리고 학생들 서로 간의 커뮤니케이션을 유도하여 과제를 스스로 해결하게 하는 프로그램입니다.

특별 프로그램(Advanced Program)

21세기를 이끌어갈 글로벌 리더는 지·덕·체를 고루 겸비한 전인적 인간이면서 동시에 균형적인 개성을 갖춘 인간이라고 할 수 있습니다. 이에 학생들의 합리적인 비판능력은 물론, 새로운 대안과 발상을 가능케 해주는 창의력 신장과 인간다운 삶을 살아가기 위해 갖추어야 할 정서적 감수성 및 교감능력의 풍부화를 위한 본교만의 특별 프로그램을 제공하고 있습니다.

독서 프로그램

학기별로 각 과목별 교육계획서에 명시된 필독독서를 읽고 다양한 과제수행과정을 거치게 됩니다. 이를 통해 해당 도서에 대한 정확하고 심도 있는 이해를 도모함은 물론, 이 시대를 이끌어 갈 지성인으로 성장할 수 있게 합니다. 특히 본교에서는 현행 교육 과정에서 시행하고 있는 과목별, 개인별 독서 활동을 위해 다양한 분야의 추천도서 목록을 제공하고 있으며, 이러한 과정을 체계적으로 정리하여 포트폴리오를 작성하고 있습니다.

Writing On-Line 프로그램

영어작문 능력을 향상 시키고자 학생 전체를 대상으로 이루어지고 있습니다. 국제과정 학생들은 매주 2가지 주제의 에세이를 인문사회과정, 자연과학과정 학생들은 매주 1가지의 에세이를 작성하여 Writing On-Line 센터에 제출하게 됩니다. 인문, 사회, 과학, 예술 등 다양한 분야에 걸쳐 엄선된 주제로 풍부하고 깊이 있는 작문이 될 수 있도록 교육하고, 학생들의 사고력 및 외국어 구사력 향상에 도움이 되도록 합니다.

논문 지도 프로그램

2학년 학생들을 대상으로 매년 4월에 시작하여 학년 말에 마무리하는 본교의 특색사업입니다. 학생들의 왕성한 지적욕구와 영재성 및 독창성을 효과적으로 육성하고 경쟁력을 향상시키며,

새로운 과제에 도전하여 이를 해결함으로써 학생들이 적극적이고 주체적인 지식인으로 성장할 수 있도록 합니다.

진행과정

1. 전공영역을 바탕으로 논문주제 범위를 정하여 학생들에게 제공
2. 졸업논문 작성 희망자 신청, 지도교사 신청
3. 논문지도 프로그램 총괄교사의 지도 아래 졸업논문 작성
4. 졸업논문 제출
5. 논문집 발간, 인증서 수여

논술 프로그램

3개년 과정에 대한 체계적인 커리큘럼을 바탕으로 하고 있습니다. 먼저 1학년은 다양한 배경지식과 기본적인 문제해결 능력을 갖출 수 있도록 하고, 2학년은 팀티칭 논술 수업과 3학년은 실전 연습을 통해 논술 시험에 대비합니다. 각 학년별 프로그램은 다음과 같습니다.

1학년

창의적이고 깊이 있는 정규교과 시간을 통해 다양한 배경지식을 체험하는 한편 기본적인 작문 지도를 통해 논술을 위한 기본 소양과 문제해결 능력을 기릅니다. 특히 영상자료와 신문 칼럼

등 자양한 자료를 활용하여 흥미를 배가 시키고 작문과 논술에 친근감을 갖도록 합니다.

2학년

본교 선생님들의 팀티칭 논술수업을 받게 됩니다. 대학별 기출문제와 유사한 논제에 대한 실전 적응 훈련 및 기본 배경 지식에 대한 강의를 통해 체계적이고 풍부한 논술을 할 수 있도록 교육합니다.

3학년

지원대학, 지원학과의 입학 전형에 맞춘 논술수업과 실전연습을 합니다.

1인 1악기 프로그램

학생들의 음악적 소양과 감수성의 함양을 위해 1인 1악기 프로그램을 진행하고 있습니다. 이 프로그램은 대표적인 인성교육 프로그램으로, 해마다 신입생들의 열광적인 호응을 얻고 있는 프로그램입니다.

특히 현악 오케스트라 단원 전문 연주가와 대학강사 등의 수준 높은 음악인들을 강사로 초빙하여 학생들의 만족도가 매우 높은 프로그램입니다. 1인 1악기 프로그램의 운영은 매년 신입생들을 대상으로 하여 신입생들은 자신들이 원하는 악기를 선택

하여 1년 동안 수업을 받게 됩니다. 학생들은 각종 관악기와 현악기, 타악기는 물론 성악까지, 본인들의 희망에 따라 약 20여 종류의 클래스에서 그룹 레슨 형태로 수업을 받습니다. 각 클래스는 수준별로 나누어서 개설되므로 학생들은 본인의 수준에 맞는 음악 수업을 받을 수 있습니다.

성악, 플루트, 오보에, 클라리넷, 색소폰, 트럼펫, 바이올린, 비올라, 첼로, 티파니, 콘트라베이스, 셀틱 하프, 대금, 단소, 가야금, 해금 클래식기타, 전기기타, 베이스, 드럼, 오카리나 등의 강좌가 개설되어 있습니다.

1인 1체육 프로그램

선택적 체육학습을 받을 수 있는 체육 프로그램입니다. 자칫하면 지식교육만 강조하기 쉬운 교육환경 속에서 학생들의 전인적인 발달을 목표로 하여 정기적으로 운영되고 있는 체육 활동 프로그램이라는 면에서 그 의의가 높다고 할 수 있습니다. 이 프로그램은 정규교육과정 내의 체육 수업과는 구분되는 프로그램으로, 매년 신입생들의 희망 사항을 바탕으로 강좌를 개설하여 학생들은 축구나 농구 등 보편적인 스포츠뿐만 아니라, 태권도, 골프, 스포츠 댄스, 배드민턴 등의 다양한 종목까지도 수강할 수 있습니다. 특히 각 수업별 적정인원을 고려하여 클래스를 개설하기 때문에 보다 효율적이고 실질적인 체육 프로그램을 진행할 수 있습니다.

태권도, 태극권, 검도, 골프, 스포츠 댄스, 테니스, 축구, 농구, 라크로스, 배드민턴, 웨이트 트레이닝 등의 강좌가 개설되어 있습니다.

교과외 교육활동(Extra Curriculum)

전인적 성장과 바람직한 인간성의 형성을 위해서는 교과 외의 교육활동 역시 중요할 것입니다. 특히 학생들의 다양한 경험이 확충될 때 교과학습에 대한 의욕과 흥미가 배가 될 수 있기 때문에 교과외 활동은 중요한 교육 요소로 강조되고 있습니다. 학생들은 교과활동과는 다른 측면에서 개개의 적성이나 소질을 발견하고 성장할 수 있으며 자유로운 집단활동을 통하여 협동심, 자주성, 책임감, 봉사정신 등 민주시민의 자질을 형성할 수 있다.

리더십 인증제(HLC : HAFS Leadership Certificate)
HLC는 학생들이 글로벌 리더로서의 자질을 키워나가도록 하는 데 그 목적이 있습니다. 20시간 이상의 리더십 교육과 30시간 이상의 인턴십, 150시간 이상의 봉사활동에 참여한 학생이 iBT TOEFL에서 100점 이상을 획득하면 HLC의 조건을 충족하게 됩니다. HLC 심사위원회는 인증조건 뿐만 아니라 얼마나 성실히 학교생활을 하고 있는가를 종합적으로 판단하기 때문에 HLC를 수여받은 학생은 글로벌 시대에 진정한 리더로서의 자격을 얻게 됩니다.

봉사활동

본교의 학생들은 자발적이고 체계적인 계획에 따라 지속적으로 다양한 봉사 활동에 참여하고 있습니다. 특히 지역사회와 연계하여 이루어지는 다양한 봉사활동은 지역 사회의 교육환경 개선에도 큰 기여를 하고 있어, 유수의 언론과 대학 등에서 주목하는 부분이기도 합니다.

동아리 활동

현재 본교에서는 경제경영, 국제기구 활동, 댄스, 디자인, 문학, 뮤지컬, 바둑, 밴드, 사진, 생물, 수학, 신문, 연극, 음악, 응원, 종교 등의 다양한 부문에서 200여 개의 동아리가 활동 중이며, 학교 차원에서도 학생들의 원활한 동아리 활동을 위해 각종 지원을 아끼지 않습니다.

학생회

본교 학생들은 학생회 조직을 통해 스스로 규칙을 만들고 준수하는 생활을 실천하고 있습니다. 학생회는 학습부, 총무부, 홍보부, 환경봉사부 등으로 구성되며, 각 조직 내에서 각자의 업무를 담당하고 스스로 문제를 해결해 나가는 과정을 통해 긍정적인 사회생활을 해 나갈 수 있는 기틀을 마련하고 있습니다.

축제

7월에 실시되는 'HAFS Festival' 종합예술제는 크게 체육대회, 동아리 활동 발표회, 장기자랑으로 나누어 진행됩니다. 축제를 통해 학생들은 그동안 여가시간을 활용하여 갈고 닦은 실력을 뽐내며, 교과활동에서 다소 부족할 수 있는 협동심, 자주성, 봉사정신 등의 전인적 가치를 배우게 됩니다. 재학생은 물론 졸업한 선배들의 열정적인 참여로 해마다 즐거움을 더하는 축제가 되고 있습니다.

Drama Night

연말에는 교내 연극 동아리들이 주도적으로 연합하여 각자의 특색을 실린 공연을 선보이고 있습니다. 매회 새롭게 선보이는 작품성 있는 공연은 학생들의 학업 스트레스를 해소할 뿐 아니라, 학생들의 풍부한 표현력과 외국어 구사 능력을 향상시키는 데도 구여하고 있습니다.

최고의 교육환경(Education Enviornment)

산과 숲으로 둘러싸인 아름다운 교정에서 용인외고의 학생들

은 학업에 열중하며 아름다운 미래를 꿈꾸고 있습니다. 호텔식 서비스가 제공되는 쾌적하고 안전한 기숙사와 최첨단 설비를 갖춘 교내의 여러 시설, 그리고 국내의 최고의 인재들로 구성된 교사진은 학생들이 학업에 열중하고 글로벌 리더로 성장하는 데 든든한 버팀목이 되고 있습니다.

또한 본교는 다양한 장학금 제도와 각종 지원 제도를 통해 학생들이 자신의 소질과 적성을 키워나갈 수 있도록 적극 후원하고 있습니다.

기숙사(GMC : Global Manner Center)

울창한 산림으로 둘러싸인 기숙사는 용인외고의 모든 학생들이 학업에 열중할 수 있도록 최적의 주거환경과 편의시설을 제공하고 있습니다. 사감 선생님을 포함한 20여 명의 생활지도교사들은 학생들이 자기 관리능력을 배양하고 학업에 열중할 수 있는 분위기를 조성하도록 힘쓰고 있습니다. 기숙사는 학생들이 규율과 단체생활을 통하여 남을 배려하는 마음을 키우고 공동체 의식을 기를 수 있는 교육공간이자 쾌적한 공간에서 국제적 매너를 키워가는 생활공간입니다.

호텔식 린넨 서비스

기숙사의 각 층에는 2인의 청소 도우미가 배치되어 학생들의 등교 후 각 호실과 공동구역의 클리닝 서비스를 제공합니다. 또한, 학생들의 위생을 위하여 2주마다 침구류 세탁 서비스를 제공하고 있습니다.

보건관리 서비스

2인의 보건교사가 24시간 상주하며 학생들의 요양지도 및 관리를 책임지고 응급환자 발생 시 병원 후송 등 즉각적인 상황조치를 하고 있습니다. 또한, 각종 질병예방 및 보건교육을 통해 학생들이 항상 건강을 유지할 수 있도록 돕고 있습니다.

사생실

2인 1실 기준으로 책상, 책꽂이, 옷장, 침대 등의 가구와 개별 화장실, 그리고 샤워실을 갖추고 있습니다. 또한 개별 냉난방시스템으로 학생들이 자신에게 맞는 최적의 환경에서 생활할 수 있도록 하였습니다.

독서실

기숙사 안에서도 조용한 분위기에서 개별적으로 공부할 수 있는 독서실이 마련되어 있습니다.

세미나실

학생들이 소모임 활동을 할 수 있도록 세미나실이 마련되어 있습니다.

Fitness Room

러닝머신, 헬스사이클, 벤치프레스 등의 운동 기구가 비치되어 있어 틈틈이 신체를 단련할 수 있습니다.

최고의 시설 속 열정적인 학습 분위기

영재들의 학습 열기는 최첨단 교육 시설 내에서 영어로 진행되는 수업과, 발표와 토론을 중심으로 하는 학습자 중심의 수업, 개별학습, 소모임 학습 등 자율적이고 열린 학습 분위기로 이어지고 있습니다.

실력과 열정을 갖춘 교사진

국내외 최고의 인재들로 구성된 용인외고의 교사진이 차원 높은 수업을 진행하고 있습니다.

멀티미디어 활용 수업

최첨단 기자재를 활용하는 멀티미디어 활용 수업은 본교의 자랑입니다. 화상강의가 가능한 컨퍼런스 룸에서는 다양한 기자재를 활용하여 프로젝트 발표형 수업이 가능하며, 각 교실에도 빔 프로젝트와 비디오, 오디오 시설이 구비되어 있습니다.

다양한 교육활동을 가능하게 하는 첨단 사업

본교는 최첨단 시청각실, 전산실, 컴퓨터실, 체육관과 과학실, 음악실, 도서관, 회화실 등 다양한 교육 프로그램을 원활히 진행할 수 있는 우수한 교육시설을 갖추고 있습니다.

다양한 장학금 제도

본교에서는 우수한 재능을 가진 학생들이 자신의 적성과 소질을 더욱 적극적으로 계발할 수 있도록 다양한 장학금 제도를 두어 이를 장려하고 있으며, 수혜자 비율 면에서 최고 수준의 장학금 혜택이 학생들에게 돌아가고 있습니다.

교내 장학금

내신성적 우수자 장학금, 모의고사 우수자 장학금, 학교를 빛낸 공로자 장학금, 입학 장학금, 발전기금 장학금 등이 있습니다.

외부 장학금

동원 장학금, 삼성동아 장학금, 교육청 장학금, 각종 기부 장학금 등이 있습니다.

기타 장학금

각종 장학금 외에도 축제 지원금, 동아리 지원금 등을 통해 학생들이 자신의 소질과 적성을 키워나갈 수 있도록 적극 지원하고 있습니다.

대학진학 현황

국내대학 진학지도

국내 명문대학교의 진학을 위해 국내진로부에서는 전문적이고 차별화된 진학지도를 하고 있습니다. 수능, 논술, 내신 전문 담당교사들로 이루어진 국내 대학 진학 전담부서를 운영하고 있으며, 모든 진학정보와 결과를 데이터베이스화하는 등의 진학정보 체계화를 통해 과학적인 진학지도를 실시합니다. 그리고 수능성적 향상 및 내신 공정성 확보를 위해 전 교사들이 교재 편집이나 수업 방법을 연구하고 있습니다.

또한 희망 대학에서 원하는 자격과 실력을 갖춘 학생들을 체계적으로 관리하기 위해 졸업 논문, 봉사활동, 인턴십 등의 내용들을 종합적으로 정리한 포토폴리오를 구성하고 있으며, 최상의 자기주도학습 환경을 조성하고 개인별 밀착상담을 통해 효과적인 진학지도에 힘쓰고 있습니다. 국내대학 진학 지도 계획을 소개하면 다음과 같습니다.

1. 학생별 특성을 극대화할 수 있는 맞춤형 진로 설계 및 진학지도
    ① 1학년 때부터 다양한 창의적 체험활동(자율활동, 동아리 활동, 독서활동, 인턴십 등) 및 명사 특강, 1인 1악기, 1인 1체육 등을 통해 진로 탐색 및 설계

② '개인별 포토폴리오', '학생정보' 파일의 학년 간 연계 관리 및 지도
③ 진학 설명회 및 개별 상담을 통한 대학별 진학 정보 제공과 방향 설정
④ 학부모를 위한 진학 설명회 및 간담회를 통해 '함께하는 진학 시스템' 구축

2. 진학 정보의 체계화 및 과학적인 진학 지도
　① 최신 대학별 내신 성적 산출 시스템 구축
　② 대학별, 전형 유형별 자료 분석
　③ 졸업생의 수능 성적과 입시 결과 분석 및 데이터베이스 구축
　④ 모의고사 자료의 체계적인 분석을 통한 본교 학생의 표본집단화
　⑤ 진학전문 상담교사의 진학 지도 협의회

3. 최고의 입시 실적을 위한 학업 능력 향상
　① 정규 수업의 내실화 및 수업 만족도 제고
　② 수요자 중심의 Elective Track을 통한 실력 배양
　③ 수행 평가 등 평가 시스템의 전략적 방향 설정(평균, 표준편차 등 고려)
　④ 최상의 자기 주도 학습 분위기 조성

국내대학 합격 현황

학교명	1기	2기	3기	4기	5기	합계
서울대학교	21	34	29	44	57	195
고려대학교	55	74	90	72	72	363
연세대학교	35	72	70	62	78	317
카이스트	10	15	7	4	1	37
서강대학교	20	32	37	35	44	168
이화여자대학교	22	33	22	27	57	161
성균관대학교	9	13	32	29	79	162
한양대학교	13	9	6	14	19	61
한국외국어대학교	19	20	21	21	27	108
의·치·한의대	2	4	7	10	17	40
경찰대/사관학교		3	4	3	6	16
교육대	2	5	4	1	1	13
한국예술종합학교	1	1	1	2	5	10

⑤ 수시입시를 위한 포트폴리오 개별화·특성화 지도

해외대학 진학지도

해외 유수 대학으로의 진학을 위해 본교 국제 진로부에서는 전문적인 진학지도를 하고 있습니다. 학교 인지도 확대를 위해 미국 및 해외 명문대학을 직접 방문하여 적극적으로 본교 학생들의 우수성을 알리고 있습니다. 또한 해외 각 대학으로부터 해외 입학 담당관들을 초빙하여 본교의 차별화된 교육 프로그램을 설명하고, 재학생들에게는 유용한 정보를 제공해주는 기회를 마련하고 있습니다. 뿐만 아니라 영어 몰입 교육을 실시하여 영어를 포함한 대부분 과목을 영어로 진행하고 있습니다. 또한 원서 교재를 이용하여 수업을 진행하며, 전교생을 대상으로 매주 1~2회의 영작 과제를 부여하고 첨삭 지도를 받도록 하고 있습니다.

입학 지도를 위해 해외대학전문 진학상담선생님으로부터 학생 및 학부모님들의 맞춤식 밀착상담을 하고 있으며 입학원서 작성을 위한 종합서비스를 제공하고 있습니다. 해외대학 진학지도 계획은 다음과 같습니다.

해외대학 진학 지도 계획
(1) 전 교사가 함께 하는 진학지도 시스템 구축
(2) 최신 진학 정보에 입각한 정밀 데이터 분석
(3) 학교 위상 제고
(4) 전국 최강의 혁신적인 Writing Program 구축
(5) 학생의 기호에 맞는 학습 환경 조성(열람실, 교실분할 학습 환경 마련)
(6) 학생의 역량을 최대한 발휘할 수 있는 체계화된 진학지도
(해외대학전문 진학상담선생님과 담임의 유기적인 상담 및 협조)

영국대학 합격 현황

학교명	1기	2기	3기	4기	5기	합계
University of Oxford		3	3	1		7
University of Cambridge			4	2		6
and Political Science	3	5	3	3		14
Imperial College London	2	2	3	5	1	13
University College London	2	1	6	4	3	16
University of Warwick		2		1		3
Durham University				1		1
University of Manchester		1				1
University of Nottingham			1			1
University of St. Andrews		1	1		1	3
Edinburgh		1				1
King's College London		1				1

제3장
용인외고 캠프 소개

한국외국어대학교부속 용인외국어고등학교(이하 용인외고)는 자사고 전환을 계획한 2010년부터 학교 속의 또 다른 학교를 만들자는 계획을 수립하였습니다. 단순히 외국어만 잘하는 학교가 아니라, 외국어를 바탕으로 다른 분야에서도 최고의 학교라는 학교의 역량을 알리며, 우리 학교의 생활을 직접 체험할 수 있는 기회를 주자는 목적을 가지고 있습니다.

무성한 소문 속에서 "학교생활이 어렵고, 따라가는 것에 무리가 있으니 난 할 수 없어", "별것 없는 학교 프로그램일 거야", "유학을 가면 대부분의 아이들이 실패를 한다고 하는데" 등등의 잘못된 인식을 바로잡아주면서, 미래의 용인외고 학생을 꿈꾸도록 도움을 주며 해외 대학을 진학하여 세계로 뻗어나가는 것을 꿈꾸는 학생들에게는 용인외고만의 노하우를 알려주고자 합

니다. 그리고 해외 대학 생활에서 성공할 수 있는 용인외고 졸업생들의 조언을 들려주는 시간을 가져보려고 캠프를 기획해 진행하고 있습니다.

용인외고 생활을 미리 체험하는 HAFS CAMP

용인외고는 우리 학교로 진학을 꿈꾸는 초·중학생을 위해 학교 생활을 미리 체험할 수 있는 캠프를 여름방학과 겨울방학에 개최합니다. 참가자는 한 달간 실제 용인외고 재학생이 방학프로그램(Elective Track)을 진행하는 가운데, 그들과 함께 학교생활을 하면서 열심히 공부하는 용인외고생을 보며 그 꿈을 함께 키워가게 됩니다.

캠프에 참가하는 학생들은 기숙사, 식당, 호텔린넨 서비스 등

을 용인외고생과 동일하게 이용할 수 있으며, 인터넷을 뜨겁게 달구었던 '신의 급식' 또한 체험합니다. 또한 다른 영어캠프와 차별화된 영어수업과 영어토론(Debate & MUN) 이외에 수학, 경제, 과학, 세계사 등의 수업을 원서로 배웁니다. 정규수업에서는 창의력·사고력 수업과 체육(라크로스)을 결부하여 용인외고 학생들이 배우는 특별한 경험을 체험하고 느끼게 해줍니다.

정규 프로그램 이외의 방과후 프로그램은 HAFS Camp의 세 가지 특징인 "Experience your Dream, Feel the Difference, Make your Mentor"를 가장 잘 살린 프로그램으로 방과후 매일같이 시행되며, 용인외고의 방과후 프로그램과 유사한 Elective Track을 각자 신청해서 특강형식으로 진행됩니다. 2011년에 열린 제3회 캠프에서 예로 시행된 강연과 특강을 열거해 보도록 하겠습니다.

■ 강연

- 인문, 과학, 국제 유명인사 및 용인외고 재학, 졸업생, 용인외고 교사의 강연.

'자기주도 학습전형(용인외고 입학담당관)', '당신은 어떤 스토리를 가지고 있습니까?(SBS뉴스 김성준 앵커)', '나는 세계시민이다(KOICA 부장)', 'What will the Physicist do in a company?(기업수석 연구원, 물리학박사)', '나눔(굿네이버스)', '알아보자 주식시장, 왜 물건을 사고 파는가?(용인외고 경제 동아리)', '영어 학습법(졸업생, 국제대중연설대회 최고상 수상 한국대표)', '봉사의 의미(용인외고 봉사 동아리)', '다문화 가정(용인외고 동아리)', '毒藥(용인외고 교사)', '타이포그라피(대학교수)', '의사의 역할(한림대 의대교수)',

이외에도 미국 유명 대학에 재학 중인 용인외고 졸업생의 공부법 및 대학생활에 관한 릴레이 강연이 있었습니다.

■ 특강(Elective Track)
- 한 과목을 선택하여 자유롭게 발표와 토론으로 진행되는 그룹스터디 방식의 특강.

영어토론(Debate) A/B, 수학(Math) A/B, 에세이(Essay Writing) A/B, 기초 라틴어(Basic Latin), 중국어(Chinese), 일본어(Japanese), 스페인어(Spanish), 기초과학(Basic Science).

용인외고는 '컴퓨터와 멀리하는 학교생활'을 표방합니다. 모든 학생이 멀티미디어와 휴대전화 등으로부터 벗어나도록 지도하며, 토론, 스피치, 논술 등 영어와 창의력, 사고력, 논리력을 키우는 수업에 스스로 참여하도록 지원합니다. 강사진은 전원 용인외고 교사와 강사를 원칙으로 하며, 원어민 교사는 해외 현직 중·고등학교 교사를 초빙하는 것을 원칙으로 하고 있습니다.

우리나라 학부모가 가장 선호하는 학교 중 하나인 용인외고는 높은 인기만큼이나 책임감과 사명감을 가지고 프로그램 하나하나에 최선을 다하고 있습니다. 우리 학교 진학을 희망하는 학생들에게 동기부여를 하는 데 초점을 맞추고, 자신에게 가장 잘 맞는 학습법을 알려주는 캠프가 되도록 학교관계자 전원이 노력할 것을 약속드립니다.

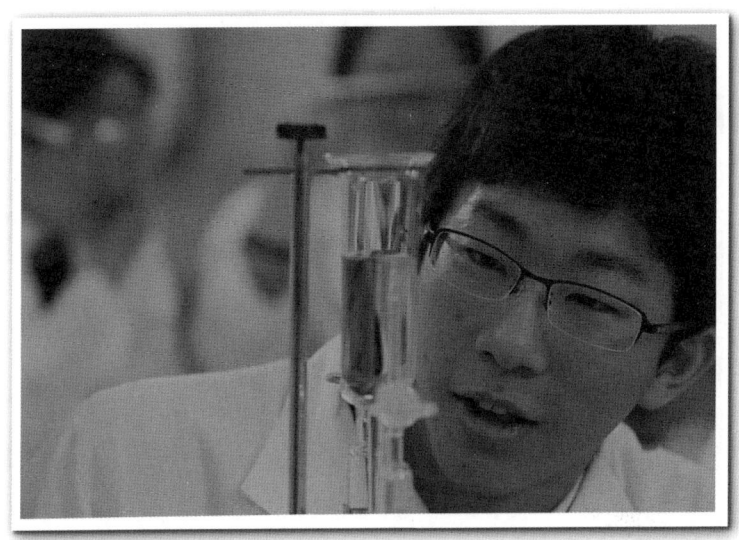

해외 대학 준비의 시작 HAFS Global Camp

 지난 7년 동안의 용인외고의 해외 대학 진학 실적은 미국의 최고 명문과 비교해 견줄 만한 성과를 거두었습니다. 2011년부터 2012년의 성과에서 하버드 2명, 예일 2명, 프린스턴 1명, MIT 3명, 스탠퍼드 3명, 컬럼비아 3명 등등 해외를 진학하고자 희망하는 국제반 전원이 해외 대학에 진학하는 쾌거를 이루어냈습니다. 이는 지난 7년 동안 용인외고가 가지고 있는 다양하고 수준 높은 교육과 학생 한명 한명에게 맞춘 독보적인 입시 전략의 성과라고 할 수 있습니다.

 한국의 과열 경쟁으로 인해 해외유학을 준비하는 사교육 시장은 그 한계수위를 넘어갔다는 기사가 언론매체를 통해 연일 보도됩니다. 특히나 전문성을 앞세운 채 하늘 모르게 치솟는 수강

료는 학부모로서 감내하기가 어려울 정도입니다. 이러한 원칙 없고 소문만 무성한 사회 문제에 다소 해결방안을 제시하고, 학교의 사회적 기여 측면을 위해 용인외고는 대한민국 외국진학 1위의 학교답게 학교가 가지고 있는 노하우를 제시하는 자리를 마련하고자 합니다. 이는 학생에게 가장 잘 맞는 진학방법과 한 걸음 더 나아가 외국 유학생활을 하면서 겪을 수 있는 어려움을 어떻게 대처하는지까지 알려주는 기회가 될 것입니다. 유학을 위해 대학과 학과를 선택하고, 진학을 위해 어떤 과목을 어떻게 공부하고, 대학을 진학했을 때 수업을 듣고 생활하는 부분까지 캠프를 통해 시원하게 풀어줄 것입니다.

■ 프로그램 구성

(1) 대학 들어가기 위한 준비
   - 나에게 꼭 맞는 대학과 학과 찾기

(2) 대학에 들어가기 위해 준비해야 할 시험과목
   - 필수과목: SAT I(Critical Reading, Essay Writing, Grammar, Math)
   - 선택과목: SAT II(Math 1C & 2C, Chemistry, Physics, US & World History, Foreign Language)
   - 선택과목: AP(Calculus, Economics 등)

(3) 나를 위한 테스트
   - 2회 모의고사 및 첨삭 지도
   - 진학상담

(4) 대학 진학을 위한 조언 및 미리 가본 대학생활
   - 용인외고 졸업생으로 구성된 특강
   - 진로 진학 상담을 위한 용인외고 진학상담 선생님 특강
   - 분야별 유명 유학 관계자 초청 특강

사교육 시장의 무리하고 과도한 요구가 아니라, 적절하고 알맞은 현실적인 방법을 제시하고, 용인외고 글로벌 캠프에서 즐겁게 공부하기 위해 표방하는 세 가지 표어가 있습니다.

(1) Make your Dream

- 용인외고에서 내일을 고민하고, 내일을 계획하고 그 길을 가고 있는 생생한 경험이 여러분의 길을 밝혀줄 것이다. 용인외고 선생님 모두와 캠프를 위해 멘토로 지원한 유학의 산 증인인 용인외고 졸업생이 함께 꿈을 그려줄 것이다.

(2) Listen to the Special Lecture
- 해외 대학을 선정하고 그 대학을 위해, 교과 · 비교과 · 지원서 쓰기 · 어떻게 효율적으로 대학을 다닐 수 있는지, 남과 다른 대학생활을 할 수 있는 비법 등을 직접 들을 수 있는 기회를 제공한다.

(3) Enjoy Studying yourself
- 자신의 한계를 뛰어넘기 위해서는 강압적인 것보다는 즐길 수 있는 방법을 배워야 한다. 스스로 열정을 가질 수 있는 계기를 마련한다. Study는 라틴어로 studere(열정을 가지다)에서 유래된 말이다. 공부로써 즐기는 것이 아니라 자신이 공부하는 것에 열정을 가질 수 있는 수업이 되는 환경을 조성할 것이다.

위에서 보는 세 가지 표어가 될 수 있도록 글로벌 캠프 관계자 및 용인외고 모든 교사가 노력할 것이며, 사교육 시장의 비상식적인 거품이 빠질 수 있을 때까지 용인외고는 공교육의 수호자로써 원칙이 있는 자세를 취할 것을 약속드립니다.

■ 수업 주간 시수

월요일 ~ 토요일 (정규수업)

프로그램		주당 수업시간	언어
SAT I	Critical Reading	8	English or Korean
	Essay Writing	8	English or Korean
	Grammar	8	English or Korean
	Math	8	English or Korean
SAT II or AP	Math 1C or 2C	7.5	English or Korean
	Chemistry		English or Korean
	Physics		English or Korean
	World Histroy or US History		English or Korean
	AP Calculus		English or Korean
	AP Economics		English or Korean
	AP Foreign Language		English or Korean
특강	대학 진학을 위한 조언 및 미리 가본 대학생활 관련	3회	English or Korean
Physical Education (체육)	응급 처치 & 심폐소생술 (자격증 취득), 라크로스	6회	English or Korean

Q&A

Q: 등하교가 가능한 가까운 지역에 살면 기숙사 생활을 하지 않아도 되나요?

A: 용인외고의 모든 학생은 반드시 기숙사 생활을 해야만 합니다. 이는 기숙사가 지원되지 않거나 또는 기숙사가 있더라도 일부 학생들만 입소하여 생활하는 학교들과는 구별되는 본교의 특징 중 하나입니다.

기숙사는 단순히 잠자고 쉬는 공간이 아닙니다. 본교 기숙사 생활은 중요한 교육과정의 하나로 이곳에서 협동심과 타인에 대한 배려, 국제적인 매너 등을 배우게 됩니다.

Q: 검정고시를 통하여 지원할 수 있나요?

A: 중학교 검정고시에 합격한 학생도 지원할 수 있습니다.

Q 기숙사 생활이 불편하지는 않나요? 기숙사 내에는 어떤 시설이 있나요?

A 기숙사는 한 방에 두 명의 학생이 함께 생활합니다. 화장실과 샤워실이 분리되어 있어서 바쁜 아침시간에도 불편함 없이 이용할 수 있습니다.

기숙사 내에는 컴퓨터실을 별도로 운영하고 있으며 지정된 시간에 인터넷을 사용할 수 있습니다. 그리고 학생 개인이 소지한 컴퓨터를 기숙사 각 방에서 랜에 연결하여 사용할 수 있도록 시설을 완비하고 있습니다.

학업과 시간에 쫓기는 학생들을 위하여 린넨 서비스와 세탁 서비스를 제공합니다.

Q 귀가나 외출이 가능한가요?

A 매월 4째주 토요일은 의무적으로 귀가하는 날입니다. 4주째 금요일 오후에 귀가한 후 이틀 뒤인 일요일 밤 9시까지 기숙사에 입소하면 됩니다.

4째주가 아닌 토요일은 기숙사에서 정해진 절차에 따라 사전에 승인을 받으면 귀가할 수 있습니다.

Q: 용인외고에 전·편입학 하려면 어떻게 하면 되나요?

A: 전·편입학도 자기주도학습전형으로 실시됩니다. 정원 내 혹은 정원 외 결원이 생겼을 경우 1학기 초, 1학기 말, 2학기 초·중 연2회 전·편입학 전형을 거쳐 결원을 충원합니다.

Q: 용인외고 캠프는 몇 학년까지 참가 가능한가요?

A: 용인외고 캠프는 초등학교 5학년부터 중학교 2학년(예비 중3학년) 학생들을 대상으로 하고 있습니다.

Q: 용인외고 캠프 참가 신청은 선착순인가요?

A: 용인외고 캠프는 신청서를 작성하고 입학금 납부가 완료된 순서부터 선착순으로 접수가 마감됩니다. 접수가 마감되는 이유는 너무 많은 학생들이 신청하게 될 경우, 경쟁률이 올라가게 되고 학생들이 제출한 지원서를 확인하는 데 많은 시간이 소요되기 때문입니다. 따라서, 모집인원보다 신청인원이 많은 경우에는 최대 50%까지만 신청을 받고 있으니 양해부탁 드립니다.

Q 아이들이 캠프에서 잘 생활하고 있는지 확인할 수 있나요?

A 캠프에서 학생들이 생활하는 모습은 용인외고 캠프 홈페이지(http://www.hafscamp.com)를 통해서 보실 수 있습니다. 캠프 기간에 캠프 사진 및 동영상이 매일 업데이트됩니다.

Q 영어를 못하는 사람도 용인외고 캠프에 참석할 수 있나요?

A 캠프 수업은 전반적으로 영어로 진행됩니다. 따라서 초등학생의 경우는 영어로 수업할 시 알아듣는 데 크게 무리가 없고 자신의 의사표현을 간단하게라도 할 수 있는 학생이어야 하며, 중학생의 경우는 현재 학교 교과과정을 무리없이 따라가고 있는 학생이어야 합니다. 기본적으로 이러한 부분이 갖추어진 학생이라면 얼마든지 캠프에 지원 가능합니다.

온라인 지원서를 점검하여 캠프 기간에 다른 학생들에게 방해가 되지 않게 잘 따라올 수 있는지 확인 과정을 거친 후, 반편성고사를 통해 학생들의 실력에 맞게끔 수업내용과 지도방식을 조정하여 수업을 진행하고 있기 때문에, 일단 캠프에 들어오게 된다면 너무 어렵거나 쉬워서 문제가 되는 일은 없을 것입니다.

- 썬앤북스는 우리 아이들의 **인성**과 **창의성**을 일깨우는 **책과노는아이들**(cafe.naver.com/bookandchild)과 함께합니다.

세계로 향하는 첫 걸음, SAT

1판 1쇄 발행 2012년 06월 01일
3쇄 발행 2015년 12월 10일

지은이 용인외고 선생님과 학생들
펴낸이 오형선
펴낸곳 생각수레

출판등록 2009년 5월 1일 제25100-2009-000027
주소 세종특별자치시 만남로 92
팩스 02-6280-2964
이메일 sunnbooks@naver.com
홈페이지 www.sunnbooks.com

생각수레는 **썬앤북스**의 실용 전문 브랜드입니다.
이 책은 저작권법에 따라 보호받는 저작물이므로 무단전재와 무단복제를 금지하며, 이 책 내용의 전부 또는 일부를 이용하려면 반드시 저작권자와 썬앤북스의 서면동의를 받아야 합니다.

＊책값은 뒤표지에 있습니다.　＊잘못된 책은 구입하신 곳에서 바꿔드립니다.

썬앤북스(Sun&Books)는 독자 여러분의 책에 관한 아이디어와 원고 투고를 기다립니다. 책으로 엮기를 원하는 기획안이나 원고가 있으신 분은 이메일 sunnbooks@naver.com으로 간단한 개요와 취지, 연락처를 보내주세요. 저희의 문은 언제나 열려있습니다. 감사합니다.